做 精 一张图（彩图版）

李志尚◎著

南方出版传媒
广东经济出版社
·广州·

图书在版编目（CIP）数据

做精一张图：彩图版 / 李志尚著. —广州：广东经济出版社，2017.7（2024.8重印）

（炒股精简易学实用系列）

ISBN 978-7-5454-5441-3

Ⅰ. ①做… Ⅱ. ①李… Ⅲ. ①股票交易—基本知识 Ⅳ. ①F830.91

中国版本图书馆CIP数据核字（2017）第112681号

责任编辑：罗振文　周伊凌
责任技编：陆俊帆
装帧设计：介　桑

做精一张图（彩图版）
ZUOJING YIZHANG TU（CAITU BAN）

出　版　人：	刘卫平
出版发行：	广东经济出版社（广州市水荫路11号11～12楼）
印　　　刷：	珠海市国彩印刷有限公司
	（珠海市金湾区红旗镇永安一路国彩工业园）
开　　　本：	787毫米×1092毫米　1/16　　印　张：26.75
版　　　次：	2017年7月第1版　　印　次：2024年8月第3次
书　　　号：	ISBN 978-7-5454-5441-3　　字　数：445千字
定　　　价：	100.00元

发行电话：（020）87393830　　　　　编辑邮箱：gdjjtzlc@sina.com
广东经济出版社常年法律顾问：胡志海律师　　法务电话：（020）37603025
如发现印装质量问题，请与本社联系，本社负责调换。
·版权所有·侵权必究·

开篇语 FOREWORDS

技术分析的重要性

技术分析和心态分析是同等重要的

股市的技术分析就是利用过去和现在的价量、时空等资料，通过图表或技术指标的记录，研究市场过去及现在的价格变动情况，以推测未来的各种变化趋势。

技术分析主要包括技术指标分析、切线分析、形态分析、K线分析、波浪分析以及均线分析、成交量分析、时间分析、空间分析等，还有江恩理论、道氏理论、亚当理论等。

技术分析方法能为交易人员提供纪律约束。因为出现情绪问题是人类的禀性，所有的交易人员都逃不过，而严守纪律有助于减缓其负面影响。

一般来讲，技术分析周期越短，成功概率越高；技术分析周期越长，成功概率越低。如果要通过技术分析大周期，那么请用大的形态分析技巧或在周、月、年线上去分析K线组合。关于如何把握市场基本面和技术面上的大趋向，笔者在《做精一只股（彩图版）》一书中有详细讲解。

技术分析能揭示市场自身的固有规律

股市有其自身的固有规律，有时不受基本面、政策面的影响。涨多了就要跌，跌多了就要涨；有时指标到顶，就是卖出的时候；指标到底，就是买入的机会；长线指标在高位，大盘一定要进行调整。

江恩理论是关于股市时间和预测方法的论述；道氏理论是关于趋势理论的论述；波浪理论是关于股市上升五浪、下跌三浪的浪形论述；相反理论是关于股市一切运行都与多数人的思维和操作相反的论述；循环周期理论是关于股市不受基本面的影响和制约，循环周期的高、低点都会以自己固有的规律出现的论述等，这些理论都从技术的角度深刻揭示了股市自身固有的规律。这些理论在全球凡是有K线图的交易市场中，历经数十年的验证，且长盛不衰，这是因为K线是人性的一种直观反映。

布林线的发明者，美国著名证券分析师约翰·布林格说："越是在不成熟的市场，技术分析越是有效。"散户只要娴熟地掌握了技术分析的方法，在市场盈利就有了一半的把握。

一言以蔽之，当前的市场价格充分反映了当前的一切市场信息。不论这些信息是众人皆知，还是仅仅掌握在少数人手里，我们都可以通过"技术分析+经验累积后的盘感+心态"，坚持自己的投资思路与理念，在失败中完善自己，逐步提升自己的水平，最终达到盈利目的。

前 言
PREFACE

  股市是资本博弈的场所，也是高智商者的竞技场，更是大资金的提款机，却不是散户的天堂。任何行业都有专属的学问，任何投资都有风险。散户作为股市中的弱势群体，唯有用心学习，增强自己的实力，才能在股市中游刃有余。21世纪投资什么稳赚不赔？答案就是投资大脑。

  看盘面，实质上摆在我们眼前的就是一张K线图，所有信息全在其中。有庄没庄、真拉假做、强与弱等都能在K线上表现出来。千股千走势，变化如云，在短时间内扫描一张图即可分辨优劣。本书归纳了极具实操价值的K线图经典技术图解，并有操作性较精准的买卖信号图文，如果读者能把此书放在你的电脑旁边，时常对照书中图形，看懂、练熟、做精一张图，并牢记在心，日后定能扬帆股海。

  笔者花费多年时间精心撰写了炒股精简易学实用系列书籍，包括《做精一张图（彩图版）》《做精一只股（彩图版）》《做精实盘手法（彩图版）》希望读者能吸取书中的精华，反复操练之后使其成为自己的绝招。笔者相信，一段时间后你会惊讶地发现，原来炒股不就是这么简单吗！

  本书初次出版于2011年，近年来持续在同类书籍中销量排前，获得数万读者的好评。应读者的要求和建议，笔者于2017年再次重整升级版，将黑白图释更换为彩色图释，并在内容方面进行补充与完善，同时增加部分笔者近年来的心得体会，希望能帮助读者迅速提升实盘操作效率。

李志尚
2017年春

目 录
CONTENTS

第一章 短线强势股经典技术图解 ... 1
- 图1 狮子大开口买入信号（一） ... 3
- 图2 狮子大开口买入信号（二） ... 5
- 图3 直升式空中加油买入信号 ... 8
- 图4 平台式空中加油买入信号 ... 10
- 图5 主升浪买入信号 ... 12
- 图6 三外有三买入信号 ... 14
- 图7 台阶式买入信号 ... 16
- 图8 八日金叉买入信号 ... 18
- 图9 长阴倒拔杨柳买入信号 ... 20
- 图10 疯牛喘气绝杀买入信号 ... 23
- 图11 上涨三部曲买入信号 ... 25
- 图12 仙人指路买入信号 ... 28
- 图13 追涨不追高买入信号 ... 30
- 图14 跳空缺口买入信号 ... 32
- 图15 千金难买牛回头买入信号 ... 35
- 图16 双针探底买入信号 ... 38
- 图17 单针探底买入信号 ... 40
- 图18 金针探底买入信号 ... 42
- 图19 光头光脚买入信号 ... 44
- 图20 低位串阳买入信号 ... 46

第二章 经典技术买入信号图解 ... 49
- 图21 抄主力底买入信号 ... 51
  - 买入法则一：抄底需要逆向思维 ... 52
- 图22 连创低点买入信号 ... 53
  - 买入法则二：大势不好不下单 ... 54
- 图23 三师会友买入信号 ... 55
  - 买入法则三：向上空间小于30%不下单 ... 57
- 图24 布林线买入信号 ... 57
  - 买入法则四：没有胜算不下单 ... 59
- 图25 平台式小阴小阳后必有大阳买入信号 ... 59

买入法则五：暴涨过的股票不下单 ·················· 61
　图26　盘升式小阴小阳后必有大阳买入信号 ·············· 61
　　买入法则六：未经研究不熟悉不下单 ·················· 63
　图27　圆弧式小阴小阳后必有大阳买入信号 ·············· 64
　　买入法则七：没有前景的企业不下单 ·················· 65
　图28　符合三条件买入信号 ·························· 66
　　买入法则八：情绪紧张时不下单 ······················ 68
　图29　顶天立地买入信号 ···························· 68
　　买入法则九：下跌趋势中不下单 ······················ 70
　图30　趋势线之金叉买入信号 ························ 70
　　买入法则十：未设止损位不下单 ······················ 72
　图31　趋势线之蜻蜓点水买入信号 ···················· 73
　　买入法则十一：问题股票不下单 ······················ 75
　图32　趋势线之梅开二度买入信号 ···················· 75
　　买入法则十二：趋势买入法 ·························· 77
　图33　趋势线之深海探宝买入信号 ···················· 77
　　买入法则十三：逢低买入法 ·························· 79
　图34　趋势线之下轨买入信号 ························ 79
　　买入法则十四：筹码密集区买入法 ···················· 81
　图35　X形趋势线买入信号 ·························· 82
　　买入法则十五：阴阳买入法则 ························ 83
　图36　下降趋势拐点买入信号 ························ 84
　　买入法则十六：金字塔买入法则 ······················ 85
　图37　弯弓射箭买入信号 ···························· 86
　　买入法则十七：二次探底不破买入法 ·················· 87
　图38　上升三角形买入信号 ·························· 88
　　买入法则十八：有涨早追，有跌早杀法则 ·············· 89
　图39　上下齐金叉买入信号 ·························· 90
　　买入法则十九：底部买入法则 ························ 91
　图40　拨云见日买入信号 ···························· 92
　　买入法则二十：组合投资法则 ························ 93
　图41　低谷涨停板买入信号 ·························· 94
　　买入法则二十一：滚利（滚动）操作法则 ·············· 95
　图42　红三兵买入信号 ······························ 96
　　买入法则二十二：回落均线买股法 ···················· 97
　图43　呼风唤雨买入信号 ···························· 98
　　买入法则二十三：回避买入法则 ······················ 99
　图44　久盘后买入信号 ······························ 100

买入法则二十四：可持股法则 ································ 102
　　图45　螺旋式买入信号 ······································ 102
　　买入法则二十五：绝地买入法则 ································ 104
　　图46　日均线金叉买入信号 ···································· 104
　　买入法则二十六：人弃我取买入法则 ···························· 106
　　图47　缩量十字星买入信号 ···································· 106
　　买入法则二十七：吃鱼身买入法则 ······························ 108
　　图48　绝境逢生买入信号 ······································ 108
　　买入法则二十八：观量抄底法则 ································ 110
　　图49　主力震仓买入信号 ······································ 111
　　图50　一字平台买入信号 ······································ 113
　　买入法则二十九：上下背离买入法 ······························ 114
　　图51　挖坑式买入信号 ·· 115
　　买入法则三十：逆向T+0法则 ·································· 116
　　图52　30分钟图买入信号 ······································ 117
　　图53　60分钟图买入信号 ······································ 118
　　图54　MACD三次金叉买入信号 ·································· 119
　　图55　波段低吸买入信号 ······································ 121
　　图56　串阳加速买入信号 ······································ 122
　　图57　短期拐点捕捉启动浪买入信号 ···························· 124
　　图58　中期拐点捕捉主升浪买入信号 ···························· 125
　　图59　横盘中买入信号 ·· 127
　　图60　三次点水买入信号 ······································ 128

第三章　经典技术卖出信号图解 ································ 131

　　图61　三线相约下山卖出信号 ·································· 133
　　卖出法则一：异常走势卖出法则 ································ 134
　　图62　中级调整卖出信号 ······································ 135
　　卖出法则二：趁反弹卖出法则 ·································· 136
　　图63　上下齐死叉卖出信号 ···································· 137
　　卖出法则三：补仓卖出法则 ···································· 138
　　图64　9次新高卖出信号 ······································· 139
　　卖出法则四：做空卖出法则 ···································· 141
　　图65　常用布林卖出信号 ······································ 141
　　卖出法则五：快速斩仓法则 ···································· 143
　　图66　CCI超买卖出信号 ······································· 143
　　卖出法则六：留低换高法则 ···································· 144
　　图67　高位串阴卖出信号 ······································ 145

卖出法则七：留强换弱法则·············146
图68　高位放巨量卖出信号·············147
卖出法则八：底部定量换股法则·············148
图69　黄昏之星卖出信号·············149
卖出法则九：留主流、抛冷门法则·············150
图70　回光返照卖出信号·············151
卖出法则十：留新庄、弃老庄法则·············152
图71　进三退一卖出信号·············153
卖出法则十一：留潜在题材、弃热炒题材法则·············154
图72　久盘必跌卖出信号·············155
卖出法则十二：坚决止损法则·············156
图73　平台间卖出信号·············157
卖出法则十三：突破新平台失败卖出法则·············158
图74　趋势反点水卖出信号·············159
卖出法则十四：葛兰碧卖出法则之一·············160
图75　趋势线背离卖出信号·············161
卖出法则十五：葛兰碧卖出法则之二·············162
图76　趋势线死叉卖出信号·············163
卖出法则十六：葛兰碧卖出法则之三·············164
图77　缺口卖出信号·············165
卖出法则十七：葛兰碧卖出法则之四·············166
图78　日均线卖出信号·············167
卖出法则十八：均线失守变盘法则·············168
图79　三外有三卖出信号·············169
卖出法则十九：倒金字塔卖出法则·············170
图80　双箭齐发卖出信号·············171
卖出法则二十：长上影线卖出法则·············172
图81　泰山压顶卖出信号·············173
卖出法则二十一：KDJ见顶卖出法则·············174
图82　头肩顶卖出信号·············175
卖出法则二十二：多头见顶卖出法则·············176
图83　下降三角形卖出信号·············177
卖出法则二十三：箱形失守卖出法则·············178
图84　雪山压顶卖出信号·············179
卖出法则二十四：高涨之后卖出法则·············180
图85　双针摸顶卖出信号·············181
卖出法则二十五：二波弱势反弹卖出法则·············182
图86　一叶知秋卖出信号·············183

卖出法则二十六：正向乖离率过大卖出法则 ·············· 185
　　　　图87　圆弧顶卖出信号 ································· 185
　　　卖出法则二十七：MACD逃顶法则 ························ 187
　　　　图88　主力暗度陈仓卖出信号 ·························· 187
　　　卖出法则二十八：理性高抛法则 ·························· 189

第四章　个股分时图买入信号图解 ·············· 191

　　图89　低开高走买入信号 ································· 193
　　图90　尾盘拉高买入技巧 ································· 195
　　图91　跟庄买入信号 ····································· 197
　　图92　火箭升空买入信号 ································· 199
　　图93　涨停打开买入信号 ································· 201
　　图94　涨停前买入信号 ··································· 203
　　图95　强中更强绝杀买入信号 ····························· 205
　　图96　突破箱体买入信号 ································· 207
　　图97　企稳现象买入信号 ································· 209
　　图98　平台蓄势买入信号 ································· 212
　　图99　盘中洗盘买入信号 ································· 214
　　图100　盘中低吸买入信号 ································ 216
　　图101　调整结束买入信号 ································ 218
　　图102　抄底买入信号 ···································· 220
　　图103　成本定位涨势可期 ································ 222

第五章　个股分时图卖出信号图解 ·············· 225

　　图104　变盘卖出信号 ···································· 227
　　　卖出股票策略精选一：存有风险意识有备而战 ············ 228
　　图105　金蝉脱壳卖出信号 ································ 229
　　　卖出股票策略精选二：运用市场规律把守风险尺度 ········ 230
　　图106　高位逃庄卖出信号 ································ 231
　　　卖出股票策略精选三：目标定位划出空间 ················ 233
　　图107　拉高卖出信号 ···································· 233
　　　卖出股票策略精选四：遇到突发事件时果断卖出 ·········· 235
　　图108　冷门股不要捂 ···································· 235
　　　卖出股票策略精选五：知错纠错为明智 ·················· 237
　　图109　早盘时间窗口卖出信号 ···························· 237
　　　卖出股票策略精选六：有阻必减，受阻必出 ·············· 239
　　图110　涨停板卖出信号 ·································· 239
　　　卖出股票策略精选七：顺势摸顶卖出法则 ················ 241

图111　震荡洗盘卖出信号 241
　　　　卖出股票策略精选八：长线需择机脱手 243
　　图112　震仓卖出信号 243
　　　　卖出股票策略精选九：弃弱取强之决策 245
　　图113　尾盘急拉次日卖出信号 245
　　　　卖出股票策略精选十：该出手时必出手，果断意决 247
　　图114　双顶卖出信号 247
　　　　卖出股票策略精选十一：被套快速脱身法 249
　　图115　盘中逢高卖出信号 250
　　　　卖出股票策略精选十二：买入可等，卖出必守 251
　　图116　高位盘整不胜寒卖出信号 252
　　　　卖出股票策略精选十三：稳字当头，跑字为重 253
　　图117　低开低走卖出信号 254
　　　　卖出股票策略精选十四：跌声一片，难以独秀 255
　　图118　大幅低开卖出信号 256
　　　　卖出股票策略精选十五：本利分配法则 257

第六章　大盘分时图经典技术图解 259

　　图119　盘中洗盘强更强买入信号 261
　　　　大盘分析技巧精选一：消息面分析大盘技巧 262
　　图120　早盘下三浪买入信号 263
　　　　大盘分析技巧精选二：主力行为对大盘影响分析技巧 264
　　图121　午盘观势买入信号 265
　　　　大盘分析技巧精选三：早盘观势法则 266
　　图122　强势上行买入信号 267
　　　　大盘分析技巧精选四：尾盘观势法则 268
　　图123　时间窗变盘买入信号 269
　　　　大盘分析技巧精选五：大盘技术指标分析技巧 270
　　图124　上三浪回落卖出信号 271
　　　　大盘分析技巧精选六：大盘风向标分析技巧 272
　　图125　时间窗变盘卖出信号 273
　　　　大盘分析技巧精选七：大盘运行风格转换分析技巧 274
　　图126　尾盘拉升卖出信号 275
　　　　大盘分析技巧精选八：大盘风险与机会预期分析技巧 276
　　图127　尾盘杀跌卖出信号 277
　　　　大盘分析技巧精选九：股市运行周期分析技巧 278
　　图128　圆弧顶卖出信号 279
　　　　大盘分析技巧精选十：顺势而为的操作技巧 280

第七章 长线慢牛股经典技术图解 281

图129　长线大牛技术特征 284
　　悟股法则一：EXPMA趋势线运用 284
图130　进一还三买入信号 285
　　悟股法则二：波浪理论悟股 286
图131　蜗牛到慢牛再变大牛特征 287
　　悟股法则三：合理估值悟股 288
图132　好事多磨技术特征 288
　　悟股法则四：对应经济周期悟股 288
图133　圆弧牛股特征 289
　　悟股法则五：悟股并具风险 290
图134　震仓后再现牛气特征 291
　　悟股法则六：悟股中要识别震仓意图 292

第八章 防庄做假线经典技术图解 293

图135　三星变盘式假象 295
图136　假双顶　变牛股 296
图137　假象破轨骗线 298
图138　假象填权不可信 299
图139　横盘整理假突破骗线 300
图140　假象反弹骗线 302
图141　跌停洗盘骗线 303
图142　频繁对敲要回避 304
图143　圆弧底诱多假象 306
图144　对敲盘建仓信号 307
图145　高位密集交易有陷阱 308
图146　红三兵诱多假象 310
图147　金针探底式假象 311
图148　双针抽血式假象 312
图149　疑似出货上影线 314
图150　涨停式诱多假象 315

第九章 常见老鼠仓经典技术图解 317

图151　秒杀跌停到涨停老鼠仓有红包 319
图152　早盘秒杀老鼠仓送礼包 320
图153　带量秒杀老鼠仓显本色 321
图154　秒杀跌停老鼠仓探底信号 323

图155 时间窗秒杀老鼠仓有玄机…………………………………324
图156 尾盘秒杀老鼠仓K线假象…………………………………325
图157 二次探底秒杀老鼠仓有密码………………………………327
图158 洗盘中秒杀老鼠仓现坑底…………………………………328
图159 最后一跌秒杀老鼠仓抄底…………………………………329
图160 老鼠仓后构出头肩底………………………………………331
图161 探顶后现老鼠仓是骗线……………………………………332
图162 下降通道的老鼠仓要注意…………………………………333

第十章 次新股跟庄买入信号图解……………………………335

图163 串阳筑底如铁底……………………………………………337
图164 次日涨停胸有成竹…………………………………………338
图165 底位缺口高调唱多…………………………………………339
图166 底位震仓式进场……………………………………………340
图167 多方围攻演绎奇迹…………………………………………341
图168 跌停洗盘激情未减…………………………………………342
图169 平台式吸筹更上一层楼……………………………………344
图170 热身加油抄底信号…………………………………………345
图171 三浪建仓信号………………………………………………346
图172 首日光头光脚见旭日………………………………………347
图173 跳空缺口式建仓……………………………………………349
图174 新股底部结构决定后市行情………………………………350
图175 小阴小阳后必有大阳主升…………………………………351
图176 一路攀升直达顶峰…………………………………………352
图177 小阴小阳吸筹信号…………………………………………353
图178 雨后彩虹抄底信号…………………………………………355
图179 震荡吸筹慢牛状态…………………………………………356
图180 主力抢筹建仓信号…………………………………………357
图181 缩量锁筹有看头……………………………………………358
图182 漫步吸筹牛股前期…………………………………………359
图183 高举高打串阳建仓…………………………………………360

第十一章 次新股跟庄卖出信号图解…………………………363

图184 避雷针要远离………………………………………………365
图185 持续增量要回避……………………………………………366
图186 量增价不涨出货现象………………………………………367
图187 疲软平台不要等……………………………………………368
图188 力不从心必下跌……………………………………………369

图189 三星架空不要碰 ⋯⋯⋯⋯⋯⋯⋯⋯⋯⋯⋯⋯⋯ 370
图190 受阻上影下跌征兆 ⋯⋯⋯⋯⋯⋯⋯⋯⋯⋯⋯ 371
图191 双重受阻必返之 ⋯⋯⋯⋯⋯⋯⋯⋯⋯⋯⋯⋯ 373
图192 速补缺口即变弱 ⋯⋯⋯⋯⋯⋯⋯⋯⋯⋯⋯⋯ 374
图193 塔形探顶不要攀 ⋯⋯⋯⋯⋯⋯⋯⋯⋯⋯⋯⋯ 375
图194 跳空跌停危机四伏 ⋯⋯⋯⋯⋯⋯⋯⋯⋯⋯⋯ 376
图195 下降趋势初现不能留 ⋯⋯⋯⋯⋯⋯⋯⋯⋯⋯ 377
图196 下降三浪有前兆 ⋯⋯⋯⋯⋯⋯⋯⋯⋯⋯⋯⋯ 378
图197 一叶知秋 ⋯⋯⋯⋯⋯⋯⋯⋯⋯⋯⋯⋯⋯⋯⋯ 379
图198 上市打开涨停后卖出信号 ⋯⋯⋯⋯⋯⋯⋯⋯ 380

第十二章 主力做庄的技术特征 ⋯⋯⋯⋯⋯⋯⋯⋯⋯⋯⋯ 383

基金做庄的技术特征 ⋯⋯⋯⋯⋯⋯⋯⋯⋯⋯⋯⋯⋯⋯⋯ 385
券商做庄的技术特征 ⋯⋯⋯⋯⋯⋯⋯⋯⋯⋯⋯⋯⋯⋯⋯ 387
游资做庄的技术特征 ⋯⋯⋯⋯⋯⋯⋯⋯⋯⋯⋯⋯⋯⋯⋯ 389

附 录 ⋯⋯⋯⋯⋯⋯⋯⋯⋯⋯⋯⋯⋯⋯⋯⋯⋯⋯⋯⋯⋯⋯ 393

附录一 几种操作中应注意的要点 ⋯⋯⋯⋯⋯⋯⋯⋯⋯ 395
附录二 做精一张图☆强势股形态选股软件 ⋯⋯⋯⋯⋯ 401
附录三 "志尚投教"在线视频点播学习平台 ⋯⋯⋯⋯⋯ 403
附录四 "股民系统化培训课程"干货大全 ⋯⋯⋯⋯⋯⋯ 405
附录五 "期货系统化培训课程"干货大全 ⋯⋯⋯⋯⋯⋯ 408

后 记 ⋯⋯⋯⋯⋯⋯⋯⋯⋯⋯⋯⋯⋯⋯⋯⋯⋯⋯⋯⋯⋯⋯ 411

第一章 短线强势股经典技术图解

　　短线是金，中线是银。短线是盈利最快的方式，也是高技术含量的操作方法。操作短线股的前提是首选强势股，这样才有快速盈利的机会。何为强势股？强势股具备什么条件？强势股启动前期有什么样的征兆？如何成功买入和卖出？高收益要防范哪些高风险？笔者将以往碰到过的个股案例整理成篇，选择部分经典常见且更容易把握的技术图形作出详细分解。

图1
狮子大开口买入信号（一）

【实战案例】

"狮子大开口"整体图形的综合特征是先急速下跌数日或一轮急速下跌后，再以缩量企稳短期平台筑底，后以中阳线或大阳线甚至涨停板突破整个平台形成短期反转趋势。出现"狮子大开口"一般会有两种可能：一种是个股在启动上涨之前的挖坑洗盘埋筹，这一般发生在上涨中途或横盘整理之后；另一种是个股运行在相对

图1　红太阳（000525）2016年5月后走势图

高位或磨顶过程中出现，主力目的是制造假象抢反弹，以便派发脱身。所以，"狮子大开口"图形出现的阶段位置很重要，出现在洗盘阶段最为理想。

图1为红太阳（000525）2016年5月后的走势，观察近几个月的走势发现，它处在低位进行阶段性整理，在6月22日呈现放量大阳涨停板突破整个平台高点，甚至还突破前高点，此时形成"狮子大开口"，短期转强的图形成立，随后回踩时以前平台上轨为反支撑，此时为最佳买点。

【技术特征】

1. 此图形必须出现在调整后形成的"一"字小平台，或者是V形小底，低位几天均为缩量整理。低位平台中：阳线多、阴线少，阳线有量、阴线缩量，MACD（异同移动平均线）和SUPL（主力资金线）向上移（底背离）。

2. 随后突然有一天以放量大阳吸筹，一阳吞没前几天的走势，股价即刻重拾升势。若在这样的低位以涨停板起涨，更能表明主力做多的意图，那么后势上涨空间也会扩大。

3. 一旦图形形成，其股价至少会达到前高位附近甚至更高。但在到达前高处一般会有停顿整理过程，形成空中加油（上涨中继），此时在停顿中注意阴线成交量一定要以缩量为主，否则注意弱市中的阶段顶。只有在大盘趋势向上，如图1在后面盘升中，可逢缩量阴线低吸或增仓。

【买入技巧】

1. 在调整后出现缩量小阴小阳盘整筑底，一般在3～5天内没有再创低点时，可逐步分批建仓。

2. 一般在低位平台构底中，都会出现"地量日"，在此之后随时会出现变盘向上突破的可能。由此，地量或随后温和放量上涨时均为初期买点信号。

3. 当突然有一天放量大阳吞没前面的平台时，此时为明显而又安全的买入信号。

4. 短时拉升太急，往往会有缩量回踩修整的过程，此时为加仓信号。

5. 一旦有了完整的底部构成，在后期盘升中逢缩量阴线仍可继续买进。

【卖出技巧】

1. 卖出可结合超买技术指标分析，如果出现放量冲高且指标超买现象，应锁利落袋为安。

2. 股价重新回到前高点时难免受阻，有调整的要求，在接近前高点时就应逐步锁利。特别是股价在离前高点幅度较大的情况下,当股价到达前高点附近时出现滞涨,或可出现放量阴线时,都可先大量减持,待修整结束后再次放量上行时再买回减持部分。

【经验分享】

"狮子大开口"图形并不多见,一旦发现并及时介入必大有收获。一般来说,前期下探有多深,反攻就有多高,甚至有超过前高的可能。此类图形把握起来很容易,买入信号和卖出信号都有明显特征,涨幅也非常可观。特别值得关注的是一些强势股,在其上涨之后,对于出现的洗盘动作应加以注意,在洗盘到位时,主力处于蓄势待发状态,极有可能走出类似的图形。投资者可以事先将该股存放在自选股里,跟踪3~5天后必会有方向性的选择,只要在这几天里股价未再创新低并且缩量盘整,MACD、SUPL两大指标背离上移,后市走势就很可观。笔者认为,股市里的大机会是等出来的,而冒着同样的风险频繁操作寻求一些小机会并不划算。如类似图1的股票,当发现后也必须要等到变盘时才能开始参与。平时选择几只有潜力的股票跟踪观察走势即可,网不要撒得太开,否则会跟踪不到位。

图2 狮子大开口买入信号(二)

【实战案例】

图2为孚日股份(002083)2010年2月初的走势,当时大盘下跌企稳缓慢回升,在此阶段不少个股走出了类似的图形。值得一提的是,该股经过本次的强势上涨后,遇到大盘变盘一直向下调整,但孚日股份(002083)不但没有下跌反而逆市上行,虽然中间有所波动,但在后期还是强于大势。股价波动如此活跃的股票不可多得,这当然也跟该股的基本面与新能源和低碳经济以及太阳能相关热点题材有关。自2009年7月29日以来,该股一直在大箱体中波动,长达一年之久,可见这不是一般主力所为,而是有长线资金进驻。

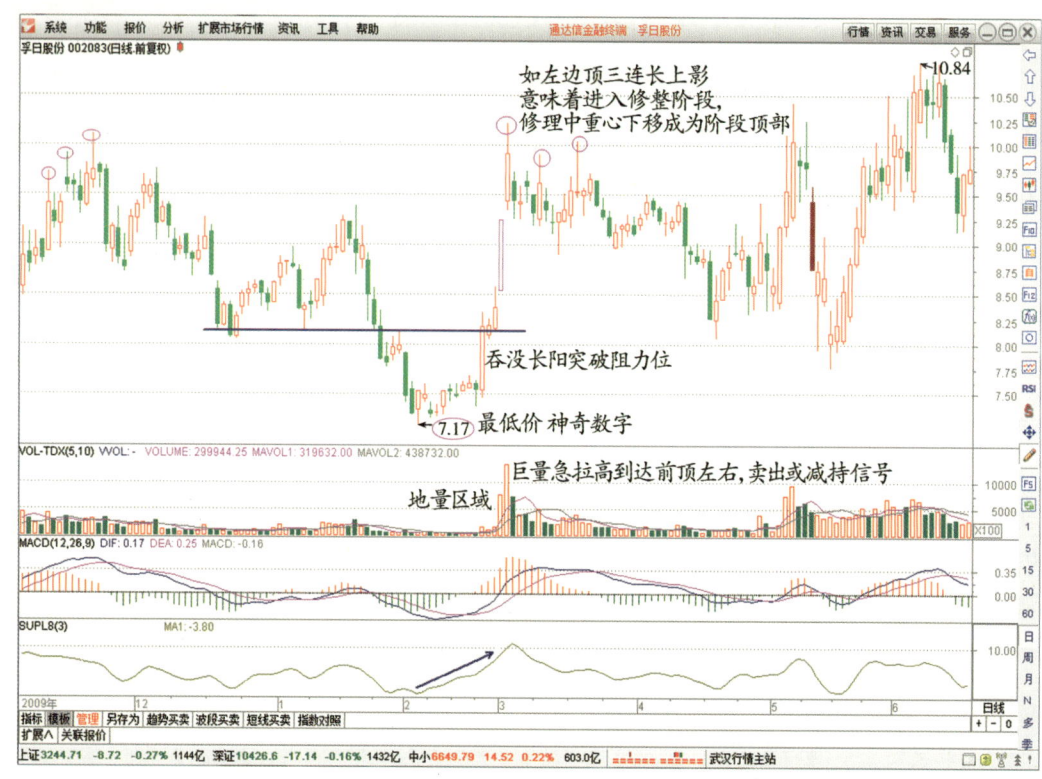

图2 孚日股份（002083）2010年2月初走势图

【技术特征】

1. 图2从高位下跌20%探底，其特征是在接近箱体下轨时，跌势有所放缓，并且量能极为萎缩，为筑底现象。

2. 筑底过程中以盘升式小阴小阳为主力逐步吸筹，该股处于蓄势待涨状态，只待大盘能企稳转暖。

3. 在启动前一天征兆果然出现，以长下影线报收，次日放量大阳崛起吞没前15天的高位，转势在即。

4. 在此要提醒的是，凡是处在构建平台阶段的个股，在变盘突破前都有可能会出现诱盘（主力试探）迹象，例如长下影破前几日低点或整个平台的低点诱一次空，若是向上诱多的长上影线则要当心转空头。

5. 随后浩浩荡荡的上涨行情迅速拉开，涨幅达30%，超过前期高点。

【买入技巧】

1. 激进型的投资者可在盘整筑底5天内没跌破前低点时或地量后，试探性地买入待涨。
2. 技术高手派可在启动前日的长下影线尾盘介入，等待拉升。
3. 纯技术者可在图形走好时，即出现放量大阳吞没前期走势后，在盘中择机介入。
4. 后知后觉者仍有机会，那就是在大阳后的次日逢低参与。

【卖出技巧】

1. 最佳卖出信号在涨停的次日冲击涨停但未封住并放出巨量或放量急拉时，应及时卖出锁利。
2. 其次卖出信号属于晚期，若上涨冲高回落后的3~5天内没有再创新高点，应果断出局。
3. 特别是图2所示情况，在左边有三连长上影的规律，在右边又出现的时候，就说明进入修整阶段或阶段顶部，理应大量减持或全卖出锁利观望，等修整结束后再寻找入场信号。

【经验分享】

综合图1和图2来看，图1出现"狮子大开口"后盘升走高，图2出现"狮子大开口"后持续急拉升，从涨幅角度来看都比较可观，只是节奏快慢不同而已。

笔者的经验，抓强势股要从股性活跃的个股开始，股性活跃有两大特征：一是收阳线比收阴线多，并且是阳线带量，阴线最好缩量；二是换手率一直保持在3%左右或以上。如果阴线比阳线多，就会出现更多的阴阳鉴（编者注：所谓"阴阳鉴"，亦称"阴阳间"，指K线中阴线阳线频繁交替出现，走势略呈向上或者走平）形态，后市不容乐观，即使能上涨也不好把握趋势。还有个别股性是小阳慢涨几天后又出现大阴急跌，更不易踏准节奏。此外，换手率如果低于2%则均为冷门股。

图3
直升式空中加油买入信号

【实战案例】

图3为中材科技（002080）2010年7月27日的走势，前期在31.2元探底企稳逐步回升，先以小阴小阳上涨作为启动浪，随后以带量串阳方式盘升，当时市场整体行情正处于回暖之中。打开该股以前的K线图可以看到，自大盘1664点开始，到2010年8月为止仍处于上升趋势之中，即使2009年7月29日大盘如此狂跌，该股仍走出强于大势的抗跌走势，基本面最大的亮点是新材料题材。类似的股票是短线投资者必选的

图3 中材科技（002080）2010年7月27日走势图

对象，首先选择该股是因为整体强过大盘，其中的小节奏便更容易把握，操作起来进退自如，就算暂时被套也还有脱身的机会。笔者相信经过一段时间的磨合后，可以逐渐掌握该股的运行节奏和性质，这对短线操作会有很大的帮助。

【技术特征】

1. 股价经过启动浪后进入发展浪时，主力吸筹动作较为明显，以微量串阳上行。
2. 避免上涨过急不利于后市上攻或发现散户跟风盘过多却选择缩量修整状态。
3. 图3中只出现一根缩量的小阴线，随后迫不及待地直升式继续上行。
4. 注意，阴线地量的实体要短，阳线地量的实体要长为最佳。倘若上升通道中出现"急刹车式"的阴线且实体偏长，但量能同比前面明显缩短，这种也属于正常的打压洗盘现象。
5. 直至放量急速拉升后才告一段落。

【买入技巧】

1. 低位出现5连阳以上可视为强势股的前兆，且转势在即，应趁机介入。
2. 在串阳后必会有修整或洗盘的要求，此时正是介入的最佳机会。
3. 或者在次日盘中上涨收复前一天的高位时买入。
4. 当然，笔者认为只要在串阳后出现地量小阴，在未来3天内必会再次上攻，可在次日逢低参与。

【卖出技巧】

1. 成功买入后，一直捂股到放量急拉且换手率也快速增加时即可卖出。
2. 如果股价接近前期跌下来的高位，不妨逐步减仓。
3. 如果该股从前期低位以来上涨幅度达30%以上，应锁利落袋为安。
4. 远离均线指标时宜卖出股票，如远离5日平均线或趋势线时应卖出锁利。
5. 这种由小阳到中阳再到大阳的规律，阳线明显逐根或逐渐间接拉长，直到最长一根出现且放出巨量时，为卖出信号。

【经验分享】

从2010年7月大势转好以来，不少个股走出了类似形态。笔者于2010年5月在新浪博客上公开讲解了"做精一张图之空中加油"，部分学员运用此技术在7月和8月盈利非常可观。因为在大级别的洗盘企稳回升后，不少主力纷纷入场，难免走出串

阳形式，随后的洗盘正是我们的介入机会，3～5天的短暂调整后重拾升势，"空中加油"就此成立。

图4
平台式空中加油买入信号

【实战案例】

"平台式空中加油"的图形操作起来更容易把握。图4为恒康医疗（002219）2010年7月的走势，可以看出基本面业绩一般，但流通盘较小，随着医药板块的强势该股也不弱于后市，整个7月上涨幅度高达45%，是同期强势股之一，在此上涨趋势中以节奏般的平台式上行，如同阶梯一样一层又一层。可见该股在前期下跌后价值被低估，主力急忙入场。从形态上看主力实力较为雄厚，进驻迹象及高度控盘非常明显。当你摸清主力的手法和意图时，操作起来就得心应手了。

【技术特征】

1. 调整末期以缩量串阴超过5天以上，且阴线逐根缩短，逐步到达低位，反攻行情一触即发。

2. 由于盘子太小，低位并没有出现筑底过程，直接放量V形反攻。

3. 随后修整中量能极为萎缩，说明主力没有撤退，后市仍有上攻空间。

4. 1个月中连攻三浪后进入盘整期间。

5. 如果把图形缩小来看，三小浪阶梯式上行时期，实为主力建仓阶段。

6. 从图4可以看出，第一小浪有涨停板，第二小浪中仍有涨停，那么第三小浪当中自然还会有涨停或长阳，这就是顺势逻辑规律；特别是在三小浪完成后拒绝深度回调，而是继续盘升，这便意味着这三小浪实为主力建仓轨迹，不是只做短期波段机会，而是呈现中长线的底部特征。

图4 恒康医疗（002219）2010年7月走势图

【买入技巧】

1. 运用缺口理论买入，底部启动时出现向上跳空缺口，且在3～5天内没有回补，说明强势处于持续中，此期正是买入良机。

2. 当第一个平台操作成功后，其二次平台更易把握，有第二浪就会有第三浪的可能，那么在第二浪盘整时可择机买入。

3. 构出底部三小浪后，在继续盘升中仍可继续逢缩量阴线低吸或加仓。

【卖出技巧】

1. 最佳卖出信号是在完成三浪时逢高锁利或减持，特别是图4中有三小浪是逐浪缩短，此时还需注意有结束阶段上涨的可能。

2. 如果没有选择高抛，那么在随后的盘整中仍有不少机会出手，因为三浪后的盘整时间不会太短，出手空间充足。但是，如果在三浪后的高位盘整中拒绝回调，而是继续稳步上移，就说明已进入"发展浪"的捂股策略。

3. 加油平台之前涨幅有多高，加油后可在与前期涨幅差不多的位置卖出。如果一只股票从10元涨到12元形成平台式空中加油，可在涨到14［即12＋（12－10）］元左右时卖出。

【经验分享】

入市的投资者对类似图形都能把握，运行节奏简单明朗，买入、卖出时间充足，并且利润也较为可观。根据笔者的经验，上涨途中的"平台式空中加油"，是最容易把握的一种强势股，一般来说，此平台持续时间为5天左右，短为1天（如图4），随后若是继续上行，其上涨幅度绝对不会太小，平台盘整的时间越短就越强势，相反越长就越不利于后市上攻。还有一个关键问题就是完成三浪后是否还有主升浪行情。这就得大看完成三浪时有没有放出巨量，如果有，后市可能选择调整或见顶；如果没有，后市很有可能盘整半个月以上再次上攻出现主升浪，或者是盘升式上行走得更高。

图5 主升浪买入信号

【实战案例】

图5为次新股必康股份（002411）2010年6月8日的走势。笔者在6月初就发现它强于大势，随后收出6串阳线洗盘时便大胆介入，不但技术上看重该股，基本面上更有两大亮点——新能源和锂电池概念。可能那时的锂电池概念股还没有形成热点炒作现象，很多投资者没有发现这一潜力股。出于做精一只股的目的，中间洗盘回调时笔者不但没减持反而增持该股，直至创出新高后出现上影线才离场。整个涨幅达40%，笔者赚取了30%，这并不算奇迹，很多懂技术面分析和基本面分析的人都能实现。

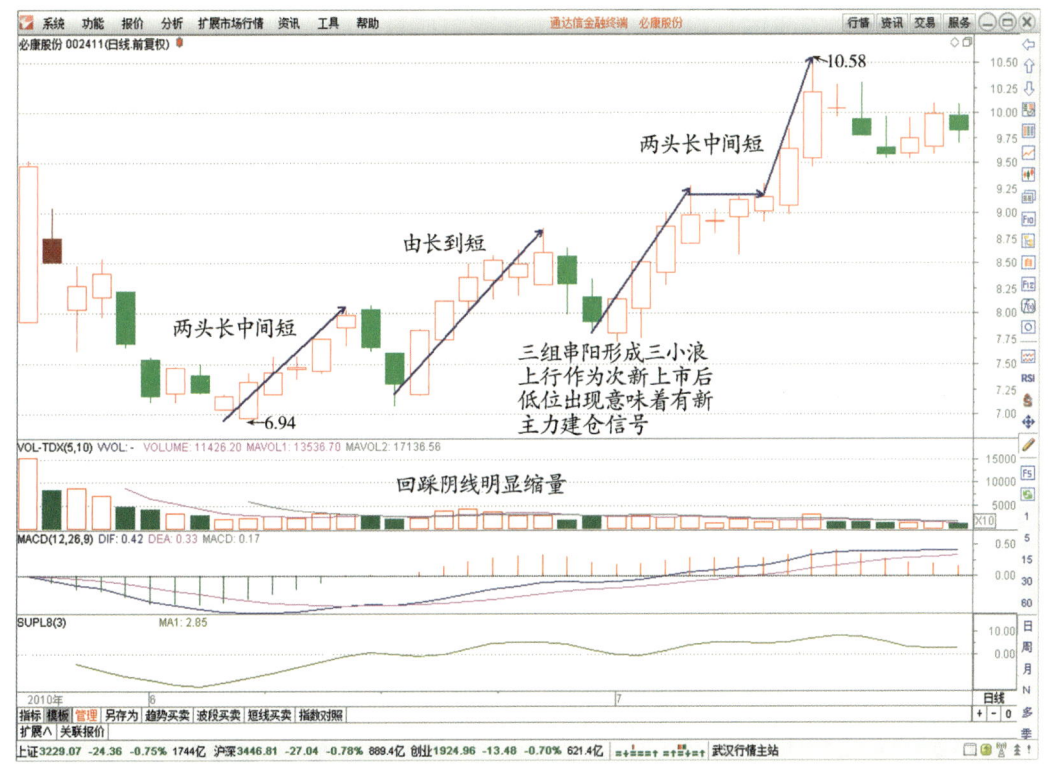

图5　必康股份（002411）2010年6月8日走势图

【技术特征】

1. 启动浪也就是一浪，逆市上行，多头信号显露。

2. 每次回调洗盘较短暂，均在2天完成，并且以缩量为主，足以看出其强势所在。

3. 从底启动一浪定会有二浪，有二浪必会有三浪，按标准的规律性节奏运行。

4. 量能搭配匀称，上涨有量，回调缩量，涨势未完。

5. 凡是有K线图的市场中，无论是上行还是下行，无论是小波段中还是大趋势中，K线的长短都会有自然规律。例如由长到短、由短到长、两头长中间短、三浪或加一浪主升这四种规律均为常见，当熟悉这四种K线运行规律后，对于空间分析、阶段位置分析、买卖信号、加减仓信号等，就了然于胸了。

【买入技巧】

1. 在底部出现5连阳以上必须重视，一旦缩量回调，3天内介入没错。

2. 随后二浪回调至前期高点附近时，可大胆买入。

3. 有了前两浪的上涨，必会有第三浪出现，而且可能是主升浪，并且第三浪涨势会比前两浪更高、更快，此股不买必后悔。

【卖出技巧】

1. 当股价突破前高位，或者量能有所放大，又或者是收出上影线时，应锁利出局。
2. 如果是中线投资者，可在冲高时降低仓位，说不定后期盘整后还会重拾升势，这要结合资金周转状况确定，把大部分钱放在这里等待也不划算。

【经验分享】

该股的走强是依靠基本面的题材受到热炒，加之技术特征上走出多头的形态，最终涨幅不负众望。次新股上市后一般有三种走势：一是先上涨后调整；二是先下跌后上涨；三是先下跌后盘整，随后再上涨。如果是先跌再涨的次新股，不妨多加以跟踪，一旦在底部出现串阳企稳回升态势，可按照上述图形进行操作，同庄共舞，体验赚钱的乐趣。如笔者在操作必康股份（002411）的同时，还发现了一只凯撒股份（002425），关注了笔者博客的投资者都知道，赣锋锂业（002460）也不例外。

图6 三外有三买入信号

【实战案例】

一般的散户投资者由于欠缺技术分析，很难准确把握"三外有三"的图形特征，但是如果用心研究，熟练之后难度并不大。先找到这一图形的规律性，再发现是否具备这一潜力。图6为华联综超（600361）2010年7月的走势，笔者选择它是由于该股是商业连锁龙头，2010年商业消费一直是投资热点，经过两个月多达30%的跌幅，技术形态符合绝地反攻的条件。笔者仍保持自己的操作手法，在底部出现了5连阳之后入场，当时笔者断定该股能够上涨却没想到会如此疯狂上涨。最终以跳空涨停上攻，可以说这是笔者在2010年操作最成功的股票之一。

第一章 短线强势股经典技术图解

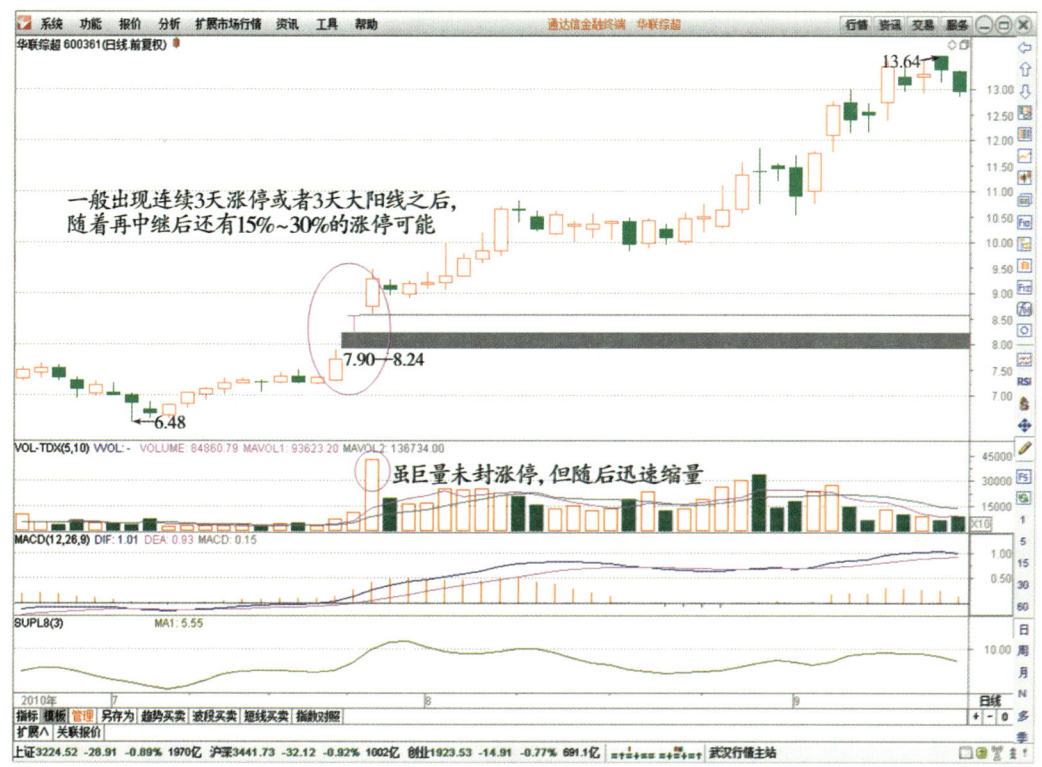

图6 华联综超（600361）2010年7月走势图

【技术特征】

1. 先以5连阳打开本轮上涨行情的启动浪。
2. 随后以中阳上涨5%左右，作为拉升启动信号。
3. 次日出现涨停板并持续上攻，短暂强势3天后仍有继续上行空间。
4. 虽然第3天冲高放巨量，但随后几天中仍保持带量上行，可见强势非同一般。
5. 关键看在前期的涨停力度有多强，以此决定后期仍有多大空间。

【买入技巧】

1. 在出现5连阳后的修整时期为最佳买入信号，宜择机介入。
2. 当中阳拉起并突破前高点时为明显的介入信号。
3. 若在冲高回落中强势不减，则仍有短线买入机会。

【卖出技巧】

1. 在3天放量冲高时可以减持，也可以全部锁利。

2．对于选择买入技巧3的投资者，可在后续上涨15%左右时或持续放量换手过大时卖出。

【经验分享】

如笔者在2010年7月和8月分别捕捉了江特电机（002176）和联环药业（600513）两只股，要选择做短线岂能放过类似的强势股。除了临时消息受到刺激快速上涨的个股外，一般个股在快速上涨之前都会有主力异动迹象，大致有下列几种迹象：一是如图6走出5连阳以上的扎实底部；二是启动前以中阳报收；三是拉升前以长下影线报收；四是启动前出现过缩量小平台整理；五是以假象下跌收出带上影线的小阴线；六是在底部出现放量吸筹大假阴线；七是启动前多次以缩量十星收盘，例如2010年8月26日笔者捕捉的峨眉山A（000888）正是如此。相信你在看完本书后会有更多感悟。

图7
台阶式买入信号

【实战案例】

图7为苏宁环球（000718）2010年2—3月的走势，作为一只地产股，上半年能走出类似的上涨行情，明显不简单，背后隐藏了巨大的风险。不管是主力抬高股价出货，还是游资突击，总之能上涨的股就是好股。上涨过程中带着节奏，同时也发出过买入和卖出信号，整体达30%的上涨空间足可进出自如，在1800多只股票中去寻找类似的图形走势并不难，关键在于如何恰当运用。懂软件编程的人可以自己设置该选股功能，当然，寻找该类股也需要花不少的时间。但是，如果使用笔者编制的软件，投资者就不用每天一只股一只股地翻找，在选股时不到一分钟就可以选出想找的图形，市场上的软件能实现以形态选股这一点的极少，大多是以指标选股。

图7 苏宁环球（000718）2010年2—3月走势图

【技术特征】

1. 形态上出现上升通道的图形，以上下轨线为波动边沿。
2. 台阶式的缓慢上移，上涨期间和调整期间时长几乎一致。
3. 量能极为明显，上行带量，回调地量。
4. 三浪完成后短暂回调，快速进入主升浪并耗尽量能见顶。

【买入技巧】

1. 首次买入信号为底部小箱体上轨被放量大阳突破时。
2. 其次买入信号在第一浪和第二浪的回踩低位平台支撑时。
3. 最后买入信号在主升浪启动的第二根大阳线突破三浪高点时。

【卖出技巧】

1. 稳健型投资者可在完成三浪时减持或卖出。
2. 高手派可在主升浪上涨10%以上时择机卖出，或者是发现量能持续放大时卖出。

【经验分享】

笔者的观点是,只要出现几天带量收阳线,且随后出现非常明显的缩量(简称"地量"),说明主力意在锁筹修整,此时可大胆买入,短线盈利成功率会很高。当然,上攻力度可大可小,但一般不会少于5%,这也能满足短线盈利的条件了。特别是在大盘调整时,很多强势股为了锁筹选择缩量小幅下跌,甚至是收缩量小阳,一旦大盘企稳,类似的强势股就会再度爆发。

笔者建议,在大盘回调时正是选择强势牛股的最佳机会,平时大盘涨个股都在普涨,不易区分强势股和弱势股,经过大势洗盘后强势股更为显眼。笔者根据经验总结出当大盘调整时强势股的变化:一是缩量小阴或小阳修整锁筹;二是借大盘跌势洗盘,出现急跌挖坑现象,随后先于大盘快速反攻。

图8 八日金叉买入信号

【实战案例】

MACD为指数平滑异同移动平均线,是从双移动平均线发展而来的,代表了一个市场大趋势的转变。它是一项利用短期(常用为12日)移动平均线与长期(常用为26日)移动平均线之间的聚合与分离状况,对买入、卖出时机做出研判的技术指标。图8为潍柴重机(000880)2010年8月的走势,图中前两次MACD形成金叉属于筑底过程,通常情况下,当MACD在底部出现二次或三次金叉时为最佳买入信号。图中标记的是在8个交易日内MACD出现先死叉后金叉的情况,一般为主力挖坑洗盘的动作,如果在MACD出现金叉冒出红柱时及时买入短中线股都会有不错的收益。例如东方宾馆(000524)2010年7月和潍柴重机(000880)2010年8月的走势,MACD在8个交易日内出现先死叉后金叉,后面都走出涨幅20%以上的波段行情。

第一章 短线强势股经典技术图解

图8　潍柴重机（000880）2010年8月走势图

【技术特征】

1．一般出现在强市行情中，并且MACD是在0轴之上出现类似图形才能算有效成立。

2．通常在短期一轮上涨后主力进行快速强力洗盘又快速强势拉升时出现，K线图形上出现一个洼地，MACD也是在几个交易日内完成先死叉后金叉的走势，也可视为主力挖坑埋筹洗盘的动作。

3．如果出现在强势股身上，那么在后市定会走出漂亮的波段行情，其上涨幅度一般不会小于20%，因为主力从挖坑埋筹到出手至少要有30%以上的上涨空间才能顺利换手。

4．如果在弱市或箱体整理中频繁出现死叉和金叉则不成立。

【买入技巧】

1．图8中的第一个抄底信号是MACD在0轴出现二次金叉时，如果在0轴出现三次金叉则为更安全的买入信号，但是一般只有经过大调整后才有类似现象出现，应该珍惜把握。若K线在盘整或震荡区域中出现，其成功率便会降低，最好是在上升通道中出现。

2．除了利用MACD指标来发现抄底信号外，还可把握波段行情的利润。图8中标记的几个交易日内从死叉到金叉的买入信号，有先见之明的投资者完全可以在金叉之前买入，不必到金叉后去追涨，当MACD出现弯头时或出现第一根红柱时即可分批参与。

3．当然，没有及时买到也不必着急，因为随后冲到前期高点时还会有一次微调，这时尽管低吸。但有一点必须做到，那就是当发现该股时一定要长期跟踪才能抓住低吸机会，否则过几天回头一看又涨高了，就会错过最佳参与时机。

【卖出技巧】

1．在强势中出现金叉一般都会有一波段行情，这一波段至少会有30%左右的涨幅，也就是说在盈利20%的时候可进行逐步锁利。

2．可以观察V形前的一轮涨幅是多少，一般在V形后还会有相应的涨幅。例如V形前涨幅达20%，那么V形后往往还会有20%的涨幅，这可作为大致的参考依据。

3．或者是出现放量拉高，换手速增的情况，有主力出货的嫌疑，应立即卖出观望，再寻求其他操作机会。

【经验分享】

经笔者研究发现，利用MACD在0轴之上的黄金买点有三个：一是如图8的情况；二是在0轴上出现调整下来后的大金叉时；三是MACD两条线形成蜻蜓点水的态势。运用好这三点可以尽情把握波段利润。

图9
长阴倒拔杨柳买入信号

【实战案例】

"长阴倒拔杨柳"是股票主升浪前或主升浪中的一种吸筹模式，也是主力的常用手法之一，很多个股都使用这种手法，但很多投资者不一定能把握好，在上涨过

第一章 短线强势股经典技术图解

图9 华映科技（000536）2010年2—4月走势图

程中一旦出现长阴就逃跑的短线投机者，是很难赚取后市的超额利润的。在当天盘面中会走出先低开或高开低走，下午才开始再度上扬，但全天走势较为疲软，不会强过大势，这是主力在压盘吸筹，以便展开接下来的拉升行情。一般情况下，在上涨途中出现"长阴倒拔杨柳"后，接下来的涨幅不会少于前一波的涨幅，如在前一波上涨20%时出现"长阴倒拔杨柳"，接下来还会有上涨20%的空间。这种操作方式也属于高风险高收益的手法，有时也需防范主力使用骗线诱多的可能。

【技术特征】

1. 图9在前期先以向上跳空缺口的方式高调建仓，说明主力已经处于迫不及待的状态，有急于拉升的动机。随后进入小阴小阳的横盘吸筹阶段蓄势待发。

2. 果然该股在主力的策划中一步步运行，当筹码达到能控盘的情况时，进行了急速拉升并放出倍增量能，此时便吹响了主升的号角。

3. 由于拉之过急不利于后市控盘，只好进行短暂的压盘动作，报收一根"长阴倒拔杨柳"的阴线，其实这只是主升进行到一半的时候。

4. 当日成交量并没有明显放大，而是在缩小，随后再次确认和修复长下影线

21

时,没有超出长下影线的三分之二以下,属于合理健康范围。相反,如果修复中超出长下影线的三分之二以下,则应当心还会有走出新低的可能。另外,在长上影线的运用中也这样反过来理解。

【买入技巧】

1. 技术派完全可在"长阴倒拔杨柳"的当天在分时图中寻求低吸,只要当天跌幅控制在3%以内,并且在下午能缓慢收高,盘中的低点都是逐步吸筹的机会。

2. 后知者可在当天收出"长阴倒拔杨柳"的尾盘买入或者在次日早盘中寻找低吸机会。

3. 猎取短线暴利一定要做到低吸,尽量做到不追高,而不是图形走出来后,人人都觉知时再跟进,否则风险就会增大。

【卖出技巧】

图9中有两个卖出信号,一是前面放量过大,后期见顶也不太可能再出现放量急拉的情况,而是会走出量能萎缩疲软的现象,此为卖出信号。二是在后期出现磨顶的现象,频繁出现阴阳线交配或十字星,上攻力度有所减弱,明显是散户盘在交易,随后主力的3中阳拉高就是派发的动机,尽量在这之前锁利出局为好。短线能盈利10%以上也算是不错的了,见好就收始终是笔者给读者的忠告。

【经验分享】

"长阴倒拔杨柳"出现在不同的位置,会走出不同的走势,一般情况下为后市看多,但如果出现在相对高位就很有可能是主力的骗线伎俩。其次,有的在横盘平台中出现,有的在调整后启动拉升时出现,有的在调整结束时出现,不管在什么位置出现,都需要结合近日的量能走势综合分析,笔者认为在主升浪中出现的胜算更大。

图10 疯牛喘气绝杀买入信号

【实战案例】

强势股分为短期、中期和长期，图10中的中粮糖业（600737）属于中期强势股。强势股的主要特征就是阳线不断，从而形成多个串阳组合，其中的缩量小阴线正如疯牛喘气，修整加油时间较短，恰好给了投资者一个最佳的介入机会。在每一轮上涨行情中都会出现一部分主流领涨品种，它们的走势远强于大盘。从图10可以看出，该主力的资金实力非常雄厚，并且是在早有预谋的情况下进行操控。可见

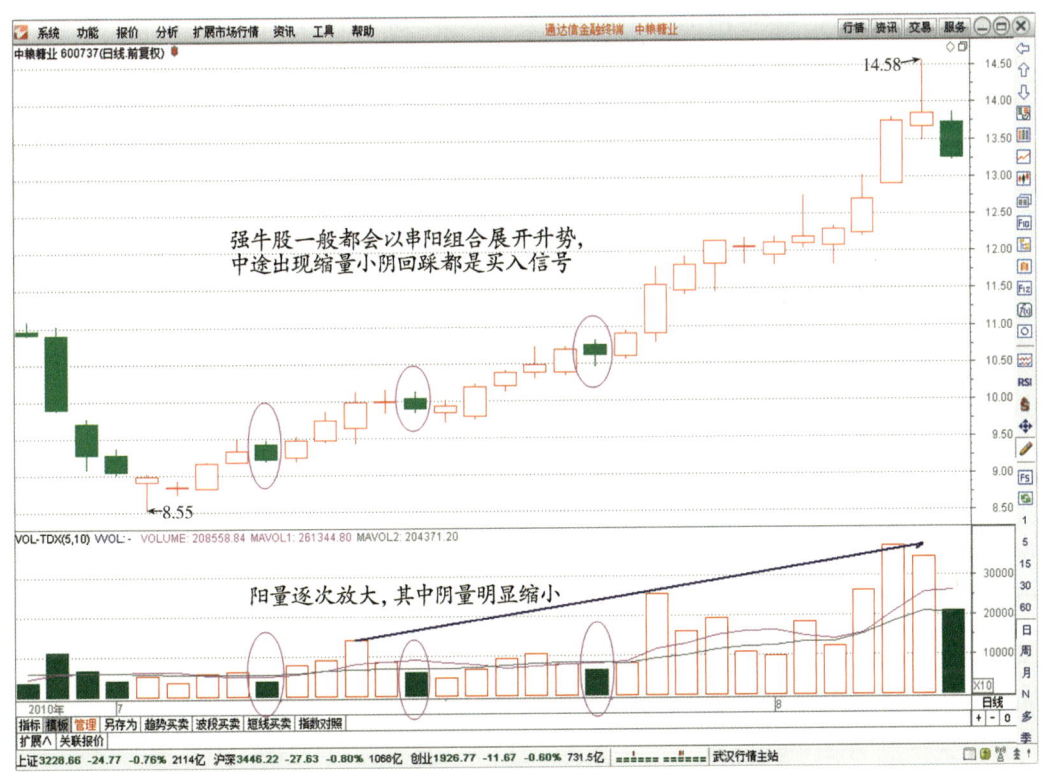

图10 中粮糖业（600737）2010年7月走势图

其策略是在启动前期先以急挫挖坑式探底，随后防其他人抢筹，并缩短了筑底的过程，直接进入启动阶段，量能也随之逐步放大直到建仓完毕，在接近前高点时更是走出了超乎想象的惊人上涨势头。

【技术特征】

1. 主力决定操控一只股票之前，都会有一个铺展过程，如图10中先以急挫挖坑降低建仓成本，从这一点上可以闻出牛股的味道。

2. 为了不让散户抢筹，主力选择用两天时间筑底，随即开始上涨行情，在每一次压盘的小阴线中均以缩量为主，说明一切都在主力的控盘之中。

3. 上涨过程带量、回调缩量均为主力在不断吸筹的表现，后市行情可进一步看多。缩量或地量一般可理解为主力"惜售"，即舍不得抛售，而下跌中无放量，所以在技术分析和操作中运用比较多，也是极为关键的特征。

【买入技巧】

1. "串阳筑底可认定是铁底"，如果是喜欢抄底的投资者应该珍惜且运用每一次满足底部串阳这一条件的个股。

2. 在低位阶段中走出串阳后出现缩量小阴时正是"疯牛喘气"的时候，趁机抢筹进场必有厚报，但大资金一次不能多买，否则易被主力发现。

3. 只要量能保持温和的状态，就说明后市仍有空间值得参与；如果量能放之过急，就要小心参与了。

【卖出技巧】

1. 首先衡量该股的上涨幅度，判断所处的位置是否在高位，主力是否有不少获利盘存在，再决定是否应该在该位置进行锁利或者减仓，一般涨幅在30%以内为安全区，50%以上为高风险高收益区，要随时提高警惕。

2. 其次就是结合量能和换手率的变化来观察主力是否有出货的嫌疑，或者是背离均线有回调压力时尽早出局落袋为安。

3. 前面的规律是小阳和中阳构成的，一旦后期高位出现急拉快涨的大阳时，均为卖出信号。

【经验分享】

有的投资者始终识别不出强势股，更谈不上操作强势股了！原因之一就是方向和思维有误。既然你没有全力往这方面去挖掘，那怎么会有如此的操作机会呢？笔者建议投资者对每一只强于大盘的个股都要进行一番研究，不断跟踪，寻求最佳机会介入。其实每天都有强势股出现，只要你能把重心放在股票池里的个股上，每天复盘进行分析，总会有机会参与并获得可观收益的。

图11 上涨三部曲买入信号

【实战案例】

笔者2010年抓住了好几只类似"上涨三部曲"图形的个股，盈利颇丰。不管是短线还是波段都能有明显的收获。如笔者在2010年7月初乐凯胶片（600135）出现三只喜鹊时大胆增仓并盈利不少。很多主力在上涨后进行小幅洗盘都会走出类似形态，大家都知道主力洗盘的意图是再次抬高股价，如果能抓住主力洗盘的个股进行正确的操作，那么你的收益绝对不会落后于大势。每天都有不少个股在进行洗盘动作，我们要挖掘再加以分析，判断其是否属实，择机参与，若是一个月能抓住一两只主力洗盘的个股，定能获得满意的回报。

【技术特征】

1．"上涨三部曲"俗称"升势三鸦"，笔者将其称为"三只喜鹊站树梢"。

2．股价经过一段时期上涨，在一根大阳线或中阳线之后，接连出现三根小阴线，但三根小阴线都没有跌破前面这一阳线的开盘价，并且成交量也开始减少，随后就出现一根大阳线。

3．出现在上涨初期或上涨中期的可能性更大。

4．有时会出现在接近前期高点时，利用这短暂的时间完成修整。

5．"上涨三部曲"也属于上涨中继、空中加油的K线组合形态之一，是持股者最宜加仓的信号。

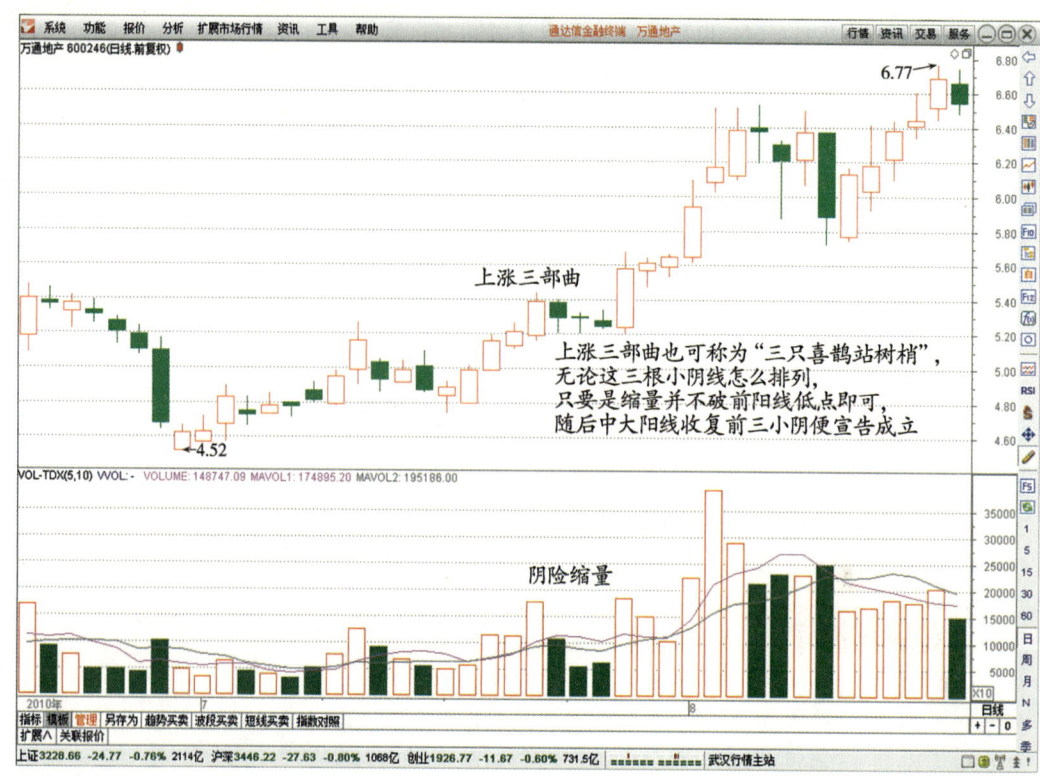

图11　万通地产（600246）2010年7—8月走势图

【买入技巧】

1. 最安全的介入点在次日的大阳线盘中突破三根小阴线的高点时，也就是包住这三根小阴线时及时买入。

2. 对于技术派来说，在确定这是"上涨三部曲"后，完全可以在最后一根阴线的尾盘逐步参与。

3. 或者在次日的早盘逢低参与，但在这个低点的时间会很短，参与要及时，最好能在集合竞价时就买入，或者是大阳之后3天内逢低参与还有短线利润可图。

【卖出技巧】

1. 首先按黄金分割法找出卖出位置，如出现类似"上涨三部曲"图形的前期涨幅达20%，在后市再走出涨幅达20%附近时应考虑锁利。

2. 其次是在接近前高点附近时适当减持。

3. 如果进入主升浪阶段，就应在放量冲高、均线顶部背离时立即出局。

【经验分享】

很多投资者往往就亏在主力洗盘的节骨眼上，当然，这也是主力所要达到的目的，对后市拉升才有帮助。要怎样才不会被主力震荡洗出局？要怎样去挖掘主力洗盘时的低吸机会？或者说如何分辨主力是在洗盘还是在出货？笔者经整理制作出如表1所示对比表，仔细研读定能对你有所帮助。

表1 主力洗盘和出货的特征对比

洗盘的特征	出货的特征
1.股价在主力打压下快速走低，但下方获得强力支撑	1.股价在主力的拉抬下快速走高，但在上方出现滞涨
2.下跌时量能萎缩，上涨时量能有所放大	2.上涨时量能无法放大，但下跌时量能速增
3.股价维持在10日均线之上，就算跌破也不会大幅下挫	3.股价在跌破10日均线时毫无支撑并无力返回
4.量能一直呈现递减状态，甚至地量交易	4.量能一直保持较高水平，换手率随增
5.股价在整理后再次呈现向上突破，甚至大阳或串阳向上	5.股价整理后逐步呈现下降趋势转为疲软状态
6.几乎没有利好传闻，利空传闻却不少	6.几乎没有利空消息，炮制利好消息不断涌出
7.投资者处于犹豫状态，持股信心不足	7.投资者处在兴奋状态，持股信心十足
8.以达成主力合理价位的洗盘为目的	8.直到疯狂时刻众人抢筹时，主力趁机派发完成出货

图12
仙人指路买入信号

【实战案例】

"仙人指路"又称"宝剑出鞘",指的是主力在拉升个股之前,先打一个长长的上影线,看似空头力量很强,实则是主力的震仓行为。其后不久行情仍沿着这个上影线的方向运行,甚至涨势更为凶狠。这种K线组合多发生在强势洗盘的情形中,如图12所示的北方国际(000065)2008年1—2月走势。

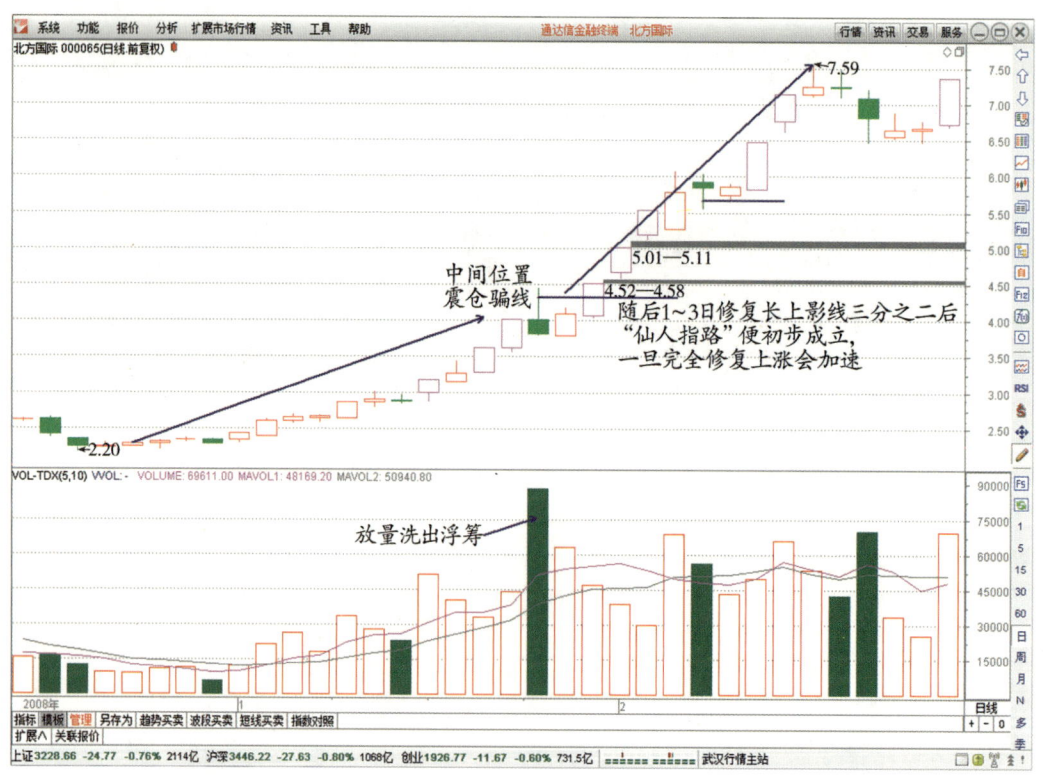

图12 北方国际(000065)2008年1—2月走势图

识别真假：

1. 股价处在下降通道中，当天出现长上影小阴阳K线不属于"仙人指路"特征。

2. 当天量比达到5倍以上，换手率达到10%以上的巨量长上影阴阳K线不属于"仙人指路"特征。

3. 当天收盘时下跌至昨日收盘价之下，跌幅达到5%以上，不属于"仙人指路"特征。

4. 股价处在下降阶段的反弹行情中，当天出现长上影小阴阳K线不属于"仙人指路"特征。

5. 长上影线随后1~3日内没有收阳修复上影线部分，不属于"仙人指路"。

【技术特征】

1. "仙人指路"形态通常出现在阶段性底部中期和末期、拉升阶段初期和拉升波段中期，横盘末期有时也会出现。其真正用意有两点：一是向上试盘（测试阻力和跟风盘程度）；二是震仓洗盘（以短时间完成换大空间）。

2. 股价以一根带长上影小阴小阳K线报收，收盘时仍然保持在1%~3%的涨跌幅。

3. 当天的量比达1倍以上，换手率在5%以内，振幅在7%以上。

4. 随后以阳线修复长上影线后再继续上涨，若在上涨中途出现，往后还有之前一样的上涨幅度。

【买入技巧】

1. 短线投资者：股价处于拉升波段行情中，出现"仙人指路"特征时，临盘应在次日后收阳修复长上影线三分之二时果断狙击。

2. 中线投资者：股价处在阶段性底部，出现"仙人指路"特征时，临盘应在次日收阳时展开中线建仓计划。而股价处在拉升初期时，则要及时加仓。

3. 长线投资者：与中线投资者的买入技巧一样。

【卖出技巧】

1. 如果出现在低位的上涨初期，可在波段持股到股价远离5天均线时卖出。

2. 如果出现在上涨中期，可按出现前涨幅高度比例判断卖出信号。例如：在出现"仙人指路"之前上涨了10%，那么在出现"仙人指路"之后仍会有10%以上的上涨空间。

3. 止损信号便是长上影线的低点之下时。

【经验分享】

"仙人指路" 追强势股最佳运用条件：
1. 上涨的角度出现超过45°的运行态势。
2. 出现"仙人指路"的K线位置最好是在前期的重要压力区间位。
3. "仙人指路"前一天的阳线最好是5%以上的大阳线，并伴有近期较大成交量。
4. "仙人指路"K线出现时，量能要出现连续放大。
5. "仙人指路"K线出现后，在后面一天必须出现高开高走，或低开高走，绝不能出现高开低走的现象，这是决定主力是否开始继续上攻的重要标志，也是决定"仙人指路"K线形态能否成功的主要条件。能否连续小阳线拉升是判断"仙人指路"是否成立的关键！

图13
追涨不追高买入信号

【实战案例】

图13为ST新梅（600732）2010年7月的走势。笔者在2010年4月15日大势下跌后的4月28日买过它，当时买入是结合了该股前期的走势分析，4月底时该股很接近前期的三个低位位置，且笔者发现前期的三个低位都出现过涨停板反弹走势。故在此位笔者也顺利赚取了一个涨停板，因此对该股印象较深。在7月市场见底时，笔者又发现该股5连阳筑成小圆弧底，并且出现带有下影线的放量阳线，5连阳后毫不犹豫地买入。这也是笔者2010年操作较为成功的个股之一。大家不用认为这是奇迹，其实这只是重复运用简单的技术分析而已，学好基本功，你也可以。

【技术特征】

1. 个股经过大幅下挫后，底部区域出现两次串阳筑底，首次串阳主力建仓筑底

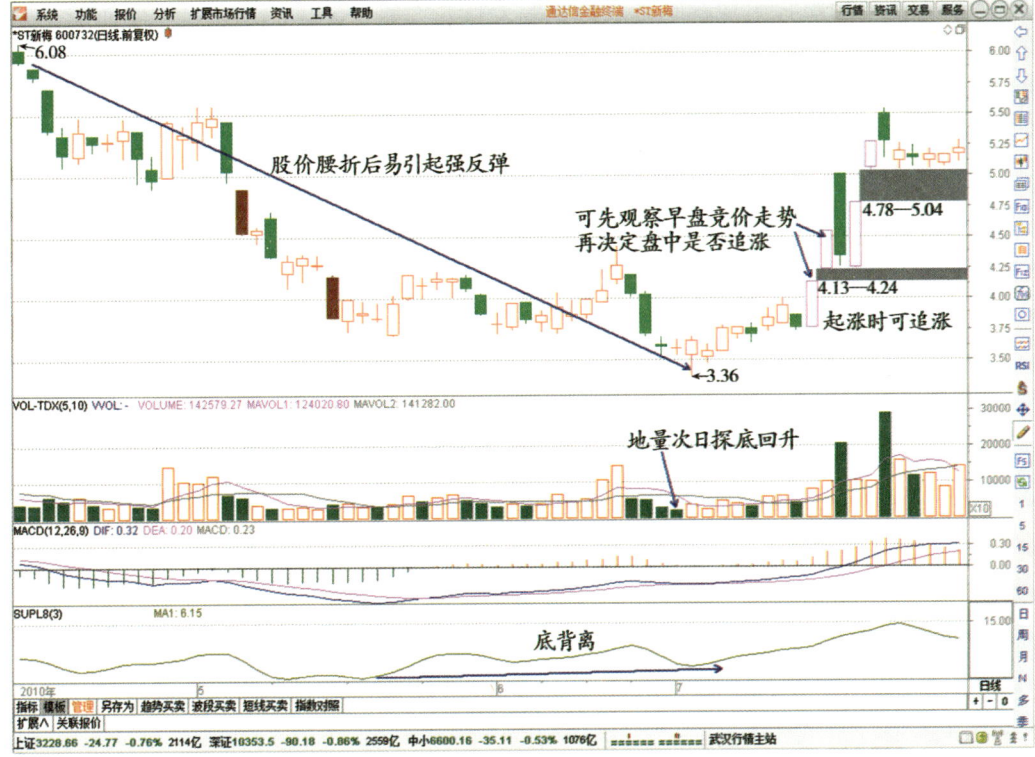

图13　ST新梅（600732）2010年7月走势图

后又选择了挖坑洗盘，随后的二次5连阳成为真正启动上涨的信号，并且探底前地量和附图指标也出现底背离。

2．前面两轮扎实的串阳筑底，为后期加速上攻吹响了集结号。

3．按照低位底部有一个涨停后续就有3个涨停的规律，完全可以按追涨不追高的法则参与。

4．往往下跌幅度越大，其反弹力度也就越强，在熊市中也一样，因为熊市的普遍特征是"急涨慢跌"的节奏。

5．凡是自选股中有处在底位等待启涨信号的，每日务必记得查看早盘竞价图中是否有密集上行走势，若有便可在盘中追涨，这种在低位启涨中买进的做法不属于追高。

【买入技巧】

1．以笔者上述为例可作为首次买入信号。

2．在接近涨停时发现大单拉高并直线上行，且该行情出现在底部区域，此时完全可以追涨买入。

3. 在涨停的次日出现跳空高开后直线上行并无回补缺口的意图，可想而知，如此强势的股票第三天一定还会有高点出现，在第二天早盘时胆大者仍可追涨，更何况没有出现巨量拉升出货的迹象。

【卖出技巧】

1. 稳健型投资者可在第三天放量冲高时卖出。
2. 高手派可持股到放出巨量时再卖出。

【经验分享】

类似连续几个涨停板的个股较为常见，从经验来看，只要该股有背景（股票的基本面良好）、有题材，一旦在低位出现涨停式上攻（特别是第一个涨停封板较早的），必会继续上攻，并且强势上涨不少于3天。如果出现3个连续涨停板，后市可能会在盘整半个月后再次上涨15%以上；或者是冲高回落后以盘升式上涨15%以上。如果在前期涨停附近没有追进，那么后期的15%不妨搏一下。只要冲高回落时没有低于最后一涨停的低位，仍可抱有希望，如前面的"三外有三"的图解一样。

图14 跳空缺口买入信号

【实战案例】

图14中的滨海能源（000695）是笔者的老朋友了，笔者于2006年第四季度操作过，对其印象颇为深刻，所以并不会惊讶滨海能源（000695）在2007年走出涨幅超过5倍的惊人走势。好的股票要时常跟踪，了解它的习性，操作起来才能得心应手，这是笔者能抓到该股并获得丰厚回报的原因。该图形出现在2010年2—7月，两次不同的向上跳空缺口走出不一样的升势，从中发出不同的买入信号。天津滨海新区是国家的重点发展区域，相关个股为何不长期看好呢？再结合节能环保概念，发现这只股票更是长线短打的上佳选择。在此，笔者并不是推荐股票，只是太过于了解它故费了些笔墨而已。

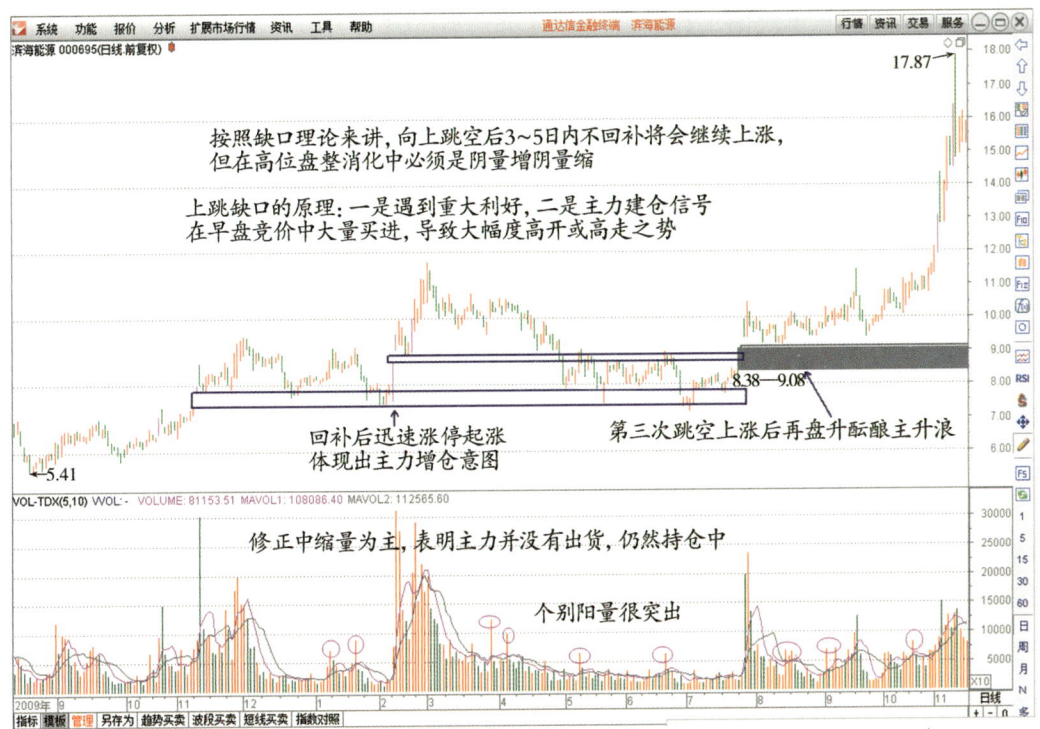

图14 滨海能源（000695）2010年2—7月走势图

【技术特征】

1. 两次向上跳空缺口后3～5天内没有回补是强势特征。
2. 前一次向上跳空缺口后出现了长时间的横盘现象，这是短期上涨幅度不大的原因之一。
3. 后一次向上跳空缺口回踩修整时间较短，可见强势难挡，且缺口前一天以低位放量涨停报收，为后市上攻提供了原动力。
4. 前两次向上跳空缺口的量能有所区别，这是上涨幅度不一样的关键之处。
5. 第三次向上跳空后出现了盘升之势，这是典型的在酝酿蓄势待发主升浪。

【买入技巧】

1. 从缺口理论分析，只要出现向上跳空缺口后3～5天未见回补，说明强势仍在，可择机介入。
2. 图14中的二次向上跳空缺口的买入信号较为明显，毕竟是在第一次向上跳空缺口处为支撑，当再次向上跳空缺口并突破前高位时可大胆介入享受主升浪的赚钱乐趣。

3．为保护主力建仓成本价，行情第三次向上跳空前一直在前两次缺口处横盘，这表明主力仍然在，可知主力持仓近一年时间仍在坚守中。俗话说事不过三，在第三次上跳缺口后直接向上盘升（拒绝回调和再洗盘），最终才有浩浩荡荡的主升浪。特别是在突破前面所有高点后，走势便以加速上行，在此之前逢缩量阴线都是低吸机会。低吸的信心在于懂得前面缺口的惯性分析。

【卖出技巧】

1．观察能量变化，如果是单根K线巨量快速拉高则为卖出信号。

2．若出现如图14中的两次向上跳空缺口，且上涨中持续急速放量，当量能耗尽时会有急跌的可能，应及时卖出。

3．第三个缺口后主升浪中急拉快涨远离均线是逐步减持的信号，特别是从第三个缺口的价格至翻倍时应加强注意，往往已达到主力的获利目标而出货见顶。如图14从第三个缺口8.38元上涨至17.87元，股价正好翻一倍。

【缺口理论】

跳空缺口是指相邻两根K线之间出现没有交易的空白价格范围，跳空缺口是一种强烈趋势的信号。向上跳空，表示强烈的上涨趋势；向下跳空，表示强烈的下降趋势。

缺口一般分为五种类型：普通缺口、除权缺口、突破缺口、持续缺口和衰竭缺口。五种缺口的特征如下。

普通缺口：一般出现在波动范围不大的整理形态中，出现缺口后，也未导致股价突破形态而上升或下降，短期内走势仍以盘整为主，3～5天内缺口很快被回补。

除权缺口：这是股票每年分红派息除权造成的缺口，在中长期趋势中仍会有填权的可能。

突破缺口：突破横盘出现的缺口，股价脱离整理区域或成交密集区域，至少3天内甚至一段时期内不会被回补。

持续缺口：此为中途跳空缺口，重要特征是没有密集成交形态，出现在行情急速运动中。持续缺口一般在一段时期内不易被回补，具有助涨助跌的作用，特殊时候会产生2～3个持续缺口。

衰竭缺口：出现在一个运行趋势的末端，股价做最后的冲刺，与此同时往往有恐慌性抛售或消耗性的上升，缺口一般很快被回补，市场原有的趋势发生逆转。

【经验分享】

一般而言，向上跳空缺口同向下跳空缺口的含义一致，都具有向跳空的方向进行加快的特征。如果是向下跳空缺口，越大越可怕，新的跌势或由此展开，更别期望未来几天的回补，建议是三十六计走为上策；如果是向上跳空缺口，越大越乐观，只要3~5天内不出现回补，后市涨势的希望更大。若是向上或向下跳空缺口当天就及时回补，对后市分析意义不大。

如果你对向上跳空缺口比较感兴趣的话，不妨加强操练，专心做熟、做精向上跳空缺口这一图形形态是不错的选择，因为时常会出现类似向上跳空缺口的股票，一个月能成功操作一两次就会有可观的收益。

上述经验还可应用到上证大盘指数分析中，例如，大盘在高位后持续几日都是跳空低开（无论跳空幅度多少、是否盘中回补），就要提防行情反转空头之势，随后可能迎来一轮单边跌势。相反，大盘在底部区域后多次出现高开也易形成反转多头之势。

图15
千金难买牛回头买入信号

【实战案例】

图15是江特电机（002176）2010年7—8月的走势，笔者实盘参与过，该股是符合笔者选股风格的个股。江特电机前段3个连续涨停，具备"三外有三"的条件，可运用"追涨不追高"法则介入；后段是串阳形态后出现缩量修整，可运用"量能观意图"法则介入，这是该股的技术面。另外，该股基本面也发生了突变，这是因为该公司参与锂电池业务，该业务是当时市场上的炒作热点，基本面与技术面的配合，使笔者操作起来如同顺水推舟。可能很多投资者就因出现3个连续涨停后，短期行情处在高位而不敢参与其中，但经过一轮涨势之后，回头一看追悔莫及。而懂技

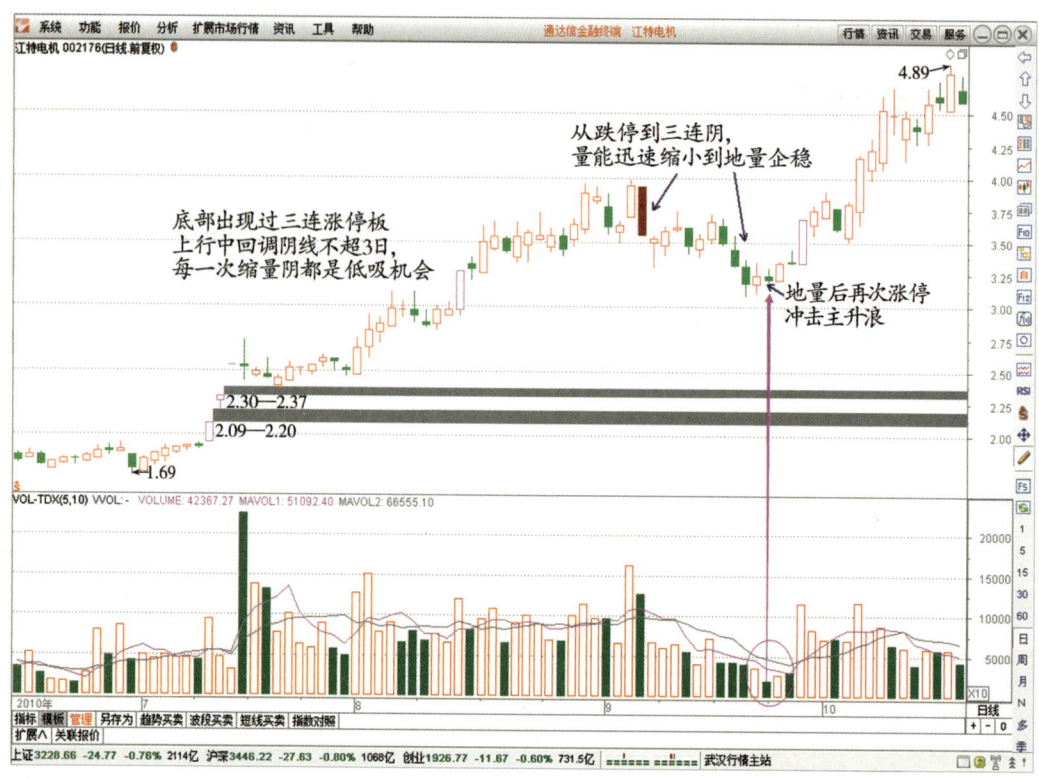

图15 江特电机（002176）2010年7—8月走势图

术面的人完全可以成功操作这种图形形态的股票，要想快速获利可从类似的强势股中去挖掘。

【技术特征】

1．前段以三个连续涨停板为主力作为大举进场的启动浪信号，后续顺势进入上升通道。

2．在底部区域走出多个串阳现象，可视为主力吸筹信号，至于后期的上涨势在必得。

3．上升通道中的串阳后，在短暂的修整期内呈现极度缩量，说明主力有效锁筹。

4．上升通道中的量能保持温和增长，可助涨势持续更长的时间。

5．一旦底部构成，进入上行通道中，特别是沿着5日、10日均线上行的，其中若出现缩量小阴线都是"千金难买牛回头"的机会，直到阳线量逐渐放大后才停止增建仓，并进行减持或全卖出。

【买入技巧】

1. 前期底部的5连阳出现后可作为买入信号。
2. 首次强势涨停附近仍可运用"追涨不追高"的法则买入。
3. 后期在上升通道中的串阳后出现缩量修整可作为再次买入的信号。

【卖出技巧】

1. 稳健型投资者可运用上升通道中的上轨高位或跌破下轨作为卖出信号。
2. 技术派可选择在上升通道中的三浪完成后逢高卖出。
3. 高手派可持股到顶位放巨量时再卖出。

【经验分享】

只要出现热门消息题材股,一旦受到主力的炒作,一般都会有不少于30%的涨幅,涨幅超过30%主力才能顺利获利。如果是以3个涨停板建仓,那么一波涨幅不会低于50%。

一旦有类似迹象出现,及时运用笔者"追涨不追高"的买入法则参与必有厚报。2010年不少与新能源电动车相关的概念股涨势惊人,能抓住其中一只并做精足以让你获得丰厚回报。

每一轮上涨行情中都会有一批主流领涨品种,带动整个相关板块和市场人气上涨。只要不是在普涨的情况下,想挖掘强势股并不难。很多人天天希望买到牛股,但是却没有用心去发掘牛股,等到牛股发力后才后悔当初没有买到,因此敢于参与,并把握好买卖位才是制胜的关键。

图16
双针探底买入信号

【实战案例】

"双针探底"较为常见,简单地说就是一段时期内出现两次长下影线探底。2006年第四季度笔者成功地抄底操作了中铁二局(600528),历时两年,出现了图16所示的"双针探底"信号,当价格再次回到2006年笔者成功操作的买入位附近时,笔者再次战略性建仓参与其中。首先,该股是2008年1664点的熊市后的反攻先锋之一。其次,铁路建设是国家重点投资项目之一,铁路建设未来几年的快速增长趋势非常明朗,而该公司年工程中标额达400亿元以上,且呈现年年增长的趋势。虽然2010年在地产调控和大盘股的影响下该股也遭受重挫,但是笔者还是会继续关注它接下来的表现,这是笔者"做精一只股"的一贯风格。在下一轮的大牛市中,中铁二局(600528)会有什么样的表现呢?我们拭目以待。

【技术特征】

1. 从该股整体运行特征来看,有两点值得关注,一是长期箱体盘整,二是经常出现长下影线探底反弹。股价一旦启动,形成上涨趋势时,涨幅会相当惊人,因为横有多长竖就会有多长。

2. 图16中的双针探底位于2009年4—5月期间,之前半年一直处在箱体整理之中。

3. 在双针探底形成后股价由此上涨,转势近在咫尺。

4. 在双针探底的同时,CCI技术指标(顺势指标)也达到-200以上。

5. 两次长下影线都是在同一位置低开低走再回升,特别是在第二次出现后产生地量,表明不会再有新低的可能了。所以,在平常可观察长下影线前后是否有出现地量K线,以及地量后是否有中小阳线的启涨信号,这是判断是否真正止跌的买入信号之一。

第一章 短线强势股经典技术图解

图16 中铁二局（600528）2009年4—5月走势图

【买入技巧】

1. 短期内出现两次长下影线的探底动作，在第二次出现长下影线探底时极为重要，如果随后股价出现缓慢上移态势，可逐步分批介入。

2. 在突破箱体上轨时即可看涨后市，也可加大筹码买入。

3. 突破箱体上轨再次回踩确认反支撑有效时可大胆买入。

【卖出技巧】

1. 在上涨一段时期后，需观察量能变化。如果出现放量急拉应锁利出局，避开调整风险。

2. 通过观察超买指标是否超标来确认是否出现卖出信号。

3. 结合市场整体行情运行变化，判断中长线是否应该卖出。

【经验分享】

双针探底的出现意味着各种机会和风险，应该注意以下几方面：一是在上涨初级阶段，双针探底在箱体盘整中出现是买入机会；二是在低位盘整中出现，上涨的可能性会大一些；三是如果第二根下影线的位置比前一根有所抬高，也存在买入机会；四是如果出现在下跌趋势中或者高位的盘整平台上，需防范主力做假线诱多的风险（例如"仙人指空"）；五是短期内频繁出现双针探底，属不正常现象，需要回避；六是如果不能及时判断出多空预测，不妨结合随后几日的走势，待走势明朗后再做出判断；七是也不排除低位间接性地出现三次长下影线，且逐次低点抬高，这种看多信号更明确，相反，在高位出现三次长上影线也需注意顶部的形成。

图17
单针探底买入信号

【实战案例】

图17为顺络电子（002138）2010年的走势，7月2日当天出现了一根单针探底K线。前期经过高位下来下跌三浪直至收出长下影线在此触底反攻。当年7月初，一位投资者向笔者咨询对该股后市的操作建议，笔者给他的意见是，单针探底后出现了向上跳空缺口且5天内没有回补，同时量能也有所微增，符合缺口理论中的"突破缺口"买入条件，故建议这位投资者"有钱增仓，没钱捂股，极有可能反攻到前期高点附近"。随后该股以串阳方式走出漂亮的上升趋势，笔者第一直觉是该股已经形成V形反攻态势，加上出现向上跳空缺口未补，后市必会强势上攻。通常情况下，出现V形底之后的第一次短暂修整时是最佳买入机会，此刻买入还可以抄主力的底。

【技术特征】

1. 单针探底成立的前提是经过深幅调整后在低位出现。
2. 必须收出长下影线，并且股价又快速返回前一天的价位附近。
3. 同时经过急速下探后股价远离趋势线和5日平均线，存在回抽要求。

图17　顺络电子（002138）2010年走势图

4. 其中下影线越长，看多越强烈。

5. 若随后有向上缺口更会显露主力做多的举动。

6. 特别是低位长下影线后1～2日出现中大阳收复下影阴线或前两根阴线，简称阳包阴的阴线带有长下影线，这种组合条件形成后上涨信号最为明确。再者如图17中出现的在每一次低点后长下影线再次回升的规律。

【买入技巧】

1. 如果出现长下影线，随后3天为变盘关键期，一旦有回升态势出现可及时买入，如果随机指标KDJ线出现了金叉，则买入信号更强。

2. 若有向上缺口后3～5天内没有回补，则为买入信号。

【卖出技巧】

股价接近前高位附近是唯一的卖出信号，因为一旦出现V形反攻的形态，当股价返回前高点时会有修整的要求。如果在前高修整中阴线以缩量为主，便可继续捂股，直到急拉快涨放量时再卖出。

【经验分享】

较长的下影线同老鼠仓形态相似，主力运用对敲方式自卖自买。长下影线只要出现在低位都有探底的可能。随后3天的走势为变盘期，如果随后3天股价进行上移，趋势为弱转强；如果随后3天股价进行下移，很有可能继续下探确认真正的底部。在变盘时期不妨结合其他技术指标，判断是否符合买入条件。特别是长下影线的低点带有"神奇数字"可作为重点关注。

笔者认为，只要在低位同时符合3个条件的买入信号均可试探性参与，如果是在高位，只要有1个卖出信号成立，都得减持或空仓。

图18
金针探底买入信号

【实战案例】

图18为上证指数（999999）2007年5月30日前后的走势。从经验中吸取教训发现，每一轮大幅上涨后必然出现一次中级调整，无论是2007年的5月30日、10月16日，还是2009年的7月29日。从这几次大调整中发现，起初以急速一浪为大机构出货，接着反弹到接近前高位后才是真正下跌的开始，此时是中小机构出货的机会。特别要注意快速下跌后，主力达成洗盘目的时，会采取迅速建仓的方式，这一点可以由当天的分时图明确反映。只要次日股价能收于这根带下影线的中阳线之上，该图形就基本确定有效。笔者采用的上证指数（999999）图解案例同样可以运用到个股的技巧分析之中。

【技术特征】

1. 一轮类似挖坑的急跌后出现带长下影"阳线"，可视为跌势缓解，反弹在即。

2. 随后次日是最为关键的变盘日，次日的股价必须超过前一日下影线的高点，金针探底才算成立，并且量能也必须随之放大。

图18 上证指数（999999）2007年5月30日前后走势图

【买入技巧】

1. 安全的买入信号位于次日收复长下影线高点时。
2. 关注其他技术指标是否符合探底条件再决定是否买入。
3. 若金针阳线前一根是阴线，且金针阳线吞没了前阴线，那么在金针阳线尾盘可以买入。

【卖出技巧】

1. 卖出信号在接近前高点附近。
2. 观察量价和换手的速度增长，或结合分时图高抛。

【经验分享】

金针与双针及单针的区别在于，金针下探收出的下长影线为阳线，且该阳线的实体较长，下影线较短，量能也略微放大，位置处于急速下跌之后。符合这些基本条件才可能是金针探底，随后有望走出V形的反弹行情。在此笔者必须告诫投资者，

在下降趋势中可能会出现很多下影线，如果不知道哪根针有效，判断真假的唯一办法就是以随后3天的走势定结论。

主力们掌握了常人所用的手法后，有时会以假下影线诱多然后继续杀跌。千万不要一时冲动踏入主力陷阱之中，否则便会一发不可收拾，主力既然用心做假，必然是挖好了坑等你跳。更多做假图形和做假手法笔者会在后续的"防庄做假线经典技术图解"和《做精实盘手法（彩图版）》一书中详细讲解，主要包括主力常用手法和散户常用手法以及防范风险的技巧。虽然技术对短期更为有效，但是消息对股价也有影响，特别是在底部阶段和顶部阶段的消息，市场对其也极为敏感，所以，这一方面也需结合消息进行分析判断。

图19
光头光脚买入信号

【实战案例】

如图19所示的光头光脚形态最为常见，短线投资者看到它普遍认为次日会涨，是较简单的技术分析之一，但是如果运用不当同样不会赚钱。那么，正确的买入点在哪里？如何用正确的手法快速锁利？出现后接下来会怎样运行？运行趋势能持续多久？等等。这一连串值得思考的问题会在我们的脑海里盘旋。其实，有时主力也会利用投资者的信任，制造出类似的假线诱多。有的出现后次日上涨一点点又开始进入调整。所以技术分析投资者一定要多加练习和分析，才能分辨主力的真假诱多。

【技术特征】

1. 从当天开盘在最低价，收盘在最高价，即形成无上下影线的实体大阳线判断，光头光脚形态成立。
2. 有时出现在下跌后的反弹中，有时出现在上涨途中，有时也出现在横盘中。
3. 出现在上涨初期也属于短线强势股特征之一，特别是在出现前已有地量企稳

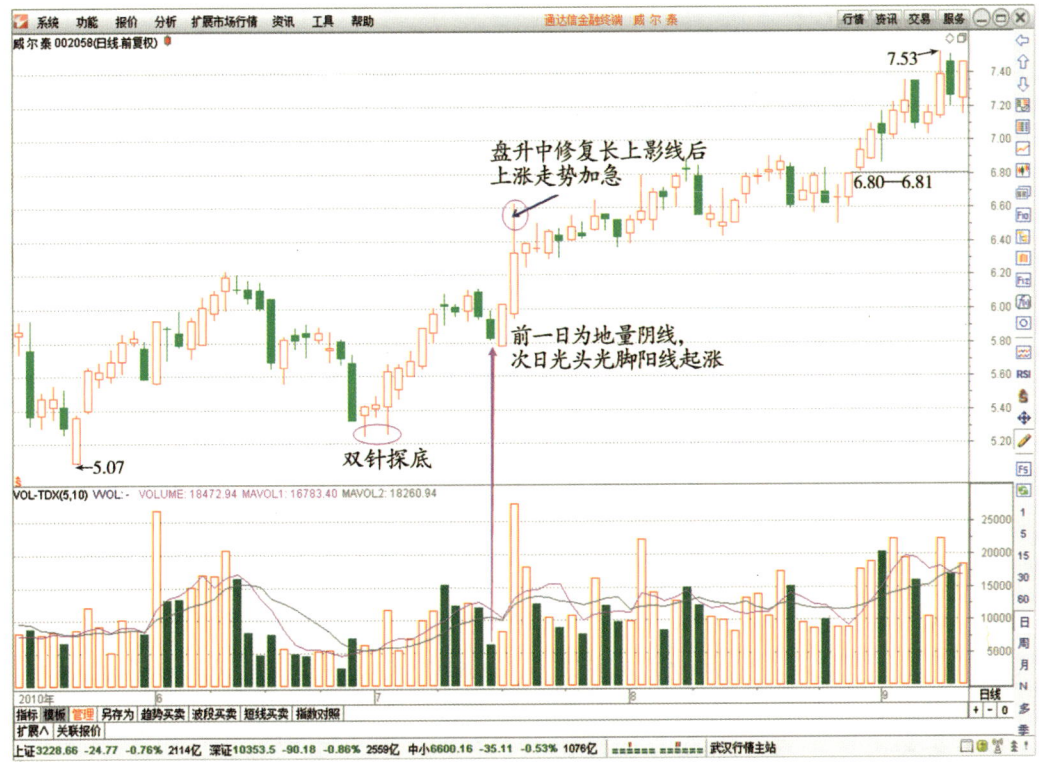

图19 威尔泰（002058）2010年6—9月走势图

信号产生，如图19所示，否则其他类型的效率不一定会很高。

4．有时也需注意量能，若光头光脚的量能没有前阴线的量能大，上涨态势也整体偏弱。

5．出现光头光脚的阳线没有包住前阴线的上涨态势也偏弱。

6．很多光头光脚的阳线次日顺势走高后又被打回原位，所以不能太单一以一个条件信号决定买入。

【买入技巧】

1．最佳买入时机是当天临近尾盘光头光脚阳线成立时快速买入，以便次日冲高可做T+1，因为如果次日追进不一定会有最佳的卖出机会，假突破这一点不得不防。

2．如果出现在上涨途中，次日早盘寻低位买入也无妨。

3．如图19中，在前一日有地量止跌信号，再以光头光脚为起涨阳线，可在当日或次日买进。

【卖出技巧】

1．卖出信号取决于股价和K线形态所处的位置。如果在买入次日出现快速拉高，可趁机高抛做T+1。

2．如果出现在串阳或上涨趋势中，可按常用的卖出信号来决定卖出与否，总之短线操作就是快进快出，才有下一次的投资机会。

【经验分享】

买入信号首先与所处的位置有极大的关系。如果出现在回调后的反弹初期，次日可大胆看涨；如果出现在上涨途中可视为升势加速；如果出现在整理之中并且阴阳相间，就要加强防范继续整理的可能。其次是跟量能和涨幅有着一定的关系。如果是光头光脚带量涨停可作为上攻态势；如果上涨幅度在5个点以下作用不会太大，5个点以上的实体大阳次日看涨可靠性要高一些。只要符合买入条件的光头光脚图形出现，最好当天在盘中趁机买入或是尾盘跟进，这样在次日冲高时可顺势出手，以防不测发生。在此笔者强调一点，要做好短线强势股的图形，建议针对选好的个股在盘中多观察分时图和30分钟、60分钟图形去选择最佳买入点，如果技术好，在当天买入能赚几个点，次日早盘无论高开还是低开都不会亏钱，风险会降低很多，很多时候次日买入上涨一点就回落或次3天选择下跌就更容易被套。总之一句：快进快出，出手要准，脱手要快。

图20 低位串阳买入信号

【实战案例】

"串阳组合"是指连续收出4～6根中小阳线并呈现重心上移的K线组合。图20中的熊猫金控（600599）笔者在2008年奥运会前第一次操作，盈利不多；2009年国庆节前再次操作该股并且大幅盈利。正如笔者预期，2010年亚运会前该股有操作价值，当时正值7月大势企稳，熊猫金控在底部走出了"串阳"的走势，是难得的低

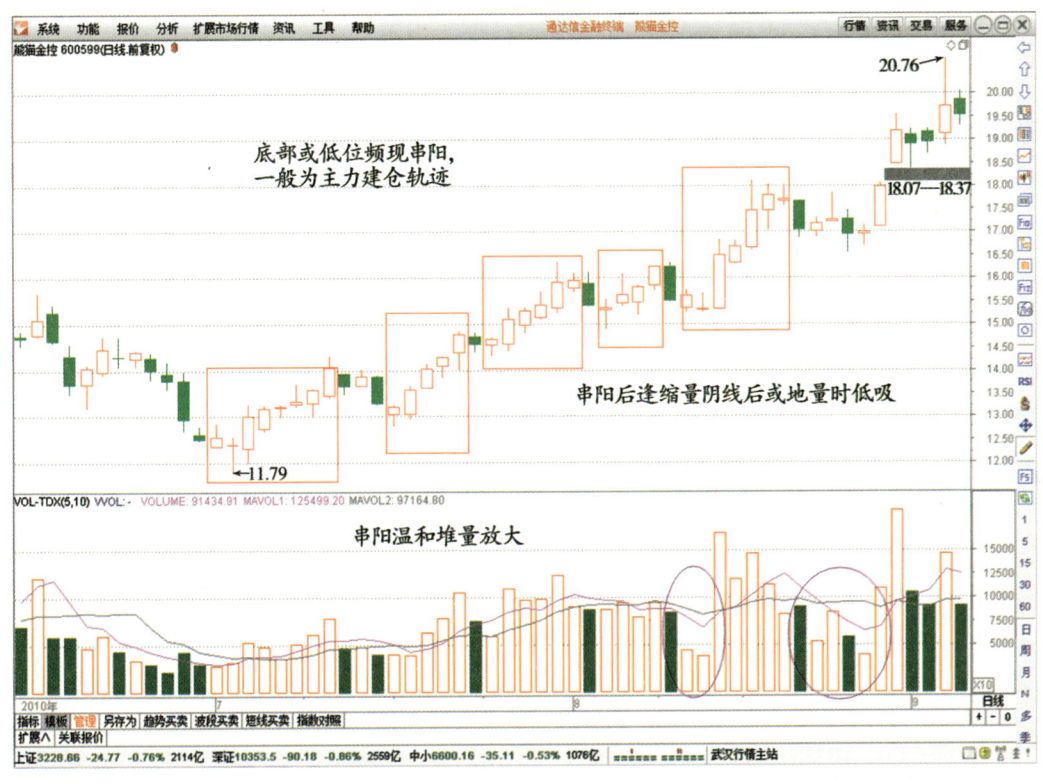

图20　熊猫金控（600599）2010年7—9月走势图

价位买入信号。炒题材股就是炒预期，这次介入，使笔者再次在这只股票上大幅获利。或许每个投资者都有这样的经验，面对之前炒过的熟悉的股票，在经过市场大调整后，投资机会会再次摆在眼前，如果此时勇于参与那些熟悉且技术面符合买入条件的个股，将获利极大。

【技术特征】

1．底部连续出现1～3组由4～6根连续中小阳线构成的"串阳组合"，一般为主力底部吸筹阶段。

2．市场中也有人将其称为"蚂蚁上树"，即缓慢上行的意思。

3．假设有三组"串阳组合"，可视作三小浪。

4．一般在连续出现"串阳组合"后，当主力完成建仓时，还会有一次急拉高的可能，随之才进入洗盘阶段。

5．如果是一轮持续阳线上行，可根据阳线是由短到长还是由长到短或是两头长中间短来判断运行规律。如果是由短到长，可在最长阳线时高抛；如果是两头长中间短，可在中间地量时买入或加仓再到拉长时卖出；若是由长到短，则不建议参与。

6. "串阳组合"出现上跳缺口的图形时，属于串阳中最强势的一种。

7. 从大浪形中来看，如果第一浪形中出现"串阳组合"，那么在第二大浪形中还会再次出现"串阳组合"，同理第三大浪中也还会出现。

【买入技巧】

1. 只要低位出现4～6连阳或以上，趁随后的1～3根阳线缩量回调或修整时即可大胆跟进。

2. 控制好仓位，在前期可根据波浪节奏进行增仓，否则股价一抬高，离主力的成本区越远越不安全。

【卖出技巧】

1. 一般而言，一旦完成上行三浪，就要逢高出局；也可运用"波浪理论"和"黄金分割线"理论来判断相应的卖出点位。

2. 简单的判断方法可以借量能和换手率两个指标，在持续放量后当量能耗尽时，或高位放量急拉、换手率递增时，应逐步锁利出局。

【经验分享】

连续出现"串阳组合"K线的股票为强势股，串阳是主力在吸筹吃货的迹象。一般情况下，在第一轮串阳时量能较小，在第二轮串阳时量能会明显增大，直到第三轮或主升浪时量能会剧增，但这些串阳都是呈现股价重心稳步上移的趋势，并且股价走势还会强于大势或表现出抗跌的可能。如图20的熊猫金控，在2010年7月之后表现出很强的抗跌性。

这类股票往往是开始时伴随着庄家的建仓和一些消息灵通人士的不断买入，股价不断地缓慢上移，而庄家只能推高买入，于是K线就走出了一串小阳线上涨态势，而总涨幅又不大，说明庄家仍在不露声色地吸筹。此时若遇上大盘大幅急挫，市场信心受到打击，而庄家吸筹的目标又没有完成，就会借机展开一定幅度的洗盘，将跟风盘和套牢盘洗出来，一来不会引起市场的注意，二来能减轻后市上涨的压力。

炒股其实很简单，只要用对一个方法，用对一种手法，做精一张图形，选择在上升趋势中去操作就可以了。散户投资者大可不必像分析师、操盘手、专家一样整天看几千只股票，看了A股不够还看B股和美股以及港股，再加基本面和各式各样的技术指标，忙活了大半天仍一无所获。希望读者能通过笔者的一系列书籍有所领悟，迎来炒股生涯的一大转折。

第二章 经典技术买入信号图解

不同的行情趋势将走出不同的个股图形,不同的个股图形有着不同的买入信号。当然,能够出现买入信号的图形有很多种,但是要想在股市中赚大钱,在合适的时间就不要选取强势股进行操作。本章笔者汇总了多年来精挑细选的经典买入信号技术图解。各位投资者只需要根据自己的操作风格,挑选适合自己的图形进行重点学习和研究,并做精即可。

图21 抄主力底买入信号

【实战案例】

图21为大连控股（600747）2010年6月筑底的过程，经过一个半月25%的跌幅后，该股明显先于大盘探底。笔者2007年3月开始介入该股，捂股两个月获利80%，当时只当期货概念炒。后来题材新增了3G、数字电视概念，在2007年5月24日出现的第一个涨停引起笔者的注意，经过再三研究、反复观察，笔者认为这是主力吸筹建仓的手法，此手法较为独特且操作性也比较强。

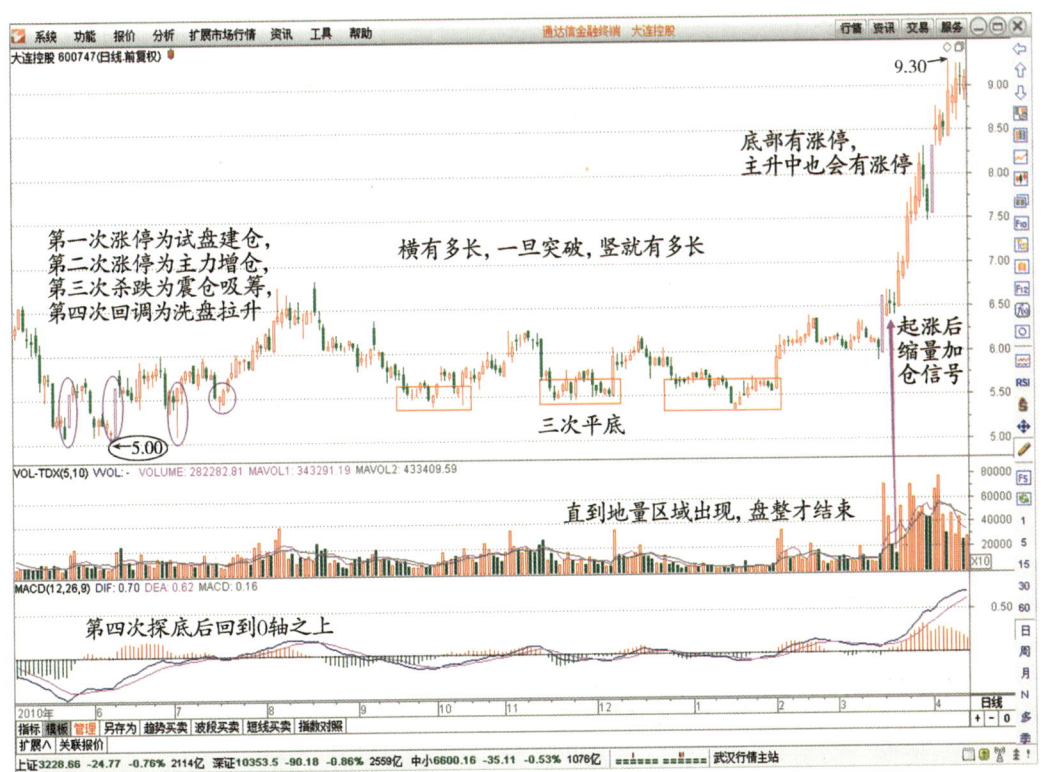

图21　大连控股（600747）2010年6月走势图

【技术特征】

1. 经过一轮调整后的筑底形态中，MACD深海金叉为探底信号。
2. 主力以试盘方式建仓封涨停，随后调整再次探底，接近前涨停K线低位时又快速抬高股价。
3. 以果断方式封涨停，一方面主力运用洗盘方式获取低廉筹码，另一方面达到增仓目的。
4. 底部以涨停板进行建仓的，往往都是大牛股的特征之一，这方面笔者在《做精一只股（彩图版）》一书中有大量案例讲解。

【买入技巧】

1. 只要市场趋势向好，当调整至前涨停低位时可试探性介入。
2. 底部小箱体下轨仍是低吸机会，一旦突破箱体上轨即可大胆介入。
3. 要有主力一样的耐心去吸筹，实行分批建仓，做精一张图，做精一只股，才能与庄共舞。

【经验分享】

主力建仓一般分为几个阶段：试盘建仓—正式建仓—增仓—拉高—出货。其中建仓环节主力大多会选择在杀跌中完成，时间有长有短，但空间至少要超过最低股价的30%才能顺利进出，主要区别在于是长线资金还是短线资金。如图21中主力运用底部箱体反复吸筹，吃够筹码，打实底部以便走得更高。如果运用技术每逢箱体下轨大胆介入，不但可以抄主力的底还能找到自己做庄的感觉。但是在后期出现急速放量拉高或涨幅达30%时要做好卖出的准备，避免主力洗盘或逃庄的风险。

例如2010年7月笔者抄了华夏基金王亚伟的底，在西单商场（600723）和乐凯胶片（600135）上都获利不少。2009年第一季度华夏基金开始进驻这两只股票，随后大盘展开了一轮大调整，第二季度华夏基金顺势增仓。7月初，笔者在大势企稳的情况下，买入了这两只股票，一是抄了主力的底，二是可顺势上涨，绝对安全可靠并且有利可图。笔者只是举了两个例子，类似的个股在2009年7月、8月还有很多，投资者如果买对了完全可以抄对主力的底，这种机会很难得。要相信，每一轮下跌都会带来新的生机。

买入法则1：抄底需要逆向思维

大幅下跌有时是庄家在大力震仓，故意把图形做得很难看，等到持股信心不强者或者多头者被震出局后，就开始捡低廉筹码随之大幅拉升。其实，这倒给那些头脑清醒、善于逆向思维的投资者提供了一个黄金机会，市场所谓的捕捉主力的风影就是跟庄走。

连创低点买入信号

【实战案例】

如图22中海马汽车（000512）2015年7—8月的走势，在每一轮大跌中都较为常见。多对比分析一些走势相似的个股，就能从中找到一些相似之处，这对炒股技术的提高很有帮助。

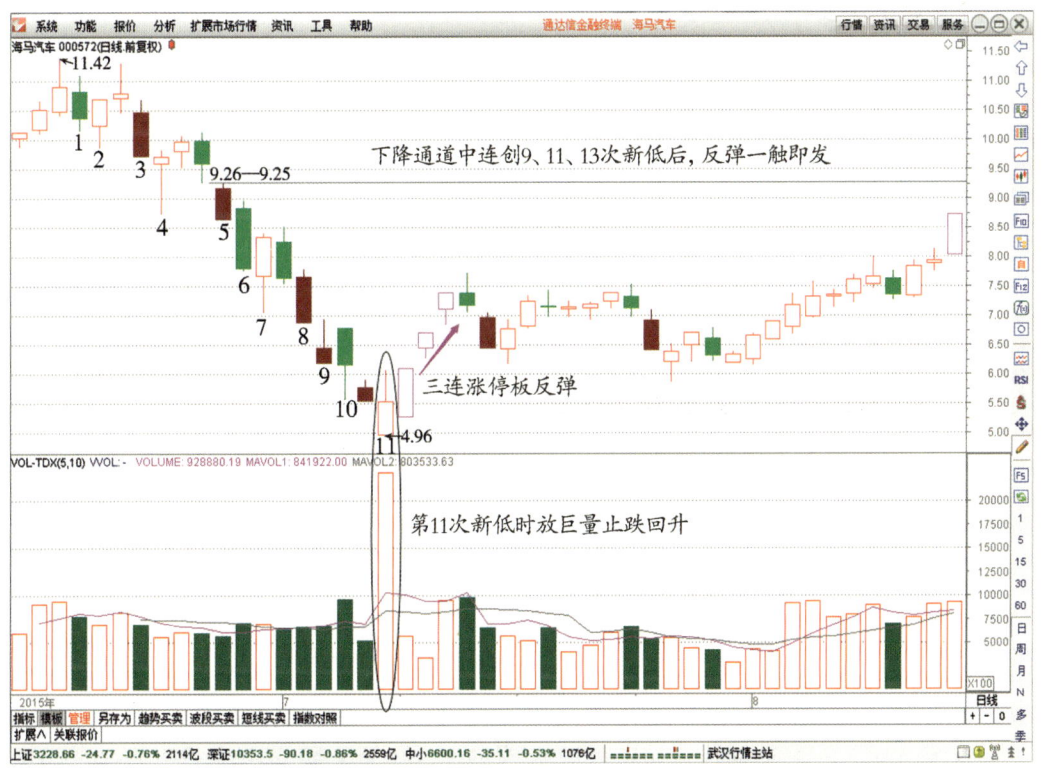

图22　海马汽车（000572）2015年7—8月走势图

【技术特征】

1．一般出现在中级以上的调整或者熊市中，持续一轮下跌趋势。

2．只要出现持续下跌连创9次低点或以上时，特别是11～13次后，反弹将一触即发。

3．很简单，换个角度想一下，经9次低点，股价下跌幅度往往已超过20%，理论上只要持续下跌20%以上就随时会出现反弹。

4．反弹的高度要结合市场整体环境和量能关系分析。

【买入技巧】

1．在持续创出9次低点后要特别注意每日走势，如果出现放量中阳线或大阳线即可适当参与。

2．出现探底技术形态时要注意其他指标是否有反弹要求，多番研究后再决定是否介入。

3．买入时一定要看量能和换手是否同比增长，反弹的高度取决于量能的增长。

【经验分享】

还有一个经典的连创低点买入信号案例是在2008年的上证指数。大家可以打开2008年熊市中的上证指数日K线图数一数，从每一个高位的次日低点数起，有11个以上的新低点，随后大盘开始展开反弹。再看2015年从第一轮下跌中的5178点在13次连创新低时迎来反弹，在2016年初最低2638点那一天为14次创新低而收出长下影线止跌，无论是巧合还是规律，都不能忽略。此图适合抢反弹的投资者参考，在熊市中因反弹力度有限，需谨慎使用。

买入法则二：大势不好不下单

抛开指数做个股的说法一度很流行，但事实证明这是不完全可取的，就算是技术高手派也同样要在大趋势向好时才可以不顾指数。一旦大市不好，即使自己手中的个股仍保持上涨态势，也不能排除补跌的可能。试想一下，为什么弱市里成交量那么低迷？就是因为参与的人少，观望的人多。既然如此，何不在大势不好的情况下进行其他方式的投资呢！股票市场中没有谁对谁错，不要抱怨谁，更不要与市场较劲，因为赚钱是要靠时机的。

众所周知，"上涨趋势捂股，下降趋势捂钱，横盘趋势观望"，但能做到的人却没有多少。笔者经常对学员提道"抄底要后知后觉，卖出要先知先觉"。如果主力能让散户抄在底板上，那主力能控盘吗？如果不提前锁利卖出，那就等着回吐利润或者接主力的盘吧。在股市大势不好的情况下，持币是唯一明智的选择，或者用少量资金转投T+0的期货市场，因为笔者的K线技术是通用的，并且志尚财富团队也有与期货相关的技术服务和培训。

图23 三师会友买入信号

【实战案例】

"三师会友"买入信号较为常见，它是指5日、10日、20日三条均线在同一价格出现金叉的现象，每一次调整之后均会出现类似图形。图23为笔者在2006年12月12日选择的杉杉股份（600884），在量能的配合下该股一路上扬，远远跑赢大势。也就是在当天，大盘同样出现三线金叉，且指数点位较为接近底部，多头行情就此展开。

【技术特征】

1．5日均线同时上穿10日、20日均线，一般在探底反转中出现。
2．同一日三条均线在同一股价上，并且金叉向上运行。
3．MACD二次金叉时一般为底部构成信号，或MA（移动平均线）也共振金叉，在量能温和放量的情况下，可提高确认信号。
4．由此逐步形成多头排列的技术形态，与此同时其他指标也处于多头形态。一般而言，大多出现在洗盘调整后或箱体整理中。
5．此技术是多头排列的前兆，形成后将展开新一轮上涨升势。

【买入技巧】

1．可在三线金叉的前后两天或当天买入，并且在盘中寻求低吸机会。

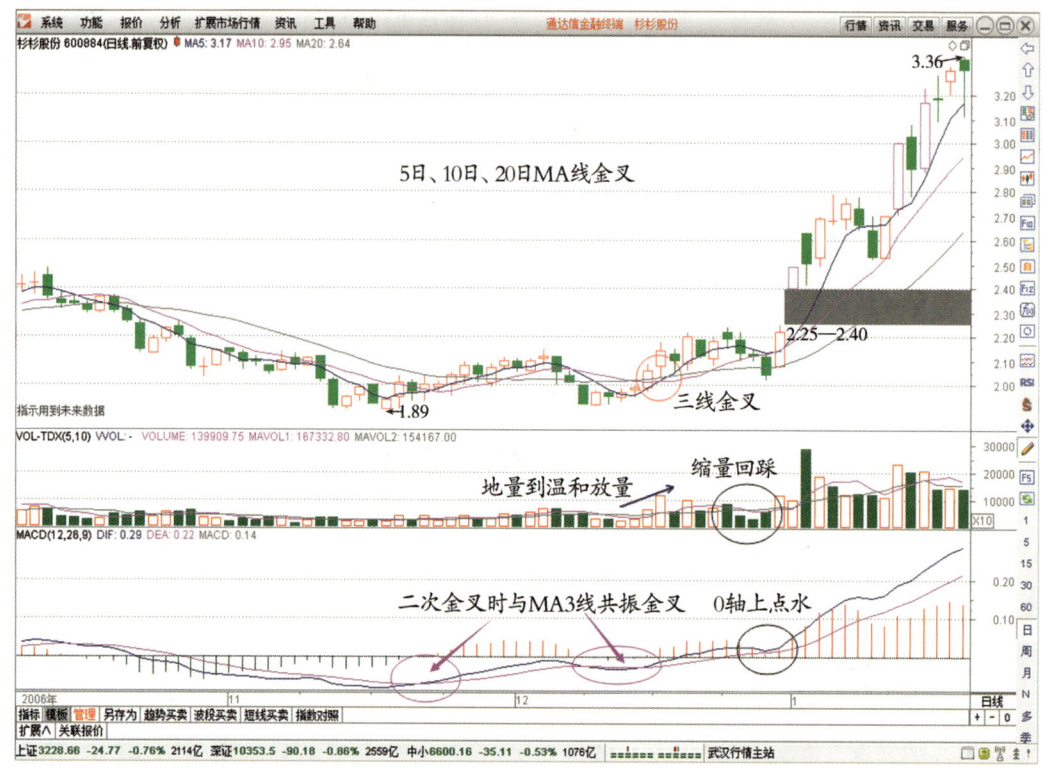

图23　杉杉股份（600884）2006年11月后走势图

2．在量能配合的情况下可视为转势行情，也可在次日逢低吸纳。

3．一旦出现10日均线上穿20日均线，多条均线向上移动时可大胆做多。

4．一旦多头排列形成，随后的缩量阴线都是低吸机会。

【经验分享】

如果在一轮调整后出现类似现象，可放心买入，无论是短线还是波段都存在一定的上涨空间。如果在箱体盘整中反复出现金叉和死叉，那么短线的盈利空间将会缩小，建议以箱体上下轨做高抛低吸滚动操作。

特别是稳健型短线投资者，此技术是最佳买入信号，在多头排列的情况下短期完全可以放手做多，随后以5日均线为强弱信号，如果市场再次面临风险，那么只要股价跌破5日均线就需提防，向下死叉是清仓信号。

另外，一般当多头排列图形走向上发散时，股价极有可能在远离5日均线的情况下，引发洗盘的动机，理应减持或卖出。因为图形越漂亮，越吸引跟风盘，主力越有可能打压洗盘。

买入法则三：向上空间小于30%不下单

经常有人为了博几毛钱的利润或者10%的反弹而"火中取栗"，仔细想想，这样做实在不值。若火中有金子，不妨冒一下险，那叫"真金不怕火炼"。若火里只有一颗栗子，即使是糖炒的也不值得伸手。再说深入一点，如果一个人一辈子都在博取反弹，那么他这辈子能得到的最多就是蝇头小利，成不了气候。

从技术角度来讲，一般主力建仓后至少会有30%以上的盈利空间才能从容出货，这一点完全可以让投资者在波段低吸中盈利超过20%。在大势继续走强的情况下，经过一浪上涨，以及洗盘10%左右的整理后，随即将重拾升势进入二浪也就是发展浪行情。这一浪上涨幅度较高且持续时间较长，中线投资者必选，买在洗盘后的低位投资者可放心捂股，到放量冲高时再卖出，而这往往会有不低于30%的盈利空间。

图24 布林线买入信号

【名词扫盲】

布林线指标即BOLL指标，是利用统计原理求出股价的标准差及其信赖区间，从而确定股价的波动范围及未来走势，由于利用波带显示股价的安全高低价位，所以也被称为布林带。上下限范围随股价的滚动而变化。股价波动在上限和下限的区间之内，带状区的宽窄随着股价波动幅度大小而变化。

一般而言，股价总是围绕某一价值中枢（如均线、成本线等），在一定的范围内变动，形成"股价信道"，对预测未来行情的走势起着重要的参考作用。运用上下带线或者笔者所说的"追涨不追高"的法则，可防交易中的一卖就涨或一买就跌的陷阱。

【实战案例】

笔者常将布林线指标运用在"高抛低吸"和"追涨不追高"法则中，布林线指标是一种简单易懂的指标，除了超强势股会有所失效外，大多数个股都可以运用。

如自2010年4月15日大跌以来，大多个股跌破布林下带线一周左右，这也是市场技术上探底的指标之一。超跌就会导致一个像样的反弹出现，这一点是不可否认的，运用布林线参照个股和大盘，就会明白。布林线的实际运用可参考图24。

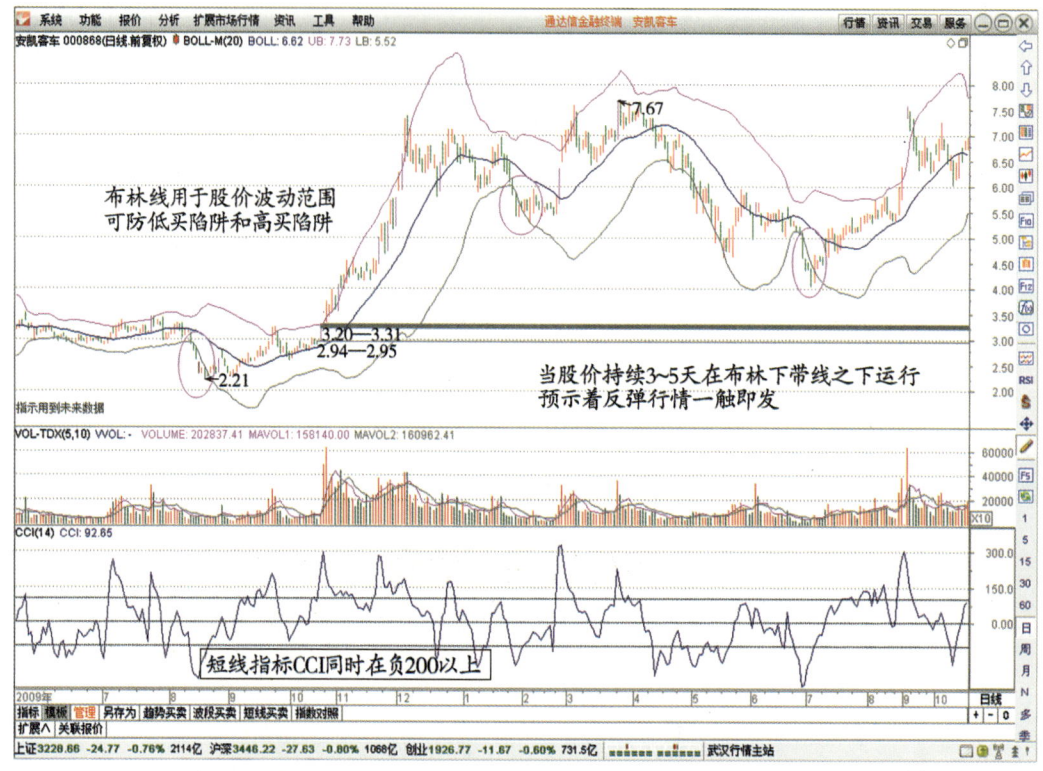

图24　安凯客车（000868）2009年7月后走势图

【技术特征】

1. 持续下跌出现超卖信号，股价跌破布林线为探底信号。

2. 持续跌破布林线下轨一周左右，且收盘价在布林线下轨之下，预示着大级别的反弹一触即发。

【买入技巧】

1. 在股价接近布林下带线时，需做好一切准备随时介入。

2. 连续几日都在布林下带线之下，此时可逢低分批买入等待反弹。

3. 稳健型投资者可在股价跌破布林下带线，随后收出阳线并返回布林下带线之上时介入。

4. 至于反弹力度需结合起涨阳线的力度和大势环境的影响。
5. 同时，布林中轴线和上轨线都为反弹中的阻力线，需注意。

【经验分享】

此类图形需要注意三点：一是不能操之过急，当接近布林下带线时不要过早买入，就算不破位即反弹，也要观察次日是否有向上突破迹象再做决定；二是首次跌破布林下带线时，也很有可能持续下破几日，不要急于买入，等待反弹时的中阳线或大阳线出现再做判断也不迟；三是如果持续一周都在布林下带线之下运行，不妨逐步少量参与。

买入法则四：没有胜算不下单

打仗要打有胜算的仗，否则吃亏的还是自己。投资也一样，没有把握之前最好不要下手。宁愿错过也不能做错，因为付出的都是真金白银。炒股同样如此，在没有80%以上胜算的情况下最好是观望。

图25
平台式小阴小阳后必有大阳买入信号

【实战案例】

图25为东华科技（002140）2010年6月后的走势，该图的手法是笔者最善用的手法之一，在强市中操作成功率可达90%以上，无论是短线还是波段都有可观的利润。特别是在2010年7月后运用该技术一个月盈利可达40%左右，远强于大势。

【技术特征】

1. 类似图形出现在底部启动浪阶段，或者在上升趋势中途修整期间。
2. 以明显缩量方式的小阴小阳平台盘整的K线组合形态出现，平台中阳线多阴线少、阳线有量阴线缩量的特征最佳。

图25 东华科技（002140）2010年6月后走势图

3．此期的换手仍较为活跃，同前期相差不多，可视为主力在暗中加筹。

4．在低位阶段可视为吸筹蓄势待发，在上涨途中可视为震仓洗盘待涨。

5．只要认真观察就会发现在启动前一交易日会有异常现象，一般是股价在瞬间砸低回升。

6．一般上涨中继平台末端均会出现诱空的可能，其次在平台中间也会出现地量日。当地量日出现后，也就意味着不会转势向下，中继可以确立。当诱空跌破整个平台低点时，意味着变盘在即。

【买入技巧】

1．如果前期涨势渐强，主力为了锁定筹码，平台期间不会太长，投资者可在缩量平台5天内择机介入。

2．前期涨势较强，为了达成洗盘目的，平台期间会持续一周以上，可在突破时介入。

3．在拉升前一交易日出现异常现象，只要收出缩量的长下影线或者十字星（变盘信号）即可介入。

4. 在行情修复中往往也会出现小阴小阳盘升之势，此类行情就要观察修复进度，完成三分之二后可择机寻找买入信号。

【经验分享】

此类图形如果是在高位或顶部要谨慎使用。对于稳健型或者不喜欢追涨的投资者来说，就应选择此类小阴小阳蓄势待发的图形。平台时间长则半个月左右，短则一周左右，逢低买入持股不到一周必会大阳突破，享受上升浪赚钱的乐趣。如果是短线投资者，在一个月当中能抓准两只这样的股票，足以月盈利20%以上。在2010年8月的修整期后，类似图形的操作机会有很多。如2010年8月30日笔者介入的山东海龙（000677），买入原因是日K线上在一个月的小阴小阳组合尾期，买入前一天明显地量收盘，说明抛盘极度减少，K线逐渐收窄进入变盘期。笔者在次日早盘买了进去，不出所料当天小涨3%，次日继续缩量小阴，随后两根大阳打开上涨空间。心急的人可能会在8月27日缩量小阴尾盘买入，但笔者为什么选择次日早盘买入呢？因为一般情况下次日早盘还会有低点出现，尽管这个低点时间很短。

买入法则五：暴涨过的股票不下单

连续暴涨过的股票多半已经不便宜，买入之后难免会出现下跌或盘整。通常情况下，一只个股持续一浪暴涨50%左右后至少要调整一个月以上。一只股票持续一浪暴涨100%左右后至少要调整三个月以上。这一时期为筹码消化修整期，要知道，黑马股的前提是在半年以上没有被炒作过。

盘升式小阴小阳后必有大阳买入信号

【实战案例】

打开恒康医疗（002219）2008年11月后的日K线走势图（图26），放大截图部分看更为明显，该股在2009年7月被笔者挖掘出来，笔者以稳健思维选择着手该股。

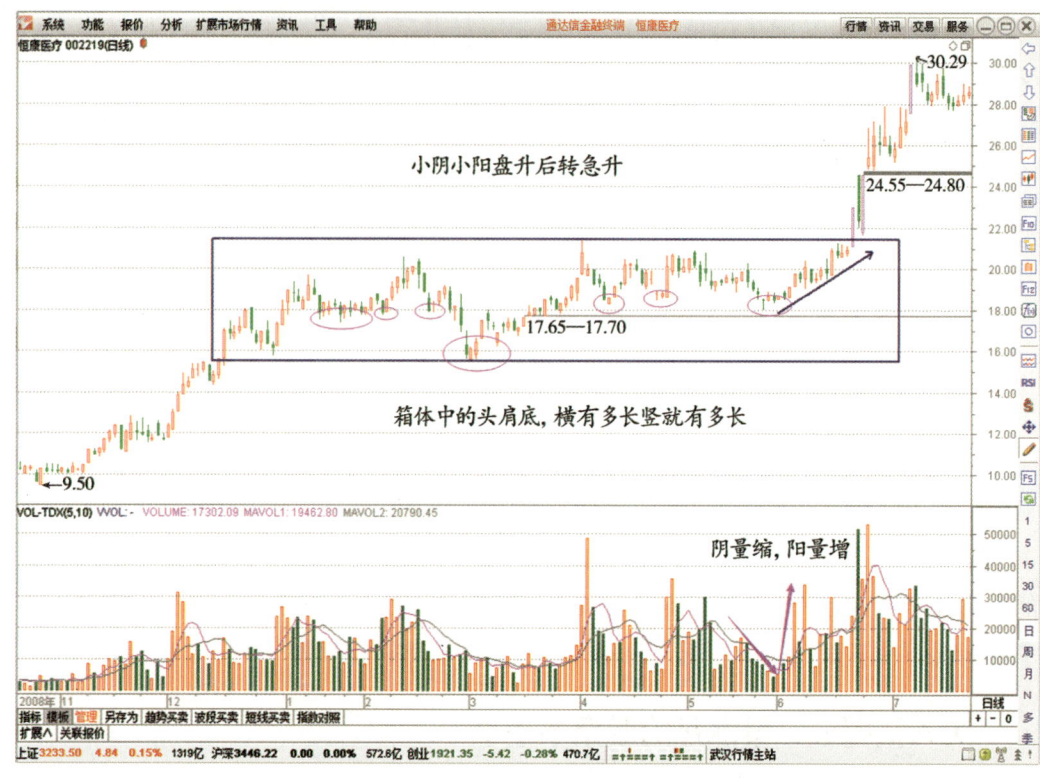

图26　恒康医疗（002219）2008年11月后走势图

在出现盘升式小阴小阳的前期，该股出现了长达6个月的箱体盘整，并且是经过主力挖坑后走出小阴小阳的K线组合，据此可以初步判断，后期走势不但有大阳线出现，而且会有中级行情。在2010年4月15日大盘向下大跌时，该股仍以强势上行。宝石A（000413）在2010年8月底的走势也与此类似。

【技术特征】

1．处于底部主力建仓吸筹阶段，也可称为复苏阶段，且不破下轨线逐步上移，主力在完成建仓之前不想做得太引人注目。

2．阳线会出现放量，说明主力筹码在加重，以便后市控盘。

3．类似图形的小阴小阳态势会持续较久，以达到吸足筹码的目的，但时间太长，比如达到两个月左右就不尽其然了。

4．小阴小阳盘升一般会出现的位置或阶段：某种图形的右侧变盘区域、构底右侧、上升三角形、修复至上轨或阻力位时、酝酿主升浪时。

5．整体处于很稳健、很谨慎、很有耐心般的盘升上移，酝酿蓄势待发的状态。

【买入技巧】

1. 小阴小阳盘升持续两周左右，上升趋势形成时或者均线不断上移时可逢低吸纳。

2. 在启动拉升前出现变盘信号时，如放量中阳、缩量十字星、长下影线时可积极买入，图26在启动前3天为高度控盘状态。

3. 稳健型投资者可选择在突破前高位时买入，但前提必须是放量大阳以示多头加强。

4. 这类图形在加速突破后一般会持续几天猛涨，只要在急升突破当天"追涨不追高"式买进也无妨。

【经验分享】

该类图形一般出现在底部或者是大幅调整后的复苏阶段，也可判断为基金或者是长线主力资金的建仓阶段。笔者将该条件编入选股软件中，投资者平时可轻易地从众多个股中挑选满足条件的个股来跟踪。当主力吸足筹码时，拉升前会出现高度控盘状态，如行情持续3个交易日在高位盘整，并无意再踩下轨线，此时为买入信号初现，当盘中突破前期平台高点时，应立即介入。出现此类图形的后市一般都会有一波像样的上涨行情，成功介入后大胆持股一个波段会有不少于20%的利润。如果你没有重仓操作，那么待二次回调不破下方支撑线时可再次增仓。

但必须注意一点，不可能每只出现类似走势的个股都会加速上涨，主力操盘手法繁多，如果小阴小阳的盘升持续时间超过一个月，那么后期也有可能不会出现加速上涨，就算有，目标也不会太高。因为若是长线资金看好的慢牛股，它一定不会那么早出现加速上扬。

买入法则六：未经研究不熟悉不下单

深入研究过的股票，自己心中有数，持股也安心。如果仅靠听来的消息进行操作，再怎么言之凿凿，只要股价一跌，马上就会恐慌；再跌，就会开始怀疑消息的真实性；继续跌的话，就会否认消息，最后"割肉"出局，卖了个地板价。只有经过深入的调研，把"消息"变成"信息"，变成自己研究之后确定的东西，才能作为值得信赖的投资参考资料。

图27
圆弧式小阴小阳后必有大阳买入信号

【实战案例】

如图27所示的图形形态较为少见，可称为"圆弧底"。但在圆弧中均以小阴小阳组合K线来完成，最底部持续地量筑底，随后量能逐步放大，换手同比放大即可着手参与。该图形简单，易懂，易选，把握好至少能赚20%以上，但是在弱市中必须见好就收。如青海春天（600381）2016年也构出圆弧底，右侧急升时以涨停板拉升。

图27 洋河股份（002304）2009年12月后走势图

【技术特征】

1. 圆弧形态一般出现在调整后或者横盘整理挖坑后。
2. 在圆弧底部形成密集交易吸筹区。
3. 在圆弧最底部出现缩量筑底形态。
4. 在圆弧快形成阶段量能会逐步放大。
5. 在突破前高点时会快速上涨再回调,或是在前高点附近选择盘整。

【买入技巧】

1. 在小阴小阳的圆弧形成初期阶段可逢低参与。
2. 也可在放量大阳突破圆弧口沿时大胆买入。
3. 如果错失前两次机会,可选择在突破后回踩并在确认支撑时买入。
4. 还可以根据地量日后的起涨阳线买入。
5. 或者从量能观察圆弧右侧阳量在温和放大中途时买入,当阳量逐渐放到最大时再减持或全部卖出。

【经验分享】

如果圆弧形态出现在底部,那么在后期都会走一大波上涨行情;如果是调整后出现圆弧形,表明新的上升趋势正在酝酿中。一般来说圆弧越大,主力吸筹越多,后市走得越高。通常情况下,当突破圆弧口沿后,都会出现回踩确认支撑是否有效,需注意踩准操作节奏。

如果想要利润更大化,那就建议在圆弧初步形成时或者还没到达前高点时买入,突破后或者接近前高点时逢高卖出;如果在接近前高点时盘整,此时就需要结合市场因素和其他指标进行分析。

如果在底部出现圆弧,一般构成时间较长,但很稳定。如果在上涨中继箱体中出现圆弧,一般构成时间较短,但后面涨势会加速,涨幅与前一轮相当。

买入法则七:没有前景的企业不下单

一家企业的前景很重要。有未来的企业,其发展轨迹会是"芝麻开花节节高",即使市场暴跌,对其影响也不大。

买股票就是买上市公司的未来,即使是投机最终也要回到价值成长性上面。有人说:"一轮上涨行情初期是投票器,随后就是称重器。"产品优势、技术优势以及市场份额，都能证明该上市公司未来的成长性。无论是短线还是中长线，这样选股操作起来比较稳妥，就算被套也不怕，或者以长线短打的方式滚利操作。没有成长性或成长性不明显的最好少参与。

虽然我国投资者不太注重价值投资，但真正有成长价值的股票，在上涨中都极为通畅，从技术面上也易于掌握，同时也会强于大盘。例如笔者的"志尚财富股票基金"个股池的选股方式为，先判断宏观经济、政策向导，再进行周期分析、行业分析、公司分析、股东分析和技术分析。

图28 符合三条件买入信号

【实战案例】

如果一个买入信号出现时，你觉得不踏实；两个买入信号出现时，你还有点怀疑；那么有三个买入信号同时出现时，你又会怎样对待呢？三个买入信号同时出现这一现象平时难以发现，但是运用选股软件来搜索或许你会发现满足多个条件、符合买入信号的个股。机会不是没有，关键是很多投资者没有这样细心分析过。很多散户每天重复运用错误手法盲目操作，失去了很多特大机会。其实赚钱的方法很简单，笔者一向主张在大跌后进行大筛选，这样可以捡到很多便宜的优质股，图28出现的情况就是如此，只有大跌后才能形成。

【技术特征】

1. K线形态分析中判断出阶段位置、强弱K线组合等，为条件之一。
2. 量能作为资金动力分析，为条件之二。
3. 指标作为辅助共振，为条件之三。
4. 一般选股或是寻找买卖信号都必须通过这三个条件综合判断。

【买入技巧】

1. 短线交易一般有三种以上指标（例如主图和附图共三个指标）都出现超卖的反弹信号可逐步参与。

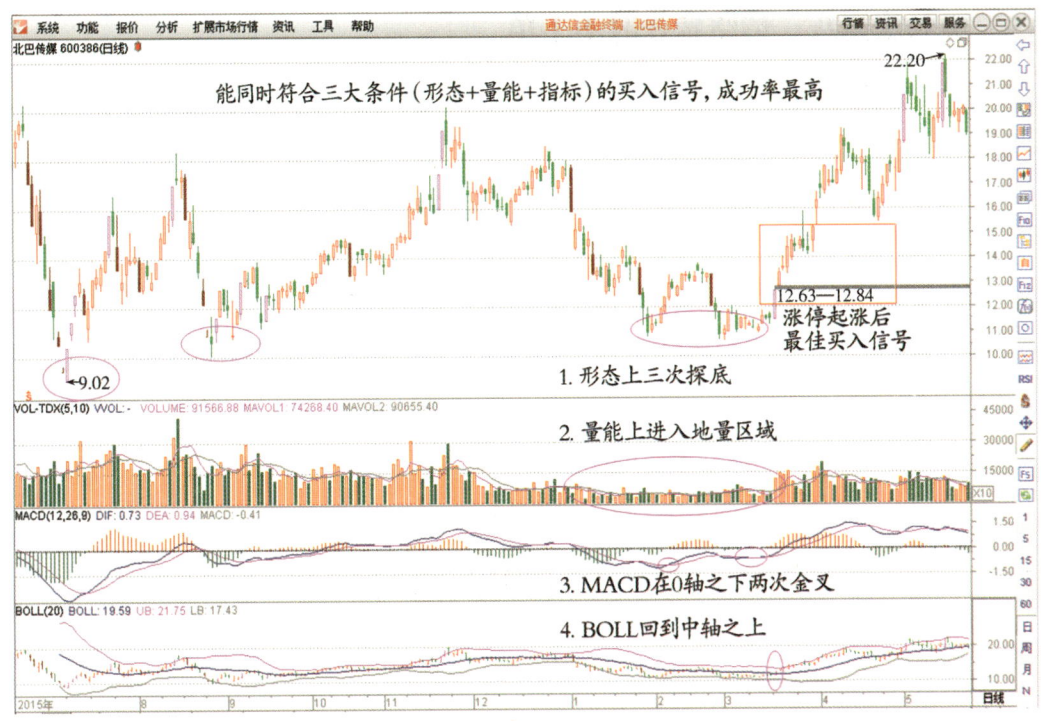

图28　北巴传媒（600386）2015年8月后走势图

2. 波段和中线交易，形态+量能+趋向性的指标三合一能达成共振时，才是最佳买入信号。

3. 中长线交易不单可以分析日线，还可以用同样方式分析周线和月线。

【经验分享】

在一轮调整后，特别是快速杀跌后，各指标具备超卖反弹的条件，可寻找抢反弹的机会。被套者勿在此时止损或割肉，否则就是卖到底板上，可待反弹后再做决定。如果担心反弹力度有限可少量参与或不参与，只要是短线猎手就绝不会放过任何一个低吸点。

这些短期技术指标对短期走势有很大的作用，作为技术分析者更要看清眼前的每一步，在大跌中千万不要灰心，因为大跌后将诞生大机会，要为下次布局做好准备。不要因为恐惧而失去理智，更不要因为大跌而失去胆量。特别是在强市调整中，千万别错过这些低吸的机会，在强市中调整时间不长，机会更为珍贵。

总之，短线派就用短线指标如KDJ、CCI等，中长线派就用趋向性指标如MACD、SUPL、BOLL等，同时中长线也会更偏向K线形态的判断。

买入法则八：情绪紧张时不下单

情绪不好的时候坚决不交易，心绪一乱、头脑一热、心里一慌、手头一痒，结果往往是一败涂地。下单之前先要问自己，操作的决定是来自理性的判断还是情绪的波动。如果情绪不稳，就先抛开股票，让自己的心平静一会儿。

股市中是不会缺少投资热点和投资机会的，心情不好时休息片刻并无大碍。笔者认为，休息也是在赚钱，养好精力，调好心态，等待大的良机出现，才能做到出手必胜。

图29 顶天立地买入信号

【实战案例】

图29为金风科技（002202）2008年11月的走势，当时在5个交易日一波持续上涨40%后，引起了不少投资者的关注。随后进入一个半月的高位震荡修整期，一直调整到跌破趋势下轨，失守30日平均线时，即12月26日股价发生了扭转。从这一点可以看出股价在经过主力一个多月的精心洗筹后，更是轻装上阵，再拾升势。当被很多人慢慢忘记时，熟悉的唱多声音又一次在市场上响起。

【技术特征】

1. 主力洗盘目的达成后，先以早盘低开在最底部埋筹，随后以单边大量买入放出巨量，收市前涨停，收出实体大阳线。

2. 极为明显的量能和换手率同比前期增长过倍，可见主力做多势头如此强悍，随后更是没有出现回踩，直接高度控盘一路上扬。

3. 在低位放量大阳且实体较长的情况下，一般视为主力建仓或增仓轨迹。但要注意区分初次建仓和二次增仓的位置，在初次放量建仓后往往会有洗盘打压，防止跟风盘太多。

图29 金风科技（002202）2008年11月走势图

4. 一般底部放量过大，在盘升中会以均衡量上行，高位再放量时则为顶部。

5. 当然，有的顶部也不一定会放量，因为主力在顶部区域会以小阴小阳方式或在阴阳频繁交夹时逐渐出货，由于盘顶时间长，出货轨迹不明显，但阴线一定会比阳线多。

【买入技巧】

1. 先知先觉者可在主力初次放堆量建仓后逢缩量阴低吸。
2. 后知后觉者可在主力增仓后追涨。
3. 稳健型投资者可在突破新高后逢缩量回踩时买进。

【经验分享】

只要在低位或底部出现巨量大阳甚至封板涨停，则可视为转势在即。主力资金实力雄厚，高调进场，一路高歌猛进，随后上涨在30%的区间内为安全范围，在此期间主力基本无法实现换手。相反，在高位出现时，只要市场趋势没有发生太大的破坏，或者该股基本面没有恶化，那么后市的波段利益极为可观。

笔者认为，在一轮中级以上的强势行情里，领涨品种前期上涨幅度没有达到1倍的个股，在进入一个月左右的筹码消化修整期后，激情必会再次燃烧。这些领涨品种必定是存在重大题材的优质股，一旦主力在低位吸足筹码，不做到翻番就太浪费之前的精心策划。不过不能排除主力杀回马枪的可能，这一点需要注意。不过只要行情向好，这些股甚至有可能后市比前期涨幅还要大，最终成为一大牛股。一旦发现机会可不要错过，牛股往往就是在这样的强势股中诞生的。

买入法则九：下跌趋势中不下单

这一法则不是绝对的，如果你是大户投资者，完全可以效仿巴菲特，在下跌中持续买入，但要有三个前提：一是企业要有很好的成长性；二是股价已经低于企业内在的价值，已经是便宜的筹码，不妨捡一点；三是买了要拿得住，别到地板价的时候，心里一慌，全都割了。如果我们做不成巴菲特，那还是等趋势改变后再操作。与其逆水行舟，还不如顺势而为。

图30
趋势线之金叉买入信号

【实战案例】

图30为中铁二局（600528）2008年8月后的走势，"金叉买入"这一技术为笔者常用，特别是在半强市行情里，调整后运用这一技术可以成功把握未来一段时间的运行趋势。投资者可从中寻求做多或做空机会并及时高抛低吸，有时还可寻找最佳买入信号。这个信号对于稳健型投资者来说很有帮助，可降低不少风险。如果运用到个股周线和大盘日K线上可以成功逃顶和成功抄底。

【技术特征】

1. 一轮调整结束并完成筑底后股价不断上移，逐步形成上升趋势形态，经放量

第二章 经典技术买入信号图解

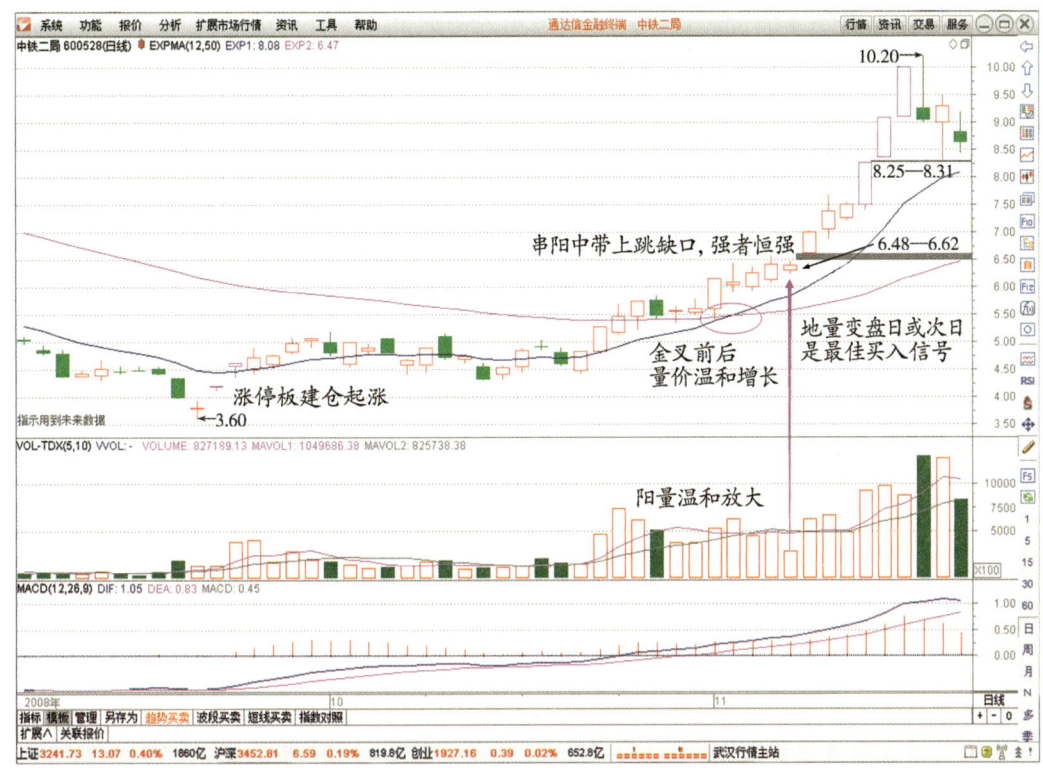

图30　中铁二局（600528）2008年8月后走势图

启动浪涨停板后趋势线形成向上金叉。

2. 期间趋势线一旦出现向上金叉，说明短期趋势向上已确立，在此可用空转多的方式操作。

3. 笔者经分析得到以下经验，趋势线金叉后一般有四种可能的走势：一是在金叉后快速上涨，直到股价远离趋势线时再回落调整，这一点需要成交量放大来配合；二是在金叉后股价沿趋势快线之上稳步上移，成交量比较均衡；三是在金叉后5个交易日内出现回踩动作，当趋势快线与慢线黏合时又再度上涨，形成"蜻蜓点水"的形态；四是在金叉后一周左右再次出现死叉，这是处在弱势或者行情方向不明朗时，成交量变化不明显。

【买入技巧】

1. 在量能饱和的情况下，可在趋势线快出现金叉时的前两天内买入。
2. 一旦出现趋势线金叉可大胆介入或者增加仓位。
3. 可按照上述出现趋势线金叉后的四种技术特征进行买入。

4. 如果出现金叉时放大量不宜买进，需等待缩量回踩时再买入。

5. 如果出现金叉时量价温和并增长，可在金叉时买入。

【名词扫盲】

EXPMA（指数移动平均线），也是一种趋向类指标，笔者将其简称为"趋势线"，也有人称之为"操盘线"。其原理是对股票收盘价进行算术平均，并根据计算结果来进行分析，用于判断价格未来的变动趋势。具备价格走势信号提前性，是一个非常有效的趋势分析指标。

【经验分享】

EXPMA的参数设为12快线和50慢线，大多行情软件不用重设参数。如果你是趋势投资者，该指标是最佳工具。如果你想让炒股更简单化，不妨就看这两条线。

一般类似图形出现在调整企稳后，或者是底部阶段，据此操作成功率非常高。后市紧沿着趋势线下轨低吸，远离趋势线高抛。只要趋势线不破位或者不出现死叉均可看多。

如果将这两条趋势线用在日K线上，则可轻松判断后市一周以上的趋势；如果用在周K线上，则可判断未来一个月以上的趋势；如果用在月K线上，则可判断未来半年以上的趋势。其用法简单明了，实用价值突出。有关趋势线其他类型运用技巧，在看完本书后就会明白。

笔者的"做精一张图☆强势股形态选股软件"，精挑了32种强势股的潜在特征作为图形选股条件，其中一部分就是运用EXPMA进行条件选股，只要运用得当，效率非常高。

买入法则十：未设止损位不下单

未思进，先思退；先保本，再赚钱；先图生存，后谋发展。所以，在决定自己想要赚多少钱之前，先得确定自己能够赔多少钱。毕竟，前者是管不了的，后者是自己能控制的。笔者发现，很多人都在注意风险，也在防控风险，也知道风险的危害性，但真正遇到风险时却麻木了，不知怎样有效控制风险。笔者时常提醒学员："保持清醒的头脑，先看风险再看利润。"

图31
趋势线之蜻蜓点水买入信号

【实战案例】

很多技术派投资者常用K线中出现的"蜻蜓点水"信号进行分析，而笔者更倾向于运用EXPMA进行分析，因为EXPMA对趋势的有效时期更长。如图31所示的泰达股份（000652）2006年4月的走势并不少见，几乎每只个股都会出现类似的形态走势。该股在趋势线出现金叉时示意着短期由弱转强，随后缩量修整过程促使趋势线黏合，在趋势线快要出现死叉时K线收出向上跳空长上影线，这是主力试盘拉高的动作。紧接着量价齐增，趋势12日线也弯头向上，"蜻蜓点水"就此成立，后市股价一直沿着这条线攀升。其典型特征是趋势线先金叉后"蜻蜓点水"，说明该股会先以短期转强确立，再进一步确立中期转强的信号。

图31　泰达股份（000652）2006年4月后走势图

【技术特征】

1. 一轮上涨后回调，趋势快线与慢线黏合但未向下出现死叉，随后掉头向上，股价也随之获得有效支撑。

2. 股价紧贴着趋势线，缩量盘整后又呈现多头排列，再次发力上攻。

3. 量能增长的配合使上攻力度较为充足，换手也同比增长过倍。

4. 一般而言，只要出现类似现象，后市都会有一波可观的上涨行情。

5. 特别是趋势线从底部上来金叉后第一次"蜻蜓点水"后的涨幅是最强势的，第二次、第三次"蜻蜓点水"时一般没有第一次那么强势，当然，若到主升浪阶段也是偏强势的。

6. "蜻蜓点水"之前有涨停或串阳组合的，在"蜻蜓点水"后还会有涨停和串阳组合，因为都是同一主力和同一操盘手的节奏规律。

7. 如果EXPMA和MACD上下同时"蜻蜓点水"，其成功率最高，随后涨幅也最大。

8. "蜻蜓点水"往往会持续一周左右，在这期间一般会出现地量日。

9. 同样的技巧还可运用到周线、月线、年线上，其预期涨幅空间更大。

【买入技巧】

1. 在趋势线接近黏合时，其成交量明显萎缩，此时可预想为"蜻蜓点水"的形态，"蜻蜓点水"一旦确立，即可提前介入。该买入信号可谓波段的最低位。

2. 在趋势线没出现死叉时却掉头向上，在成交量微增并收出中阳线的情况下即可买入。

3. 随后在突破前高点时可再次买入或增仓。

4. 也可在"蜻蜓点水"期间的地量日或次日起涨时买入。

5. 在后市第二次、第三次"蜻蜓点水"时也可适当加仓买入。

【经验分享】

一般而言，"蜻蜓点水"信号出现在变盘期，停留时间不能太长，股价在趋势线之下运行3～5天必须收复失地，否则会有走坏的可能，这是最为关键的一点。一旦趋势线死叉，股价将会再向下寻找支撑，调整时间不会少于一周。一旦趋势线反身向上，股价将会重拾升势。投资者需要高度关注的是量能的变化，只有量能放大并抬高股价，才能促使趋势线不恶化转为死叉。只要发现类似的图形，无论是短线还是中线均可参与，进去都能获利不浅，少则20%以上，多则50%以上，在行情向好时更有把握。如果在牛市里趁调整后的机会运用该指标完全可以买在最低位，享受大波段牛股的赚钱乐趣。在股价没有快速拉高远离趋势线或没有破位和死叉之时，可大胆捂股直到见顶信号出现。

买入法则十一：问题股票不下单

应该尽量回避有问题的股票，比如业绩差得一塌糊涂、涉及重组、大笔应收账款等待处理、涉及巨大金额的诉讼还没有明确结果等，这样的企业还是远离为好，股市里"股树"参天，巨木成林，何必非要吊死在一棵树上。

在此重提，冷门股、垃圾股、亏损股最好不要参与，不示明朗的重大消息要回避。比如2010年锂电池炒作火热，只要某只股票基本面里有个"锂"字的，必会被炒作一番，也可说是有"锂"走天下。假设一家基金公司计划炒作某家上市公司，然后联系某上市公司高管商讨合谋共赢，当基金公司建仓后，该上市公司发布消息称计划投资30亿元进入锂电池业务，消息一公开该股票定会一飞冲天，利好兑现后该基金公司就会逐步派发给跟风的投资者，随后该上市公司再公布消息称投资失败，基金公司成功撤离后股价开始逐渐下跌，这其实是一种常见的里应外合现象。

【实战案例】

图32是一张很多投资者并不陌生的走势图，只要前期经过一轮20%以上的涨幅，再完成洗盘动作，随之进入二浪或三浪走势，在一轮上涨行情中，很多洗盘后的个股都会走出类似图形形态，这就是"梅开二度"的走势。如何确定是否有"梅开二度"，再涨空间会不会比前期大，关键点之一是要看洗盘后是否地量筑底。

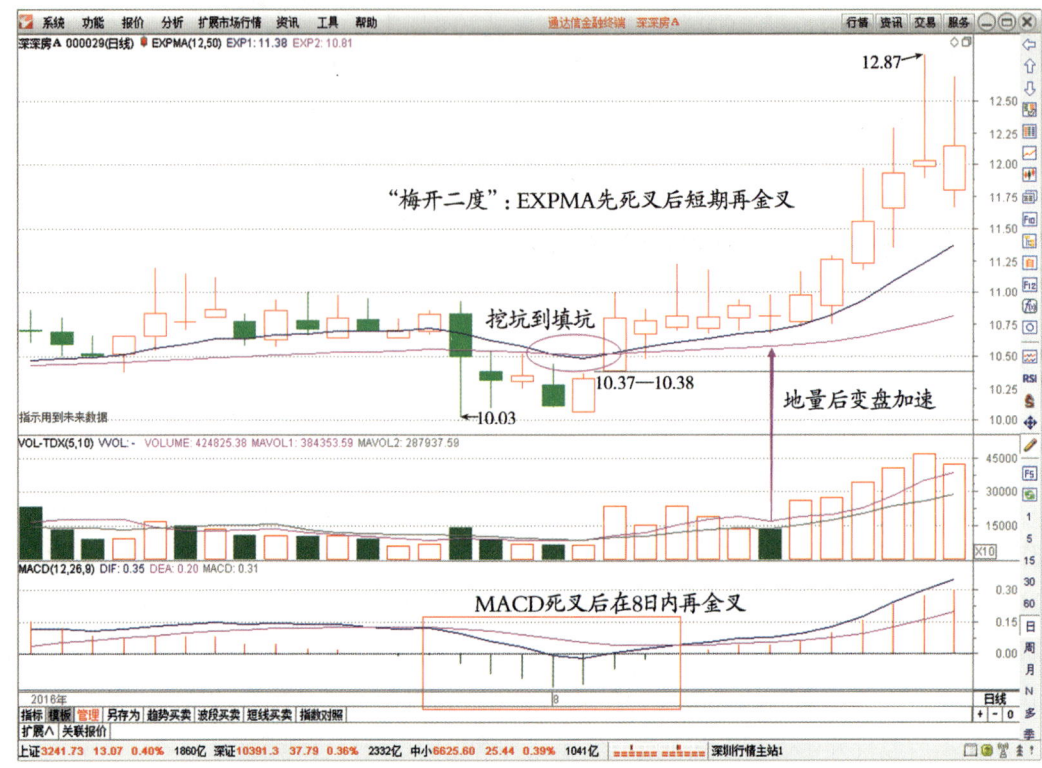

图32　深深房A（000029）2016年8月走势图

【技术特征】

1．只有在快速杀跌后，才会出现趋势线死叉，随后又快速上涨出现趋势线金叉，其中最低位均为地量筑底形态，因此"梅开二度"成立，一般都是在 "挖坑洗盘"中走出来的形态。

2．趋势线经过死叉后又快速向上出现金叉，时长一般不会超过两周，在价涨量增的情况下，又将重回做多趋势中。

3．同时，如果MACD也出现8日内收死叉到金叉，两者共振情况下成功率更高。

4．从形态上讲最好是出现在上升道中，而不是出现在长期横盘或宽幅震荡区域中。

【买入技巧】

1．激进型投资者在坑底出现阳包阴、MACD绿柱缩短时可试探性少量买入。

2．稳健型投资者在金叉后缩量修整时可介入。

3．温和放量拉升并突破前新高时也可追涨。

【经验分享】

类似图形在强市行情中较为多见,在上涨一个阶段后必然会出现洗盘现象,其股价才能走得更高。此期间只要出现缩量整理,就说明下探空间有限,洗盘接近尾声,下一轮升势在即。但前提是在下一轮行情启动时必须有量能的配合,如果量能放之过急,有可能是主升浪赶顶形态;如果是温和放量或者是量价齐涨,那么后市仍可更高、更远。

买入法则十二:趋势买入法

趋势分类买入法:
1. 市场处于波折缓慢上涨趋势中(长线交易)。
2. 市场处于单边直线上涨趋势中(短线交易)。
3. 趋势停顿整理区间较大,价格处于区域下限(横盘箱体中波段交易)。
4. 价格突破趋势上轨回踩确认支撑后(追涨)。

上升趋势个股买入法:
1. 阴线买入法操作如"上涨三部曲",在上涨过程中出现三小阴线为修整待涨,"空中加油"图形中的缩量小阴线为加油平台。
2. 准备突破前高买入法,如洗盘后量能充足有望突破过顶。
3. 在上涨初期加速上升出现一两根中阳线或大阳线时,热点个股一般上涨30%就有调整,调整后可在将突破前高点时买入;一般在第一个涨停或次日大涨冲高回落时可逢跌买入,这是上升通道中的买入法则。

趋势线之深海探宝买入信号

【实战案例】

习惯运用EXPMA的投资者都能看懂图33。用此技术指标可以进行抄底或抢反弹的操作,抢反弹的成功率高达90%,抄底的成功率可达70%。图33的豫光金铅

（600531），K线上有探底形状，趋势线上具备反弹一触即发的形态。而会运用趋势线选股的投资者也会在2010年7月2日轻易成功抄鄂尔多斯（600295）的大底。

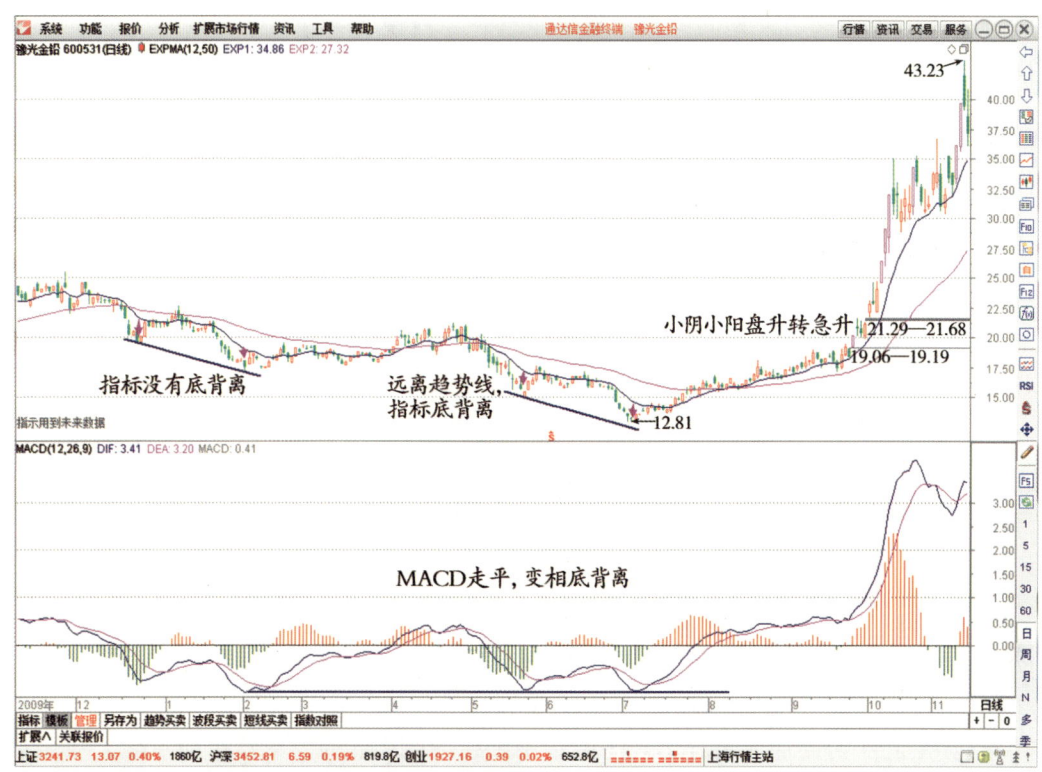

图33 豫光金铅（600531）2009年12月后走势图

【技术特征】

1．股价从阴跌到急速大跌赶底，出现恐慌盘抛售后才会出现类似图形。

2．深度探底后股价在远离趋势快线5%以上、离趋势慢线15%左右、两条线之间相差10%时，反弹一触即发。

3．短线指标如KDJ也同时出现了超卖现象。

4．趋向性指标如MACD出现2～3次底背离。

【买入技巧】

1．只要符合技术特征的条件即可适当参与反弹。

2．如果仔细观察会发现探底中有单根K线信号出现，如图33中的前一次探底以十字星报收，二次探底以中阳线报收，见此信号适当参与。

3. 再结合其他技术指标，如KDJ出现负数且出现金叉后也可做买入信号。

【经验分享】

一般出现类似图形时，都会有10%以上的反弹出现，但是不排除在熊市中趋势一直保持向下，即使反弹力度也会相对较弱，也有可能以微弱反弹等待趋势线的下移拼拢，同时趋势快线和慢线也可能分别成为反弹的阻力线。此图形适合于抄底的投资者，当别人恐慌时逢低买入。当然，要提高操作成功率，需要等待探底的K线信号出现再买入。如果稳健操作，可以选择在出现带量中阳后的反转趋势中参与，但是反弹高度决定你持股的时间，如果反弹力度有限，而你只有微薄盈利但又不想卖出，那就很有可能又有被套在阶段高位的风险。

买入法则十三：逢低买入法

一般符合以下四个条件的个股可逢低买入：一是在近两年股价总涨幅小于100%；二是在随后的回调洗盘时，寻找前一个时期K线以连续小阳线上升的慢牛股，K线形态越漂亮越好；三是低市盈率的价值低估股；四是低价股。选股的前提是以中小盘股为主，最好是流通盘在2亿元以内，具有资产注入等条件，技术上调整到位，后市上涨潜力更大。

图34
趋势线之下轨买入信号

【实战案例】

图34中的K线形态很多人在炒股过程中都会碰到。利用EXPMA指标的两条线来看则更为明显，在一只股票走出大牛时必定会一波三折，每当回调至趋势下轨线时就是买入机会。能够运用该指标线在强市里操作绝不会落后于大势，并能成功地抓住每一次低吸机会。再举个例子，近两年来上涨10倍的个股长春高新（000661），在选择类似的牛股时进行长线短打，运用该趋势线把握节奏操作不止有10倍的利

润。这一技术分析运用得当会抓住不少大牛股，还能够顺利完成操作。当然，选股也很重要，如果选择一些弱于大势的个股，趋势线经常出现纠缠状态就不好把握了。

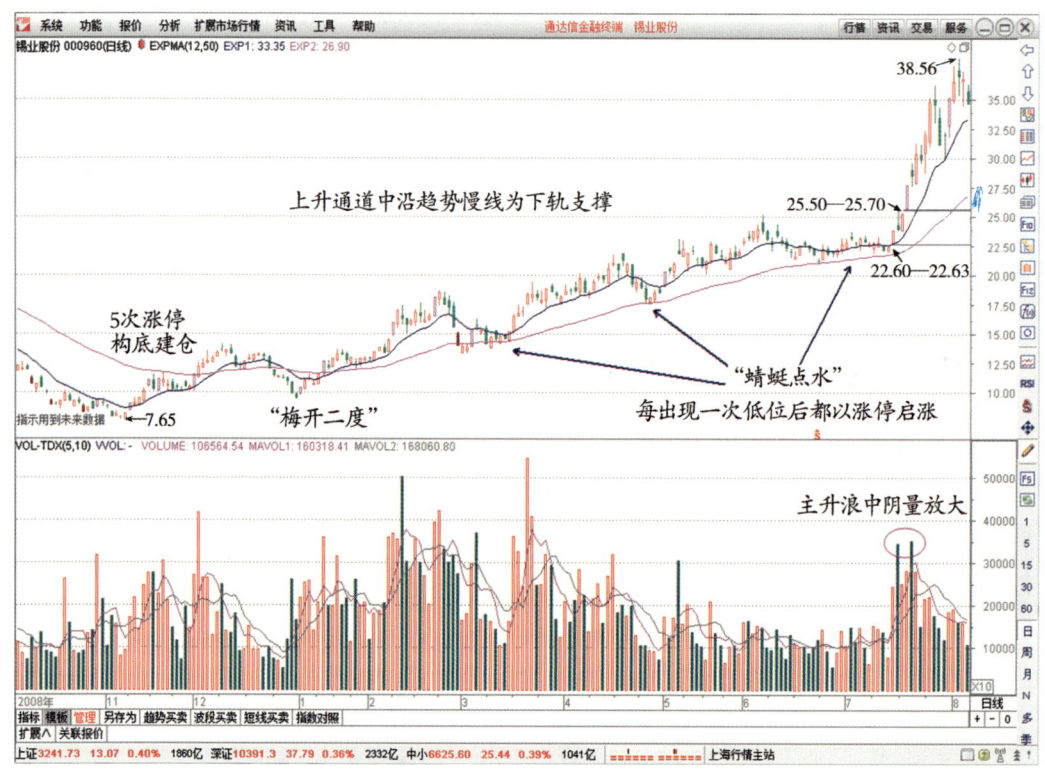

图34　锡业股份（000960）2008年11月后走势图

【技术特征】

1. 在大趋势向上的前提下，无论是一波三浪还是多浪，仍以趋势下轨线为支撑，可见该趋势线的重要支撑作用。

2. 在向上大趋势成立后，股价很有节奏地盘旋向上运行。

3. 对于中长线投资者来说，如果经不起日K线的波动，那么可以把趋势线运用到周K线上，就会发现其奥秘所在。日K线上股价在趋势下轨附近运行，而周K线上股价还在趋势快线之上运行，说明上升趋势仍然保持良好，因此可增加投资者对中长线的持股信心。

4. 经过长时间缓慢上涨后必然少不了主升浪的出现。

5. 由于底部建仓期频繁出现过多次涨停板，所以后期在上升中洗盘后还会有涨停板出现。

【买入技巧】

1. 运用趋势中的节奏化寻找高抛低吸的机会进行操作。
2. 每当回踩趋势下轨线时出现缩量盘整企稳即可介入。
3. 如果上涨三浪运行完后股价仍在趋势线之上运行，那么可在幅度收窄的修整期间介入等待主升浪来临。

【经验分享】

图34有一个明显的特征就是在启动一浪上涨时，显露了充分的价量的紧密配合，这说明主力有增仓动作，为后市走高打下了基础，也可视为中长线资金在不断进驻，非常有节奏和耐心地上行。一旦判断准确该股的习性，后市操作会一如既往地顺利。

在一轮上涨趋势中一般分为三浪，当然，有的主力会选择在完成三浪时再来刺激的主升浪动作。怎么确认有没有主升浪来临呢？在这里笔者教大家一个辨别的办法，就是利用趋势线配合量能。如图34中的三浪结束后，股价仍保持在趋势线上运行，并以修整形态进行，盘整时间越长，在拉升时越能吸引更多散户接盘。但是，如果三浪中出现放量拉高，则表明主力就此派发，如图34中三浪并未出现放量拉高，所以才有后期的主升浪行情。

买入法则十四：筹码密集区买入法

筹码分布密集区一般可认为是套牢筹码，当价格运行至该区域时必然引发大批解套盘抛售，使股价上行遭遇阻力，当股价越过密集区后，大部分套牢筹码已被消化，股价上行将很轻松，且比较安全。因为即使股价回调，原来的成交密集区已经由阻力位变成了支撑位，很多在该区域内抛掉手中股票的人和踏空者将会在股价回调至该价位时买入，期待再次上涨，从而给股价下行带来支撑。

图35
X形趋势线买入信号

【实战案例】

图35操作得当也容易赚钱，比如在X形形成时可以小赚一波。该图形适合在弱市中使用，在弱市里能有这样一波利润也算可观了。在强市里出现也唯有大盘蓝筹股才会走出这样的图形，但是笔者建议在强市里就不必选择这样的图形操作，短线机会可择机把握一下。如果该股有潜力可寻，那么可在后期调整反弹得到支撑时买入。

图35　首旅酒店（600258）2016年5月后走势图

【技术特征】

1. 此图形多发生在阶段性高位出现多顶形态，或者是箱体整理后期突破的时候。
2. 在后期股价运行中仍以前箱体高位为反支撑形成X形。
3. 在X形形成的同时，正好MACD也为向上金叉或"蜻蜓点水"时，则符合买入条件。

【买入技巧】

1. 买入信号很明显，在首次突破箱体后买入。
2. 其次是在冲高回落中以前箱体高位确认支撑时买入。

【经验分享】

图35看似简单但操作难度较大，因波动频繁并且幅度巨大，建议以短线参与。如果能把握准确以上这两个买入技巧，后期盈利还是比较可观的，但需要提醒的是，股价一旦跌破前箱体高位必须远离空仓，因为这时中级调整极有可能会来临。在计划买入时不妨再结合其他指标分析是否符合买入条件。总而言之，非技术派人士应尽量回避该图形操作方式。

买入法则十五：阴阳买入法则

要求第一根K线为阴线，第二根K线为阳线，当第二根K线涨至比第一根K线的最高价高出0.02元时为最佳买入点。通常第三根K线还会创出新高，统计盈利目标为3%，买入时应当参考其他相关常用指标。

大家可以观察到，K线在突破了前一阴线的最高点后，大多会在第三根K线继续创出新高，不论它的收盘价是多少，只要过了前一根阴线的最高点，通常表明多方取胜，且还会乘胜追击，在第三根K线创出新的高点。当然，这不是绝对的，不排除有少数骗线的，但是这些可以利用KDJ、MACD以及分钟线来避免，以此延长到T+3，还是以盈利为目的。如果发生在弱市里，需谨慎使用该短线操作方式，只有在强市时的整理阶段方可参与类似的短线盈利机会。

图36
下降趋势拐点买入信号

【实战案例】

图36是岭南控股（000524）2008年11月的拐点走势图，经过一年的下跌，价值回到低估区域，随大势企稳转势向上运行。此图解主要可以运用到大跌之后或熊转牛的初期阶段，从趋势上摆脱长时间的调整。简单地说，该图可用于发现转势做多的信号。

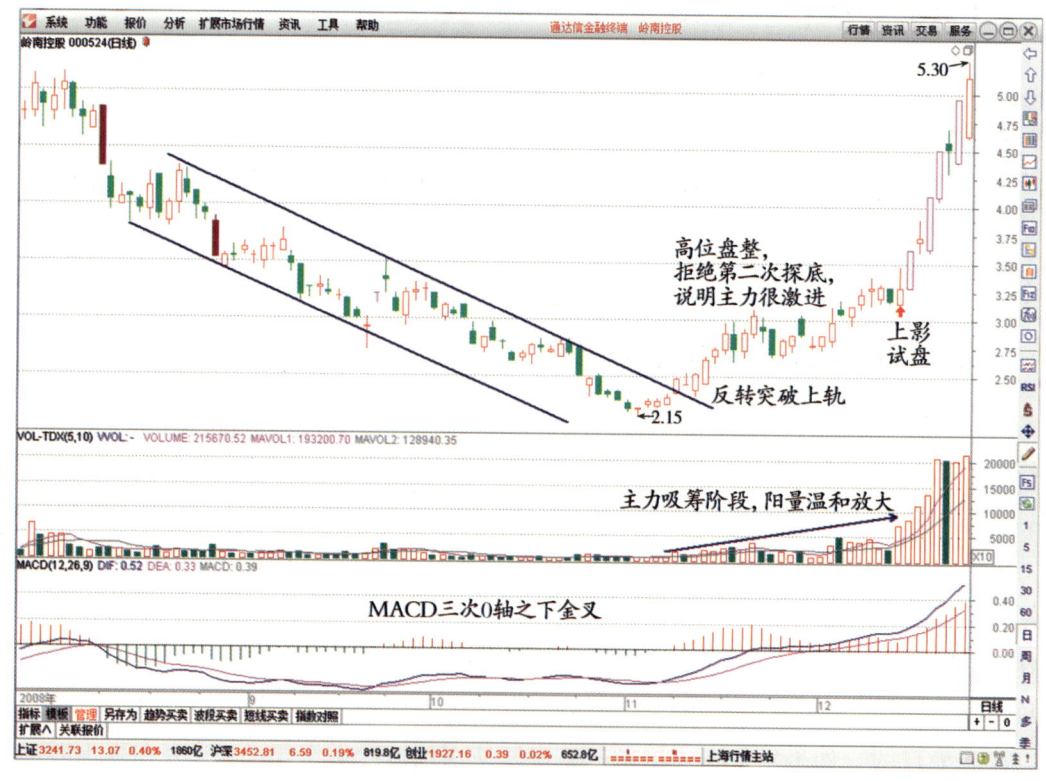

图36　岭南控股（000524）2008年11月走势图

【技术特征】

1．一轮中级调整中会出现一个完整下降通道，其中股价波动在通道上下轨之内运行。

2. 当接近调整尾期时波动幅度收窄，选择单边下跌直至探底成功。
3. 随后股价企稳转势向上形成V形形态，直至攻击前通道高点。
4. MACD在0轴之下2～3次金叉以及底背离也是底部特征之一。
5. 最终还需结合成交量温和放大来确认是否有主力在吸筹。

【买入技巧】

1. 当K线在低位出现平台小阳企稳，同时MACD在深海中出现金叉探底信号，并伸出红柱时即可参与反弹。

2. 当K线中股价突破原下降通道上轨拐点转势，并伴随着量能增加收出中阳时即可中线参与。

【经验分享】

如图36走势，它需要市场的整体配合，若大势企稳反转，那么类似该图的V形反攻形态大多会强于大势。反攻目标至少是前通道的一半或者挑战前高点，V形走势较为强势，在V形运行到1/3时是买入最佳时期，如果运行到一半或以上介入，则风险会增加，这就是黄金分割理论的运用。从图36中右侧来看，主力用30%以上的幅度进行建仓，可知后期拉长幅度理应不会低于30%，因为建仓幅度决定后期上涨幅度，甚至倍数回报。

买入法则十六：金字塔买入法则

笔者认为"控制仓位就等于控制风险"。所以不要一次买入大量的股票，就算再看好该股，再有重大题材，都应该分段买入，且应在越买越贵的情况下买入。这样可以将买入的股票平均价保持在市价以下，当股市恶化时，可以随时卖出变现。

如果很看好一只消息股，又在强市的情况下，如果满仓买入，最好是见好就收或减仓，绝不能全仓持股超过一周，全仓持股风险很大。就算以"金字塔"分批买入，到最后也不要满仓，最好控制在八成仓位以内，在弱市的情况下控制在五成以内操作。在卖出时照样用"倒金字塔"卖出法则进行。股票本身具有很大的风险，市场变化莫测，我们不得不谨慎对待。而风险都是掌握在自己手上的，若出现系统性风险我们应有一个止损的价位。

图37
弯弓射箭买入信号

【实战案例】

与图37的泰达股份（000652）相关的图形可以在百度搜索"做精一张图之二弯弓射箭"，就可以看到笔者于2010年4月27日在博客上发表过的一篇文章。当时笔者公开提醒投资者，大调整结束后会出现不少类似的图形，只要学会并加强运用，在下一轮上涨行情中就能轻松赚取20%以上的利润。最近几年，几乎每年都会有两到三次中级以上的调整，所以一年就抓住这两三次机会即可。这张图，可以让我们不必天天选股，做精它就足够了，但关键是你能否耐得住寂寞。在2017年春节前后，上证指数大盘日线也走出"弯弓射箭"形态，笔者在春节前最后一个交易日曾公开预示这一观点，春节后逐步被证明。

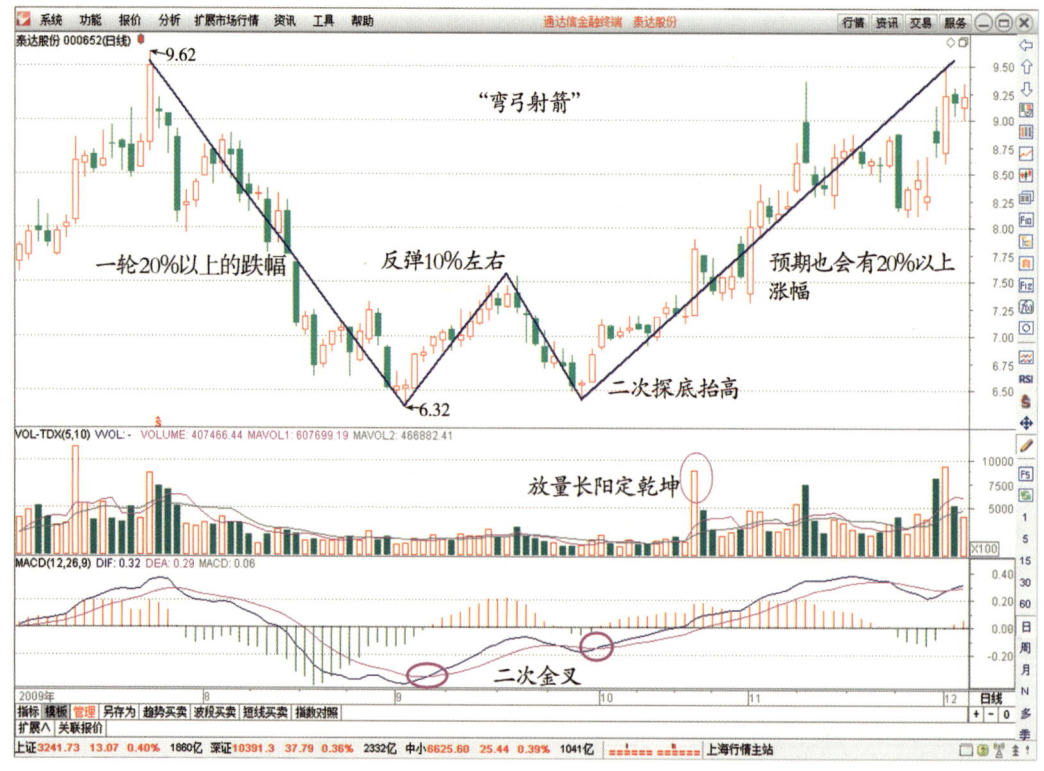

图37　泰达股份（000652）2009年8—12月走势图

【技术特征】

1. W形状态，其真正意义更像"弯弓射箭"势态，一旦形成，在强市、多头市场里都会走出一轮漂亮的上涨行情。

2. 在持续下跌20%以上，形成反弹再二次探底成功后（最好是二次探底的低点同比抬高），浩浩荡荡的中级行情将由此展开。

3. 形态+右侧起涨点都极为重要，若没有图37中右侧的放量长阳确认，那么后市目标也将打折扣。

4. 注意观察MACD指标，极可能会出现两次金叉，且第二次为8日内金叉。

【买入技巧】

1. 技术派者最好选择在此图初步成形时介入，也就是在二次探底成功后出现大阳线时是第一个买入良机。

2. 稳健型投资者可选择在二次探底后，向上运行并有效突破前高点时大胆抢进。

【经验分享】

2010年7月大多数个股都走出了图37中的形状。不过笔者再次提醒投资者，操作前提是必须有一轮20%以上的下跌，该图形态才有望成立。如果选择在买入技巧1所说时机参与，那么后市可能有20%以上的盈利空间。当然，这是一波中线操作，时间不会太长也不会太短，前后也就一个月左右。不过如果当时你频繁换股或许盈利更少。记住，市场上一旦出现类似机会，把握好一只就足够了，切忌贪心。每年大势都会有两三次中级调整行情，只要你运用好此技术做精这一张图，一年累计下来也足够赚50%，何乐而不为呢？

买入法则十七：二次探底不破买入法

1. 从传统意义上说，W形底形态完全不同于V形反弹。二次探底有时间长短和中低价位之分，如长时间的下跌，跌回前历史低点附近获支撑，为中长期最佳买点；短期就是经过短暂回调后在前期低点之上企稳，可作为阶段性买入信号。

2. 一般常在日K线上分析，辅助参考周线或60分钟线，也能给你的分析带来一定的帮助。如果二次探底时离前低点相差3%以上出现企稳，说明短期支撑明显有效，可大胆买入做多。

3. 如果出现3次探底不跌必会涨，为强烈的买入信号。

4. 如果二次探底击破前低点后又迅速收复，随后三天若见企稳可买入。

图38
上升三角形买入信号

【实战案例】

图38经过画线从图形上看似一个"上升三角形",从整体来看,这是一个上升通道后的加速期,也就是牛股进入主升浪阶段,一般只有技术派才画得出这个图形。在每一轮大行情中都会出现很多类似的图形,但这些都有可能是龙头牛股的化身。此图形值得仔细研读、分析,一旦有幸成功实践,你将会获得不菲的收益。注意观察,一旦出现放量滞涨就要抛,并且要抛得比别人快。

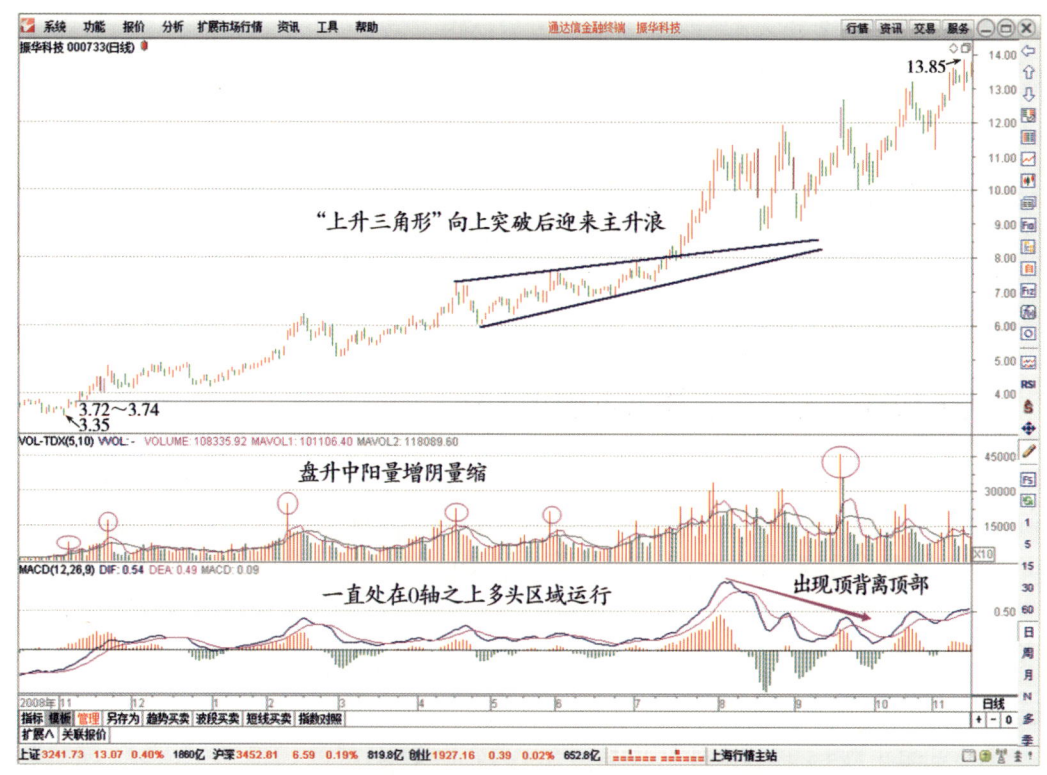

图38　振华科技(000733)2008年11月后走势图

【技术特征】

1. 在牛股上涨中期，出现小阴小阳缓慢上行，则波动幅度逐步收窄，形成"上升三角形"状态，也可看似火山爆发状态。
2. 在每次上下波动中低点不断上移，高点也不断突破。
3. 当主力在波动中吸入足够的筹码便会顺势进入主升浪行情。
4. "上升三角形"一旦向上突破后，短期很难会出现回踩确认，只有平行对称三角形在突破后回踩确认的可能性才会大。
5. 一般三角形的长度越长，突破后的单边也会越长。

【买入技巧】

1. 在三角形的末端若是出现放量大阳，并强势突破箱体上限时可趁机介入；或者是在锐角处，出现密集交易蓄量现象时可考虑介入；又或者是出现缩量小平台，收十字星线的变盘信号时，一旦次日向上突破可立即抢入，后者买入就必须追涨。
2. 其次是在其他技术指标同时出现多头排列时可逢低参与。

【经验分享】

一般牛股都会走出类似的形态，在"上升三角形"过程中或许大盘处在调整之中，此牛股却抗跌强势上行，另一种解释是主力运用此形态完成洗盘动作，或者是撤退部分资金转移至其他股，无论使用什么样的手法，只要处在渐强上行趋势，随后必会有大阳主升浪。因为主力大多会选择在放量拉高时出货，而不会选择在下跌或盘整中出货。"上升三角形"时间有长有短，短则两个月内突破，长则三个月以上；太长不利于主力后市拉升，时间太短如一个月以内则参照意义不大。

买入法则十八：有涨早追，有跌早杀法则

一般来说，任何个股的启动，都会有惯性上冲的潜力，当确认突破，机会降临后，必须果断出击，出击的时机应该越早越好，最好能在突破开始爆发初期。如果买入后，发现股票价格不涨反跌，说明自己判断失误，也可以理解为主力耍了花招，上了当，这个时候必须敢于纠正错误，及时出局。

追涨过程中最好选择有热点的龙头股。如果该股不属于主流热点和龙头，那么在大盘调整或大跌的过程中，它也几乎都会处于调整和下跌的趋势中，所以短线追涨操作必须抓热点，抓龙头，机会才更大。

图39
上下齐金叉买入信号

【实战案例】

图39出现在2009年1月鲁银投资（600784）由熊转牛的初期阶段，该股回调后出现了双重共振的买入信号，即上有趋势线金叉，下有MACD金叉的形态特征。值得一提的是，该股筑底的过程中，先以6根十字星线下探见底，再以6根十字星线探底回升，形成一个尖刀底。随后收出1根极为缩量的小阴线，也正是启动前的征兆。特点是在MACD的中轴线处出现金叉向上，紧跟着冒出红柱，表明主力有做多的意图。

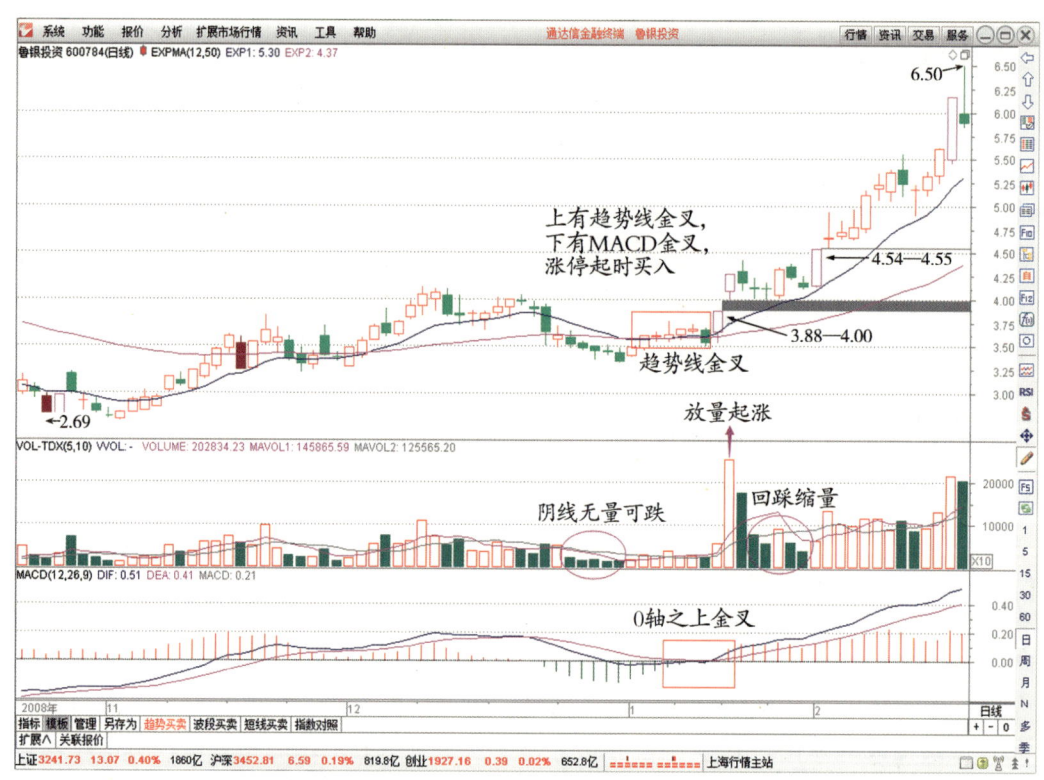

图39　鲁银投资（600784）2009年1月走势图

【技术特征】

1. 上有趋势线金叉，下有MACD在0轴之上的金叉，波段行情呼之欲出。
2. 两指标同时形成金叉比较少见，关键时刻还需放量大阳才能形成这一图形。
3. 虽图中带有向上缺口，但接下来的3天内没有进行回补，说明强势可期。

【买入技巧】

1. 在当日放量大阳拉高时，随后双指标自然形成金叉，完全可以放心追涨介入。
2. 后知后觉者可在突破前高点后逢低买入。
3. 按此位置计算，只要上涨幅度还没达到30%，中途都有短线机会。

【经验分享】

图39平常较为少见，一旦发现了即时买入，波段利润非常可观。运用趋势线金叉买入后，需要留意的重要卖出信号是：在拉升过急促使股价远离趋势线时需止盈，或者是上涨幅度达30%以上时需逐步锁利。

买入法则十九：底部买入法则

1. 不要一次性将手中的资金全部打完，看中的股票每逢盘中低点就买一部分，分批买入。
2. 不要同时买多只股票，最多3只足矣，集中弹药做强势股。
3. 所买的股票要有前期低点出现，且尚未跟随大盘再创新低，不能简单机械地认为越跌越买，而要在股票不创新低后的盘中低点时买入。
4. 中小盘股为首选，各类题材股如新兴产业相关个股等重大政策相关的股票为首选。
5. 在大盘上升趋势尚未形成时，买入的股票尽可能做些T+0，或用滚动操作的方式高抛低吸，以便降低持仓成本。

在市场超跌时要敢于买入，创出新高时要勇于卖出。在此时要认真玩味"舍得"二字，以上5点要引起足够的重视。在底部阶段一定要保持清醒，一旦发现操作失误，要立马采取措施，不能拖延，否则将犯大错误。没胆量、没技术、没经验的投资者，最好不要在最底部操作股票，而应待趋势明朗再行动。

笔者的低吸法则是：不要在下跌中买入，而是在下跌后缩量企稳出现中阳时买入，这才是安全的低吸王道。

图40
拨云见日买入信号

【实战案例】

每逢大的节假日前后，投资者都会关注北京文化（000802）这只股票，并且该股也从没让众人失望过。笔者认为该股的股性非常活跃，急跌后又急涨，无论是短线、波段还是中线，只要把握好买点都能赚上一把。

图40　北京文化（000802）2008年6月走势图

【技术特征】

1. 先是一轮持续串阴挖坑式杀跌，随后快速大阳收复前期低档串阴。
2. 在底部区间以一字平台完成筑底，并且时间在5天之内，说明绝地反攻即将展开。
3. 在筑底过程中若有放量长阳或涨停起涨的条件，一张漂亮的图形就诞生了。

【买入技巧】

1. 串阴持续杀跌后必有反弹可能，其他指标出现探底信号后可逐步参与。
2. 若要底部更结实，少不了带量大阳出现，一旦出现便是买入信号。
3. 任何图形只要底部扎实，正式反转向上行时，逢出现缩量回踩阴线都是买入信号。

【经验分享】

只要在上涨途中或底部出现5连阴以上，反弹将一触即发，并且反弹力度都很大。然而在熊市就不尽其然了，反弹力度会稍弱。在强市中有急跌就会有急涨，这已算是自然现象。图40中的底部一字平台值得重视，一般时间越短后市反弹越强，时间越长风险越大，可能面临盘整或再次探底。其次，初现大阳也较为重要，此大阳可视为转势信号。如果持续出现三根大阳线以上，那么只要出现回踩还可买入。

买入法则二十：组合投资法则

投资者获得长期投资收益的关键之一，就是适时重新调整投资组合。一般的建议是一年左右调整一次投资组合，这样会比从不调整获得更好的收益，当然，具体的操作策略还应当结合投资者的资金量大小等具体情况而定。若投资者持有的多为稳定的资产，可几年才进行一次调整，但投资者若持有更多资产，则应进行更加频繁的调整。

当投资者的资产配置与投资目标差距太大时，就应该进行调整。比如，若投资中有60%为股票，那么当股票占投资资产的比重有10%左右的浮动（即高于70%或低于50%）时，就应进行适当调整。这个策略的关键就是掌握合适的幅度，若幅度太宽或太窄，调整就会过少或过于频繁。组合投资最适合于资产超过100万元的投资者，这样可以在风险最小化的情况下，实现稳健性收益，但持股最多不能超过5只。

当国家经济不景气时、股市行情不好时，也不妨少量参与期货T+0交易，因为很多技术是相通的。自2016年志尚团队就已与中国国际期货公司达成战略合作，其目的也是适当对冲和优化种类配置。

图41
低谷涨停板买入信号

【实战案例】

每年都会出现几只疯狂上涨的明星股,每一轮大幅调整后也会上演一出出精彩的牛股争芳斗艳的表演。很多投资者都在想,要是自己能买上这样的股票该多好,其实这并不难,关键在于敢不敢追进,特别是前期经重心深幅下降,超跌卖出后,一旦有利好消息的配合,股价肯定会一飞冲天,在上涨中途遇到利好刺激也是如此。如图41中的用友网络(600588)就是如此。笔者认为在前两个涨停板里可以择机大胆跟进,就算失误也有脱手的机会,而且在强市里出现跌停的可能性较小,只要在低位失手仍有解套的机会。

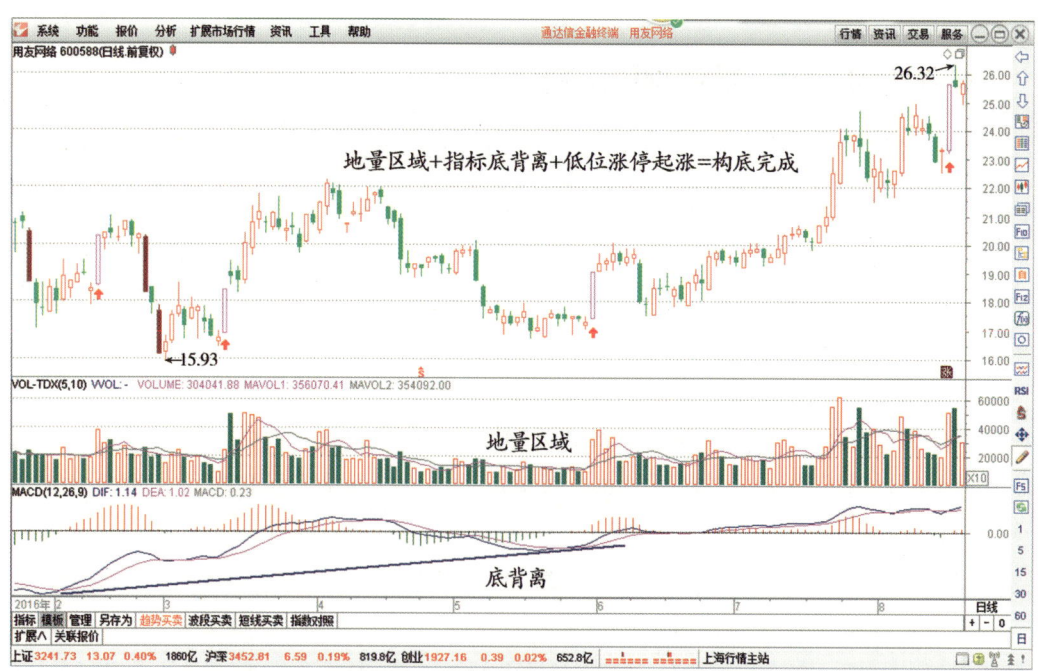

图41 用友网络(600588)2016年2月后走势图

【技术特征】

1. 地量区域＋指标底背离＋低位涨停起涨＝构底完成。
2. 自涨停起涨后，阳线量便逐渐温和放大，阴线量明显缩小。
3. 底位有涨停，在后市盘升或主升中还会有涨停出现。
4. 特别是底部频繁涨停的个股，后市上涨幅度也相当大。
5. 如果该股的基本面不是很好，还需结合大盘走势，否则大盘走势不好也成枉然。

【买入技巧】

1. 符合技术特征1便可买入。
2. 如果在涨停当日有单边买入现象，或者没有放出巨量封停的现象，说明后市上涨还有空间，可在次日介入。
3. 在涨停板后逢缩量阴线也可低吸。

【经验分享】

久跌必涨、熊牛交换是股市的自然规律。按"三外有三"的理论，只要在低位出现第一个涨停板，就很有可能"有一就有二，有二就有三，有三必有15%的可能"。此理论在第一章"短线强势股经典技术图解"中有详解。当然，没走出来之前谁也不能预测会如此之牛，但有两点可以确定：一是启动时价量配合较好，说明量能并未放完，还有上攻力度，加之盘中会出现较多单边买入；二是反攻幅度在前期下降通道的一半以下为安全区域。

买入法则二十一：滚利（滚动）操作法则

滚利（滚动）操作适用于两种可能的走势：一种是当市场经历上涨或者持有的个股上涨之后，此时投资者对后市难以判断，既怕市场下跌调整，又不希望错失超级牛股。而盘面上的情况一般是，股价处于上升通道，但许多技术指标预示着超买严重，随时可能出现回落下跌的走势。此时，投资者可以采取逐步减仓锁利的操作策略，也就是在当前价格分批减仓，并逐步加大减仓的数量。当股价回落到重要的支撑位置后，则可以开始回补，也可以步步为营反复操作一两只股。还有一种情况就是市场处于非上升通道，抄底难以完全成功，需要逢低分批逐步建仓，这种操作具有更大的风险。一般情况下是自己手中持有部分此类个股，但又担心市场随时反弹。此时又分两种情况：一种是市场处于横盘整理阶段，可以在箱底和箱顶中选择买卖；另一种是股价处于下降通道中，此时应采取全部清仓的策略。当然，有时个股处于构筑底部的区域，股价会反复波动，此时需要观望，等待趋势稍明显后再参与。

图42 红三兵买入信号

【实战案例】

滨海能源（000695）是笔者一直都在关注的个股，该股的股性很适合短线参与，因为该股有一个特点，即一旦形成多头排列，就会有一波上涨行情，在这个上涨期间一定会强过大势，并且上涨速度也很迅猛。要么就整理不涨，一涨将会很活跃。类似这样的股票波段操作机会较大，也易于把握，诸如中铁二局（600528）等个股也有类似的特征。

【技术特征】

1. "红三兵"又可称为"三阳开泰"，在低位可视为转势信号。
2. 图42的特征在于一轮下跌后，低位出现三连小阳线，且第三天以长下影线收盘，转势在即。
3. 如果其他指标也出现探底回升的状态，那么类似"红三兵"的成立或更有效。

【买入技巧】

1. 预知者可在低位平台式三边小阳线后、收长下影线的尾盘买入。
2. 稳健型投资者可在随后有大阳包住前三天的走势时，在盘中寻求低点介入。
3. 与此同时，其他技术指标如CCI达-200以上时也可探底买入。

图42 滨海能源（000695）2010年6—8月走势图

【经验分享】

如果在低位出现红三阳，无论是大阳还是小阳，都有转为强势的可能。如果在上涨中期出现类似三连小阳线为缓涨期，必须待第四天变盘时，看是否有突破，再考虑是否参与。在准备参与之前，不妨再结合其他技术指标看是否符合买入条件。

一般出现标准的"红三兵"后都会有一波段上涨行情，如图42中"红三兵"后主力以小阴小阳缓慢吸筹，随后必会有大阳相随。标准的"红三兵"有两种：一种是如图42中的"一字平台"地量小阳形态；另一种是上升小三阳量能逐渐微增，此类型在随后很有可能走出"串阳组合"。

另外，若在下跌趋势通道中阴线还未完全释放空头、阴线量还没有明显缩小的情况下出现"红三兵"，则需当心风险，很有可能形成"下跌三部曲"。

买入法则二十二：回落均线买股法

俗话说：一招鲜，吃遍天。操作股票也一样，只要一招就够了，下面给大家介绍一种"傻瓜"式的买股法——回落均线买股法。

股票之前有一波升幅，之后回调，调整到20日或30日均线上方时，收出缩量的

小阴线或小阳线，此时可以买入；或者当股价回踩10日、20日均线后再次突破5日均线时买入。

这里要提醒大家，买入的同时要设好止损价位，股票一旦破位下跌，就要及时止损卖出，股市里没有100%盈利的方法。

图43 呼风唤雨买入信号

【实战案例】

图43中的青岛金王（002094）在前期的走势，笔者称之为"呼风唤雨"技术形态，又可称为"震仓式调整"，因为在这期间主力纯属高度控盘才能实现震仓调整。一般而言，在牛市上涨中期很多个股在前期大涨之后都会走出类似的图形来消化筹码，以便后市再次向上做多。如果发生在牛市末期，极有可能是主力震仓出货。图43为该股2008—2011年的走势，自大盘在1664点时起该股就一直处于上涨的态势。

【技术特征】

1. 能够盘旋上升，说明主力高度控盘，快涨快跌都在掌控之中。
2. 一般在阶段性高位主力都会选择震仓式洗盘，几个回合后，只要市场趋势向好，后市仍有上涨空间。
3. 最明显的特征是，每次接近前底时先以大阴杀跌，逼出恐慌盘，再以大阳快速拉起。类似现象，无疑是主力以多个"挖坑式洗盘"，一方面吓出持股信心不强的投资者，另一方面在低位有效埋筹，以便后市股价能更上一个台阶。
4. 类似这种慢性牛股，不妨以周、月线作为捂股依据。

【买入技巧】

1. 每逢低点在大阴线后出现大阳线，当日或次日都是买入机会。

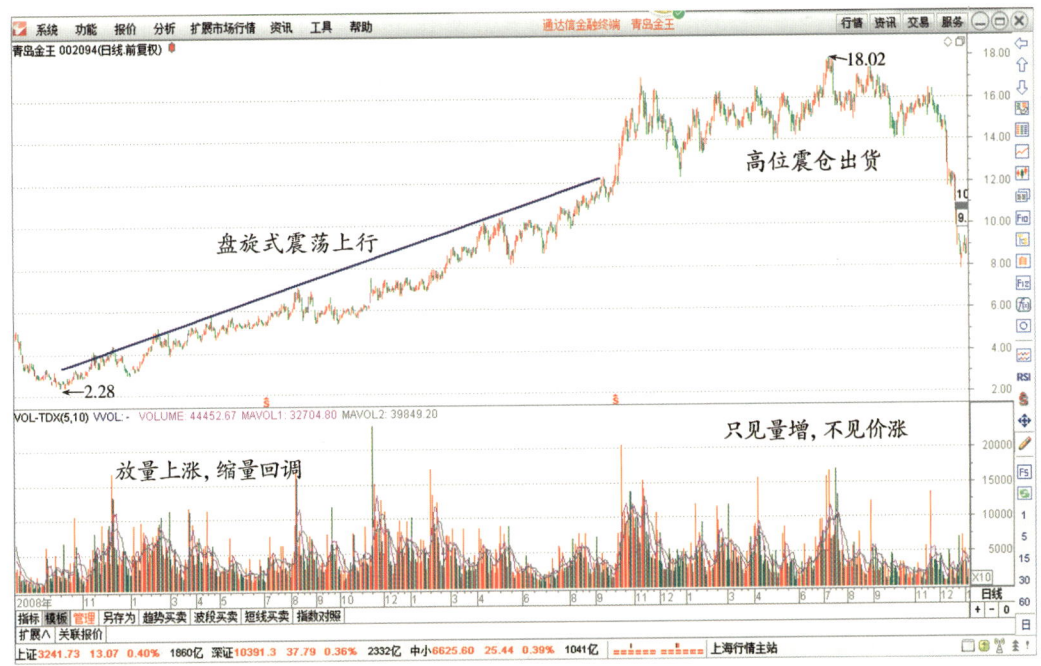

图43 青岛金王（002094）2008—2011年走势图

2. 技术派投资者如发现前面的运行手法一样，同时也掌握该股的运行特征和节奏，可及时买入。

3. 久期盘旋上升后必会有呈90°的主升浪出现，一旦发展上涨加速时可追涨买入或加仓。

【经验分享】

图43中的走势符合强市中的操作手法，呈急跌慢涨趋势。随后形成大通道，上下来回震仓已成规律，投资者参与时可顺势而为。但在介入时切记一条铁律就是不见大阳探底绝不参与，卖出的铁律是在接近前高点后短线果断锁利出局，或者在高位震荡中放量不见价涨时卖出换股。

买入法则二十三：回避买入法则

1. 前期涨幅过大的个股，操作起来比较困难，新手容易犯方向性错误，风险极大。可从K线走势观察，股价走势从什么价格起步，上涨了多长时间。比如说某只股票从2元上涨到20元，经历一年多时间上涨10倍，虽然眼前刚好回调下来，但还是应该回避。建议买卖股票要有大局观，不要把眼光局限于某一区间内。

2. 短期涨幅过快、股价脱离5日均线，高高在上，在均线和股价之间形成很大的空间。

3. 短期涨幅过快、股价迅猛抬高，带动5日均线快速上移，5日均线和10日均线之间形成很大的空间。

4. 股价开始走下降通道，在达到一定的跌幅之后，在某一价格区间内开始盘整，不要以为股价已经止跌，其实往往只是下跌中继而已，因此不排除"下跌三浪"的可能。笔者在新浪博客中曾发表过的《抢反弹要铭记一张图》也正是如此。

5. 股价处于下降通道中，均线层层压制股价上行，这样的股票，不要想当然地认为不会再跌。很多股票在上涨之前，主力往往会来一次能量宣泄，短时间内急速暴跌，最后一次挤掉浮动筹码，这样的股票最好不要碰。

图44
久盘后买入信号

【实战案例】

谈到图44中的中铁二局（600528），笔者的印象非常深刻，因为在2006年9月参与过，那时正处在该图箱体中间处，苦等三个月才解套。随后从最低价一直上涨，那时还缺乏经验，没有捂股到顶，中途来回4次。经验给予了机会，在2009年9月18日再次回到前低点以下3.6元时引起了笔者的重视，此时市场还未明显企稳，只用半仓进场足以收益翻番。打开该股2009年11月的K线走势图可见，一旦买入不想赚钱都难。希望在下一轮牛市中该股能再现英雄本色。

【技术特征】

1. 久盘三个月以上，在主力准备大举入场时，少不了砸低价格赚取低廉筹码，另外可震出长期持股在手且不坚定的投资者。

2. 横有多长竖就有多高，一旦主力进场，前期的熊股必将后来者居上。

图44 中铁二局（600528）2006年8月后走势图

3. 只要不是ST股，就不怕横盘，主要观察横盘后半段（如两个月以后），是否会出现地量区域、底部图形、挖坑再填坑、小阴小阳盘升、上下影组合线、涨停起涨这些轨迹，如有则说明该股预期上涨在蠢蠢欲动。

【买入技巧】

1. 在末端小阴小阳盘升中温和放阳量时可试探性买入。
2. 随后出现放量大阳线突破小箱体上轨时可增仓操作。
3. 当多头排列形成并有效突破大箱体后再缩量回踩时大胆低吸。

【经验分享】

笔者的箱体理论：短期箱体历时1个月以内的，向上突破的可能性极大，如2010年7月后九九久（002411）的平台，在临近变盘期看似重心下移，实为探底后回升；中期箱体时长2个月左右的，在上涨前必然会挖坑洗盘，如大盘在2010年8月和9月的走势；长期箱体时长3～6个月至六个月的，在上涨前必然会挖出一个大坑，甚至有连挖两次坑的可能，如图44中2006年下半年中铁二局（600528）的走势。

久盘必跌，主力选择挖坑获取低廉价格，如果是急速直线串阴，杀跌的坑会很深，但时间很短，挖坑一次完成。如果缓慢下跌，与图44中的走势一样，进行两次挖坑，虽然幅度不深，但时间很长，同时也更能体现主力意图，其意图是不想快速做高股价，而是以慢牛到大牛完成整个操作。在此告诫投资者们千万不要买入盘整时间太长的股票，趋势不明买入等于浪费时间、金钱以及精力，在杀跌挖坑后或者突破箱体时再买入也不迟。

买入法则二十四：可持股法则

1．一只股票经历了长期的连续下跌，股价走势显示为多方几次抵抗都无功而返，成交量开始出现持续放大的迹象，这样的股票不要轻易抛出，反弹行情在酝酿之中，随时都可能爆发。

2．股价走势稳健，股价稳妥地沿着5日均线、10日均线上涨，价量配合适度，不要嫌股价上涨缓慢，此时更应该耐心持股等待主升浪。

3．股价处于上涨通道中，股价涨到一定程度之后，在相对高位出现横盘整理的走势，很多人认为股价已经见顶了，会急匆匆地抛出。其实这只不过是技术形态的修复而已，往往会形成上涨中继。

4．股价短期内跌势凶悍，股价已经远离均线，并且中间已经形成较大的空阔地，此时虽然形态很恶劣，但要忍住，技术上随时可能展开反弹，不要低位杀跌。

5．股价长期下跌，近期再度暴跌，此时不必害怕，此乃股价上涨的前兆。

6．大盘暴跌，所有的股票都出现非理性的大幅下跌，不能恐慌地抛出所有的股票；高位的股票则另当别论。

图45
螺旋式买入信号

【实战案例】

笔者把从图45中天音控股（000829）吸取到的经验拿出来和大家分享：长期跟踪操作过的个股，会慢慢发现该股的运行节奏和股性，时间一长就会摸索透彻，随后的趋势或许都在你的预料中，因此操作中的成功率会大大提高。2009—2010年的中恒集团（600252）也是如此，慢牛大多会按此图形形态运行。

图45 天音控股（000829）2009年9月后走势图

【技术特征】

1. 一波牛市行情中很多中大盘个股均会以盘旋式上升，稳步走出大牛股。
2. 在盘升中量价呈现有收有放的节奏，波浪形一般呈现由小到大的特征。

【买入技巧】

当出现第一浪后，可预想第二浪和第三浪出现的可能，当出现第二浪后预想必有第三浪出现，可沿着有趋势线的下轨线买入，或者在波浪低点缩量阴后低吸、阳包阴时买入。

【经验分享】

图45中的走势较为常见，如巨化股份（600160）在2010年2—4月的走势，再如万向钱潮（000559）2010年4月后的走势。此图形一般出现在大牛股身上，操作上必须跟上运行节奏，只低吸和高抛，千万别追高，否则一旦买入还没开始盈利就又面临回调的可能，除非中长线投资者不在乎10%的调整幅度。

买入法则二十五：绝地买入法则

1．所谓"兵马未动，粮草先行"，成交量就是股市行情发展的"粮草"，反弹力度强的个股在成交量上要有两个特征：一是前期下跌过程中量能极度萎缩，显示该股做空动能不足；二是在反弹过程中量能迅速放大，显示增量资金明显介入。

2．注意选择弹力十足的个股。如皮球从高处落下时，下落的时间越长，落地的力量越大，产生的反弹力也越大。炒股同样如此，跌幅越深、下跌速度越快的个股，其反弹力量也越强，相应具有更好的投资机会和可操作性。

3．反弹要抢，但不宜盲目追高。高的标准以反弹半分位为参照物（前跌幅的一半），缺乏基本面支持的个股上涨过快时，投资者就不宜再追涨，以免被随后的调整行情套牢。投资者在选股时要视野开阔，毕竟上市公司有3000多家，可供选择的空间还是足够大的。

4．射人先射马，擒贼先擒王。打绝地反击战时要紧盯市场主流热点和其中的领头军、主力军，对其他跟风的散兵游勇不要过多关注，至于长期被套的老庄股和涨幅巨大、庄家获利丰厚的个股则要坚决回避。

图46 日均线金叉买入信号

【实战案例】

如图46所示国风塑业（000859）2016年8—11月的走势，大多股民都会明白这一点，也就是可简单地运用看盘必看的MA日平均移动均线，选择做多还是做空，是反弹还是反转，是阻力还是支撑，是顶背离还是底背离等常用指标。笔者在此讲述简单实用的买入手法，卖出信号则可相反运用。一般日平均线中的5日、10日、20日均线最为重要，也与股价波动关系最为密切。

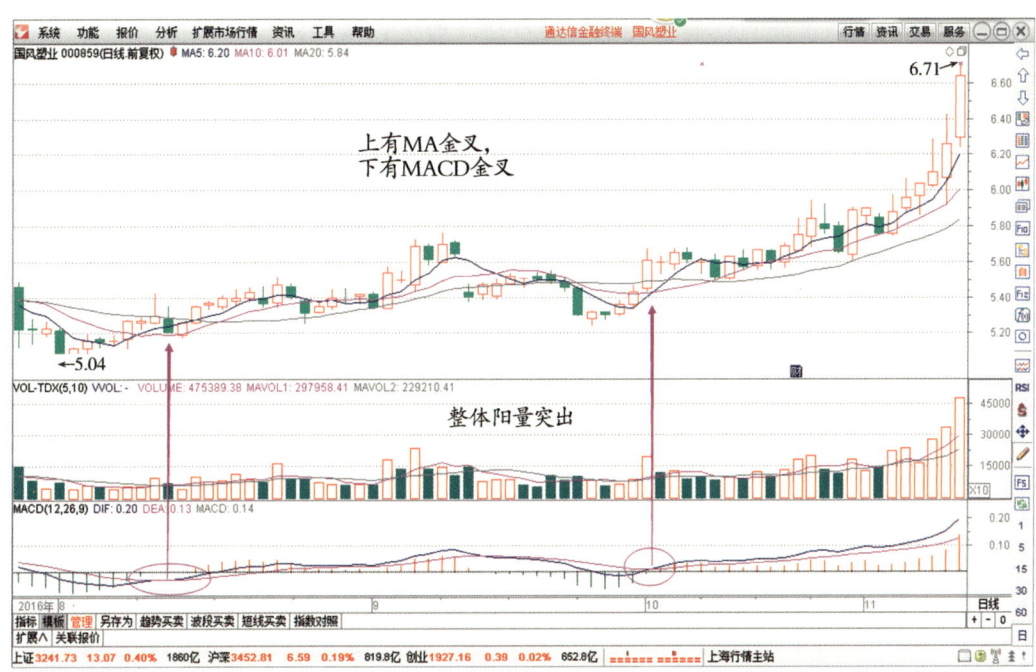

图46　国风塑业（000859）2016年8—11月走势图

【技术特征】

1. 常用技术指标为日均线，经过调整企稳后5日、10日、20日均线会逐步并拢形成金叉，出现多头排列的买入信号。

2. 若同时MACD也在0轴之上构成金叉，则两者共振后成功率会更高。

【买入技巧】

1. 当股价下跌中远离5日均线时为反弹买入信号。

2. 出现5日均线金叉，10日均线为短期买入信号。

3. 出现10日均线，金叉20日均线为中期买入信号。

4. 再结合其他技术指标是否符合买入条件来决定仓位份额。

【经验分享】

此图形态一般在一轮大于10%的调整企稳后出现。此技术适用于短线投资者，或者是在买入股票寻求买入点位时应用。如果在高位出现则后期空间有限，需慎用此技术。如果在箱体盘整中出现，那么来回反复波动频繁也需慎用该技术。只要股

价站上5日均线即可放心持股,如果上涨过快,股价远离5日均线时回调需锁利或减持,相反形成向下死叉请参照"经典技术卖出信号技术图解"。

买入法则二十六:人弃我取买入法则

1. 从冷门股入手,从目前不被人关注的板块和个股入手。这样的股票一定是股价较低的,在这样的股票里选择质地优良、有重组可能或资产注入等质变的,默默持有,因为早晚会迎来一个强大的上升期。

2. 从二三线蓝筹股成长股入手,这样的股票是最有投资价值的。但这样的股票无论涨多久终会有回调的时候,当别的股票涨起来的时候它们会被冷落。趁它们被一时冷落在低位时买入持有。

3. "人弃我取"实际上讲的是如何利用股市的冷热转换来获得盈利。所以"人弃我取"需要一个等待的过程。等待大多数人抛弃,等待爆热变成爆冷。从更高的层面来说,牛熊市转换的根本是冷热转换。如果我们在熊市的底部,像2008年9月的1664点附近这个真正"人弃"的时候买入,哪怕不知道将来的热点在哪里,只要不是买了可能要退市的股,相信都会有一定的收益。

图47
缩量十字星买入信号

【实战案例】

十字星的形状有多种,但意义只有两种:一是即将变盘信号,二是停顿期。不管收出什么样的十字星,都没必要全部搞懂,如笔者一样,只要熟悉买入信号和卖出信号的2颗十字星就行。笔者一直擅长运用的是在中阳线后的孕育十字星,特别是位置不高的股票,在出现阳线后的收缩量十字星,越是缩量,次日早盘买的动机越强,做精这一点自会有可观收益。如图47所示的久联发展(002037)的走势正是如此,低位3颗地量十字星为变盘向上的信号,后期在上涨途中的缩量十字星,为上涨修整加油的信号。

第二章 经典技术买入信号图解

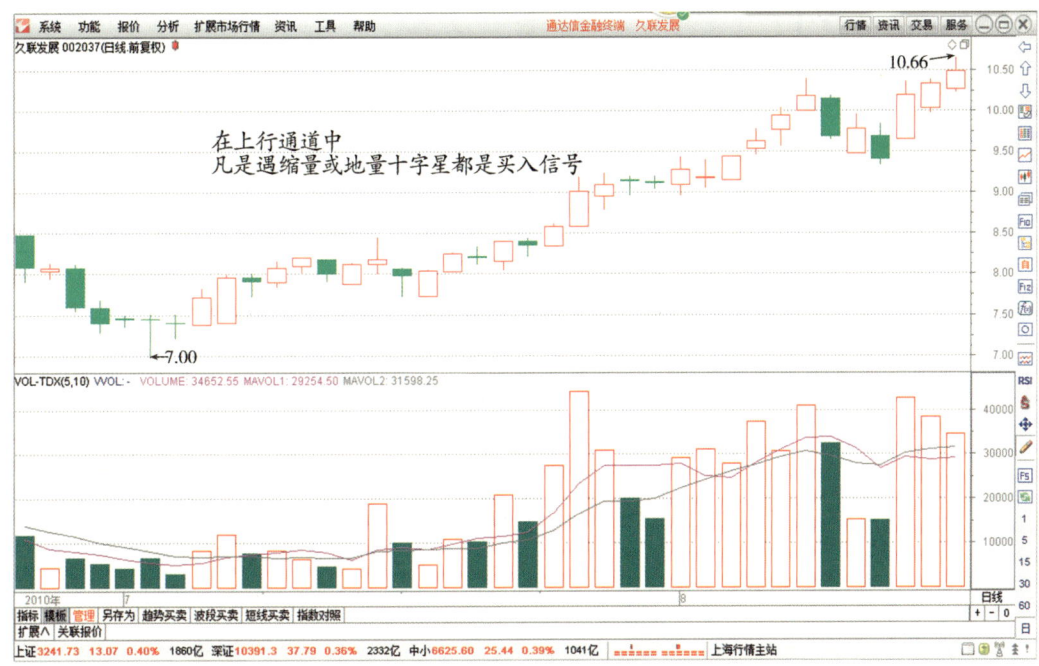

图47 久联发展（002037）2010年7月后走势图

【技术特征】

1. 在下跌末期和上涨中期出现缩量十字星为修整待发态势。

2. 特别是在底部连续缩量十字星，这是转势近在眼前的变盘信号。

3. 如图47中的底部三连十字星均带下影线，探底信号明显。

4. 横盘或震荡以及下降趋势中的十字星可不用理会，看不懂的十字星就等下几根K线出现。

5. 上下影线较长的大十字星，可观察上下影线部分的修复方向，例如向上修复则偏多，相反偏空。

【买入技巧】

1. 底部出现三连星，或者带有下影线的十字星，可少量参与反弹行情，待次日出现大阳包住三星时，可调高仓位放心操作。

2. 如果是出现在上涨中期的缩量十星，可以选择在当日尾盘或次日早盘逢低买入。

107

【经验分享】

形成十字星是因为开盘价和收盘价比较接近。十字星分为"希望之星"和"黄昏之星",出现在底部或上涨中期为"希望之星",前提是越是缩量越好;出现在高位或下降趋势中为"黄昏之星"。十字星总称为变盘的前兆,次日股价都会有方向性的选择。如上证指数在2008年底1800多点时出现6颗十字星后,成为1664点以来的第二次成功探底。

十字星频繁可见,变幻莫测,有时在低位出现也有可能还有低点,技术不高的投资者很难分辨得出,直到底部走出来之后才能确定。笔者只建议抓住在上涨途中出现的缩量十字星,重点把握买入机会。

买入法则二十七:吃鱼身买入法则

从建仓、拉升、出货可以大致明白主力操作一只股票的过程,我们只吃鱼的中段,在主力完成建仓洗盘之后再进入主升段时迅速跟进,在主力完成拉升后进入盘整出货期时,马上转战其他股票。这样我们可能赚得少一些,但赚得安全。而且因为是滚动操作,可以在多只股票上吃中间段,所以收益就会相当可观。笔者书中的一些图解类似这一条件,如上涨三浪中的二、三浪或主升浪,"空中加油"等图形。说之容易做到难,这一点可以从书中去领悟,再加以实践,长期操练后自会成为自己的赚钱绝招。

图48 绝境逢生买入信号

【实战案例】

类似的图形形态在一轮熊市里遍地都是,部分个股"飞流直下三千尺"般狂奔泻地。如图48中一轮跌幅超50%,可以发现,该股在每一轮熊市中跌幅几乎都排在前面。如2010年4月15日后大盘变盘下跌,但这只股在2月初就开始下跌,且跌势以直线下探50%，中途无一像样的反弹出现，虽然受地产调控政策影响，但同比之下跌幅也相当惊人。

图48　海德股份（000567）2010年3月后走势图

【技术特征】

1. 从趋势线上可以看到在高位出现"回光返照"的走势，在两线没有形成金叉时却反身向下蔓延。

2. 日K线上走势基本是以"进一退二"缓慢下跌，在下跌接近末期时进行急挫赶底，类似挖坑一步到位。

3. MACD两次金叉、阳量逐根温和放大、构底部平台至收窄，直到变盘。

4. 在趋势线同股价发生超底背离时，扭转乾坤的时候来临，并以涨停的方式探底，成功走出V形绝地反攻的行情。

【买入技巧】

1. 当一只股票在弱市中持续下跌35%以上时，就可观察每天的运行动态。如出现急速下挫，说明存在赶底的可能，此时可重点关注，等待大阳出现的扭转机会。特别是在每年都有的一两次中级调整行情后，千万别错失类似的大机会，因为股市中的机会是跌出来的，风险是涨出来的。

2. 急跌后必会有均线底背离的可能，一旦底背离就会有技术反弹的要求，这也在主力的掌控中。

3. 如果均线底背离时出现大阳，或其他指标如图48中的MACD出现两次金叉，可以跟进参与反弹，反弹高度在于量能和市场变化。

4. 如果像图48一样以底部涨停的V形反攻后市都会比较强势，高度可初定为黄金分割线的0.5线、0.618线，在此之下为安全操作区域，一旦超过此涨幅则不跟进只卖出。

5. 在起涨后的缩量回踩时也可买入。

【经验分享】

笔者用此图只是作为案例，意在说明"没有只跌不涨的股票，也没有只涨不跌的股票"。并不是在熊市才会有大跌的股票，牛市和牛皮市也照样有。只要一轮持续下跌达20%以上，随时都有反弹的可能。换个角度想，在调整中，个股普遍在下跌，理智的投资者肯定会去挖掘这些被抛弃的"便宜货"，这也正是慧眼识珠的时候。反过来说，一年当中又有几次大调整的机会呢？明智的投资者一直都把调整视为大机会。当然，每一轮下跌都会产生新的投资机会，关键是要保住资金，这样当机会来临时才有钱捡便宜。当然，抄底抢反弹不是人人都能掌握的，对技术不熟练的人建议少参与。

买入法则二十八：观量抄底法则

大盘在底部区域时个股成交量太少或者是地量，均不是最佳的买入时机。这说明以目前的价位，该股对外围资金仍没有吸引力，还不能确认一定会止跌企稳。即使大盘出现一轮上涨行情，这类个股也会因为在低位时缺乏主流资金的入驻，而被制约上涨空间和上涨速率。因此，在底部区域选股时，要选择在前期曾经出现过地量，目前随着股价上涨，量能正处于温和放大过程中的个股。

笔者提醒：低吸不代表在下跌中买入，而是下跌企稳后出现带量中阳时买入才最为安全；或是参考笔者在《做精实盘手法（彩图版）》一书中介绍的主力手法，待主力进入后再逢低吸纳，最为安全且收益率也较高。

图49 主力震仓买入信号

【实战案例】

图49为广电运通（002152）2007年11月13日上市不久后的走势，伴随着大盘转熊，新股上市后难免出现重大抛盘，但为了做得不露声色，主力只好选择震仓式出货。图49中经过几个来回震仓也带来了操作机会，特别是探底出现天量交易，意图再次做多拉高才能达到出货的目的。

图49 广电运通（002152）2007年11月后走势图

【技术特征】

1. 在量能没有明显放大的情况下串阴破位杀跌，直至尾日放量收出长上影线的阴线，如此怪异的图形出现在底部无疑是做多。

2. 在下跌中可看出低档串阴杀跌，并未出现放量下挫，说明主力是在挖坑洗盘。

【买入技巧】

1. 跌幅近前期低点时放出巨量，初现建仓信号。

2. 次日大阳拉起，此时可在近三天内择机介入。

3. 也可在低位巨量次日收阳包阴时买入。

【经验分享】

直线下跌途中并未出现放量急挫，说明主力仍在锁筹，风险没有完全释放，其目的是用少部分筹码砸盘达成洗盘动作，到尾声时运用震仓，自卖自买收出长上影线的假阴线；但最为明显的是量能速增过倍，次日的大阳崛起足以证明主力做多意图。一般情况下，只要在低位出现放量大阳或是放量阴线均为主力建仓动作。但如果是在下跌初期出现放量下挫，则是出货现象，千万不要混淆。

主力震仓主要有三种方式：

1. 控盘建仓式震仓。说明某主力非常看好这个品种，在已有一定筹码的情况下，使用明显的弱于大盘走势的下降通道趋势震仓，其特点是股价运行有规律且无量，达到建仓的目的。

2. 清洗浮筹式震仓。一些主力在正式上涨发动前，为了达到最后的建仓与清洗浮筹的目的而使短线呈现快速下跌走势。其特点是有消息配合，或者在当日交易时间的最后一个小时放量下挫。

3. 逆反做空方式震仓。市场太大，在大盘没有上涨空间，或者市场背景明显偏空的背景下，主力在没有明显盈利点时会大举做空，为后势腾出盈利空间，其做空震仓的主要目的是打出恐慌盘（此时会抢反弹）并把指数打到低位（无恐慌盘出现，大盘需要较长时间的横盘处理或弱反弹）。

此外还有如中线打压震仓、短线打压震仓、横盘震仓、吸筹震仓等手法，平时在盘中的分时图上也经常用宽幅波动的震仓手法。当看不懂或分辨不清时，可结合其他指标进行综合分析。

图50 一字平台买入信号

【实战案例】

如图50所示的航天科技（000901）中所述的图形形态是一种常见且笔者常运用的操盘手法。此图是底部图形之一，或是下跌后的企稳信号。图50出现在2008年12月，是典型的一字平台。笔者2010年5月操作过的苏州固锝（002079）也类似，7月底的卓翼科技（002369）也一样，只要一阳吞没平台就立即买入，短线必赚。

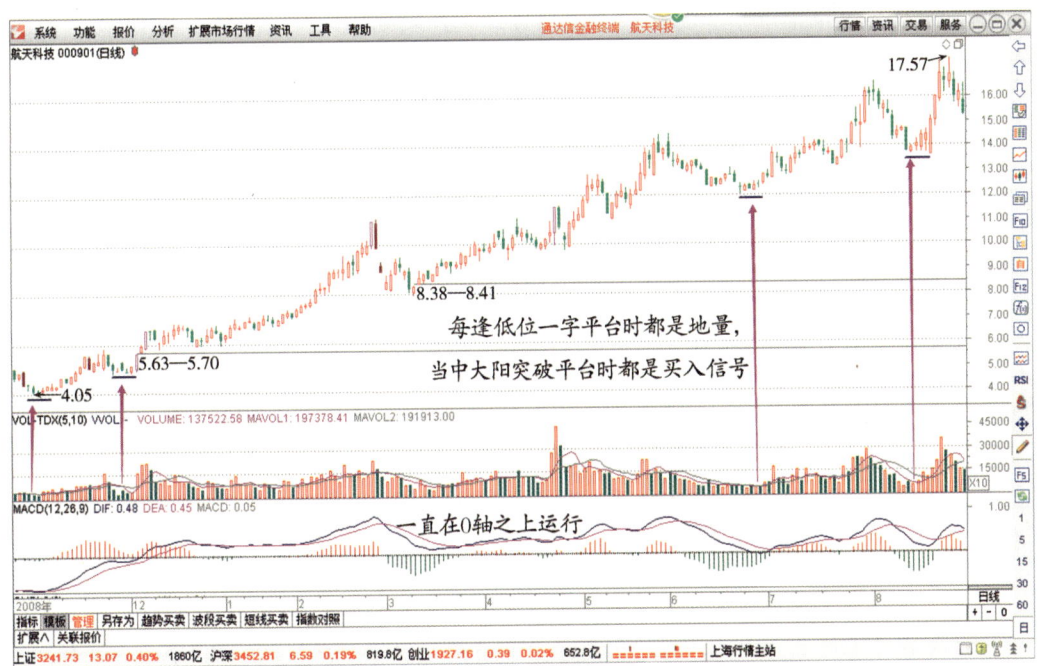

图50　航天科技（000901）2008年12月后走势图

【技术特征】

1. 经过调整，股价回到主力控盘范围内，此时便形成3～5天同一最低价位（或相差不大）的一字平台。

2. 随后一根中阳包住前几天的K线，多头形成后大阳线紧跟向上。

3. MACD在0轴之上的多头区域运行。

【买入技巧】

1. 最理想的买入信号是在一字平台后的中阳吞没前几天的K线时买入。

2. 在多头排列形成时可大胆介入。

【经验分享】

图50中调整后的一字平台为3～5天，时间越短后市越强势，一般都在5天之内完成平台缩量整理。如果时间延长需注意可能有变盘风险，一旦出现放量中阳线或大阳线，一个完美的阶段性底部就此诞生。类似图形一般在后市都会挑战前期高点，甚至走出一波行情。只要认真观察盘面，就会经常发现类似图形，做精这一张图将获益匪浅。在正常情况下，股价回到前高点时会有回踩要求，需注意操作节奏。在笔者的"做精一张图☆强势股形态选股软件"中就有"突破平台"这一图形的选股条件，如果在盘中设置"雷达"，一旦有"突破平台"的个股，就会自动弹出提示，好的股票软件就是操作中的快捷工具，可以提高成功率。

买入法则二十九：上下背离买入法

上下背离买入法是指在股价的上涨过程中，出现了横盘或下跌，移动平均线与MACD的运行方向产生了背离。一种情况是在股价暂时下跌过程中，移动平均线下行，而MACD却拒绝下滑，DIF（差离值）不减反增；另一种情况是在股价暂时横盘期间，MACD下滑，而移动平均线却拒绝下行，不跌反涨。当出现以上情况时，说明市场主力正在洗盘，没有出货，股价的下跌或横盘是暂时的，其后的行情往往是上涨而不是下跌。这一阶段投资者应以买入或持股为主。

需要说明的是使用"上下背离"有着严格的要求，并不是所有符合"上下背离"的股票都能涨。一个较为成功的"上下背离"买入法在符合以上要求的同时，还必须满足一些其他条件：①还没有过主升浪；②股价刚刚上穿30日均线，30日均线开始走平或刚刚翘头向上。而在操作上，当"上下背离"发生时，如果出现的是第一种背离，当日成交量大于5日平均量时可考虑介入；如果出现的是第二种背离，当DIF由跌变涨的那一天，可考虑介入。

图51
挖坑式买入信号

【实战案例】

如图51所示的这种主力控盘手法最为常见,但跟中期杀跌的前期有很大的区别,一般出现在强市中的挖坑更容易把握。如图51中的北京文化(000802),在前面也提到过该股,作为活跃股之一,并且在大势好转的情况下出现,胜算又扩大几分,投资者怎能放过如此机会!

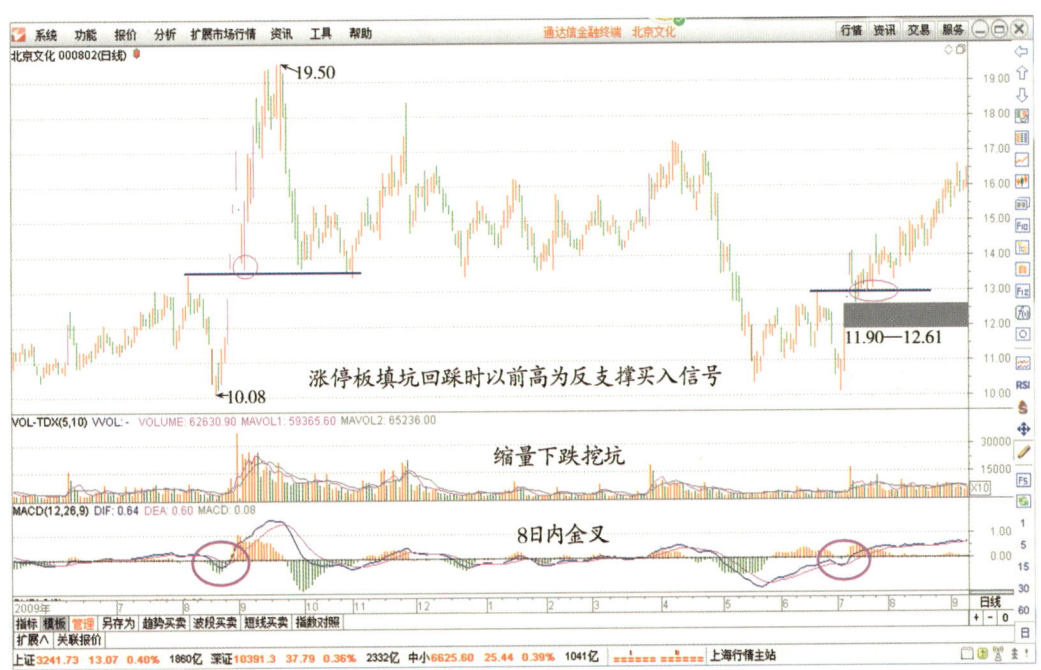

图51 北京文化(000802)2009—2010年走势图

【技术特征】

1. 这是一张大家并不陌生的走势图,手法无疑是制造恐慌盘,砸低股价埋筹在坑底，以便后市控盘拉升，这是主力常用手法之一。如散户买在最低点，应对后市持股保持信心。

2．主力在理想价位入场，短时间内砸出各指标破位，以便顺利埋筹，后市拉升的空间更大。

3．在主力准备做主升浪前，往往也会出现类似的挖坑打压，震出持仓不稳定的浮筹。

【买入技巧】

1．当各技术指标都出现超卖现象时，可寻求逢低吸纳参与，特别是没有利空影响的挖坑。

2．当出现中阳级别的反攻时，甚至突破日均线或趋势线的阻力时买入。

3．保守型投资者可在填坑后回踩获反支撑时买进。

【经验分享】

无论在弱市还是在强市中，只要主力有所异动，就会经常发现类似图形。如果发生在低位或者盘整后，又或者是在上涨中期洗盘时，这些行为更加可靠。特别是一轮中级调整末期，主力运用恐慌盘挤出大量散户筹码，然后集中抄底。能从这个坑里走出来的投资者都能赚钱，如果在坑里放弃筹码，将会亏得更惨。用简单的话来描述：这是黎明前的黑暗。简言之，主力没有异动，K线技术上就没有太多机会，股价有异动也说明有主力的存在，当然消息影响除外。

买入法则三十：逆向T+0法则

1．当投资者持有一定数量被套的股票后，某天该股受突发利好消息刺激，股价大幅高开或急速上冲，趁这个机会，先将手中被套的筹码卖出，待股价结束快速上涨并出现回落之后，将原来抛出的同一品种股票全部买回，从而在一个交易日内实现高卖低买，获取差价利润。

2．当投资者持有一定数量被套的股票后，如果该股没有因为利好消息而出现高开的走势，且该股在盘中表现出明显下跌趋势时，可以趁这个机会，先将手中被套的筹码卖出，然后在较低的价位买入同等数量的同一股票，从而在一个交易日内实现平卖低买，获取差价利润。这种方法只适合于盘中短期仍有下跌趋势的个股。对于下跌空间较大、长期下跌趋势明显的个股，仍然以止损操作为主。

3．当投资者持有的股票没有被套牢，而是已经盈利时，如果股价在行情中上冲过

第二章 | 经典技术买入信号图解

快，也会导致出现正常回落走势。投资者可以趁其上冲过急时，先卖出获利筹码，等待股价出现恢复性下跌时再买回。通过盘中"T+0"操作，争取利润的最大化。

30分钟图买入信号

【实战技巧】

如图52所示为铁岭新城（000809）30分钟K线图。30分钟K线图的买入技巧如下：

图52　铁岭新城（000809）30分钟K线图

1. 如果认为在日K线上难以把握最佳买入点，那么可运用30分钟K线图来断定是否有启动现象或者是否已经调整到位，并且判断是否有追高的可能。

2. 低吸的最佳介入点必须要有调整过后企稳现象出现。

3. 调整后企稳现象为缩量小平台，平台时长以5根K线左右为佳。

4. 最好是MACD潜入深海后出现向上金叉。

5. 关键的一点是，当MACD出现金叉后必须出现红柱，当出现第一根红柱时及时买入，不出意外，买入当天即有拉升的可能，一般会有3个点以上的涨幅，这种操作的成功率可达80%。

6. 需要注意的是，要跟上大势的节奏，并且股价不在高位，最好是调整后低吸，短线卖出一定要快，只要有3%以上的收益就要随时做好锁利准备，特别是MACD出现顶背离现象时则为卖出信号。

图53
60分钟图买入信号

【实战技巧】

如图53所示为神雾节能（000820）60分钟K线图。60分钟K线图的买入技巧如下：

1. 笔者常用60分钟均线来判断当天的走势是强是弱，以一条线为准，就是60分钟K线图中的30日均线不能失守，一旦失守将有走弱的可能，甚至还会有加速下行的可能。

2. 有的股票出现阴线时，不妨看一下60分钟K线图是否有企稳的现象，以免出现卖了又涨的结局。相反，上涨时也可参考。

3. 日K线往往会收出阴线，散户如果被吓到可能会及时卖出，如果看一下60分钟图发现有企稳现象就不会在低点卖出。

4. 60分钟K线图往往会出现缩量平台企稳筑底，一般以3～5根K线为准，如果阳线带量阴线缩量则更好。

5. 最关键的是MACD的绿柱在收短时是买入信号，成功率最高的是MACD一直在0轴之上运行。

6. 当然，企稳筑底信号有平台式、V形、W形、N形、圆弧形。

第二章 经典技术买入信号图解

图53　神雾节能（000820）60分钟K线图

MACD三次金叉买入信号

【实战技巧】

1. 按市场公认的日K线图中的MACD出现二次金叉为买入信号，特别是在猴市中或牛市中级调整中的大盘分析也如此，那么，如果在底部出现三次金叉则为最佳介入机会。因为第一次金叉可能是反弹，第二次金叉可能是二次探底，第三次金叉才是启动上涨的阶段，在此阶段介入最为安全。

2. 如果是MACD在0轴之上进行第三次金叉则更为安全，因为已进入强势区域。

3. 图54中的三次金叉在前8个交易日内走出了先死叉再金叉的走势，说明主力

119

在进行最后一次杀跌赶底或者挖坑埋筹,在此位置介入几乎是一买就涨,并且买在最低点,更值得骄傲的是抄对主力的底,基本可实现同庄共舞;但这样的机会不多,只有大调整后才会出现,值得珍惜。

4. 当MACD运行在0轴之上时,每一次回踩0轴不破,如图54类似"蜻蜓点水"一样,这属于强势中的黄金买入信号,同样是一买即涨。

5. 即使MACD形成2～3次金叉和3次底背离也有失败的时候,因为大势环境太弱,所以止损点可放在跌破如图54中的横线时。

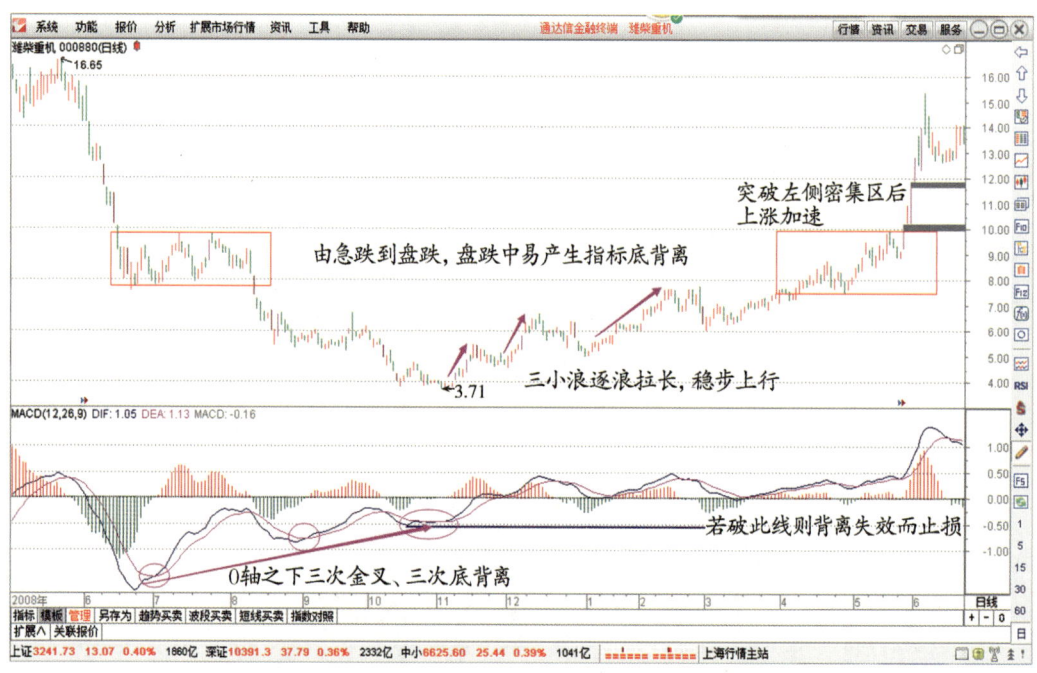

图54　潍柴重机(000880)2008年8月后走势图

图55
波段低吸买入信号

【实战技巧】

如图55所示为广晟有色（600259）2010年5—10月的走势，关于波段低吸买入的实战技巧如下：

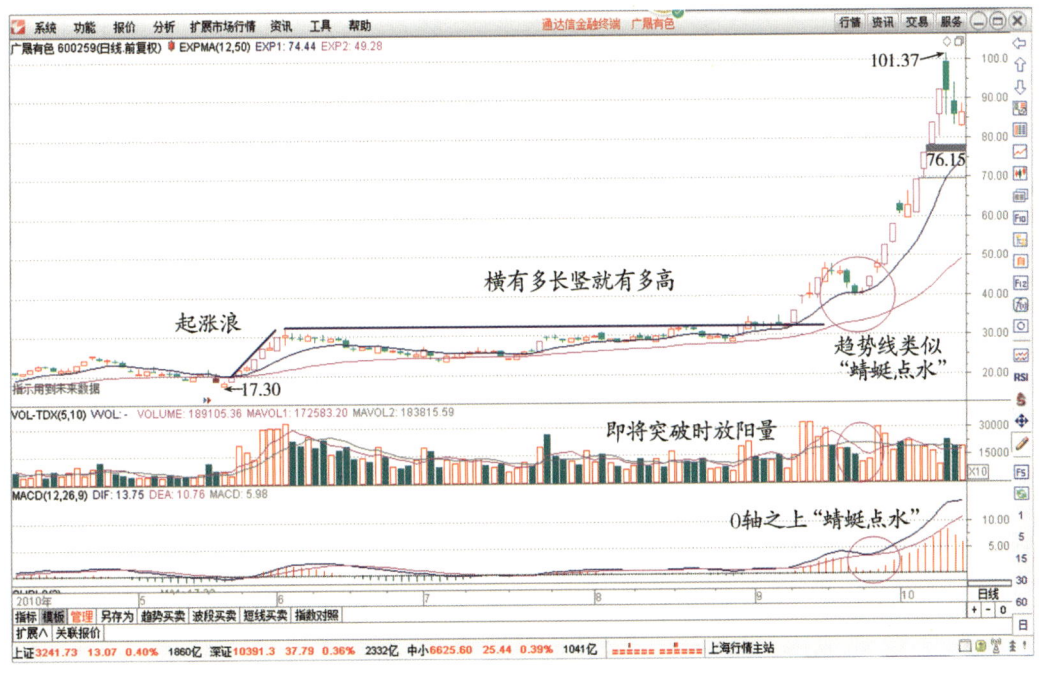

图55　广晟有色（600259）2010年5—10月走势图

1. MACD在0轴之上呈现"蜻蜓点水"态势必须是在上涨一浪之后缩量回调洗盘时才有可能会出现。

2. 特征是在回调后形成缩量探底，并在获得支撑时MACD两条线刚好黏合或接近黏合，但没有死叉，随之反身向上逐步企稳回升，"蜻蜓点水"就此成立。

3. 判断后市上涨空间大小，必须结合该股所处阶段位置。如果在低位启动浪之后且前期半年左右没大涨过，后市上涨空间较大；如果在上涨中期出现类似图形，需结合大势的趋向来判断后市的上涨空间有多大。

4. 判决短期强弱可依照MACD两条线：在0轴之上出现"蜻蜓点水"，强势力度较大；如果在0轴之下出现"蜻蜓点水"，强势力度相对较弱，并且波段空间不大，短期走高后必会回踩。倘若趋势线和MACD上下同时出现"蜻蜓点水"，则其上涨的成功率可达90%以上。

5. 如笔者在"做精一张图☆强势股形态选股软件"中将之命名为"波段低吸"图形选股条件。一般来说，只要市场没有受突发消息影响，据此图形买入都会有盈利，小波段盈利10%左右，大波段盈利20%以上，成功率可达90%。买入位置在MACD两条线出现黏合或接近黏合时，期间以明显缩量为主，可放心买入，或者在出现中阳回升时买入，但速度一定要快，否则只有追涨的可能。

6. 运用该技术操作可买在绝对波段低位，也就是所谓的强势股的低吸位。该技术操作可运用在日K线上，也可运用到周K线和月K线上，其周期意义长短不同。

图56
串阳加速买入信号

【实战技巧】

按笔者的"串阳组合"选股法则，一般在调整后低位出现连续4～6根中小阳线，量能均为饱和且逐步上移，也是主力在建仓的迹象。

【技术特征】

在出现"串阳组合"后，两三根阳线比前面要小，形成尖尾状态。在加速上涨前一天均会出现主力高度控盘的缩量小十字星，也恰好是买入的信号。

【买入技巧】

按"串阳组合"的买入技巧是在出现～6连中小阳以后，出现缩量回调1～3天内择机低吸。但是图56中的"串阳组合"后并没有出现回踩的小阴线，简单地判断为如果前两三天是小阳线，后两三天为大阳线，则冲高回踩的可能性较大；如果前两三天是中阳线或大阳线，在后两三天为小阳线，极有可能加速上涨在即。

图56　开开实业（600272）2016年7月后走势图

【经验总结】

在每一次市场出现调整企稳回升时，就可挖掘类似图形的个股，或者按"串阳组合"手法操作。一般在低位出现过类似图形，后市都会有大波段上涨行情，少则30%，多则50%，但是在中途阶段性冲高必会回踩，注意节奏，紧跟下去必有厚报。

图57
短期拐点捕捉启动浪买入信号

【实战技巧】

"短期拐点"是指股票保持一个月左右小幅上升趋势或构底末端,在某一日突然出现放量中阳线突破而形成。一般都出现在调整后的低位。

【技术特征】

在持续一个月左右的小幅上扬过程中,主力极有可能在逐步吸筹,当收集够筹码或者条件成熟时,必会选择上涨突破。因此,打开了上涨的空间,可认为是启动浪。

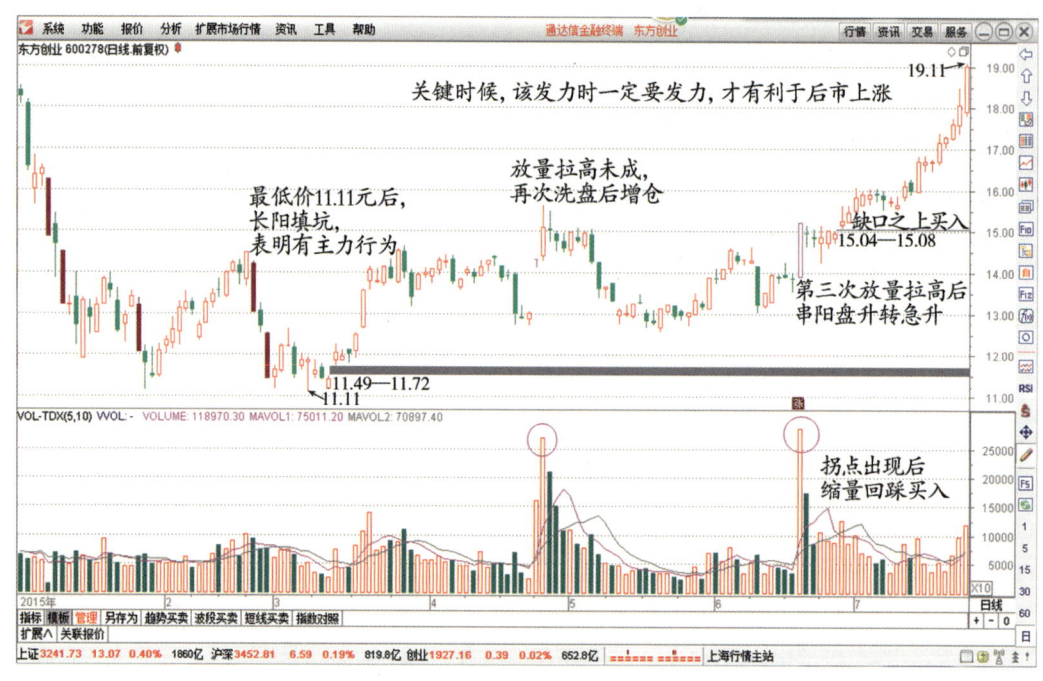

图57　东方创业（600278）2015年2月后走势图

【买入技巧】

不管是在历史大低位，还是在上涨中途低位出现，在突破当日买入，短线都有利可图。建议先短线参与，待回踩确认支撑再决定中期是否做多。任何一只股票在主力决定拉升时，都会留下一些蛛丝马迹，前提是要达到高度控盘才能完成拉升，如图57在拉升前均为缩量整理。

优点：运用此技术图形可捕捉一些刚进入启动浪阶段的个股，并且具有中期走牛的可能。好股要跟踪到位，只要该股有潜力，不妨按笔者的思维去"做精一只股"。

【经验总结】

很多人喜欢选择在放量时才看多而买入，没量时并不太看好。而笔者的手法正好相反，笔者的"做精一张图☆强势股形态选股软件"的20种图形选股条件，均以主力进驻后，在出现缩量洗盘时，所处不同阶段位置和不同的图形为条件，而不是图形完全形成启动后才发出信号。只有这样才能有效选出强势股，强势股的潜力特征是：第一，有主力进驻才有强势的可能；第二，主力建仓后都会有洗盘的动作，只要出现缩量回调，阶段位置不高，均有可能是主力在洗盘，此时是低吸的最佳位置。

图58
中期拐点捕捉主升浪买入信号

【实战技巧】

"中期拐点"是指保持平稳的上升趋势三个月左右，在某一日突然出现放量大阳线或上跳缺口，拉高突破而形成。一般都在上涨末期疯狂阶段出现。

【技术特征】

在三个月左右的平稳上涨中，也就是60日均线保持向上趋势，一般上涨幅度已达30%～100%，在主力建仓后上涨30%左右时随时会出现拉高洗盘的可能，在主力

图58　三峡新材（600293）2016年8月后走势图

建仓后上涨100%左右时很有可能进行加速上攻，直赶主升浪行情。该阶段位置一旦出现放量大阳线突破或向上跳空缺口，充分说明主升浪已经来临。

【买入技巧】

在三个月左右的缓慢上涨期间没有出现过持续几日的放量大阳，也没出现过急速拉升现象的个股可作为重点跟踪。在一轮中级上涨行情成立时，会出现不少类似的图形，只要抓住几只符合上述标准的图形加强跟踪肯定会有机会。在拐点起涨阶段一般有两种可能：一种是激进型跳空高开留下缺口式的90°上攻；另一种是先出现一天放量大阳拉高后收长上影线，此为主力试盘动作。怎么确定是主力在试盘呢？关键是看随后两天的走势，如果随后两天出现明显缩量锁筹现象，就基本成立，接下来很有可能再次出现大阳正式上攻的态势。另外还有一种可能，就是在拐点起涨前日，主力一般会进行高度控盘，例如当天或持续两三天收出缩量或地量的十字星，作为变盘信号。可按照上述三种条件的图形把握最佳介入点。

【经验总结】

直到急拉快涨后，同时阴量放大时卖出止盈。

图59 横盘中买入信号

【实战技巧】

不管前期调整幅度有多大，只要走出一个月左右的横盘整理，在横盘整理中主力资金线在逐步上移，则越明显越可靠，类似个股随时存在上涨的可能。

【技术特征】

横盘时间均为一个月左右，太长不利于短期突破，太短则观察中不明显。在整个横盘中时而出现放量上涨，时而出现缩量回调的现象，加上主力资金线不断上移，可进一步确定该股的上涨潜力存在。一般情况下，在启动上涨前一日均为地量小十字星时为变盘信号。

【买入技巧】

在横盘中只要发现主力资金线在明显上移，或者横盘时持续两周左右，此时尽管寻求低吸，捂股待涨。只要市场没有受突发消息影响，上涨的成功率就非常高。但是，在第一次启动时上涨幅度不会太高，一般在10%左右时会出现回踩。2010年12月初笔者发现，除了有色板块大部分个股走出类似图形外，还有四川路桥（600039）、同达创业（600647）、辰州矿业（002155）都是同样的图形，阶段内前后各都出现过涨停板。技术水平不高的投资者，可在横盘两周左右时买入，持股一周左右盈利10%以上也非常不容易了，毕竟处在弱市行情里。技术水平高的投资者可在拉升前的变盘信号出现时买入，如果做超短线就更超值了。

【经验总结】

横盘中买股风险巨大，并且难度也高。如2010年12月大盘出现横盘整理现象，多数个股也有类似形态，多数投资者都处在十字路口，不知所措。这时，有潜力的强势股是难以发现的，只能通过观察主力资金流向动态来挖掘。主力资金动向在目前市场运用广泛，查看主力资金流向有两种指标：一种是DDE技术指标（由DDX、DDY和DDZ三个指标组成），另一种是SUPL（主力资金线），正是笔者上述的图解。有的人可能会认为很多指标没有分析价值，不太注重过多的指标。其实，任何技术分析都不能根据单一的判断做出买卖决策，必须结合分析才能得出结论。本书以简单、实用、高效的技术指示进行图解，也是笔者百试成精的总结。图59中的上下轨道线，是进行高抛低吸的好帮手。笔者在"做精一张图☆强势股形态选股软件"中设置了三个分析主界面，有"短线买卖""波段买卖"和"趋势买卖"三种，一只股票在短、中、长线的趋势一目了然。

图59　标准股份（600302）2016年5月后走势图

图60
三次点水买入信号

【实战技巧】

不管是低位上涨、趋势线金叉,还是在高位调整,只要趋势线没形成死叉,而是两条线黏合或接近黏合的"蜻蜓点水"形态,一般在二次或三次点水后启动上涨大行情的可能性极大。如图60所示为上证指数(999999)2010年7月和8月的日K线走势。

【技术特征】

一般趋势线出现两次以上"蜻蜓点水"的情况,均为箱体整理形态,时长为1~3个月。其间,如果成交量能饱和,阳线带量,则阴线缩量更佳。长时间横盘,但趋势线没有死叉,说明仍处在强势区域,一般在上涨过后的修整期出现。

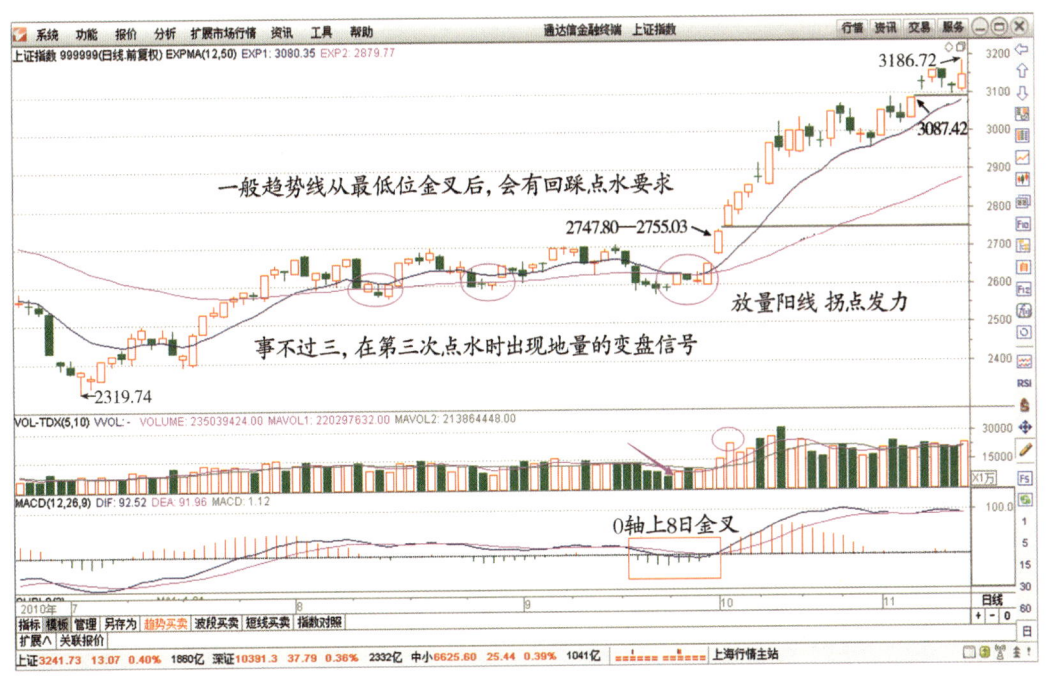

图60 上证指数2010年7—8月走势图

【买入技巧】

通常情况下,当趋势线形成金叉后都会再次回踩确认支撑,在回踩时很有可能会出现"蜻蜓点水"的形态,此时也是阶段性的低吸信号。如果受其他因素影响导致持久不拉升,进入横盘状态,那么只要趋势线没有形成死叉就仍有做多的希望。久盘必跌,按笔者的"箱体理论",只要横盘一个月以上,在拉升前必然会有挖坑的动作,横盘的时期越长,挖的坑就越深。只要出现挖坑就密切跟踪,当技术指标出现支撑或有买入信号时就可大胆买入。如图60所示,在第三次"蜻蜓点水"时,是明显的挖坑动作,初期跌势有点惊人,但趋势线没有明显死叉,并且出现缩量筑底的信号。

【经验总结】

对于图60中的上证走势,笔者在下跌第一天收小阴线时就发出变盘提示,久盘必跌的时候到了。在下跌时笔者在博文中又提示2580点有强烈支撑,恰似2010年国庆节前在最低点2573点企稳。笔者还提示大盘要突破2700点,必然少不了金融和地产板块的带动,这一点在国庆节后得到了验证。

第三章 经典技术卖出信号图解

会买进是徒弟，会卖出才是师父，买进股票容易，卖出好价位却很难。如何有效止损？如何永不被套？其关键在于找准卖出点位。

本章笔者对其经历过和常见的经典卖出信号图形做了详细的讲解，并将操作中运用到的一些技巧整理成篇，希望读者能按此图解操作，避免可控的风险，永不被套，及时锁住胜利果实。看懂这些图解，从此不再整天提心吊胆，做一个快乐的投资者。

图61
三线相约下山卖出信号

【技术特征】

1. 5日均线在一天内同时直线下穿10日、20日均线，形成三线相叉并呈向下的势头，随后三线将毫无支撑地直线下行。

2. 出现三条日平均线同时向下死叉的前提少不了一根大阴线杀跌，只有这样才会有三条均线呈向下的趋势和出现死叉。

3. 从图61中可以看出在三线形成死叉时MACD的绿柱也比第一根长。

4. 随后若有反弹出现则均为主力自救，其反弹短而快，当主力再次派发时，股价将一路下行。

5. 出现三线同时形成向下死叉和MACD绿柱伸长达成共振信号后，跌幅都不会太小。

6. 在久盘之后或相对高位的情况下出现，风险更大。

【卖出技巧】

1. 三线形成死叉前的大阴线或阴包阳时已经发出调整信号，大阴线连续跌破三条均线，即5日、10日、20日均线，在此无一点支撑和反抽力度，应减仓或锁利。

2. 在MACD出现第一根绿柱时也是卖出信号。

3. 在大阴线或阴包阳随后几天反弹无力，此时三条均线迅速形成死叉，同时MACD也出现了绿柱伸长的信号，在两者共振的情况下别指望短时间内会有反弹出现，而应立即卖出止损。

4. 一般在三线相约下山卖出信号出现之前的最高位时成交量会放大或巨量，并且第二次、第三次探顶的阳线量能也明显不足以作为上攻动力，此信号可作为先知先觉的逃顶信号。

图61　多喜爱（002761）2016年8—12月走势图

【经验分享】

此图形形态一般发生在急速下跌的时候，三条日均线迅速相靠，一旦三线形成死叉，跌幅至少在10%以上，如果在急跌反弹时5日均线没有顺利向上与10日、20日均线形成金叉，或多头排列未形成，则新一浪下跌即将开始。如果在高位则应及时卖出，不管有无盈利都必须走为上策，这是日线中重要的风险预示信号。如果在箱体内或低位洗盘阶段反复发生死叉和金叉，可高抛低吸做差价。

卖出法则一：异常走势卖出法则

在持续疲软的市场中，如果所持有的个股出现异常走势，则意味着该股未来可能有较大跌幅。例如，尾盘出现异常拉高的个股要果断卖出。越是采用尾盘拉高的动作，越是说明主力资金已经到了无力护盘的地步。在强市有效市场中，如果股价处于高位，不管尾盘是急涨还是急跌都必须提防，看不懂可趁机先减持或果断锁利，一旦次日出现向坏趋势就要立即清仓，否则会无利而返甚至被套。或者是在相对高位的情况下出现急速放量拉高、换手率同比之前增长过倍的异动现象，很有可能是主力在拉高派发。更为重要的是处在变盘期敏感阶段时，一旦出现趋势破坏应及时出手，走为上策。

图62 中级调整卖出信号

【技术特征】

1．运行在一定高位时，一浪大阴线放量急跌，显然是大机构在出货。随后以诱多方式快速反弹，促使中小机构派发的空间明显高档串阴放量下挫，见顶信号出现。

2．当跌至前低点时毫无支撑力度，大阴线急挫，散户以为次日出现小阳是企稳信号，持股观望期待反弹出现，其实恰恰相反，大盘开始毫不留情地跳空式杀跌，此时散户再也忍耐不住，割肉离场。

3．当不少散户离场时，其他指标也符合技术性反弹，在持续几天的反弹中，又会有不少在第二浪下跌时卖出的散户再次进场抄底或抢反弹。此时主力集中杀跌挖坑抄底，击破大众心理防线。

【卖出技巧】

1．2009年7月29日大跌的先兆是7月22日中国石化（600028）涨停，其原因是主力拉抬指数，转移散户注意力，声东击西地遮盖出货，先知先觉者可立即离场。

2．当众人无暇幻想之时，巨量大阴线惊醒梦中人，全天以3000亿成交量（比前日多出500亿巨量）收出一根大阴线，高位类似情况不用多找，尽管抛弃手中的盈利筹码。

3．随后的报复性反弹不会太高，接近前高点时应及时卖出。

4．当见顶回落时出现串阴表明转势在即，同时出现M形顶部并击破前低位，能止损的就是聪明人。

【经验分享】

图62中的文字一目了然,在此应提防四个要点:一是不管什么影响,只要在高位出现巨量,哪怕是大阳线或大阴线都是卖出信号;二是当涨幅超过100%时随时会面临中级调整,存在中级调整风险时,跌幅至少是20%以上;三是不要盲目抄底,更不要急于抢反弹,下降趋势时捂住钱,企稳明朗后再进也不迟;四是当市场出现绝望情绪时,正是主力抄底之时。笔者奉劝投资者,抄底时最好做一个后知后觉者,当主力进场后再参与最为安全,千万别自作聪明,更不能自以为是盲目性抄底,铭记一失足成千古恨。只有在上升趋势中发挥前瞻性,其安全性才会更高。

一轮上涨或一轮下跌后,务必查看SUPL或MACD指标是否有顶背离和底背离,第三次背离之时往往是变盘区域。

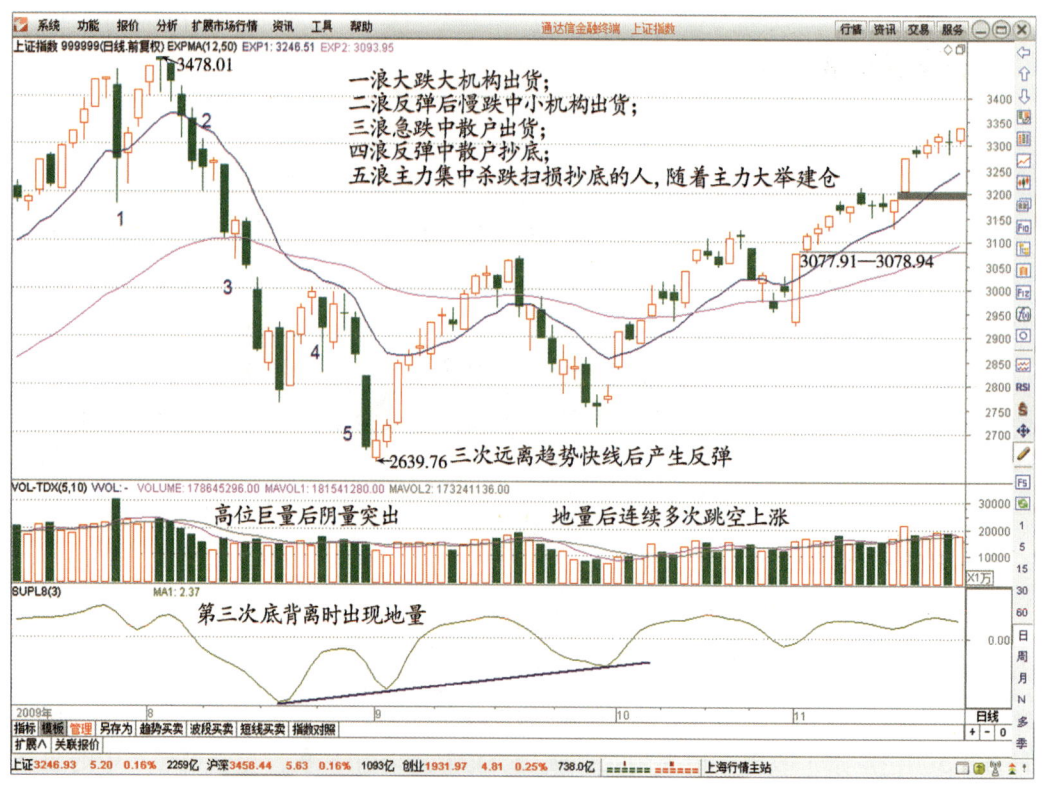

图62　上证指数(999999)2009年8月后走势图

卖出法则二:趁反弹卖出法则

如果股价已经有过一轮快速下跌,这时再恐慌地杀跌止损所起的作用就很有限

第三章 经典技术卖出信号图解

了。经过深幅快速下跌后的股市极易出现反弹行情，投资者可以把握好股价运行的节奏，趁大盘反弹时卖出。反弹中的量能决定反弹的高度，技术上没突破趋势上轨时只当反弹操作。一旦反转行情失败，那么反弹行情就将结束，风险也将随之降临，甚至有二次探底的可能。抢反弹的投资者出手一定要快，见好就收，切勿丢了孩子还套不着狼。

图63
上下齐死叉卖出信号

【技术特征】

1. 图63中的图形卖出信号非常明显，两组重要趋势线同时形成死叉，无论市场强弱，跌幅都会比较深。
2. 上有趋势线向下死叉，下有MACD向下死叉，且在同一天出现。
3. 再观察K线组合是否有顶部形态，成交量中的阴量是否明显大于阳量。
4. 一旦趋势线和MACD同时死叉，MACD绿柱伸长时，做空动力明显，短期反弹不值得期待。
5. 只有股价远离趋势线形成底背离后，才会有反弹出现。

【卖出技巧】

1. 高手派投资者f可在首根实体大阴线时及时卖出。
2. 技术派投资者可在出现趋势线和MACD向下死叉时果断出局。
3. 后知后觉者应在次日没有大阳线收复趋势线时坚决卖出止损。

【经验分享】

只要出现放量大阴线破位下探，使指标线快速死叉，就应坚决卖出，即使随后有报复性反弹也不会太高，一旦下降趋势形成则跌幅惊人。除非股价在低位或者盘整后的主力出现挖坑式建仓信号，但为了控制不必要的风险，还是要以卖出为主，就算是主力挖坑也要待进一步确认。

图63　天健集团（000090）2015年9月后走势图

笔者建议只要发出卖出信号就及时减仓或清仓，就算以后反弹上去，有钱在手还怕踏空吗？更不要在变盘时大胆去博，坚守看多观点，要顺势而为。此时更不能轻信旁门左道，出现卖出信号时尽管抛售。

另外，指标仅作为辅助，若两指标出现共振信号，其作用也非常有效，但最好先结合K线形态图形。例如图63在高位构成"头肩顶"，当右肩高点没有突破左肩时，就应及时卖出，在两指标的辅助共振之下，理应坚决卖出。

卖出法则三：补仓卖出法则

当股市下跌到某一阶段性底部，或者超卖现象远离均线时，可以采用补仓卖出法，简单地说就是赚取差价，如果强制卖出往往损失较大。投资者可适当补仓后降低成本，等待行情回暖或反弹到一定高度时再逢高卖出。这种卖出法适用于跌市已近尾声时，如果是在熊市下降通道中要慎用。

T+0补仓式操作法：如果手中是满仓，没有空余资金，必须提前做好心理准备，如下跌趋势形成后不想割肉则应减仓，部分做后期补仓使用，而不是满仓等待解套。手中有资金时可在下跌后的低位买入，次日在高点再卖出补仓的部分，必须快进快出，否则将陷入更多。如洗盘调整按前涨幅的1/3计算调整低位；如中期调整下跌20%以上则随时会出现反弹；再如出现持续几日地量盘整，说明下跌有望企稳反弹，可补仓。

图64
9次新高卖出信号

【技术特征】

1. 从突破前高点时算起，若连创9次、11次甚至是13次新高后，风险急剧加重。
2. 其中9次新高是以一波段为基准，特别是强势股必须运用此技术，以便追涨不追高地操作和寻求高抛点的优势。
3. 再结合量能换手率增变和超买技术指标线综合分析。
4. 如图64所示的急拉上涨使股价远离趋势线必回踩的探高卖出信号。

【卖出技巧】

1. 当出现9次新高时盈利已经不少，稳健型投资者可从第7次新高时开始逐步减持。
2. 技术派投资者可在第9次新高前后观察量能的变化，如出现放量拉升应是顶部渐近，寻求高抛。
3. 所谓强势股，即强中更强的表现，投资者不可能卖在最高点，建议见好就收，后期的涨幅是给别人去接主力的盘，要以只能看而不能赚的观念去看待。
4. 如果没有在高位抛出，那么随后的反弹就是再次卖出的机会，当然，反弹幅度别期望太高，相对来说，在前高位附近就是极限位。
5. 笔者已将13次新高或13次新低买入法，写进交易软件作为程序化自动交易策略之一，虽然成交信号不是很多，但成功率远高于失败率，整体盈利大于亏损，盈利单也多于扫损单。在期货市场运用成功后，笔者逐步将程序化交易引进股票市场。

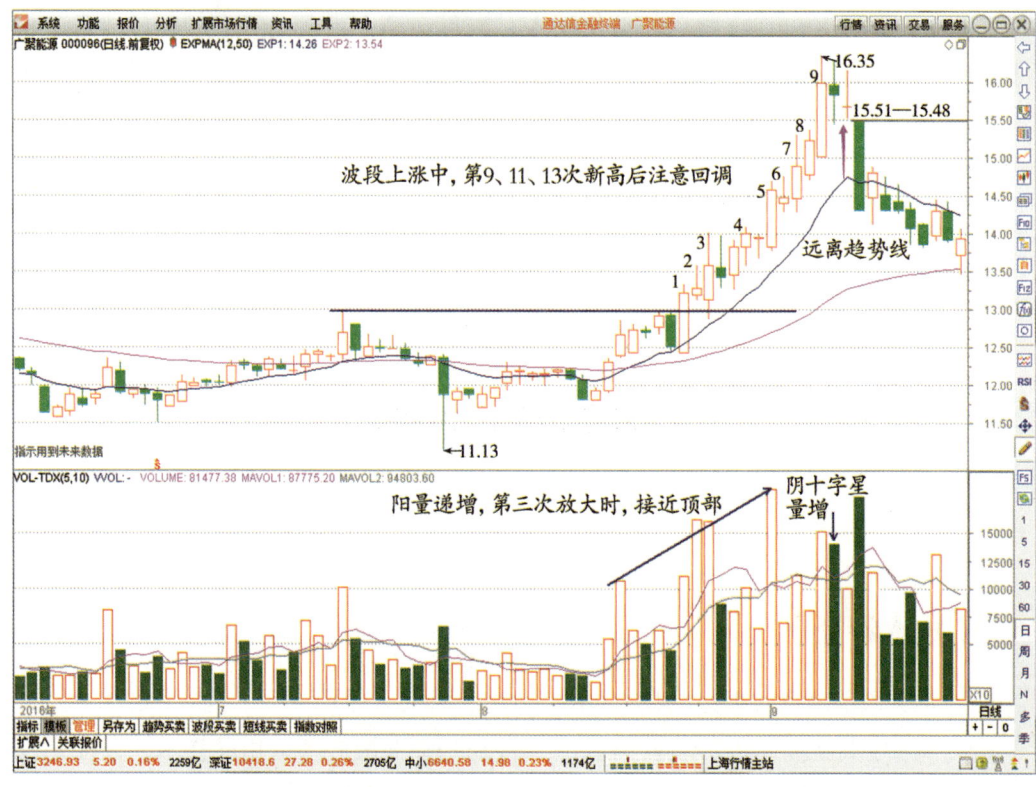

图64　广聚能源（000096）2016年7月后走势图

【经验分享】

图64属理论形态图形，并非所有强势股都会如此运行，如果达到9次新高或超出时应提高警惕，逐步减持，避免调整风险发生。相反，短线投资者千万别在此位附近去寻求高利润而承担高风险。在此期间无论赚多赚少，一旦风险大于机会就可迅速出手，若等到回落下来再抛为时已晚。

笔者发现大多数投资者的亏损就发生在这疯狂的节点上，只看到有利可图，而轻视了风险，笔者常强调操作中要先看风险再看利润，才不会发生大的错误。见好就收，落袋为安，积小胜为大胜，何必去担负如此高风险呢！虽说富贵险中求，但也得看自己担负风险的能力，或者是在更有把握的情况下去博弈。

特别是对于短期热门题材的炒作个股、利好消息刺激的个股、没有实际成长性的个股、有阶段性上涨规律的个股运用此方法比较精准。但对于一些慢牛股、高成长性个股、长线资金操作的个股，或许不受此影响。

卖出法则四：做空卖出法则

我国股市还没有推出做空机制，因此投资者只能采用被动做空，也就是在跌市中投资者先将股票卖出，等跌到一定深度后再重新买回，通过这种方法获取差价、降低成本。特别是在重大利空出台、整体趋势疲软和进入下降通道时全力做空，以防深套，并且必须保持资金实力以备后战。在趋势变弱时不要期待任何反弹和反转，更不要轻信市场上的唱多传言，持币在手最为踏实。

图65 常用布林卖出信号

【技术特征】

1. 当股价强势运行超出布林上轨线时视为高位区域。
2. 一旦突破布林上轨线，随时都会面临回调风险。
3. 持续突破时间越长，风险越大。
4. 特别是急拉快涨最为明显，一旦股价没有超过前一天的高位，调整风险将开始。
5. 如果该股处在上升通道中，可以运用此技术把握高抛低吸的操作机会，更大的优势用于防止追高买入。

【卖出技巧】

1. 只要突破布林上轨线，稳健型投资者就可在当天减持。
2. 除非该股正处于强势上攻阶段，可能会连续突破，否则一般以出现持续5天突破为卖出信号。
3. 股价没有超过前一天的至高点时，为卖出信号。
4. 在突破布林上轨线的同时，一旦发现MACD红柱在收短则应坚决卖出。

【经验分享】

任何指标都需恰当地运用才能生效，因为人是灵活的。如图65中的布林线卖出信号，有时突破或触及上带线时就选择回调，有时持续突破3天、5天、10天都有可能，其中3~5天最为常见。当然，能持续突破如此长的时间，其中自有原因和技巧，原因是，该股受消息刺激，题材重大，炒作过热；技巧是，如果以涨停方式突破上带线，随后在带线上再出现涨停，强势所在，那么后面突破的持续时间会长一点。

例如2010年8月的联环药业（600513），受美国沙门菌病毒刺激，引发抗生素医药股的题材炒作，图形上持续10天都运行在布林线上线之上。相反，如果没有类似炒作题材的个股，还是建议提前规避风险为好。

所以笔者认为，证券价格涨跌幅度和均线指标都会有一种极限度，例如可将各种极限标准写入程序化自动交易系统，虽然每一种策略在一年中发出的交易信号不多，成功率却很高，而几种策略或几个品种的组合，也是一种不错的投资理财工具。毕竟程序自动交易可以避免人性和心态问题，这方面的系统编写笔者于2017年初在进行完善和实盘测试，敬请读者朋友们持续关注。

图65　TCL集团（000100）2016年7月后走势图

卖出法则五：快速斩仓法则

此方法适合在跌市初期使用，如果个股股价下跌不深，投资者套牢尚不严重，特别是图形已被破坏的，应该立即斩仓卖出。这种时候考验的是投资者能否当机立断，是否具有果断的心理素质。只有及时、果断地卖出，才能防止投资损失进一步扩大。特别是当自己看不懂行情、没把握时，全部斩仓为好，不必留恋。卖错不要紧，就怕错过机会没有卖。底位买股票可以比别人晚一步，但在高位卖股票一定要比别人快一步。

图66
CCI超买卖出信号

【技术特征】

1. CCI属于超买超卖型指标之一，当股价快速抬高时，它随之快速上移，所以又被称为随动指标，KDJ指标也是如此。

2. CCI指标值达到300左右，属于严重超买现象，随时面临回调的风险（图66所示）。

3. 在高位放量拉高股价调整风险会很大。

4. 如果处在低位快速反弹中，也有可能将CCI拉至300以上，但这只能作为短期超买指标分析，只要随后以缩量回踩就不必担心。

5. 在强势股运行中作用不大，正如KDJ一样，当一只强势股不断强势时，会打破所有技术指标的规律。

【卖出技巧】

1. 无论是在高位还是底部区域，只要CCI达到300以上，都应理解为超买信号，可锁利，但对个别强势股无效。

2. 如果是放量拉高股价，同时CCI也达300左右，应立即卖出。

3. CCI出现超买现象后，若K线形态和量能也出现了风险信号，就应果断全部卖出。

图66 华数传媒（000156）CCI超买信号

【经验分享】

CCI在-200以上时为超卖反弹信号，CCI达200左右时为强势区域，CCI达300以上时属高收益高风险区域，也是卖出信号。当然这是相对的说法，有时CCI在200左右也会有调整的可能，这需要结合市场变化因素灵活运用。CCI达300以上时一般出现在股价涨停板之上，当然，如果股票受消息刺激不断上涨，股价逼空上涨会打破所有技术指标之常规，只能从量能、换手率速增的情况来判断风险并给出卖出信号。

如2010年7月的江特电机（002176）在第二个涨停时CCI就达316，次日又再涨停。再如2010年8月的联环药业（600513）在第一个涨停板时CCI就达326，次日一字涨停板且CCI达315，随后以盘中冲击涨停方式CCI回落，该股一波出现6个涨停板。所以操作中一定要灵活运用技术指标。

卖出法则六：留低换高法则

7元以下的低价股一般容易被市场忽视，投资价值往往被市场低估，而且低价股由于绝对位低，进一步下跌空间有限，所以风险较低。如果是从高位深跌下来的低价股，远离上档套牢密集区，因此具有一定涨升潜力。而高价股本身的价格就意味着高风险，面临较大的调整压力，所以，换股时要换出高价股，留住低价股。在牛市中低价股上涨一倍并无影响力，但如果是高价股翻一倍定会变身为明星股。要特别注意的是，低价股有三种：一是大盘蓝筹股难以启动；二是亏损垃圾股面临退市风险；三是无热点炒作被冷落一边，最终发现价值，潜力巨大。

图67 高位串阴卖出信号

【技术特征】

1. 在高位出现4～6连阴线以上的"串阴组合"需高度重视，极有可能面临中级调整，一般先以小阴线出现，后以大阴线出现。
2. 一般在高位出现串阴时，前期必出现放量拉高而震荡的盘面，这是风险前兆。
3. 如图67所示，后面盘整中重心下移，由盘跌转急跌。
4. 在强市上涨途中出现也可视为有强势洗盘的可能，但可以明确的是，出现这串阴线后还会再探低位。

【卖出技巧】

1. 高位一旦发现阳量持续比阴量小、股价重心下移，就应提前逢阳线高点卖出。
2. 二次卖出信号：在出现串阴后收无量小阳线时应及时卖出。

【经验分享】

只要当股价运行到高位时出现放量拉升，就应谨防风险的来临，不必等到出现串阴时再卖出，更不必等到反弹无力时再止损。一般只要在高位出现4～6连阴或以上的"串阴组合"都预示着大级别风险的降临，如果股价在低位出现4～6连阴或以上则预示着黎明前的黑暗，如果股价在上涨途中出现3～5根阴线可视为洗盘动作。

无论是在上涨途中出现还是高位出现，都应参考该现象发生之前是否有放量拉高震荡的盘面，再看图67中的形态，就会明白4~6连阴的前兆。

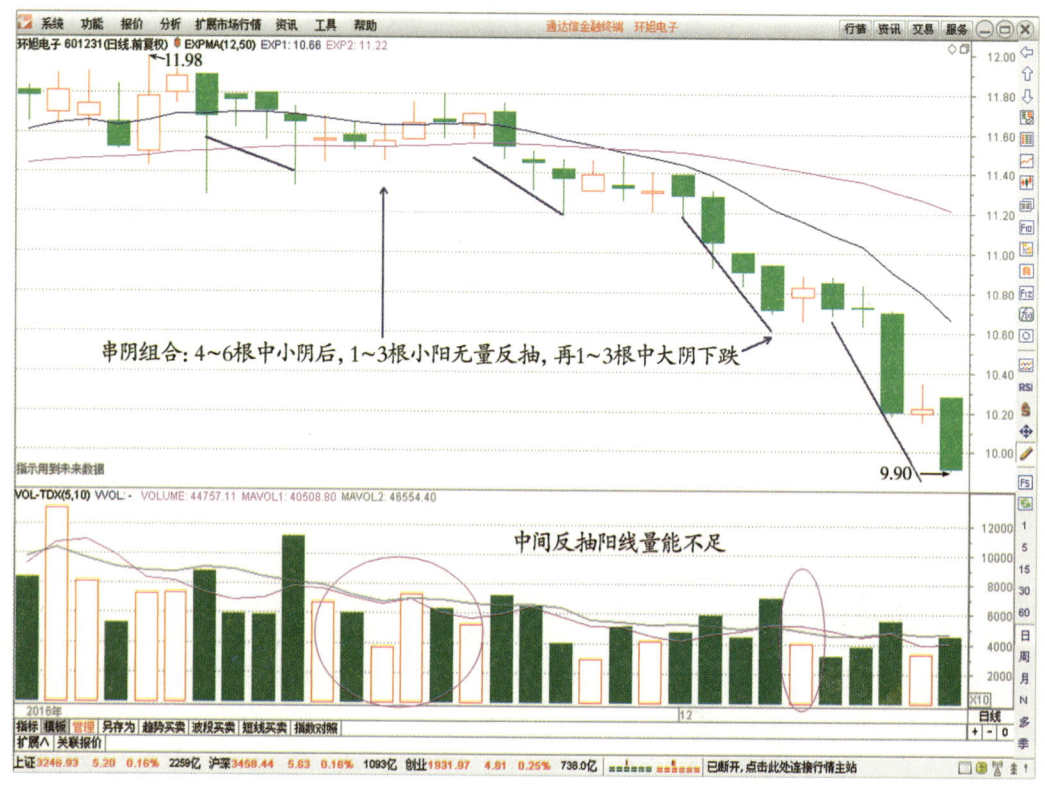

图67　环旭电子（601231）2016年12月走势图

卖出法则七：留强换弱法则

调整行情中的强势股特征是，如果大盘回调，强势股逆市逞强或者小幅回落；再者是借大盘回调时趁机洗盘，但会比大盘先反弹，力度会更强，也就是市场上所谓的"被市场错杀的个股"。弱势股与大盘同步或者落后于大盘，甚至在大盘回调时比大盘跌得还快。所以，投资者一旦发现自己手中持有的是这类弱势股，无论是被套还是获利都要及时清仓，另选强势股。这样才能有效保证资金的运用增长率。

就算是手中的弱势股有潜在重大题材也不应坚守不放，即使真有潜在重大题材，在该股上涨启动时再买也不迟，除非在强势有效市场中长线持股可采取捂股；如果是短线持有弱势股，则既浪费时间又会丢失强势股的利润。

图68
高位放巨量卖出信号

【技术特征】

1．当股价运行到一定高位时，某一天成交量突然猛增，单日量能超过前10天的3倍以上。

2．与此同时，换手率也达到倍增，当天以长上影线收盘，主力在大抛筹码极为明显。

3．如图68中在高位出现量增价不涨的异常现象必须提高警惕。

4．随后两天以倒V形下跌，可见跌势凶猛惊人。

5．无论是阳线巨量还是阴线巨量，只要在高位出现都必须谨防风险，所谓天量之后必有天价，其实就是见顶信号。

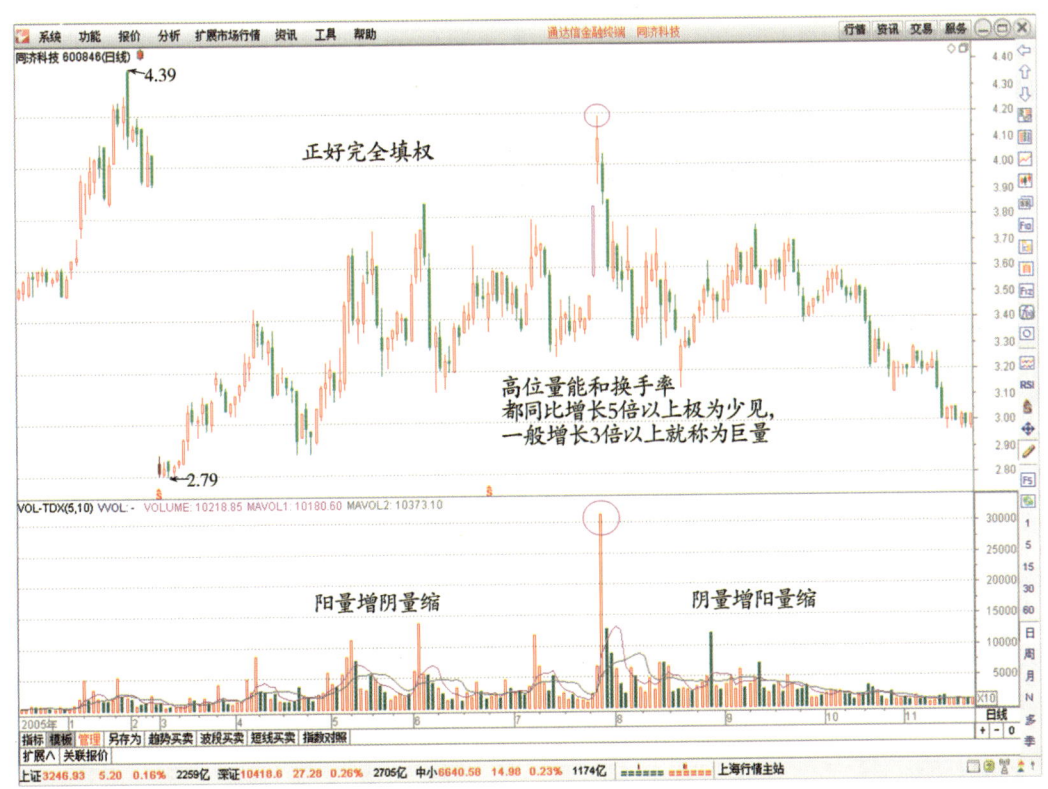

图68　同济科技（600846）2005年走势图

【卖出技巧】

1. 当日出现类似现象，立即在盘中或尾盘时全卖出。
2. 当次日早盘中出现直线下跌且无反抽现象时应果断卖出，后知后觉者在高位阴包阳时卖出还不算晚。
3. 在随后跌至前低点上下时一般会有反弹要求，当反弹至回升前跌幅的三分之一时是逃命卖出的机会。

【经验分享】

图68中显示了两大极为惊人的风险信号：一是高位放出巨量高换手率，并收出长上影线，明显是主力在疯狂清货；二是随后连续两个跌停板，可见主力已放弃该股。如果错过前面的最佳卖出信号，卖出信号已透明，那么在这两个跌停板中寻找卖出机会还有什么可期待的呢？

特别是在高位顶部或高位右侧变盘区域中，出现阴包阳的阳线带有长上影线，往往就是单边下跌的初期拐点信号。

如果类似现象发生时，你还没有提高警觉的话，笔者就建议暂停操作，先充实自己的知识再入市也不晚。实践操作中我们不必恋战，也不必多战，一生中能打几次胜仗足以富裕一生；创业中只需选对一个方向即可成功，投资中不求暴赚，只求稳赚。

卖出法则八：底部定量换股法则

换股是一件比较难的事情，生怕换了又跌而影响心态。但如果长期持有一只不怎么上涨也不怎么下跌的股票，同样也会影响心态。特别是在底部的时候一定要慧眼识真金才能抓住牛股，否则一轮上涨后赚了指数却不赚钱。任何一只股票上涨都少不了量能的配合，主力要做多吸筹必然会扩大量能，没有量能或量能放大不明显，说明资金流进较少，后劲不足。在一轮大调整之后主力都是在同一平台区域、同一时间范围内进行建仓，然后走出新一轮上涨行情，与2010年6月底到7月一样。在这点的前提下，更加关注主力的动向和资金的流向，才能有效跟庄炒牛股。如果一只股票在底部持续温和放量，这说明有主力在进货，散户完全可趁主力启动一波后洗盘时大胆跟进。此时需要把没有明显放出量能的个股调换过来，不然错过该机会，后市也就只有追高的份了。

图69
黄昏之星卖出信号

【技术特征】

1. 黄昏之星是下跌前期的变盘信号,一旦确定,风险巨大。

2. 如果出现在高位或盘整中的变盘期,都需提高警惕。

3. 该十字星无论是阳线十字星还是阴线十字星,随后3天内必会做出方向性选择,这就是变盘期,特别是十字星次日低开跳空当日未回补的、十字星后收阴下影较短的,风险征兆更明显。

4. 十字星较为常见,最终成为希望之星还是黄昏之星,还需观察随后几天如何变盘才能确定,此时必须提高警惕,做好两手准备。

5. 图69在出现十字星后的次日就开始变盘向下,并且下跌速度有所加快,一旦趋势破坏,跌势会相当惊人。

6. 同时再结合其他技术指标,综合判断该十字星的位置和风险程度有多大,如图69中久盘后的MACD出现死叉后快速潜入0轴之下。

【卖出技巧】

1. 当类似十字星出现时,特别是在高位或盘整后出现的十字星,次日收盘低于该十字星的低位为卖出信号。

2. 如图69所示,在出现十字星后出现低开跳空下行,可见新的一浪下跌开始,在盘中并没有出现回补缺口迹象,建议在盘中全部清仓。

3. 跌到箱体前低点下轨时没有反弹力度上攻并继续下探,说明趋势已向坏,应果断出局。

【经验分享】

炒股票寻找卖点只能靠技术信号和预感来决定卖出位置,同时也不可能卖在最高位。作为稳健型投资者,笔者建议买股票时千万不要提前抄底,做一个后知后觉

图69　上证指数（999999）2010年3—6月走势图

者，待趋势明朗时再入场也不迟，但卖出股票时建议提前防范，逐步减持，不要待到下跌时再决定减持或卖出，要知道股票下跌比上涨容易，即使卖出又涨，持币在手都不算踏空，随时还有机会操作，因此心态要保持平衡。

一般而言，高位先放量长阴下跌，随后阴阳交夹式盘跌，然后转为急跌的现象比较常见，因此在盘跌中不要抱有反弹回本的幻想。

特别是只会买入股票而不会卖出和止损的投资者，永远都是在为券商打工，给机构送钱，是没有回报的苦力。其原因在于缺乏学习，没有技术分析能力，这如何找出好的买入和卖出点位呢？只凭感觉是不靠谱的。对照图69中的向下缺口和MACD向下死叉返回0轴之下，K线上形成下降趋势，此时如果你不想成为上市公司的"长年股东"的话，那就及时止损放弃，留得资金在，还怕没翻身的机会吗？

卖出法则九：留主流、抛冷门法则

在每一轮上涨行情中都会有领涨品种带动行情上行，这些主流品种都会强于大势，比如一些炒作热点和热门题材股，或者是主力集中建仓的主流板块。除了这一小部分之外必然还有一些不受关注的冷门股，没有人重视的股票是很难上涨的。简单地说，股票分为几个档次，一线、二线股的个股必会先启动，三线、四线的个股都是在行情快结束的时候才会被炒到边缘化。笔者认为，在牛市中一定要抓住龙头股不放才能赚大钱。

图70
回光返照卖出信号

【技术特征】

1. 如图70所示的形态一般出现在箱体盘整时，当趋势线形成金叉后一段时间内又快速向下形成死叉，此图形成。

2. 有时主力也会运用假趋势来达成自己的目的，先以金叉上行诱多，再缓慢下行直到死叉后加快下跌。

3. 图70中明显高位出现2天巨量摸顶，随后在向上修复中未过前新高，再次出现长上影线和趋势线从金叉到死叉，随即进入第二轮跌势。

【卖出技巧】

1. 当趋势线形成金叉后，上涨过急导致远离趋势线或是放量急拉时，都为短期卖出信号。

2. 高位长上影线的次日低开或收阴以及阴包阳时都为卖出信号。

3. 不要认为趋势线多金叉后短期又死叉时卖出较晚，后面仍有较大的跌幅。

4. 当大阴线出现后，反弹不超过大阴线实体的0.382、0.5时也是出逃的机会。

5. 在下降趋势形成后，其中任何一次反弹都是离场的机会。

【经验分享】

类似图70的图形出现在盘整中，主力运用拉高后出货打压股价，然后用低廉的价格接回来换取更大的利润空间。众所周知，主力一般都会选择在拉高中派发，在杀跌中吸筹。从图70中可明显看出在趋势线形成死叉前，都有带量大阴线直接跌破

图70　华海药业（600521）2015年10月—2016年1月走势图

趋势下轨且反抽很弱的迹象，此时就应果断出局，不必等到趋势线形成死叉时再卖出。

卖出法则十：留新庄、弃老庄法则

因为老庄股以前可能有过巨幅拉升，无论是否有获利的时间及空间，只要在长期的时间成本压制下，老庄股都很可能考虑如何择路而逃，所以，老庄股的上升空间和上升力度都值得怀疑。在牛市里新庄股指的是主力介入后涨幅没有超过50%，或者时间没有超过一个季度的个股。由于新资金刚刚介入，新庄股的爆发力往往会超过老庄股。

例如，华夏基金明星基金经理王亚伟一直备受大众关注，每当季报公布后，都会发现他新进入的股票大多会有好的表现，即使是有增持的个股也是如此。特别是有的个股前十大股东全是基金重仓，很多都是老庄，这样的股票只有在大牛市里才会有所表现，在牛皮市里行情则比较平淡。再说，现在市场基金亏损的也常见，不同类型的基金也很多。笔者的建议是选择有影响力的基金，爆发力更强，而像社保基金之类的股票，一年能增值20%就很不错了。

图71 进三退一卖出信号

【技术特征】

1. 无论是直线上行还是盘升式上行，只要涨幅达30%以上，一般随时面临10%左右的回调风险。

2. 主力建仓之后涨幅达30%以上时，必须进行一次洗盘，技术上也有调整的要求。

3. 同时运用布林线来观察是否穿破上带线，此时投资者需增强风险意识，也可运用这一指标寻求上下轨的高抛低吸机会。

4. 这是股票运行的节奏，也符合波浪理论和运行周期的规律。当然，如果在一轮大牛市里，上升浪运行的时间和幅度会增加，特别是发展浪的上涨周期会比较长。

关于进三退一卖出信号的实际应用如图71所示。

【卖出技巧】

1. 股价运行到趋势上轨线或已远离均线时为卖出信号。

2. 运用布林线破顶卖出法来决定卖出位置。

3. 关注量能的变化和收盘定向法来发现卖出信号，特别是收盘为长上影线的预示信号。

【经验分享】

股票都是在有规律地运行，随着周期以及阶段性的变化而波动。当股价持续上涨30%以上时，浮筹不断增多，主力为了使股价能走得更高、更远，会出手消磨一些散户跟风盘的浮筹，回调幅度一般在10%左右，正是接近主力的成本价区域和心理保护价区域，探底时以大阳线快速拉升，抬高跟风盘的成本价，随后股价展开新一轮的上涨。如此运行规律形成时，后期操作较为简单明朗，当然，个股运行规律跟主力的操盘手法有关，只要投资者用心观察一段时间就会慢慢发现其运行节奏。

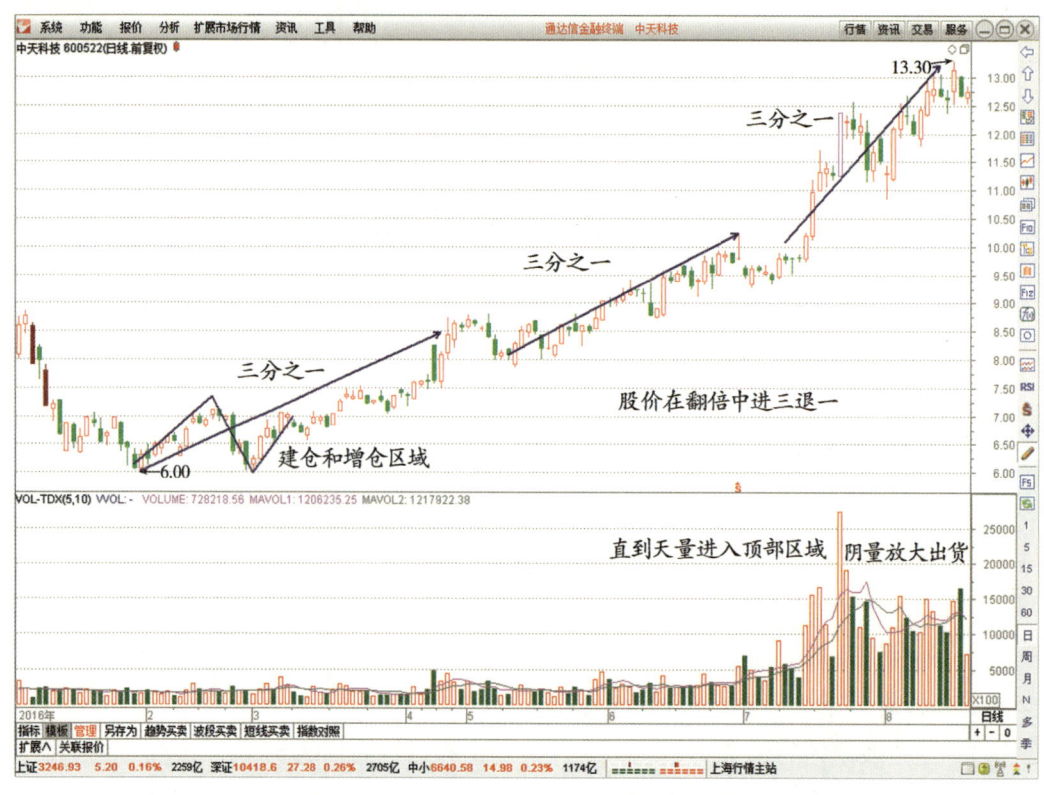

图71　中天科技（600522）2016年2—8月走势图

卖出法则十一：留潜在题材、弃热炒题材法则

市场中经常传出一些潜在题材，至于是否真实并不重要，只要能得到投资者的认同，股价通常会有惊人的表现。可是题材一旦明朗，炒作便宣告结束。所以，换股时要注意选择一些有潜在题材的个股，而不要选利好已经兑现的个股。热点炒作之后就不再是热点，也没有潜力存在，价值更是被高估，一旦主力锁利走人，那么该股就会成为无人问津的冷门股，这也是牛熊股转换的规律。

所谓黑马股，就是没有多少人发掘的内在潜力股，在该股调整充分后逢低买入守候必有厚报。比如2009年上半年的新能源股，大幅炒高后至少会冷却半年以上，2010年的锂电池股在后市也是如此。再如笔者2010年6月在文章中提到年底前会有农机优惠政策出台，经过一轮大幅下跌后是最佳买入机会，笔者相信农业机械（如柴油机等）相关个股表现都会非常出色，政策一旦出台便是主力锁利的时候。

图72 久盘必跌卖出信号

【技术特征】

1. 久盘必跌是指日K线形态在高位久盘时长达3个月左右或更长时间后，都会选择方向性运行。如果是主力做多也会进行最后一跌，才能吸取更低的筹码；如果是主力要做空，一旦股价跌破箱体下轨线，下跌就会加速。

2. 图72中的形态是处在弱市的情况，如MACD一直缩在0轴之下，这也隐藏了巨大的风险。

3. 特别是在横盘中阴线比阳线多，且阴量比阳量要突出，在横盘末端重心下移。

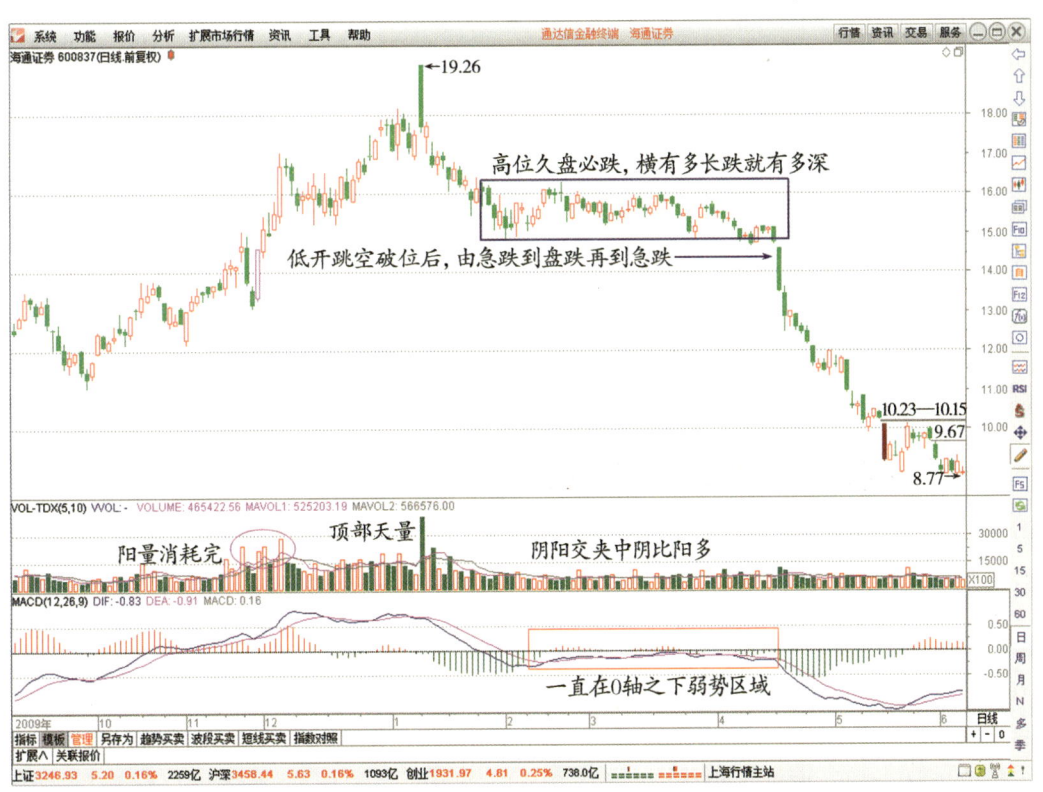

图72　海通证券（600837）2009年10月后走势图

【卖出技巧】

1. 技术派投资者大多会选择股价在趋势线之下运行时卖出，并且每次反抽的高点逐步降低，导致技术形态中的重心逐步下移。

2. 后知后觉者完全可以在股价跌破箱体下轨线时果断卖出，或者是在出现向下缺口未回补时及时止损。

3. 再结合MACD在0轴之下，在绿柱伸长时立即卖出。

【经验分享】

久盘箱体有大箱体和小箱体之分，久盘的时长达3个月以上（常见的在1～3个月内），最终主力进场时会选择杀跌挖坑，震出散户一直坚守的筹码，然后才浩浩荡荡地进场抄底，并走出中级以上的上涨行情。在此的关键问题是，不一定每只股久盘后杀跌即会上涨，这关系到市场趋势和股价所处的位置区域高低。

如2010年的券商股大致走出类似的形态，并且是横有多长跌就有多深。再如中铁二局（600528）从2009年7月29日的高位下来，走出持续两个下降台阶式的久盘箱体。出现第一个箱体久盘后下跌一层，久盘3个月左右，箱体再下一个台阶。与之相反，如果处在底部区域或价值被低估时，又或者是受消息刺激的久盘箱体，在杀跌后必会上涨，此时有横有多长竖就有多长的可能。总之，久盘后一旦趋势向下最好远离，待趋势向上明朗时再操作也不迟。

图72还有一种解释是，前面天量的顶部太明显，导致做顶时间太短，主力出货来不及，所以先横盘维稳股价，在横盘中再慢慢出货，从其中阴线比阳线多就能看出。

相反，如果没有明显的顶部出现，在MACD的0轴之上横盘，或可理解为上涨中继的一种洗盘现象，后市看涨。

卖出法则十二：坚决止损法则

这是最重要的卖出法则。这条法则对于许多投资者来说非常困难，毕竟任何进入股市的投资者买入股票都是为了盈利，但是股市规则又注定了不可能人人都赚钱，票票都盈利。投资最重要的是在有效控制风险的前提下，避免大的风险发生。10%以内止损法则就是控制亏损的有效方法之一。止损位置区域主要取决于该股的空间，比如短线8%的空间选股买入后，那么止损位应设在3%～5%。如果是中线选股30%以上的空间，那么止损位应在10%以内。总之，止损位最好不要超过10%，否则会被深套而难以自拔。当然，止损这一点也要结合整体运行趋势分析，如果在上涨后的10%左右回调洗盘，止损就刚好卖在低位，反之补仓为佳。如果长线投资，在盈利丰厚的情况下也可把止损位幅度放大到20%左右，但必须结合周线、月线分析，例如回踩5周线或5月线止跌。正常短线用三分之一的仓位，止损位在3%左右比较合理。

图73 平台间卖出信号

【技术特征】

1. 图73为经典的波段震仓走势，每次触及前高点之下就会回落。
2. U形反攻至前高位平台时再次构筑平台，但平台中的高点在下降，且末端重心下移。
3. 在低位起涨后的高位平台中，MACD也明显在下移。
4. 其间趋势线先金叉后短时又死叉。
5. 在跌破平台下轨后反抽无力。

【卖出技巧】

1. 一旦出现V形反弹都属于强势反攻，一般都会上涨至前高位的平台处，此位也是卖出位。
2. 在平台末端发现重心在下移时、下移阶段中阴线在逐根拉长时，就该卖出。
3. 趋势线短期内先金叉后死叉也是卖出信号。
4. 在跌破平台下轨后反抽无力、阳量不足时坚决卖出。

【经验分享】

只要是走出图73所示的U形形态的股票，在接近前高位时都会调整。调整有四种可能：一是股价在高位出现多顶形态；二是股价在低位出现类似的回调，目的是洗

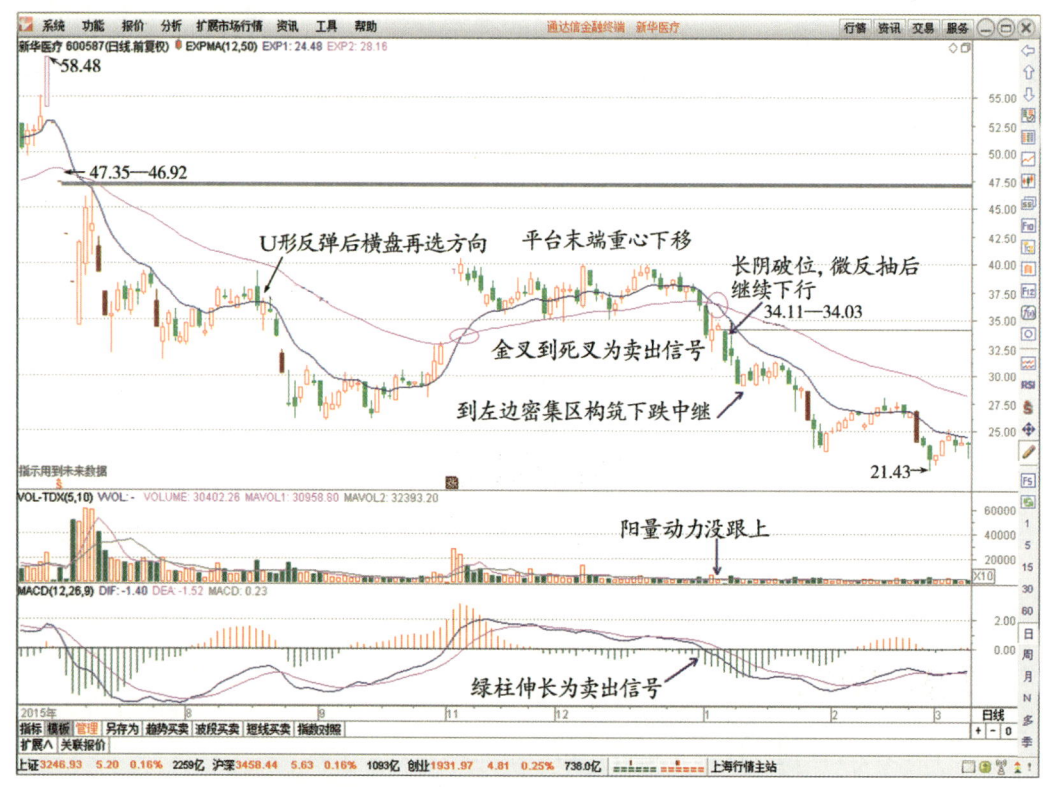

图73 新华医疗（600587）2015年8月后走势图

盘；三是不回调只盘整以蓄势待涨或再做方向性选择；四是直接突破前高位后，再回踩下方支撑确认是否有效。无论是哪种调整，股价反弹到前高位的平台时，应卖出手上仓位待方向明朗时再做决定。再次劝诫各位投资者，炒股必须选择强势股操作，只做上涨阶段，盘整和下跌阶段不做，方向不明就休息。特别是经过大幅炒作上涨的个股，当股价透支内在价值时，难免会出现如图73一样的走势，后面反弹中虽架势很强，直接以涨停板反弹，但难以持续。

当然，如图73所示的形态也有走成功的案例，那就是在平台后诱空再回升，但诱空后收阳回升时的阳线量能很足，主力增仓的涨幅也较大，不会如图73中的反抽那么弱。

卖出法则十三：突破新平台失败卖出法则

我们都知道季节有春夏秋冬之变化，股市的走势也有相似的循环过程。所有股票经历着快速上涨和构筑平台的交替变化。一般来讲，构筑平台的时间越长，则股价上升的幅度越大，但这也存在着股价见顶和大幅下挫的可能。通常，股价见顶时，该上市公司盈利情况和销售情况都良好，因为股价反映的是未来的走势。因此，股价将在公司增长速度放缓之前见顶。当有较大的不利消息时，如果预计该消息将导致最新平台构建失败，投资者应迅速卖出该股票，如果看不懂最好还是少碰这样的股票。笔者建议多选择在上升通道中的股票进行操作，多把时间和精力放在这类强势股上面才能带来更大的利润。

图74
趋势反点水卖出信号

【技术特征】

1．图74的左端是较为明显的下降趋势，高价高位构大顶后必然会大跌。

2．每当股价接近趋势上轨时，趋势线却未能形成金叉而是反身向下（简称"反点水"），继续步入下降通道中，沿下降通道下滑。

3．一般在高位形成死叉后第一次反点水的下跌力度是最大的，不排除会有第二次、第三次反点水。

4．当反点水形成后，一般会跌破前低点，在下跌周期的末端才会减弱。

5．当然也有趋势线形成死叉后反点水跌幅不大的，构成双底抬高之势，最终原因可从成交量和前面的节奏中发现。

6．假设MACD和EXPMA同时反点水，且MACD在0轴之下反点水，其后下跌的概率非常大。

7．反点水也可运用到周线、月线上去分析大趋势。

【卖出技巧】

1．参与反弹的投资者必须在反抽力度减弱时卖出了结。

2．在趋势线没有成功形成金叉且12快线向下弯头时应立即卖出，例如在反点水的阴包阳时。

3．在这个关键位置千万不能抱有幻想，要果断出局，要意识到后期巨大风险的存在，参与者要设好止损位以防被深套。

4．此图形趋势没明确之前最好不要参与，只能观望。

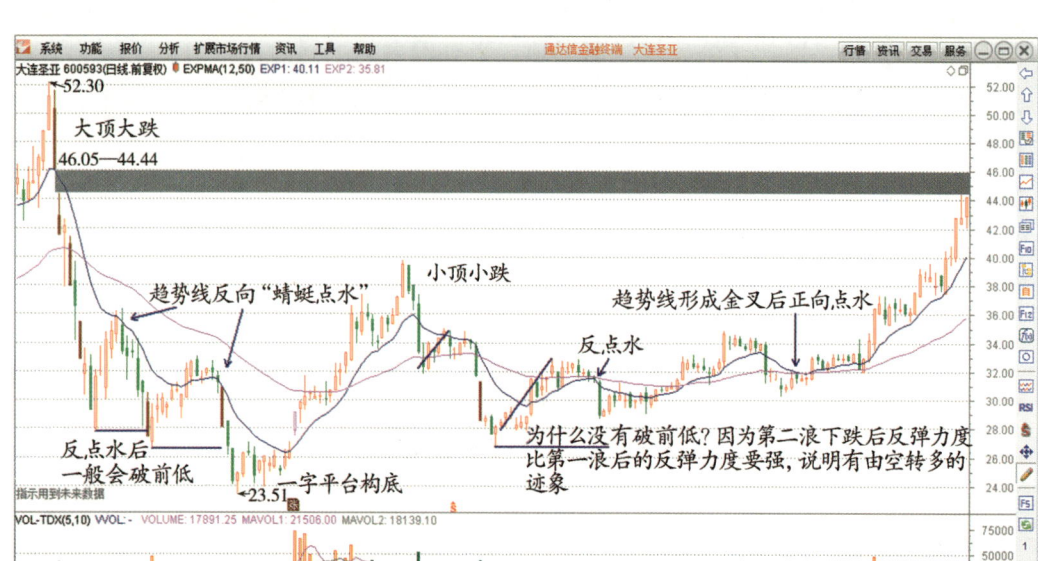

图74　大连圣亚（600593）2015年走势图

【经验分享】

笔者建议类似图形的股票最好不要参与，必须到趋势线形成金叉后再决定是否入场。既然股票上涨有规律，那么下跌同样也有规律，无论下跌多少，趋势未转变坚决远离。从图74中可看出EXPMA的重要性，该指标对短期趋势和长期趋势的可预见性有重要作用。想把炒股简单化的趋势投资者，不妨只看这两条线。

卖出法则十四：葛兰碧卖出法则之一

当平均线从上升逐渐转为盘整或下跌，价格向下跌破平均线时，为卖出信号。此法则实际上是一个强势变化，是由强转弱的拐点出现时的重要卖出信号。目前适用于大盘和所有个股。一般而言，首次向下跌破可以忽略不计，但当信号连续发出，指标多次提示高位钝化及背离时，此卖出信号极为可靠，应予以重视。把握好此卖出信号，可避开一轮主跌浪的风险。

技术指标只是一种短期参数，在运用前还需确定该股所处的位置和市场环境变化。笔者认为，只要上升通道没有被破坏，就可以放心持股，少看技术指标为好，只看下方的支撑位和最后防线即可。总结为：上涨看支撑，下跌看防线。因为上涨时任何阻力位都会有突破的可能，只要不跌破下轨支撑线就可放心捂股；下跌调整时，不跌破最后防线位就还有一线希望。

图75 趋势线背离卖出信号

【技术特征】

1. 图75处于强势运行中，阶段性拉高股价，紧沿趋势线之上运行。
2. 其特征是每当放量冲高后使股价远离趋势线形成背离时，必有回调要求。
3. 当股价远离趋势快线5%左右，或者持续几个交易日呈背离状态时，必会回落。
4. 在两线之差和趋势慢线远离股价15%左右时，回调要求更为强烈。
5. 在此期间可以发现量能和换手率都会发生变增，形成阶段性运行。
6. 特别是急拉快涨和接近相对高位时更不能忽略这一技术分析，这也是短线投资者寻求高抛机会的技术指标之一。

【卖出技巧】

1. 长线短打的投资者可选择在股价冲高时，远离趋势快线5%左右卖出或者逐步减持。
2. 可在股价冲高后远离趋势慢线15%左右时选择高抛。
3. 在冲高中放出巨量更要提防风险，极有可能是主力在边拉边撤退，最好是锁利出局回避可控制性风险。
4. 由于该走势大多出现在阶段性运行趋势中，卖出一定要果断，以免踏错节奏多等一个来回，浪费了时间。

【经验分享】

图75中的趋势线与5日均线出现股价背离均线的现象，如果是中长线投资者，则

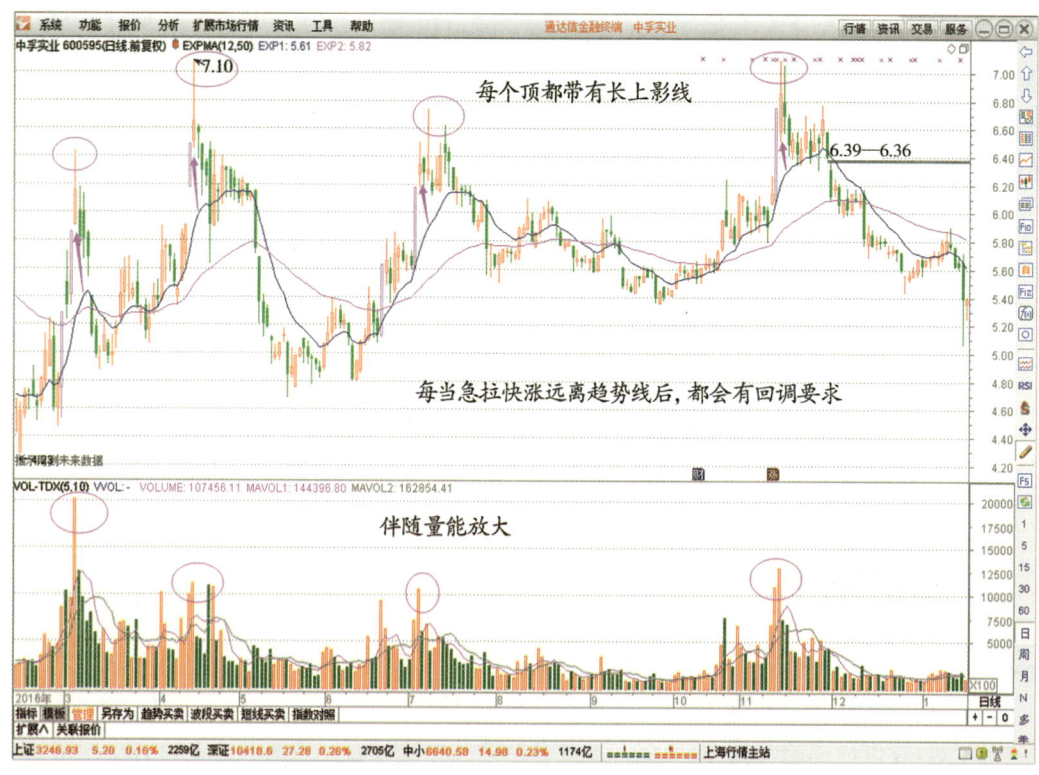

图75　中孚实业（600595）2016年走势图

大可不必在意上涨中途的10%左右的回调；如果是长线短打自求利润最大化的投资者，一定要加强这一技巧的运用。投资者一旦踏错节奏便会导致一个月无盈利，就需要再等一个回合，这就损失了时间和空间。笔者认为，能踏准小节奏才能在股市中长久生存。除非是价值趋势投资者一买捂几年，但是你能做到吗？

如果是短线投资者，股价远离EXPMA、MA，分时图远离均价线都是常用的卖出信号。

卖出法则十五：葛兰碧卖出法则之二

价格向上突破平均线，但又立刻回踩确认支撑是否有效，一旦支撑失败就跌至平均线以下，此时平均线仍然保持持续下跌态势，仍为卖出信号。这类个股往往已经走完主升浪，配合图形上来看，前一波高位出现时，一般都有巨量放出，后期下跌后一直在震荡整理。当价格再度上升时，如无巨量配合，将很难超越前波行情，只是一次反抽浪。此时，当股价接近平均线之时，可以依据此法则卖出。或者当股价越来越接近前高位，但量能却未放大时，可以考虑卖出。该卖出法则简单实用，按此操作永远不会被套。

图76
趋势线死叉卖出信号

【技术特征】

1. 图76的形态类似于"回光返照"卖出信号的图形，任何指标出现死叉后再卖出都有一些晚，但这也是最后一个卖出信号。

2. 图76中分别有三个趋势线死叉案例可供对照，其区别在于出现死叉时的成交量大小和阶段位置的不同。

3. 在高位或变盘区域中一旦出现趋势线死叉，说明下跌趋势才正式开始。

4. 从死叉到金叉一般最快也需要几日以上，那么换在周线、月线呢？换在大盘分析上面呢？大家想想便知道了。

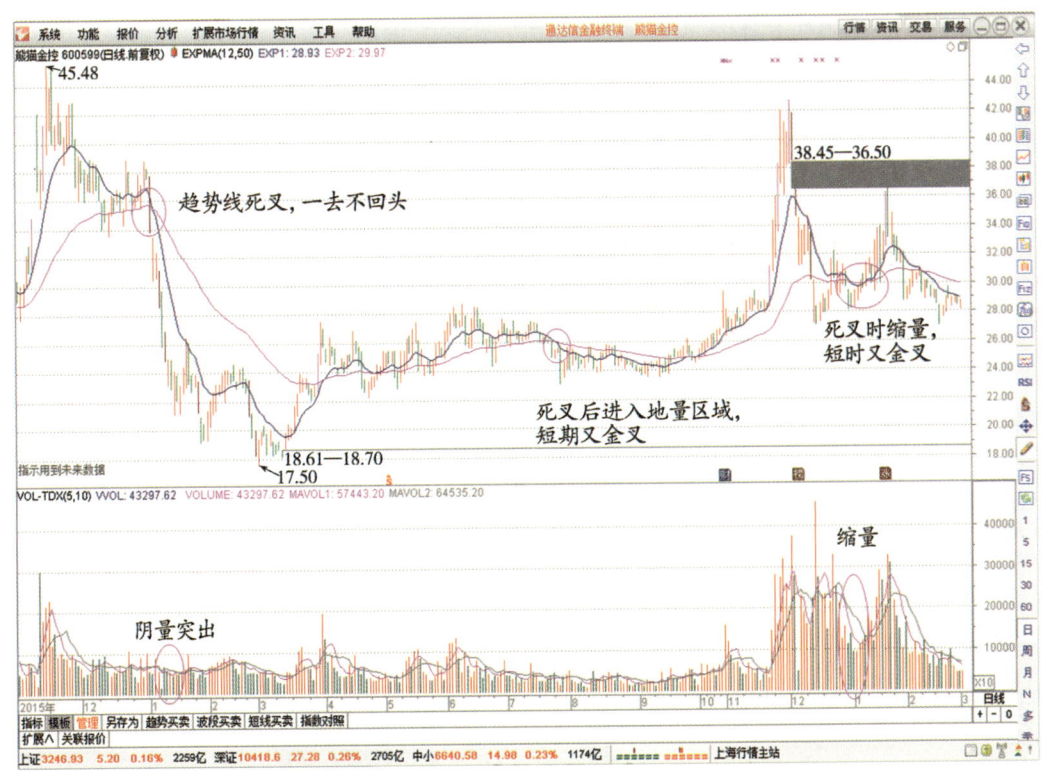

图76　熊猫金控（600599）2015年12月后走势图

【卖出技巧】

1. 高位密集交易区量能突增为不良现象，也可视为变盘期现象，应提高警惕或以减持回避风险为主。
2. 当市场出现单边直线下跌并留下缺口未补时，说明风险正在加剧。
3. 当EXPMA趋势线带量形成向下死叉时，说明上涨趋势已被破坏，开始进入下降趋势的初期，为最后的清仓信号。

【经验分享】

任何下跌前期主力都会露出异常迹象，唯一不能做假的就是成交量。如上证指数K线图在2010年2月2日开始企稳反弹，在4月12日和13日两天均出现1800亿元左右的成交量，超过前一天的1300亿元，这突增的500亿元是什么概念？前两个多月从未出现过如此大的量能，并且当时K线形态上正处于相对高位而不是低位，更何况是久盘之后的变盘期信号，随着4月15日见顶后中级调整就此展开。4月12日和13日两天的量能变化就是风险前期征兆，预见性至关重要。技术大多是事后诸葛亮，主力有时会遵循技术规律，但有时又不理会技术，因此投资者必须具有敏锐的预见性，洞察市场中的蛛丝马迹。

当然，在国内市场中最为成熟的分析派主要是基本分析派和技术分析派。虽然有时技术对主力不管用，但对市场大众心理因素还是管用的，任何事情都是相对的，有的技术指标在盘面中也会有极大的重要性。相对来说，趋势很重要，一般当下跌趋势形成时任何支撑都不会生效，一旦上涨趋势形成，任何阻力都会被突破。

卖出法则十六：葛兰碧卖出法则之三

当价格趋势线走在平均线下，价格上升却并未突破平均线，且立刻反转下跌时，亦是卖出信号。这个法则适用于处于下降通道并单边下跌的个股，比较适合主升浪、次升浪全部结束，转向单边回落的个股。目前比较适用于一部分中小市值的个股，由强转弱后，前期来不及出局，但跌势已经形成。每一次回抽均是出局的机会。

图77 缺口卖出信号

【技术特征】

1. 向上和向下跳空缺口都非常常见，图77中较为明显的是一个向上跳空缺口和一个向下跳空缺口，随后股价都选择下行。

2. 前一个向上跳空缺口明显力度不够，随后5日内正在回补，说明多头不强劲。

3. 后一个向下缺口是前一个拉高缺口派发酝酿形成的，在回补前一个上跳缺口后再一次下跳缺口。

4. 按缺口理论，向下3天内未回补缺口必会大跌，从图77中可见跌势深远。

5. 一般出现向下跳空缺口在当天未见回补，应赶快出局。

图77　云赛智联（600602）2016年8月后走势图

【卖出技巧】

1. 出现前一个向上跳空缺口后，如果随后3天内进行回补说明不够强势，进一步观察后可先卖出。

2. 出现后一个向下跳空缺口后，如果当日未及时回补则次日更不值得期待，没有及时逃出的话，次日后的反抽仍然没有回补就是再次出逃机会。

3. 向下跳空缺口时如其他技术指标也同时出现了死叉，为强烈的卖出信号。

【经验分享】

急买急卖的大单竞价交易都会出现跳空缺口，重要的是向下跳空缺口在当天未及时回补，次日必会再探低点。如果在随后3天都未能回补，说明趋势走坏，继续探底。

向上跳空缺口有四种可能出现的走势：一是以跳空式涨停，或者连续出现跳空涨停，为强势股表现；二是向上跳空后3～5天内不回补，并呈现蓄势待涨的状态且重心上移；三是向上跳空后3天内进行了回补，继续回到弱势状态，此时有可能选择盘整或下跌；四是出现在关键位置区域，高位区域出现向上跳空可能是进入主升浪最后的疯狂，高位区域向下跳空无疑是出货，低位区域向上跳空可视为主力建仓动作，涨势可期。低位区域向下跳空可能还没见底，将会继续下探。"缺口理论"通过在随后3天内观察是否回补来决定后市的运行方向。

卖出法则十七：葛兰碧卖出法则之四

当价格突然暴涨、突破且远离平均线时，则有可能回跌，亦为卖出信号。这是一条应对强势股的卖出法则。在实际运用中，如果某股直线、快速、连续上拉，可以配合股价与5日均线的正向乖离率和换手率来观察，当正向乖离率过大，同时换手率放大时，应该在连续上拉后及时离场。因为主升浪已告一段落，接下来将是长时间的震荡和整理。

图78
日均线卖出信号

【技术特征】

1．按照图78中的日均线技术操作可永不被套牢，但必须严格执行才能实现。

2．特别是在高位运行或者久盘不上攻后的变盘期更为重要。

3．在此图形出现的初期，可结合其他技术指标观察同时是否有卖出信号的迹象，如图78的SUPL四次顶背离。

4．该图形成后，其调整期短则一周左右，长则两周以上。

5．该技术的缺陷在箱体盘整中作用不大，需要结合近几日的走势综合分析。

图78　深证成指（399001）2016年8月后走势图

【卖出技巧】

1. 当股价上涨中远离5日均线时减持。
2. 当股价从高位下来跌破或收在5日均线之下时为再次减持信号。
3. 当5日均线下穿10日均线时为全卖出信号。
4. 当5日均线下穿20日均线时为止损信号。
5. 当10日均线下穿30日均线时趋势转弱休息观望。

【经验分享】

其中的5日均线较为重要，如果股价跌破5日均线30分钟之内没收复，说明为有效击破，还有整理要求，并确认下方支撑，只有再次站上5日均线，才有继续走强的可能。其次是20日均线有作为趋势线的重要性，在高位中如果股价跌破20日均线3～5天内都没及时收复，说明强势已削弱，那么很有可能继续探底。行情在箱体中来回波动频繁的情况下按此法则作用不大，但在股价上涨后按此卖出技巧操作绝不会被套牢。

卖出法则十八：均线失守变盘法则

放量后股价跌破10日均线且不能收复，随后5周均线也被击穿，应坚决卖出。此时对于刚被套的人退出特别有利。如何确认支撑位在此显得尤为关键。10日均线跌破之后必将考验下方重要支撑线，一般来说，上升通道中均以10日均线为运行轨道线，一旦失守就是破位的确认，随后回拉的时候就是减仓的时机。如果股价继续击破30日、60日均线等重要均线指标就要坚决清仓。此外，随着股价的下调，逐渐形成了下降通道，日、周均线出现空头排列。如果此后出现反弹，股价上冲30日、60日均线没有企稳，或出现反阻力的现象，则应坚决卖出。其中5日均线、5周均线和5月均线都是多空前线，一旦出现被击破向下，应立即提高警惕，做好风险防范工作。

图79 三外有三卖出信号

【技术特征】

1. 原理与底部的"三外有三"一样，都是一连三个停板，只不过底部出现的是涨停，顶部出现的是跌停。

2. 如图79所示在高位三连跌停板后，沿着趋势快线构筑中继平台，随着惯性下跌中又出现三个跌停板。

3. 在下跌中继平台时指标并不会明显底背离，而是顺势而行。

图79　爱建集团（600643）2015—2016年走势图

【卖出技巧】

1. 如果在高位三连跌停中没有机会卖出，那么在随后的反抽中一定要卖出。
2. 最后的止损信号是在反抽后再次跌破前一个跌停板的低位时，说明第二轮下跌即将开始。

【经验分享】

除上述描述之外，还有一种"三外有三"图形形态，一般出现在股价上涨较高的幅度后，主力进行震仓洗盘或震仓出货的走势，出现多重顶。从理论上讲如果三次见顶不创新高，则必跌无疑，特别是三次顶的高点逐个下移，或者再有第四次小幅试探性测试再返回，股价还会深度下探。三重顶底、三次顶底背离、正反点水，这些在T+0市场中都可双向运用，效果极佳，所以笔者也建议专职投资者最好实现T+1和T+0综合配置，交易机会多，且对冲会方便得多。

恒瑞医药（600276）在2015年6—10月，就是高位震仓洗盘后继续上涨，在震荡中出现多重顶，但每探一次底点后都会迅速收复上去。

卖出法则十九：倒金字塔卖出法则

如果持有某只股票2万股，成本是每股10元，预定初卖点是15元，第一批到目标价15元卖出5000股，以后每涨1元卖一批，这样就是16元卖5000股，17元卖5000股，直卖到18元全清仓。这是"定量分批了结法"。"倒金字塔卖出法"是每批出手的股数由小而大，呈倒金字塔形。显然，采用倒金字塔卖出法获利较定量分批了结法大，但所承担的风险也相应增大，定量分批了结法弥补了由于涨价幅度判断不清而可能造成的利润减少。但股票出手过程拉长，就要承担股票在高价位变动的风险，在此期间随机应变、顺势而为较好。

一般而言，对于中长线稳健型投资者完全可以采取倒金字塔卖出法则，建仓时也一样可以分批入场降低成本，卖出时也同样可以进行分批卖出降低风险，同时也能使利润最大化。

双箭齐发卖出信号

【技术特征】

1. 连续两次高位出现长上影线，相隔时长较短，且两次高位很接近，图80有效。

2. 前一根阳线长上影线是主力倒仓和试盘动作，后一根长上影阴线才露出大派发的真相，且量能也急速增大，收出的上影线比前一根要长。

3. KDJ指标两次纠缠未能反转金叉向上，则由此转弱。

4. 这是主力假象拉高出货手法，最后当散户发现时，主力已经大致逃脱，随后将是狂泻千里，直奔低谷。

5. 不管在什么位置，只要短期内频繁出现类似长上影线均属不正常的现象，特别是几连长上影线的高点在下降，预期下跌概率最大。

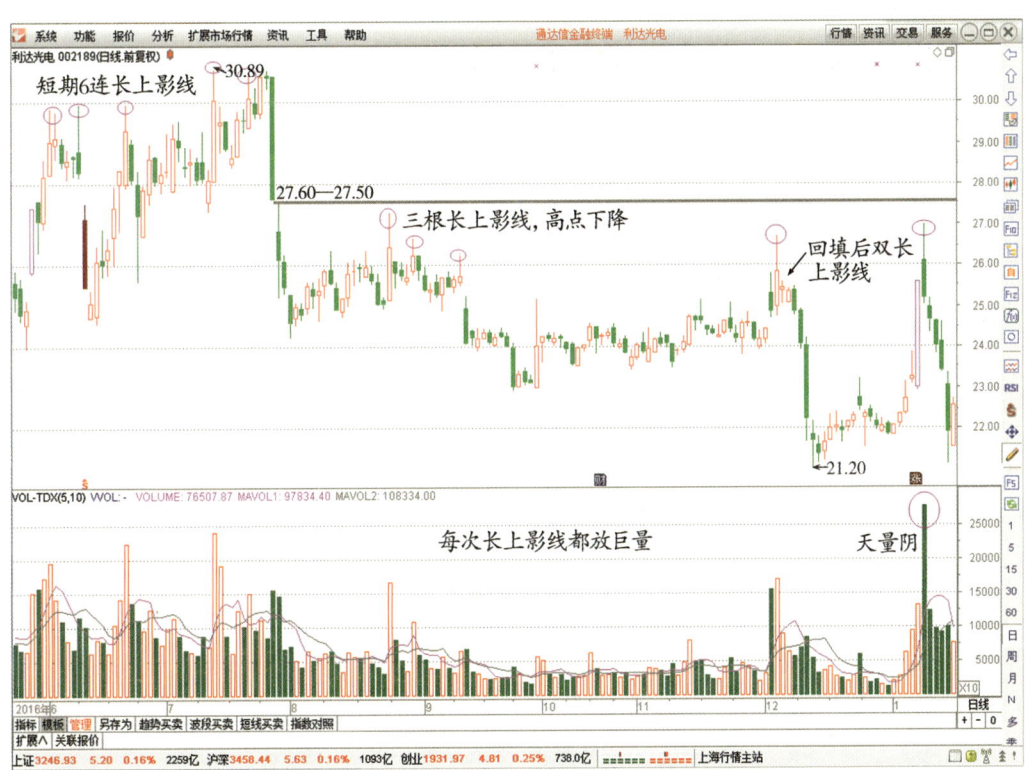

图80 利达光电（002189）2016年走势图

【卖出技巧】

1. 只要在相对高位出现类似放量长上影线均为清仓或减仓信号。

2. 当前期出现过一次，第二次又出现同样的长上影线，且上影线比前一根要长时，为强烈卖出信号。

3. 可选择在当日尾盘此长上影线形成时卖出，或次日并无拉高之势时果断卖出，一旦此图形出现，后市必会有较长、较深的调整。

【经验分享】

前面笔者经常提到"高位"一词，所谓高位，其一是股价从底位或调整后的低位以来此波段上涨达30%以上；其二是从本轮行情的底位算起，整体上涨50%以上甚至过倍；其三是当股价出现高估值时；其四是本轮上涨行情接近顶部区域。

此长上影线无论是阳线还是阴线，如果成交量有所放大，则存在探顶的风险。如果在高位短期内出现两根类似长上影线，则不要犹豫赶紧卖出。

如图80正中间的长上影阳线，其后慢慢向上修复影线部分后，才创出新高。相反，若没有向上修复的走势，便可直截了当地卖出。

卖出法则二十：长上影线卖出法则

长上影线是一种明显的见顶信号，上升行情中股价上涨到一定阶段，连续放量冲高，或者3～5个交易日连续放量，而且每日的换手率都在4%以上。当巨量出现时，其换手率往往超过10%，这意味着主力在拉高出货。如果收盘时出现长上影线，表明冲高回落，抛压沉重。如果次日股价又不能收复前日上影线的影线部分，表明后市将调整，遇到此情况要坚决减仓甚至清仓。更何况短时间内出现两次或者多次长上影线，预示风险渐近，如图80，又如龙建股份（600853）在近两年频繁出现类似现象。该图形已经成为主力的拿手好戏，时而上演一次，不管是在高位还是震荡中，甚至在横盘中都能见到。

图81 泰山压顶卖出信号

【技术特征】

1. "泰山压顶"又称"乌云盖顶",还可称为"一叶知秋",意为高位出现天量大阴线探顶信号。

2. 先以放量大阳线抬高股价,后以放量大阴线疯狂派发,主力做空心意已决,更是高档"串阴"向下抛盘。

3. 随后两轮下探均以"串阴"进行,可见跌势汹涌,主力完全放弃该股,一直跌到合理的估值区域。

4. 如此见顶的股票,在至少半年后才有可能回到此新高位,所以在出现类似现象时不要忽略这一风险,特别是顶部基本形成时,要果断抛出该股。

5. 通常情况下,某一热点被市场炒作后,价值会被严重透支,主力一旦放弃操作,后市将会冷却很长时间,一般为半年左右甚至更久。

【卖出技巧】

1. 稳健型投资者大多会选择在放量大阳冲高时卖出,各技术指标出现超买现象时,应及时锁利。

2. 后知后觉者可在出现巨量实体大阴线时,若发现盘中放量急挫,应立即寻求卖点。

3. 随后股价低点不断下移且呈带量"串阴"式,随后3天内赶紧卖出。

【经验分享】

1. 特别是持续几天巨量,各指标明显超买,应赶快锁利。

2. 随后出现的巨量大阴线,无论是洗盘还是调整开始,都应出局观望。

3. 在上涨冲高后出现5连阴线的"串阴组合"带量下跌,说明调整由此展开。

4. 图81中的两轮下跌都在5连阴线以上,说明远没见底,还会继续下探,即使中途有反弹也不会太强，除非大势向好。

图81　中国动力（600482）2007年12月后走势图

笔者建议，只要在高位出现放量急速拉高股价，不管是大阳线还是大阴线，都应卖出，即使卖出后又涨也不必后悔，宁可放过也不做错。风险要掌握在自己手上，命运也应由自己把握，一念之差定胜负。

一般来讲，如果在高位大阴探顶日没有卖出，在随后反抽中力度不强时便是出逃的最佳机会。

卖出法则二十一：KDJ见顶卖出法则

日K线上的KDJ指标变化频繁，参考意义不是太大。实际操作中的个股建议以周K线的KDJ为节奏。如周K线KDJ指标的J值达到100以上应立即减持或高抛，周K线KDJ指标的J值处在80左右为强势区域，J值为负时可考虑择机低吸。如跳空大十字星周K线KDJ指标的K值到达100以上，是典型的见顶信号。当KDJ指标的J值升势改变掉头向下，可先减持50%的仓位；K值升势改变走平时可准备卖出，K值改变掉头向下可清仓；当KDJ指标形成死叉时，是最后的卖出信号。但是，因为技术上经常会出现

"底在底下"的情况，所以这种KDJ指标经常会失灵。

【技术特征】

1. 图82为"头肩顶"形态，若是双左肩和双右肩则称为"复合型头肩顶"。
2. 无论是单个头肩顶还是复合型头肩顶，一旦形成下跌趋势，幅度将会很深。此期间可见主力是"暗度陈仓"。
3. 一旦失守头肩顶下轨位，跌势会加速加深，最快至少半年才能重上新高。
4. 该图是大顶特征之一，特别是在高涨之后出现更为危险。
5. 量能在前期较大，后期逐步疲软减弱，接近弱市状态。
6. 一般出现在强市后的高位，一定要远离类似的图形。
7. 注意图82中的颈线介绍。
8. 一般当探顶后跌破左颈线，右肩高点又低于左肩，其预期下跌的概率最大。
9. 相反，便是头肩底的运用技巧。

【卖出技巧】

1. 如果右肩量能用尽，放量也没修复和突破前高点，其右肩拉高也是为了诱多，说明还会再下一层。
2. 注意观察右肩是否有带量的黄昏十字星和阴包阳组合，此为明确的卖出信号。
3. 如果右肩高点低于左肩时就收阴，应及时卖出。

【经验分享】

头肩顶有"左肩—头部—右肩—跌破—回抽"五个步骤。无论右肩比左肩高还是低都不重要，重要的是没有突破前高位就选择回落，那么头肩顶就已经成立。一旦头肩顶成立，后市将会进一步走弱，直至破位时快速下探，可见类似图形的风险

图82 南宁糖业（000911）2015年11月后走势图

之大。笔者建议类似图形的股票最好不要参与，手中持有的要果断出局，一旦被套牢至少要半年以上才能解套。一般出现类似的顶可视为历史性大顶，特别是在牛市行情尾端时需多加注意，千万别被套在山顶之上，尽早出手才能免去后顾之忧，在这期间更不值得进行买入参与反弹。

例如泰达股份（000652）在2014年12月上涨中途洗盘时也出现过头肩顶，但构成后量能迅速缩小，跌幅很浅就到达地量区域，随着放量阳线向上修复，紧接着盘升中把右肩高点修复突破后，上涨行情就此加速推升。所以，并不是每当出现头肩顶后都会大跌，这与该股所处阶段位置和当时的大势环境有关，重要的是观察量能变化和是否修复。

卖出法则二十二：多头见顶卖出法则

当股价不再形成新的突破，形成第二个顶时，应坚决卖出，因为从第一个顶到第二个顶都是主力派发阶段。M形右峰比左峰低，则为拉高出货的图形，有时右峰亦可能比左峰更高，诱多后再反转下跌更为可怕，至于其他头形如头肩顶、三重顶、圆形顶也都有类似的历史大顶特征，只要跌破颈线支撑都得赶紧了结出局，免得亏损扩大。这些也足以说明三个方面：第一是股价炒高后出现了高估值现象；第二是受行业进入衰退期的影响，股价逐步降低；第三是行情见顶的前兆。主要特征是筑顶时间较长，更为明显的是基金重仓股。

图83
下降三角形卖出信号

【技术特征】

1．看似在箱体内运行，其实在箱体内出现了下降三角形趋势，且阶段位置处在下跌中途，实为下跌中继。

2．特征是次高位不断下降，次低位不断下移，导致重心下移。后续波动幅度收窄，下降三角形基本成立，锐角处也就是临近变盘期。

3．此时的下轨线不是以箱体为准，而是以下降三角形的下轨线为准，一旦失守跌势会加快加深。

4．类似的三角形有大有小，时间有长有短，长则3个月以上，短则1个月左右，如2010年8月的西南证券（600369）就出现了小型下降三角形的走势。

5．下降三角形初步形成时应立即远离。

【卖出技巧】

1．首次卖出信号出现在下降三角形初步形成时，例如三四次探上轨而下，应做好减持防范工作。

2．第二次卖出信号在股价跌至下轨支撑线无力反攻时。

3．最后卖出信号在破位下轨线处，当出现放量急挫时应立即清仓。

4．一般下降三角形破位下跌时，很少会出现有反抽，若有也会很弱，所以不要留恋，坚决卖出为宜。

【经验分享】

下降三角形有大有小，时间有长有短，最为关键的是三角形锐角处的下轨线，此为最后防线。一旦失守，股价将会一泻千里，三角形越长，下跌就会越深，如图83所示，三角形的持续时间有半年多，横有多长跌就有多深仍具有一定的可能性。

还有一种图形是"对称三角形"，技术特征是次高位不断降低，次低点不断上移，后续波动幅度逐步收窄，平衡的"对称三角形"成立。不管是怎样的三角形形状，关键在于三角形的锐角处下轨能否守住，上轨能否突破。变盘窗口由此展开，在这关键时期建议多盯紧分时图上的变化。一般"平行对称三角形"在变盘突破后，会有一次回抽确认的过程，掌握这种节奏以确定自己的交易方向。

图83　炼石有色（000697）2004年7月后走势图

卖出法则二十三：箱形失守卖出法则

箱形中可在箱顶抛出，在箱底买入。但是一旦箱形下轨支撑价失守，应毫不犹豫地抛光股票。若此刻下不了手，在跌破箱体后，也许会产生回抽效应，此刻反弹仍突破不了原箱体下轨，代表弱势已成定局。

箱体有大小和长短之分，一般而言，横盘时间3个月以上失守下轨后可以低吸，这很有可能是主力做多前的挖坑现象。横盘时间在1个月左右风险相对大一些，一旦失守要赶快走人。还有分时图盘中的箱体，本书将在"大盘分时图经典技术图解"中详述。

再者，观察箱体所处阶段位置也很重要，以及末端是否会出现顶底图形组合、末端是否会有重心移向、末端是否会诱多诱空。

图84 雪山压顶卖出信号

【技术特征】

1．图84为直上直下如M形的走势，更似雪山顶峰，一旦雪崩灾难不小，下跌周期会持续很长，这也属大顶特征之一。

2．第一个顶为长上影线又称"避雷针"，第二个顶放量拉高但未创出新高，主力出货意图明显，随后出现雪崩也理所当然。

3．类似图形比较常见，出现下跌到下方平台时，整理后还将再下一层，此后的反弹为逃命的机会。

4．在高位掉头向下时，从日均线上可以看出，已逐步形成空头排列现象。

5．M形顶属于大型顶，发出卖出信号时一定不要犹豫。

【卖出技巧】

1．高位收出长上影线的"避雷针"均为卖出信号，特别是在高涨之后出现阴包阳的阳线带有长上影线。

2．高位放出巨量并不能创新高为明显的卖出信号，随后不见大底不操作，就算回到下面平台处，进行盘整中继后再跌也不是不可能。

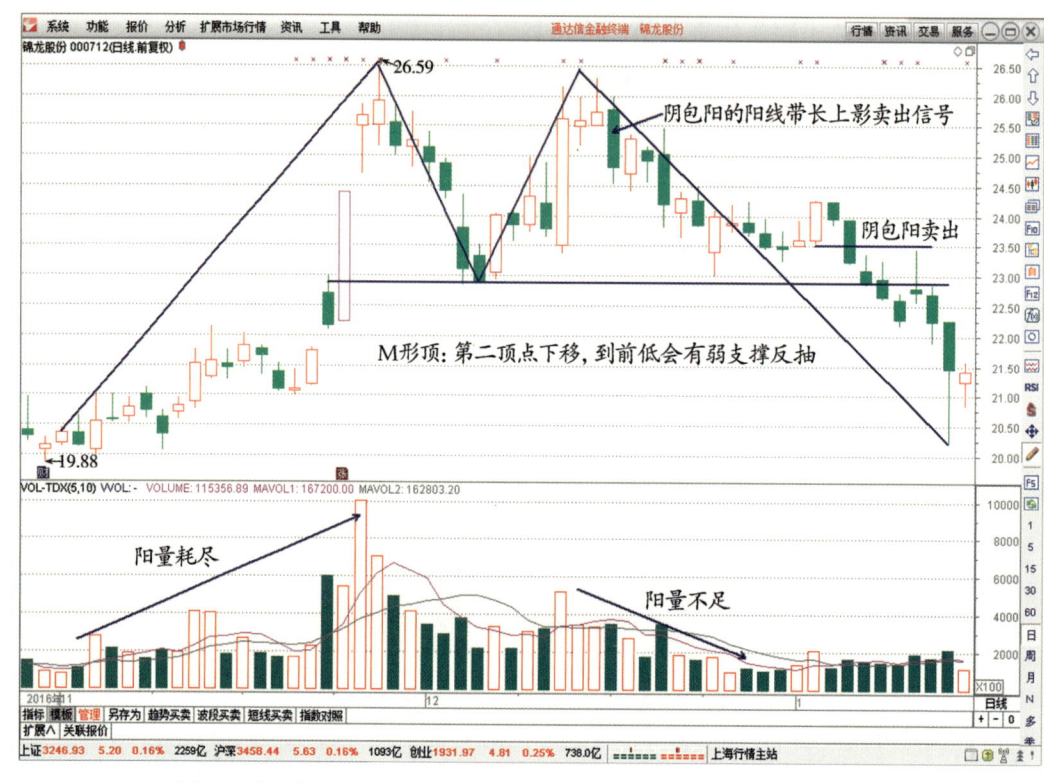

图84　锦龙股份（000712）2016年11月—2017年1月走势图

【经验分享】

高位出现双顶或多顶，必会有中级以上的调整，在第二个顶位不能再创新高都属卖出信号。一旦跌破前期回调低点，下跌会有加速加深的可能。笔者认为，只要是出现顶部形态的股票，都要趁早了结，没必要在此折腾，否则一失手成千古恨。做到见好就收，落袋为安，很多情况下不必等到技术上发出信号再出手，此时很多人跟你的想法一样，事实可能会更坏。做一个拥有平常心的人，学会休息也是一种投资，休息期间养好了精力和身体，这也是无形的财富。下降趋势捂钱，上涨趋势捂股，横盘趋势观望，切记！

卖出法则二十四：高涨之后卖出法则

有许多方法判断一只牛股将见顶而回落到合理价位。一个最常用的就是，当市场上所有投资者都试图拥有该股票的时候，或者是发现有很多人在跟你抢筹的时候，要注意主力会有趁机派发的可能。

一只股票在逐渐攀升100%甚至更多以后，突然加速上涨，股价在1～2周内上涨

25%～50%，从图形上看几乎是垂直上升，这种情况令人振奋但又令人担忧，持股者高兴之余应该意识到该抛出股票了。这只股票已经进入了所谓的高潮区，股价很难继续上升了，因为没有人愿意以更高价买入，就连"涨停敢死队"也不会冒此风险。特别是大街小巷都讨论炒股能赚钱，甚至连卖菜的阿婆都高呼炒股能赚钱的时候，就是特大风险的前兆了。再根据对过去10年中牛股的研究，我发现股价在经过高涨回落之后将很难再回到原高位，即便能回到历史新高也需要3～5年的时间。

图85
双针摸顶卖出信号

【技术特征】

1. 高位出现长上影线又称"避雷针"，如果出现"双针"风险更大，特别是在距离很短、高度接近的情况下。

2. 从图85中可以看出，前一次为"避雷针"，后一次为"双针探顶"。

3. 如果股价是到达某阻力位而频繁出现长上影线则应更加注意风险。

4. 游资一旦放弃该股炒作，后果可想而知，后市必会打回原形。

5. 其主力在长上影线中一般采取对敲方式，自买自卖吸引散户跟盘，那么随后会很快收复上去。

6. 如果某一只股票在近一年时间内经常出现类似的图形，最好放弃该股，因为这说明该主力用此手法已成为习惯，稍有不慎将踏入主力的陷阱中，也说明该股的股性不好。

【卖出技巧】

1. 图85中出现第一次长上影线后，可在分时图中股价远离均价时卖出，或股价回到均价线之下时卖出。

2. 第二次双针阴包阳时尾盘卖出。

图85　丰乐种业（000713）2016年8月后走势图

【经验分享】

笔者建议，一只被主力放弃了的股票千万别碰，不要自作聪明以为捡个便宜货，炒股要赚钱不一定就要选择低位抄底，选择上升趋势操作同样也会赚钱，风险程度可就不一样了。当一只股票被爆炒过后回调时，自认为是机会买入了，这样就成了主力的接力棒。要明白"牛熊和冷热"交换定律。

卖出法则二十五：二波弱势反弹卖出法则

在进入第二浪时如果量能不足或者是量能没有同比大增，在没有突破前高点时即转弱为卖出信号。其次是有实质利空时，分时图上开盘低走，反弹无法越过开盘价，再反转往下跌破第一波低点时，技术指标转弱，就应赶紧现价抛出。若没来得及，也得在第二波反弹再无法越过前高点反转向下时，当机立断挂卖单出局。

图86
一叶知秋卖出信号

【技术特征】

1. 一般出现在一波持续上涨达30%以上的位置，高风险区域更能体现出明显的卖出信号。

2. 在赶顶的时候，散户在盘面上基本难以发现大跌的征兆，从图86中可以看出在大跌前一个交易日，阳线还保持上升趋势。

3. 高位突变盘一般都在疯狂阶段，一般人难以预料。

4. 这种高位主力急于抛售或强力打压洗盘特征，短线指标是没有预期征兆的，目的就是让市场投资者措手不及。

5. 细心观察放量拉高、远离MA线、MACD红柱没有扩增、形态中前高阻力区，以及图86中的三次顶相似规律特征。

6. 注意观察多次顶，必然会有相似特征产生，例如图86中的三次大阴回落、每次顶都有长上影线、每次顶都是平台顶或倒V形顶……

【卖出技巧】

1. 首先从涨幅高度区域分析是否有调整的要求，在一轮波段持续拉升上涨达30%时可逐步进行减持。

2. 如果发现股价逐步远离趋势线，可提前锁利出局，调整也就是两三天内的事，不要期望卖在最高位，更不要见跌才卖。

3. 出现量能、换手率倍增，正是赶顶信号，立刻清仓，不要犹豫。

4. 如果出现大阴线下跌或跳空下跌缺口，这都是大风险已经来临的信号，持币观望为主。

5. 如果当天大阴无下影线或下影线很短，一般次日还会顺势探低，可在大阴当天尾盘坚决卖出；如果当天大阴出现较短的下影线，可在次日略高一点的位置卖出；如果大阴次日低开缺口无回补迹象更要及时卖出。

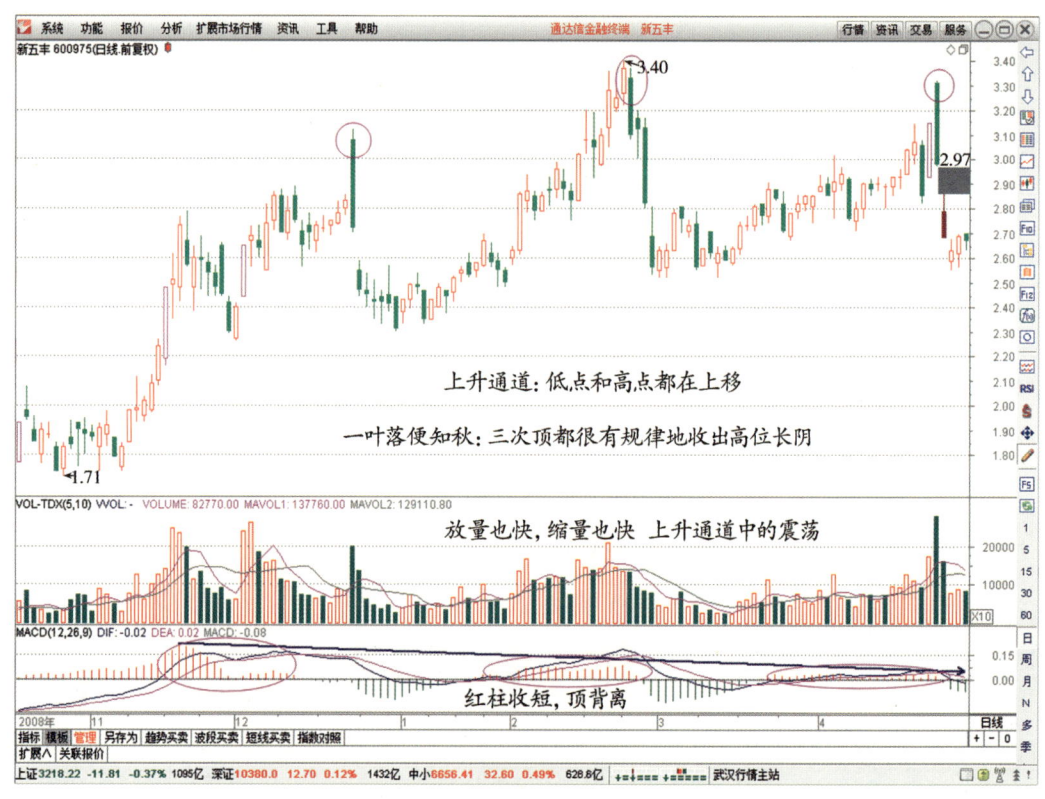

图86 新五丰（600975）2008年11月后走势图

6. 特别是小盘股，上涨和下跌都很快，信号不对时一定要果断出手。除非中大盘股，或许在大阴后还会有回抽再出逃的机会。

【经验分享】

笔者发现，散户亏钱者一般分为两类，一类是见涨就跑者，生怕赶上大跌或调整，长年累月不停跑进跑出，最终成为券商的打工者。另一类是胆大者，一直持股不放，认为还能涨，不见跌不出手，甚至跌到不能忍受才割肉出局，这一类是没有风险意识的人。

散户投资者要想做好短线操作，就必须有技术分析的基本功，否则最好不要轻易尝试，赔钱交学费是很不值得的事。希望读者能在本书中学到、用到、领悟到精华，再练熟、做精。有朝一日，你绝对可以成为一位成功的投资者。

卖出法则二十六：正向乖离率过大卖出法则

当价格突然暴涨、突破平均线且远离平均线时，则有可能反弹回跌，亦为卖出信号。这是一条应对超强势股的卖出法则。在实际的运用中，如果某股直线、快速、连续上拉，可以配合股价与5日均线的正向乖离率和换手率来观察。当正向乖离率过大，同时换手率放大时，应该在连续上拉后及时离场。即使后面再有反抽，也应放弃。因为浩浩荡荡的主升浪已告一段落，接下来将是长时间的震荡和整理。

图87
圆弧顶卖出信号

【技术特征】

1．圆弧顶特征是先缓慢上涨后缓慢下跌，此图形持续时长短则1个月左右，长则3个月左右。

2．无论圆弧大小，关键在于圆弧口颈线的得失，由图87可见，当跌回口颈线时行情有所企稳，但经过弱势横盘后，最终选择继续下探。

3．圆弧顶是历史大顶特征之一，形态可以提前通过SUPL指标背离来发现。当圆弧在初步形成时就应做好风险防范工作，特别是在高涨之后出现，相对而言，圆弧越大风险越大。

4．当然，有时在相对低位、横盘中以及中继时出现。

【卖出技巧】

1．首次卖出信号出现在持续放量拉高或量增价不涨的探顶时，或是接近前高位时。

2．在高位滞涨时也可先减持后观望。

3．SUPL指标顶背离时提前卖出。

4．圆弧顶部或有双顶、头肩顶以及频现长上影线，这些都是卖出信号。

图87 金岭矿业（000655）2009年10月后走势图

【经验分享】

关键有两点：一是当圆弧顶初步形成时就应出局（因为此时极可能是盘跌），若等到圆弧完全形成则为时已晚（因为盘跌后会转急跌）；二是圆弧口颈线的支撑很重要。如图87，从圆弧顶下来一直盘整在口颈线处，但最终反攻无力，支撑失守，股价从此飞流直下。依笔者经验来看，还有一种圆弧顶出现在上涨途中或调整的箱体中间，在箱体中途时缓慢上涨突破箱体上轨，随后又缓慢下行跌至箱体下轨，接下来又将回到箱体下轨处盘整。类似的图形只要不跌破箱体下轨仍可关注，毕竟不是出现在高位，一旦股价突破箱体上轨，中期行情看涨。最后笔者告诫投资者，在卖出股票时：一要有预见性，去发现蛛丝马迹；二要有技术上的卖出信号；三要有果断的卖出决心；四要放弃幻想；五要明白风险利益的对称性，想卖在最高点争取高收益就得担负高风险。

卖出法则二十七：MACD逃顶法则

股价在经过大幅拉升后出现横盘，形成的一个相对高点，投资者尤其是资金量较大的投资者，必须在第一卖点出货或减仓。此时判断第一卖点成立的关键是股价横盘且MACD死叉，死叉之日便是第一卖点形成时。第一卖点形成之后，有些股票并没有出现大跌，可能是多头主力在回调之后掩护出货，假装向上突破，做出货前的最后一次拉升。判断绝对顶成立的技巧是当股价进行虚浪拉升创出新高时，MACD却不能同步，第二波的幅度明显无前波大，说明量能在不断下降，两者的走势产生背离，这是股价见顶的明显信号。必须说明的是在绝对顶卖股票时，绝不能等MACD死叉后再卖，因为当MACD死叉时股价已经下跌了许多，在虚浪顶卖股票必须参考K线组合。这个也是MACD作为中线指标的缺陷，所以，要先观察MACD的线条是否有顶背离，红柱堆是否同比前面低，以及红柱在缩短与绿柱出现的关系，这些现象都比死叉出现得要早。

图88
主力暗度陈仓卖出信号

【技术特征】

1. 图88是上证指数（999999）2014—2016年的日K线走势。虽然K线在上移，但SUPL指标在往下移或平行式地底背离，仔细分析却有主力在出货的迹象。

2. 这种指标可运用到分时图和30分钟、60分钟图中，对短线交易者有很大的帮助；运用到日线、周线、月线图中，对大趋势投资者也有很大的帮助。

【卖出技巧】

1. K线阶段位置处在高位时，或是出现K线远离趋势快线时，此时再结合SUPL指标做确认信号，而决定是否要立即卖出。

2. 如果同时MACD指标的柱子在收短或也出现同样的顶背离，其卖出信号更加明确。

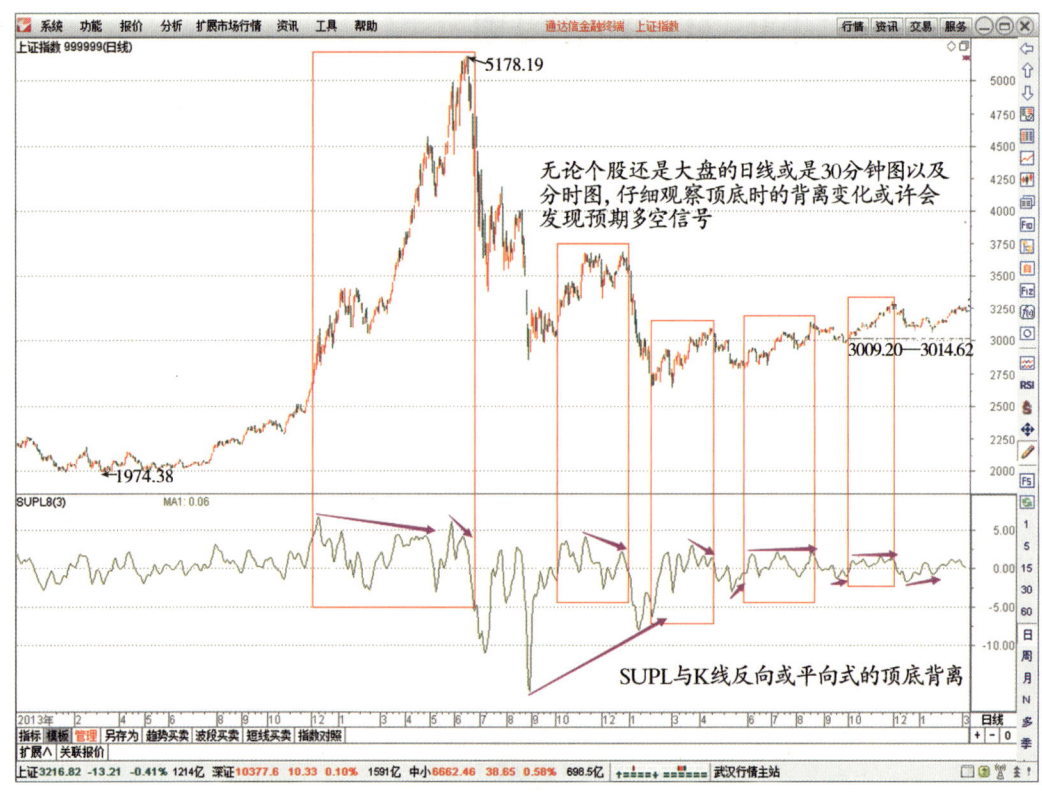

图88 上证指数（999999）2014—2016年走势图

【经验分享】

笔者曾在2010年10月21日收小阴线时，发表了《下一个低吸位在2850点以下》一文，具体是怎么判断出来的，笔者的新浪博客文章中有详述，其中一部分也是结合图88中的分析技巧得出的。由此可见，在后期跌下来的横盘中行情基本在2850点附近震荡。很多个股也是该图形的走势，表面上看股价在缓慢上移，但实际上主力早在暗度陈仓，陆续流出。如图88中的最后冲高区域，虽然主力资金线有所上移，但都不能形成上升趋势。举例来说，在同一时间是做不到开门又关门的。也就是说主力显然是不能同时完成刚出货又进货的，也没这个必要，时间和位置都不够成熟，必须在探底后才有可能再进货。换句话说，主力一般都是在上涨中出货，下跌中建仓。

笔者的一位读者这样说过："不见顶背离不卖出，不见底背离不买入。"做精一张图又做精一种指标，大致没有错，但技术是死板的，人是灵活的，所以笔者还是建议活学活用为宜。

卖出法则二十八：理性高抛法则

很多投资者高位被套，是因为在股价上涨时仍然继续看多，却忘记了风险或没有重视如何寻求高抛机会，更谈不上如何发现蛛丝马迹。在笔者的书中已经讲到几种高标准的高抛信号指标线（1）EXPMA趋势线，当股价远离趋势12快线5%以上时，尽管高抛。（2）BOLL布林线，当股价突破布林上带线时就要提防了，如果个股不是特别强势可立即高抛；如果个股特别强势，在股价连续三天突破布林上带线时就应逐步减持，一般也就连续5天左右都站在布林上带线之上，随时都会有回落的可能。（3）成交量，技术分析中时刻都少不了成交量的分析，因为量在前，价在后，指标随着量价走。在高位主力出货成交量有两种现象，一是放巨量快速拉高股价就立即卖出，以防次日走低；二是因前期上涨中成交量消耗过多，在接近顶位时成交量明显递减，走势显得疲弱，此时应在分时图中逐步寻求高抛机会。（4）主力资金流向变化，如图88所示。在高位时就看准这四点，没必要到处打听小道消息，也没必要四处寻问自称股神的人，更不要心存幻想。

第四章 个股分时图买入信号图解

分时图是指大盘和个股的动态即时走势图，在实战研判中极为重要，是及时把握多空力量转化（即市场变化）的根本所在。本章笔者精选部分使用价值较高的分时图进行讲解，只要读者铭记在心，面对盘中的突变时就有对策，并可及时在分时图中发现变盘征兆。望读者认真阅读并思考，以免误解，产生操作风险。

注：本章图中小圈点为买入信号标记。

图89
低开高走买入信号

【案例参照】

参与双象股份（002395）的原因是，该股提前于大盘见底，在大盘处于弱市整理时，该股已经缓慢上行，从2010年5月21日至6月11日不足一个月的时间内涨幅在18%以上，明显强过大盘几倍。在主力洗盘完成时启动第二浪上涨，此时大盘趋势才企稳回升。由此可见，当大盘企稳时，该股在后期仍会强于大势，甚至第二浪上行定会比第一浪要强一些。此股从图形上看应属于基金控盘所为，并以中长期的思维进场缓慢上行。看图形涨幅虽然不大，但在一个月中能有20%以上的涨幅，明显未落后于大势，也正是中大户资金稳健型投资者的最佳选择。

【技术特征】

1. 从K线上看，前期经过第一浪近20%的上涨后，急速回调洗盘，图89正是洗盘后的低位当天的分时图；从分时图上看，全天以震荡上行，报收中阳线。随之三天平台底形成，步入第二浪升势中，整整一个月稳步上扬。

2. 从探底当日的分时图看，早盘低开3%纯属正常，开盘30分钟内收出小双底W形，此时立刻回补早盘缺口，从这一点看，能在早盘一小时内回补当天的缺口仍为强势股。

3. 盘中冲高回踩以均价线为支撑，继续震荡上行，低点不断抬高，均线逐步上移，回归上升趋势。

4. 当股价探底确认后，尾盘30分钟主力再度放量吃货。

【买入技巧】

1. 前提是在主力洗盘接近尾声时，无论是在分时图中还是日K线上都会有企稳吸筹的现象，如图89中的分时图早盘的W形小双底，或者多个W形的形态，此时正是最佳低吸机会。

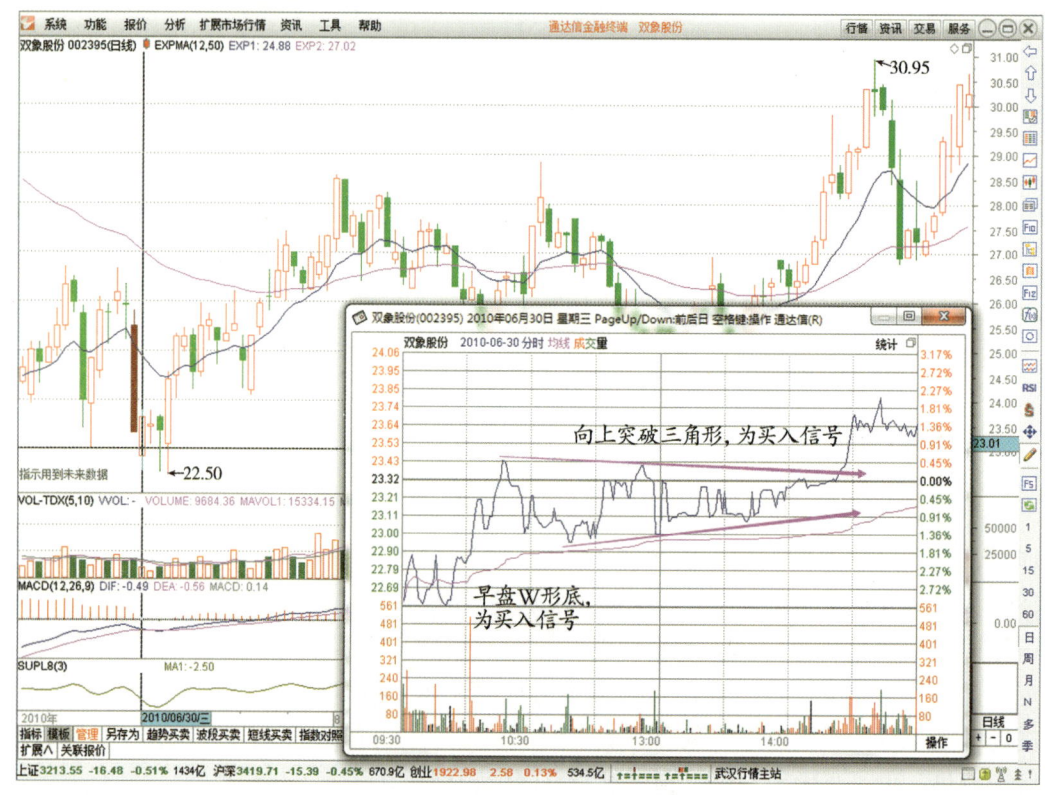

图89　双象股份（002395）低开高走买入信号

2. 反弹后回踩下方支撑时不下穿均价线企稳回升，再次发出买入信号。

3. 在14：30时窗口主力放量吃货，股价飘红突破当天的前高点，为当天的第三次买入信号。

4. 当日中阳线温和上涨，次日仍可寻求低吸机会。

【经验分享】

经验一：一般在低开后出现小双底W形或多个W形，极有可能是反弹信号，再结合K线判断行情是否处于安全地带。如图89所示，在前期涨幅达20%后洗盘7%下来，也就是快接近主力的成本区域时，企稳反弹一触即发，关键时刻股价低开筑双底，此为很明显的探底信号。

经验二：一般在早盘中出现向下缺口，无论是主力所为还是受消息影响，早盘向下缺口一小时内迅速回补，可证明该股强势仍在，也正是考虑参与或者继续持股的关键。

经验三：在股价回升时量价齐涨，可见主力的确是在吃货。

经验四：当日K线到达变盘区域或关键位置时，一定要密切关注分时图或30分钟、60分钟图的细节变化。

图90
尾盘拉高买入技巧

【案例参照】

岳阳林纸（600963）在2010年6月底时以5连阴方式从前平台开始挖坑式下探，加之有人民币升值概念，因此吸引了笔者的眼球，从探底到反弹都一直加以关注，反弹的一周时间里每天都是强过大势，主力不断进场。在后续的走势中仍缓慢上行，非常稳健。这也符合笔者的风格，选择一些上升趋势中波动不大的个股，进行中线短打，进出自如，稳健获利。这一点跟选股有关，根据自己的风格选择类似的股票，了解该股的性质，然后去做熟、做精。

【技术特征】

1. K线上处于探底反弹强势途中，成交量温和放大，股价逐步上移报收中阳，反弹力度仍有空间。
2. 在图90中上午走势与大盘同步，但在下午明显强于大势，全天为上移趋势。
3. 在尾盘时先呈120°上移，可见是主力在实盘吃货，其量能超出全天的成交量。
4. 在尾盘直线拉升回补当天缺口时，均价线随之上移，可证明主力没有做假单。

【买入技巧】

1. 在下午开盘后走势强于大盘时可短线参与。
2. 在尾盘放量拉高突破当天前高位时，或回补早盘向下缺口时可大胆参与。

图90 岳阳林纸（600963）尾盘拉高

【经验分享】

一般在反弹行情中参与短线操作，都必须结合分时图的走势来判断次日升势是否会继续，才能有高抛机会。

在分时图中判断是否强势有几方面需重视：一是股价在均价线上的时间较多，或者一直保持在均价线之上；二是盘中即时走势是否强于大盘走势；三是分时图中运行形态是否逐步上移；四是全天的量能要保持活跃度，不能太分散或疏松，在拉升时必须有量能的配合上涨，否则就是主力技巧性操控挂空单（这是最关键的一点，即量能决定一切）；五是当股价在拉升时，观察均价线是否也随之上移。如果没有上移或上移较慢，则很有可能是主力在拉高出货；如果均价线随股价即时线上移，说明主力有实质资金在买入。此时还有一个重点是，当股价远离均价线时必会回踩，不能追高。

图91
跟庄买入信号

【案例参照】

自2008年熊市以来,湘潭电化(002125)从高位下跌了60%,主力早已脱离危险,大多个股都成了冷门股。但市场上仍有一部分较有耐性的主力在进行投机取巧,特别是在一轮急跌后参与反弹。该股也不例外,在前期严重超跌,众人不看好时,主力以两连涨停的方式做出一轮像模像样的反弹行情,在不到10个交易日里股价上涨达30%。在当时没有什么消息刺激的情况下,一场投机取巧的反弹行情就这样展开。无论是投机还是理性投资,只要有主力进场,即使是在熊市,也会给短线投资者带来许多参与机会。一旦在分时图中发现有主力的动作,且出现做多信号,马上跟进参与短线,亦能获得丰厚的利润。

【技术特征】

1. 从K线形态上看,该图位于反弹行情打开的当天,由于当天涨停的量能是集中爆发,没有释放过多成交量,所以次日再度涨停,随后为冲顶磨顶状态,涨幅累计达30%,也符合熊市中的规律,走出急涨慢跌趋势。

2. 从分时图中可以看出在当天14:00前走势均保持与大盘同步,成交量更是极度萎缩;从即时线和均价线来看,没有太明显的交易,该股仍为众人不理睬的冷门股。

3. 14:00左右突变拉升,在主力集结号吹响时迅速封住涨停板。

4. 主力进场后单边拉升时,两大信号极为显著,一是量能充足,二是均价线上移较快,为实单买入。

5. 在短暂的时间内单边上涨封死涨停板,是为了防止太多散户跟在低位,不利于主力后期控盘。

【买入技巧】

1. 在准备买入时首先看成交量动能是否充足，或仍有拉高回落的可能，从图91中可发现一大堆量能堆在14：00处，并且股价也处在低位，完全有大反弹的可能，可考虑少量参与。

2. 其次看均价线有没有同股价上移，从图91中可明显看出均价线同股价非常接近，可见强势难挡，可立即短线介入。

图91　湘潭电化（002125）跟庄买入信号

【经验分享】

将图91作为熊市的操作手法来看，可从分时图中发现主力的动作，并寻求低吸机会。买入后一般反弹幅度在30%左右，主力才能顺利进出。只要上涨达20%以上即可逐步锁利。此图是较为明显的主力入场方式，相信大家一看便知，此图主力进场方式的信号也可被运用到操作其他个股上。无论是熊市还是牛市，只要有主力建仓都会出现类似的图形，只不过在熊市中较为明显。只要股价在低位，在分时图中发

第四章 | 个股分时图买入信号图解

现有实单不断买入，都可视为主力在吃货。何为实单，前面有讲过，一是量能配合上涨，二是均价线随股价上移。一旦发现类似现象出现，就可看准时机买入进场跟庄，持股到30%左右涨幅或出现放量急拉时再锁利。

图92 火箭升空买入信号

【案例参照】

图92是一张所有短线投资者喜欢的图，也是笔者常用手法之一。这也是主力在准备拉升前收集筹码的控盘手法，这样的图形较多见。图92中的股票以新能源汽车题材为主。依笔者分析，新能源客车受益比小型车要早，原因很简单，政府力争环保，社会推广电动汽车，必从城市公交和旅游客运大巴做起，并且在优惠政策上100万元的大巴可补贴30万元，补贴比例高达30%，而私人小型电动车仅补贴15%左右。加上该上市公司的电动车已进入世博内线环保大巴客运，这也是笔者选择该股的主要原因，所以笔者运用了此图技术成功介入。

【技术特征】

1. K线上前期走出一波30%的上涨启动浪，在短暂的3天内洗盘完成，正好回踩至趋势下轨线获支撑，这3天量能极度萎缩，第4天走出大阳。

2. 从分时图中可以看到，开盘后一直持续放量抬高股价，并以盘升方式上移，由此探明当日该股应为强势甚至超过大势。

3. 早盘持续近一个小时的上涨，10：30后进入盘整，一直在均价线之上小幅波动，这期间一是修整盘面，二是收集更多筹码，三是抬高跟风盘的成本。

4. 在横盘一个半小时后"火箭发射"开始，但拉之过急冲击涨停回落，收盘7%，比拉升时的5%超出两个点，基本可视为拉升阶段的筹码成本位，次日可大胆看高一线。

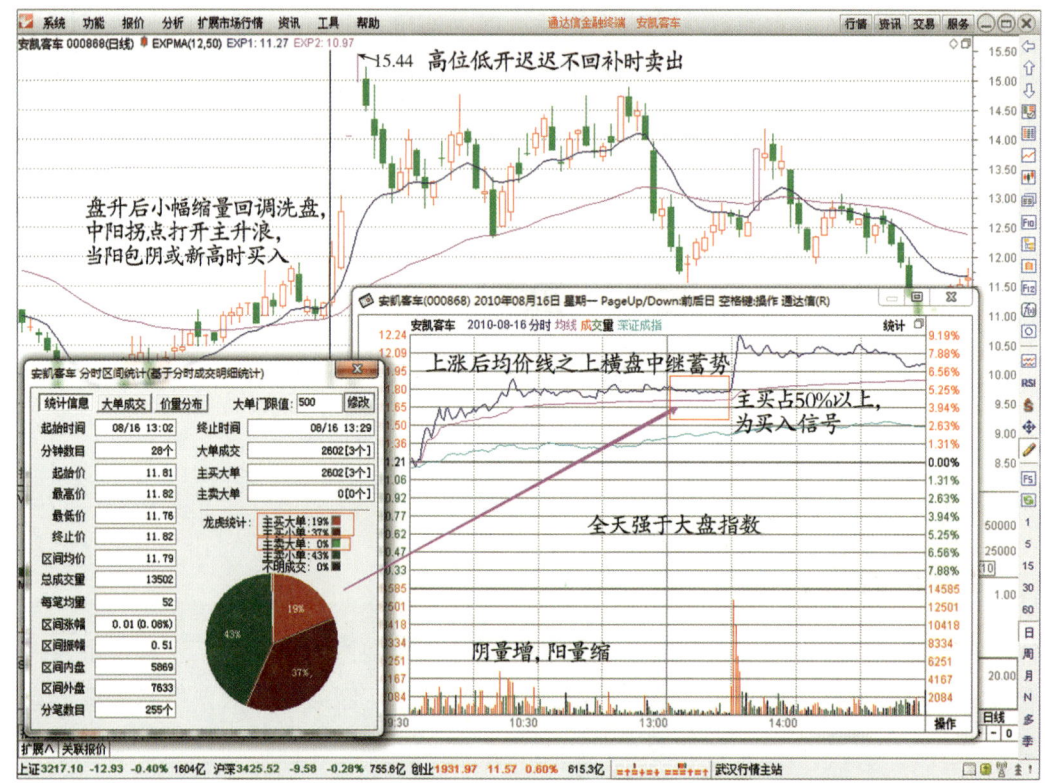

图92　安凯客车（000868）火箭升空买入信号

5. 在均价线之上的横盘中一定要进行区间统计，主买大小单比例占50%以上，特别是主买大盘（红色）越多越好，这说明随时会有火箭发射式的急拉。

6. 当大盘处于下盘时，很多个股也处于下跌中，若仍有个股与图92一样，说明有主力在护盘，按此技巧还可在逆势中短线盈利，甚至有巧遇涨停板的可能。

【买入技巧】

1. 最佳买点为早盘持续放量稳步上移时，此为当天强势标志。
2. 短线猎手技巧性买入位置在盘中拉高后的横盘一小时后，只要横盘期间至早盘没有下穿过均价线，即是买入拉升的最好时机。

【经验分享】

经验一：选股方面最好是基本面有题材，技术形态上处于洗盘之后或者上涨阶段中，具备这两个条件其上涨才更有力度。

经验二：可在午休时间进行分时图选股，在涨幅榜中5个点以下至1个点以上范围内寻找，只要在早盘拉高后进行小幅波动横盘一个小时左右，在此期间横盘中没有下穿均价线，其成交量较为充足。

在这些条件下，午盘后又可在横盘中的任意价买入等待"火箭升空"态势。如此操作，当天到收盘时盈利至少在3%左右，次日冲高择机锁利，一般如此T+1操作均有5%左右的收益。就算受市场消息影响次日低开或下跌，也能保本脱身。笔者常用软件筛选出类似的图形，曾在2010年8月31日11：29成功介入红宝丽（002165），当天就盈利4%。

虽然笔者的选股软件有此功能，但还是建议投资者手工选股，上午11：00（有的在上午收盘前拉升）和下午13：30（有的在14：00左右拉升）可通过涨幅榜浏览3%～5%之间的个股，若有类似股价线在均价线之上横盘的，先记录下来，然后结合日K线的阶段位置和分时区间统计大小单比例，再决定是否买入。倘若从10：30后一直在均价线之上横盘到14：00左右，"火箭发射"式拉升的可能性极大。

图93 涨停打开买入信号

【案例参照】

深纺织A（000045）于金融危机后由于国内服装纺织行业出口外贸情况逐步好转，加上选择股价在7元左右、流通盘在2亿元以下、流通盘小、股价低的个股一向是笔者中线选股原则。在上升趋势中任何一次回调都是低吸的机会，就算以中线短打，操作起来也比较顺手。如果是股票性质活跃一点的，时常出现涨停也不足为奇。本书中笔者一直在强调一个观点，要买就买强于大盘的个股，若不买则选择休息，等待大机会出现。中大户资金在一年当中操作两三只，比两三天操作一只盈利要大。小户资金如果以短线为主，一个月中操作一两只比一两天操作一只盈利更为可观。在《做精一只股（彩图版）》和《做精一种手法（彩图版）》两本书中，笔者将会详细讲解这一点。

【技术特征】

1. K线中该图在调整后突破前高点时涨停，处于上涨加速阶段。
2. 早盘高开直线上拉超过8个点，冲高回落时明显缩量，无主力抛单。

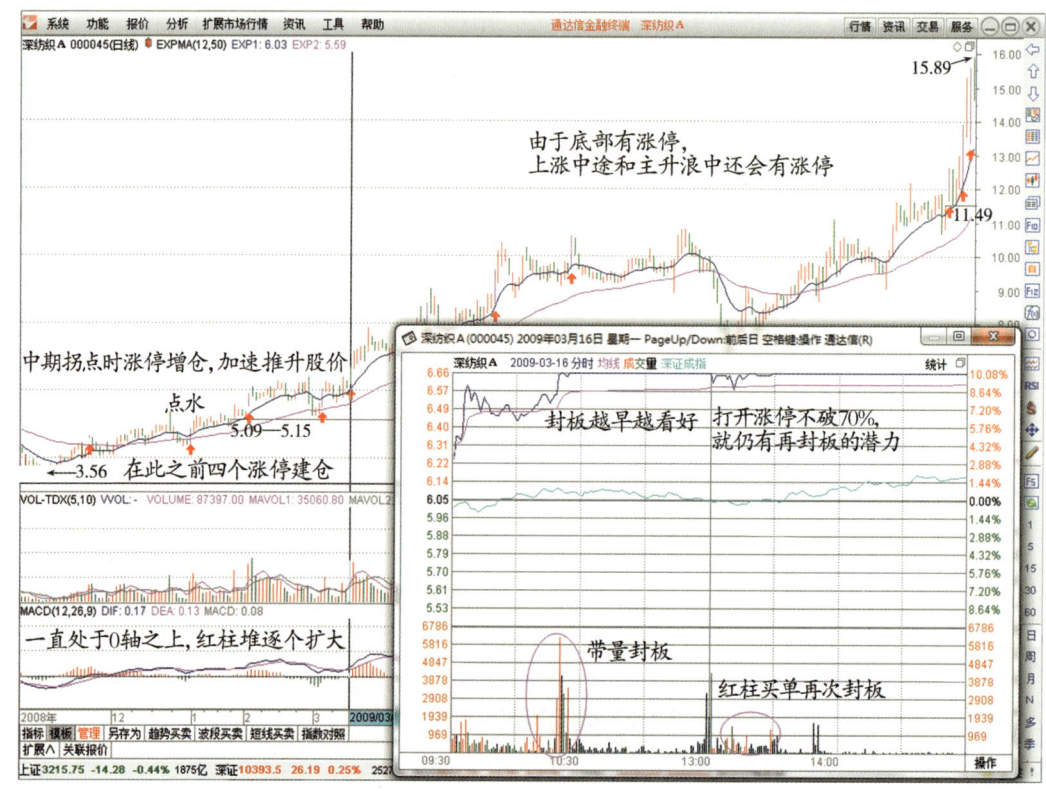

图93 深纺织A（000045）涨停打开买入信号

3. 在半个小时的回调中失守均价线，但又快速拉升至涨停。

4. 午盘后被获利盘击开涨停，但下方接盘力度很强，又快速封住涨停；另一种可能是主力开闸放水，有意打开停板，放出部分筹码，投资者可多买股票，但打开时间会很短。

5. 全天运行报收光头光脚实体大阳，次日还有冲高动力。

【买入技巧】

1. 在早盘高开高走，回踩受支撑后出现大单，完全可运用追涨不追高法则。

2. 在下午打开涨停时，股价并没有直线下跌，且打开后回落幅度不超过3%，仍有再度封停的可能，短线猎手在此时可及时跟进。

【经验分享】

在上涨途中出现涨停，可视为上涨加速阶段，只要分时图强于大势，都可择机参与，就算没有涨停也有短线机会，但是如果出现放巨量上涨就别再追高了。如

图93中的追涨停，次日至少会有3%~5%的盈利，符合短线盈利范围。打开涨停有两种可能，第一种可能是主力假象冲击涨停诱多，以便派发给跟风投资者。识辨真假可从三个方面观察：首先，观察K线所处位置是否在高位，在低位时主力是只进不出的，除非有利空影响；其次，观察成交量是否充足，必须是量价齐涨的现象才正常；最后，看均价线是否随股价上移，从上图中可以看出均价线同股价（时线）非常接近，说明主力实单吸筹。第二种可能是冲击涨停被打开：一是可能被获利盘抛售影响；二是主力控盘不稳定，资金动力不足反复打开；三是主力操控失手导致打开。笔者认为，盘中多次打开涨停不要碰，尾盘涨停不要追，打开涨停出现大单杀跌3个点以上要赶快出，打开涨停回落在3个点以内时，只要发现下方接盘力度较大就可及时跟进。如图93中被打开涨停下探幅度在1.5%时就被下方接盘推至再度涨停。

在日K线关键位置时，该发力时就一定要发力，在发力时就要观察细节；如图93中的日线处在中期拐点，此时加速上涨远离主力建仓成本区，才有利于洗盘时不触及成本区；又在上午封涨停板说明在用心发力，午盘开盘如早盘开盘，经过午休时间投资者发现盈利或冷静思考后，难免会有卖单出现，但会发现下面有量能红柱，主力仍在发力中。

图94 涨停前买入信号

【案例参照】

海王生物（000078）是中小投资者的热捧对象，也是生物技术龙头之一。该股股性活跃，既是在低位买入不怕被套的长线牛股，也是长线短打爱好者较为关注的个股之一。操作中运用波段节奏，把握高抛低吸较为容易。只要出现大单封涨停，次日都还有高点，这也是活跃股的特征之一，特别是在调整后出现，后市至少有30%左右的利润，一旦逢利好刺激甚至走得更高。作为一轮上涨行情中的主流品种，主力操控更是强悍无比。当然，也会吸引不少跟风投资者，关键在于运用技术分析，大胆参与。

图94　海王生物（000078）涨停前买入信号

【技术特征】

1．K线在2010年4月15日被重挫30%后，在超跌反弹形式下以涨停方式反攻。

2．分时图上涨停前吸筹时间非常充足，给予了短线操作者不少操作空间。

3．主力选择在高开攀升中形成两个平台修整，目的是看跟风盘多不多，因为散户不做多，主力就没汤喝；其次是抬高跟风者的成本。

4．主力为了不让更多人在午休时间察觉并在午盘后跟风，必须选择在午盘前以特大单直接封停。

5．一般在午盘前后封住涨停或大单封涨停板来保证在尾盘不被打开，在次日必会再上一层。

【买入技巧】

1．在超跌反弹的前提下，早盘高开股价以均价线为支撑并两次确认为买入信号。

2. 股价在均价线第二次或第三次获支撑时为较安全的买入信号，第一次支撑还需保持谨慎。

3. 在午盘前快速拉高超过早盘高位时可立即追涨，如此大单封停，下午很难再打开。

【经验分享】

追涨停是追涨不追高法则之一，也是难度最大、风险最高、成功率偏中等的操作手法。当然，在股市中，投资风险和利润是成正比的，高收益就得担负高风险，这与投资风格有关，敢不敢冒险和技术胜算有多高是关键，或者可以是少量资金博弈。在涨停前有多种分时图走势，此图为常见的收集筹码的手法，主力手法太多，没必要全部看懂，能看懂几种常见手法足以让你在股市中盈利。

在此过程中必须注意：看不懂不参与，高位出现不要理，无题材、无消息不要看，主力资金实力不雄厚不要追，全仓追涨须谨慎。大户资金最好别参与追涨停操作，因为较大量追入易被主力发现，一旦主力改变手法后果难料。

图95
强中更强绝杀买入信号

【案例参照】

横店东磁（002056）作为新兴产业新龙头，集新材料、新能源、新技术、正极电池、太阳能等众多题材于一身，成为2010年上涨行情中的主流品种。在2010年8月短短6个交易日内涨幅接近50%，不管你是追涨还是跟风都能短线盈利。在2010年3月时笔者就发现了该股的潜力，当时短线参与过一次。经过4月15日市场大洗礼后价值更加突出，在7月底以涨停方式拉开上涨前期的启动浪。洗筹后符合笔者的选股条件就此出现，温和放量走出漂亮的7连阳组合K线形态，在第6根阳线时突破了前期3个月以来的高位，笔者顺势介入，最终盈利丰厚。

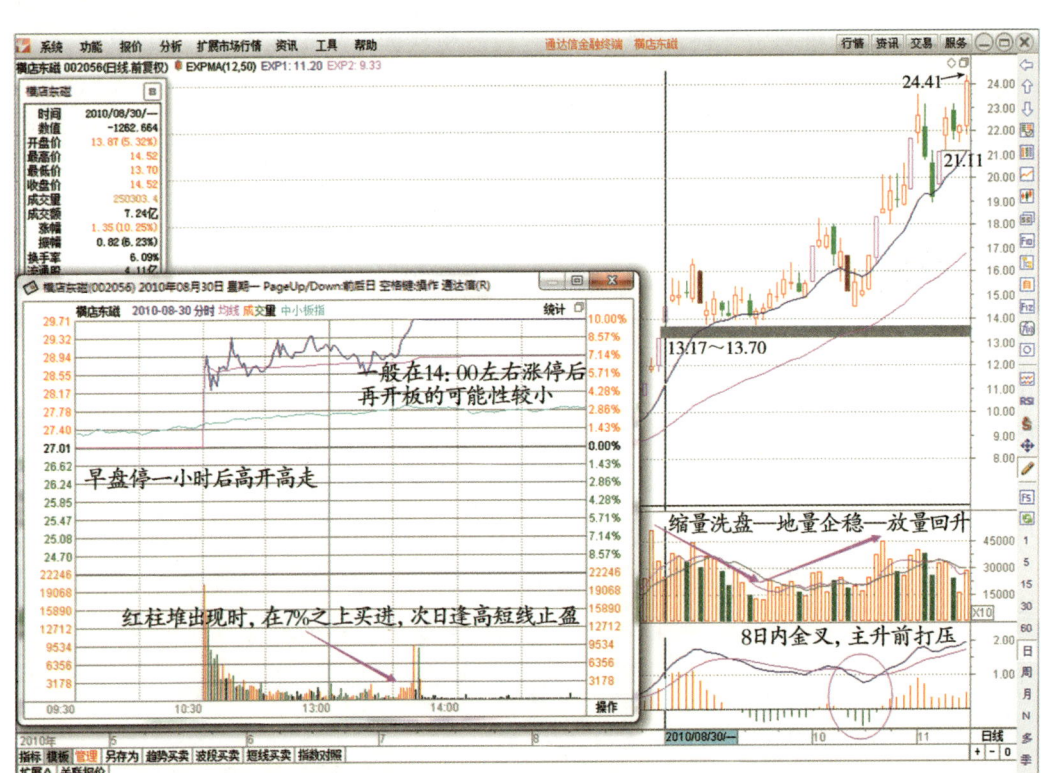

图95　横店东磁（002056）强中更强绝杀买入信号

【技术特征】

1．K线在长达一年多的时间里以震荡盘升的方式上移，经过2010年4月15日市场中级调整后，该股众多热点题材一并爆发，先以组合式7连阳盘升作为上攻前的基础，这也正是中短线投资者的选股前提。

2．在上攻阶段中的3个涨停都是逆市强攻，此时大盘正处于调整之中。

3．此分时图是上攻阶段的第3个涨停位，3天内上涨幅度达20%，出现异动现象，深圳证券交易所令其停牌一小时为警示。

4．早盘停牌一小时复牌后，热情仍不减，继续上攻高位。

5．在开盘时突然出现大单不断吃进，在高位横盘一个半小时后再以两笔大单急攻封停。

6．在横盘中可以明显看出，股价大多时间运行在均价线之上，证明其强势所在。

【买入技巧】

1. 胆大者可在早盘停牌一小时后，复牌高开5%股价维持一个小时左右时跟进。

2. 技术稳健者可待技术买入信号发出时再进，那就是在午盘后，高位横盘长达一个半小时仍坚守在均价线之上时可大胆跟进，当天再封停已是板上钉钉。

【经验分享】

图95属常见类型，但是在早盘停牌一个小时后，复牌出现居高不下很少见。大多数类似现象股价都在宽幅波动后才能平息稳定，图95中的横店东磁（002056）分时图现象纯属强中更强类型，短线猎手一旦成功买入，次日做T+1就会不少于5%的盈利，实际上次日最高上涨8.48%。强势自有强势的理由，所谓无风不起浪。一般强势股有两种上涨动力：一是消息、题材上能吸引大众眼球；二是有主力资金的热捧和游散资金的推动，强势程度完全表现在技术形态之上。懂技术者未必要看基本面和消息面，看准一张图就行，图形达到什么样的标准信号决定了采取什么样的操作策略。

图96
突破箱体买入信号

【案例参照】

熊猫金控（600599）是一只周期性炒作的概念股。笔者从2008年奥运会前就开始关注该股，并且从它身上赚到了一定的利润。2009年国庆节前再次买入该股且大有盈利，2010年亚运会前不用多想笔者必会参与，7月大势企稳正是低位介入机会，亚运会概念股可能会提前启动。或许是跟该股有缘分，当笔者想到它时，也正是符合笔者条件的图形，底位出现5串阳以上不用怕，大胆参与，否则一个月之后会后悔莫及。图96的分时图为笔者建仓时的操作痕迹。

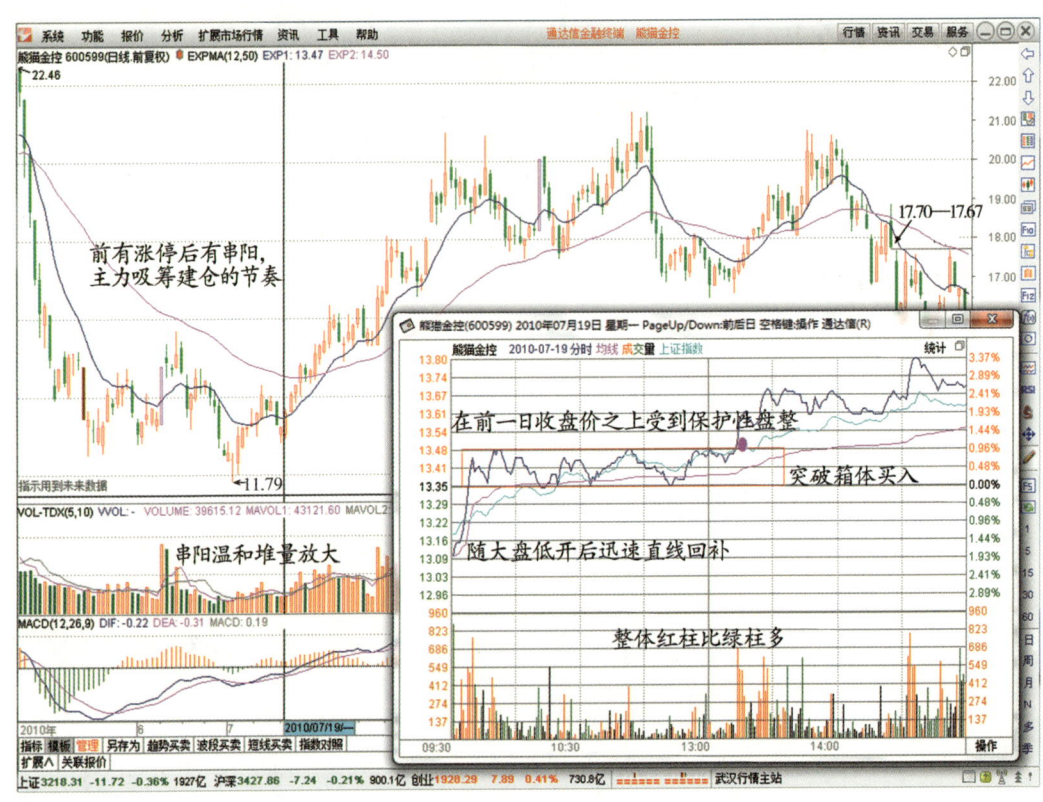

图96　熊猫金控（600599）突破箱体买入信号

【技术特征】

1．K线上筑底阶段两次5连阳出现，为主力试仓阶段，在2个月共40个交易日的上涨阶段中只出现过7根阴线，整体涨幅达50%，可见该股有多强势。

2．图96的分时图发生在探底后串阳企稳回升后的洗盘完成时，发动第二浪上涨行情。

3．从全天走势、成交量能以及换手率来看，该个股均符合活跃条件。

4．早盘小幅低开后10分钟快速回补低开缺口，随后股价以前日收盘价的中轴线为强力支撑位，同时股价在均价线之上运行的时间大于其在均价线之下运行的时间，波动范围为0～1%，窄幅横盘箱体达一个半小时，一旦突破箱体上轨将加速上涨。

5．盘中震荡时均以上涨有量回踩缩量，为主力吃货吸筹信号。

6．午盘后整理结束再次带量上攻持续到尾盘，上涨2.62%报收中阳线，换手率为3.14%。

7．特别是在横盘的末端，股价一直在箱体上轨处盘整，酝酿突破之意。

【买入技巧】

1. 早盘低开迅速回补缺口并多次下探，前日收盘价的中轴线为强烈支撑，可作为强势状态买入信号之一。

2. 二次买入信号更为显著，在长达一个半小时的箱体横盘后，午盘时以持续大单买入，放量充足，当突破该横盘箱体上轨时即可大胆买入。

【经验分享】

根据经济周期选择周期牛股，结合周期阶段把握操作节奏。目前A股每年周期炒作概念分为：①两会期间国家一号文件以农业为主；②五一小长假、中秋国庆黄金周，炒作商业连锁消费旅游板块；③季报、中报、年报公布后的高送转、高分红以更好地经营公司的优质股。从中挖掘潜力、捕捉龙头、跟随中期热点，进行波段操作必有厚报。在笔者身边有一位投资者，每年只操作3个月，其他时间空仓休息，在这3个月中只操作中报和年报潜力股，用几年时间逐步熟练该操作手法和选股技巧，不但非常轻松而且盈利可观，因为年报及中报表现较好的都是优质股，风险降低了很多。

图97
企稳现象买入信号

【案例参照】

带有2010年投资主题锂电池概念的个股必康股份（002411），在5月底行情上市时正值低迷时期，当时受到的关注度不够高，炒作不够明显。发行价25.8元，上市开盘价33.02元，当日最高价37.59元，报收35.37元，随后股价一度下滑至29.05元才企稳回升，图97也正是探底前一天分时图走势。从K线形态上丝毫看不出有企稳的现象。但是从分时图动态来看，很明显有主力在吸货，如果在调整后出现类似的分时图不妨多加关注，把握及时的话完全可以抄主力的底。

图97 必康股份（002411）企稳现象买入信号

【技术特征】

1．从发行价到上市首日涨幅达50%，在低迷行情中定会有不少中签者锁利出局，经过20%跌幅后探底再先于大盘回升，经过一个半月走出一轮轰轰烈烈的40%涨幅的行情。

2．分时图中早盘以低开震荡探底，直到时间窗口10：30时股价线走出N形，探底后快速重返均价线之上。

3．盘中一度拉升突破早盘高点，回踩却以均价线为支撑，且低点不断抬高，高点不断突破，到尾盘一小时已回补早盘向下的缺口。

4．从分时形态上看，有企稳回升信号；从量能方面上看，主力还保持低调而又谨慎的态度，当天报收小阳。

5．次日低开3%后带量盘升回补缺口，尾盘30分钟强于大盘上攻，全天放量收出大阳，V形底就此形成。前一天的企稳信号也得到进一步确定，两日的打压吸筹渐趋明显。

6. 仔细观察在此之前的下跌中有三次下跳缺口，当天都未回补，而在低位当天能稳步盘升回补早盘缺口，如图97，也就意味着有止跌回升的潜力，但确认信号仍在次日早盘，可以用多日分时图连续观察和分析。

【买入技巧】

1. 在一轮下跌达20%以上时，早盘出现低开，很有可能是主力做多前的砸盘诱空，特别是早盘低开后在分时图上出现W形和N形时，极有可能是当天的低位信号，此时抄底资金可以分批入场。

2. 其次买入信号以均价线为基础，只要股价一直处在均价线之上，持续运行一个小时以上，回踩以均价线为支撑，足以认为当天走势为强势，当回踩均价线时为买入信号。

3. 最为明显的买入信号出现在尾盘回补当天向下缺口时，再结合前面走势和量能关系，可初步定为下跌后的企稳回升信号。

【经验分享】

不管主力做多还是做空都会体现在分时图上，要想做到高抛或低吸，都必须在分时图上寻找信号。单看K线走势不明，再看指标线更为迷茫。主力无论用什么样的手法其意图都会表露在分时图上，只要你能准确分辨，操作起来就非常轻松。图97中的案例是主力在下跌底位时，利用大众的恐慌心理打压吸筹，随后行情以串阳K线出现，并且是逆市上涨行为。所以发现图97的首次企稳信号时，投资者要密切跟踪，这样完全可以抄准主力的底，捂股待涨，直到涨幅达30%以上或放量时卖出。

特别是在底部和顶部，主力活动最为密集，主力有任何举动，都会在分时图中留下痕迹，大家只要用心观察，都能发现一二。

图98
平台蓄势买入信号

【案例参照】

这是一个极不平常的星期五，按照惯例，星期五行情难有较好的表现，可是在2010年5月21日（星期五）大盘强势逼空上涨，并在下周一继续大涨3%。作为亚运会概念股的岭南控股（000524），笔者早已将其收录到自选股之列，因为只要大势企稳，所有亚运会概念股都会有所表现，并且是抄底的最佳时机，紧守此类股票必赚无疑。有了这些基本分析，就可从分时图中得知强势程度，如果持续几天密切跟踪分时图，就会发现主力建仓迹象，不管是形态、量能，还是换手率，均会温和放大，这些都符合建仓手法。

图98　岭南控股（000524）平台蓄势买入信号

【技术特征】

1. K线形态上该股先于大盘两天企稳，当大盘出现大阳时，该股主力更是迫不及待，从此该股一直强过大势，完全符合大众所需的强势股条件。

2. 图98中的分时图上出现低开打压式吸筹，用15分钟回补低开缺口，回踩采取"蜻蜓点水"的形式，触及均价线后再度逞强。

3. 在上午的涨势中，分时图出现标准的"空中加油"态势，在突破早盘高点后走出修整的复合W形加油平台，在不足30分钟的时间里再度发力上攻，建仓期快速拉升，目的是不断抬高跟风盘的成本。

4. 由于筹码不集中，拉之过急不利于后市打开上涨空间，下午选择震荡方式收盘。

5. 主力两天大阳完成初步建仓，后市缓慢上行给散户带来了交易的机会。

【买入技巧】

1. 在早盘回补缺口后"蜻蜓点水"，回踩均价线时是绝佳的介入机会，在K线上前两天出现筑底形态时可适当参与。

2. 突破前高点的加油平台时可积极介入，一般收盘时都不会低于此位，除非有突发消息的影响。

【经验分享】

此图形可称为拉升式吸筹，目的有两点：一是快速拉高能吸引大众目光；二是快速拉高可抬高跟风盘的成本区域。从笔者的书中可以看出，选股有四大步骤：一是以基本面有题材背景为支撑；二是以成交量能和换手率的增变为前提；三是以K线技术组合为基础，形态上分析所处阶段以及上涨空间；四是用分时图观察主力手法以及掌握买卖点位。四合一定大局！当然，不管有无题材或是做多做空最终都会归于K线形态上，有一些短线猎手一不看基本面，二不看大盘，只看一张K线图，甚至还有投资者任何均线都不看，这也是一种投资风格和操作手法。

特别是在带杠杆的T+0市场中，更离不开分时图的分析和判断，例如笔者自编的"期货程序化自动交易系统"，其中就用到了分时图技巧，回撤率低于5%，胜率可达80%左右，净盈利额大于亏损额，年化收益达30%～50%甚至更高（视行情而定）。

图99
盘中洗盘买入信号

【案例参照】

在超跌一年以来,生物技术小盘龙头股莱茵生物(002166)的价值被发现,这一游资相中的品种,更是迫不及待地以大盘提前一个月启动。在行情低迷的情况下有如此表现,吸引了不少人的眼球,不少短线跟风者都参与其中。旁观者只是一看而过,只有真正参与的投资者才能体会到追强势股的感受,这也能考验一个人的技术和胆量。主力只有制造宽幅震荡的恐惧盘才能实现盘中洗盘,但是在尾盘,股价必须回到原状,才有利于打开后市上涨空间。

【技术特征】

1. 图99的莱茵生物(002166)分时图中,K线正处在前高点附近,因为前三天异常上涨停牌了一个小时。

2. 在一个小时后开盘以宽幅上下拉锯洗出不少浮筹,在前两天追进的散户基本全被震了出来,尾盘股价又回到原来的水平,当天收出缩量十字星,一次完美的盘中洗盘就这样完成了。

3. 从分时图中可以看出在回调时明显缩量运行,并且幅度在3%左右。综合论述为:第一,开盘后的15分钟主力是不可能顺利出货的;第二,下跌时是缩量,主力也不可能选择在下跌中出货的手法;第三,从前面低位拉升涨幅还不到30%,仍没达到主力盈利换手的空间。

4. 经震荡式的盘中洗盘后,三日内都以盘中攻击封涨停,虽有很多人关注,但没有多少人能买在低位,没有技术分析能力和胆量的人也只好旁观。

5. 随后经过两个月的横盘再次发力上攻,这一图形符合笔者选股思路之一的"三外有三"条件。

6. 这两个月的横盘基本上比大市要弱,在大盘没向好时是牛股,在大盘向好时却进行盘整,这也符合牛熊交换定律。

【买入技巧】

1. 在午盘后出现的缩量横盘时可以适当参与,只要趋势没变,就不必担心会被套。

2. 尾盘股价回到前收盘位置上,并带有量能,此时不妨大胆做多,如果次日不涨,跌幅也不会太大。

3. 在开盘后卖出锁利的,不妨在尾盘时再跟少部分筹码进行T+0操作。

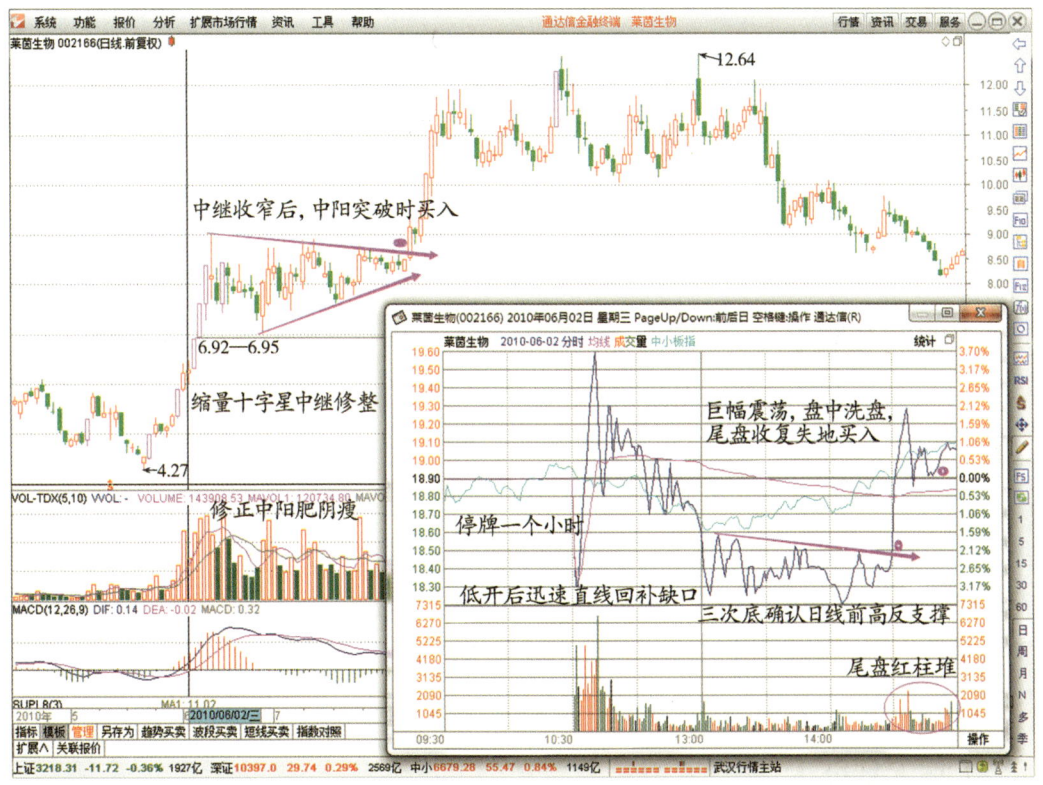

图99　莱茵生物(002166)盘中洗盘买入信号

【经验分享】

注意图99分时图中的细节:若是"下上下上"的节奏(收盘前是"上"),比较有利于次日继续上涨;相反,若是"上下上下"的节奏(收盘前是"下"),则不太利于次日上涨。

前面讲到提前于大盘启动的个股案例,实质上都是主力们早已相中的品种,其中有一个主题是这些品种中都带有中长期的投资亮点,这也是每一轮行情启动前都会有的领涨品种,并且都会提前于大盘一两个月启动。从这个原理来讲,笔者想说的一点是,炒股赚钱应依靠个股而不是跟随在大盘左右,把精力重点放在个股上才能跑赢大势。喜欢看美股、B股、大盘的人永远做不好股票,精力不集中,思维分散,方向不明,没有突出重点,即使遍地黄金也只能捡到一小块,并且这样的做法很容易被套在高位上。

图100
盘中低吸买入信号

【案例参照】

德赛电池(000049)是2010年的一大明星股,图100为启动大涨前一天的小阴十字星,在2010年4月15日大盘变向下挫后,该股一直逆市上攻,这就是它成为该年度明星股的原因之一。德赛电池(000049)是锂电池的龙头,同时该股也激活了整个锂电池板块的强势行情,加之市场趋势所在,行情更是轰轰烈烈。图100的举例并不是教大家如何买在大涨前一天的最低点,对于技术派来说,只能判断利润空间和发现买卖信号,何时拉升、何时下跌只有主力知道。我们技术派可根据买卖信号来操作。

【技术特征】

1. 从K线形态上看近期正处于"小阴小阳"横盘式的组合中,有蓄势待发的前兆,图100也正处在长达两周以上的缩量横盘中,因为一般缩量"小阴小阳"盘整两周以上有随时启动的可能。

2. 从分时图中可以看出,此图正处于小幅低开后微拉再回调的态势,临近午盘收盘时快速急挫2%,形成了远离均价线底背离4%的距离,也必有反抽的要求。

3. 类似图形如果在上涨中途出现,很有可能是主力洗盘的动作。

4. 尾盘震荡收高,并且收在均价线之上,以此认定其为强势的信号。

5. 当天报收缩量小阴十字星,之后不到一个月时间持续大涨80%,能够逆市巨

第四章 个股分时图买入信号图解

图100　德赛电池（000049）盘中低吸买入信号

幅大涨并不常见。

【买入技巧】

如果你准备在自选股里低吸个股，必将会运用到此技术，当股价下探时，有可能是主力的打压式吸筹手法，只要即时股价线向下远离均价线3%左右，则表明反抽即将出现，此时也正是你需要的低吸机会。

【经验分享】

如果是在强市当中，可选择一些洗盘回调中的个股，盯紧分时图，主力很有可能在分时图中缩量挖坑，打压吸筹。一旦在盘中发现符合此选股条件的股票可即买即涨，可以让你的股票账户操作记录由绿色立刻变为红色。要想买在最低点或接近低点，或者想卖在最高点或接近高点，完全可以参照股价线与均价线的背离幅度达3%左右的定律，一旦操作成功，当天即可赚3%以上，但要注意均价线的反阻力。你想买入的股票，不一定会出现此图形，一旦出现则要好好把握，在挂单时最好挂高一点。另一现象之谈是，只要收盘时股价在均价线之上，则均为当日强势的信号，因此可以继续关注次日的走势。

图101 调整结束买入信号

【案例参照】

凯撒文化（002425）主营品牌服装连锁销售，上市后涨幅达30%，随后直线下跌破发行价22元，最低收21.25元，此时引起笔者的注意，虽然破发不奇怪，但此时该股的技术形态上有企稳要求。第一，前高点下来跌幅达20%以上，符合反弹要求；第二，持续两天收出长下影线符合探底的条件。在当日尾盘中没有出现异常现象，在下午盘中却放量，实为买入的成交量放大，笔者少量参与了进去。只要是你看好的股票，等待机会时，可多观察分时图的变化寻求机会。当还需要进一步确定自己的判断时，从分时图中自会找到答案。

【技术特征】

1. 日K线上呈现超跌破后的三连长下影线探底形态，低位量能同比放大，有吃货信号，随后以串阳形态走出浩浩荡荡的上升行情。

2. 图101的分时图上接前一天的弱势小幅低开，继续保持冷却状态，10:30快速下挫5%，持续到13:30吹响进攻号角。

3. 分时图中有两大看点：一是下午盘14:00前后放量拉升，持续一个小时的股价上移，在没有资金实力、频繁买入或者不想做多的情况下，根本不会出现持续一个小时以上的拉升，无论是从量能分析上还是从形态上看，此操作手法都可认定是吸筹现象；二是在放量吸筹前主力仍选择打压式吸筹，这是主力常用的手法之一。

4. 无论是筑底反弹还是洗盘后重拾升势，都必须有量能的支撑，量能决定高度。

图101　凯撒文化（002425）调整结束买入信号

【买入技巧】

1. 只要盘中主力在吸筹，那么完全有机会在确定判断时适当参与。

2. 稳健型投资者，也可等到次日再一次确认自己的观点是否正确，只要次日盘中上涨盖过前一天的K线，即可大胆买入。

【经验分享】

往在第三次探底、变盘区域的阳包阴、某指标底背离等关键时候，我们往往可以通过分时图去寻找最佳买入点。

笔者有一个经验之谈：在选股时应打开当天前5个交易日的分时图，分析当天分时走势是否有异常现象，以便确认该主力使用的是什么手法；再从主力操作手法中判断下一步如何操作，以此来分析该股后市的空间有多大；然后大致计算一下主力的成本区域位在哪里，最终寻求最佳介入机会。如巴菲特所说，"买股票就相当于投资上市公司"，在选择买入时必须做到必要的细节，虽然笔者在本书中把复杂的

东西简单化，但想实现有效化，就不能忽略重点。笔者提倡运用几个重点做熟、做精，反复使用，使其最终成为你的绝招。

图102
抄底买入信号

【案例参照】

走势怪异类似"老鼠仓"行为的宁波富达（600724），在出现图102的当天，行情软件上的短线精灵显示快速下跌和快速上涨，引起了笔者的注意，笔者对此图做了一定的分析，觉得后市有戏可看。在出现图102的前3天，大阴线急杀跌，可见主力早有预谋，作为在底部阶段主力唯一的意图，也就是做多行为，从分时图中更能看出疯狂式大吸筹，在随后一个月的时间内上涨20%以上。

【技术特征】

1．K线上主力意图挖坑埋筹，经过3天大洗礼，几乎没有浮筹存在，特别是第三阴无量下跌，随后选择盘中再度杀跌收出长下影线，但这仍没达到主力所谓的计划，次日重演这一幕，又收出长下影线，以"双针探底"完成建仓，进入上升通道。

2．从分时图中可以看出整个上午筹码分散稀少，几乎没多少人参与，可以说该主力洗盘目的已达到，如此凶恶的主力并不少见。

3．在午盘后再次疯狂杀跌5%，以换取低廉价格抄底，随后大单买入不断。

4．下午经过宽幅震荡收高，报收红盘，可见在这5%的大坑里埋下了主力大量的筹码。

5．很明显，此洗盘手法易如反掌，洗出散户浮筹后，该主力已完全达到高度控盘状态，在次日将重演这惊人的一幕。

【买入技巧】

1．高手派一旦发现主力的意图所在，完全可少量参与抄主力的底，若太大量买

图102　宁波富达（600724）抄底买入信号

入易被主力发现，后果难料。

2．稳健型投资者只要在随后3天内，出现大阳盖过前面的两根下影线时，即可放心买入，一直到出现放量快涨的局面再出局。

【经验分享】

日K线出现挖坑到填坑至少需要数日，但分时图中挖坑到填坑只需数十分钟，如果在日线低位远离均价线，分时图也远离均价线，再结合SUPL指标底背离，几乎可以抄到地板价区域。再看图102次日又收出一根长下影线，而分时图探出5.05（神奇数字）只用了几分钟时间触及，类似"老鼠仓"手法，由此构成"双针探底"后，做多信号更加明确，给投资者的加仓和捂股都带来了较强的信心。

该图形虽然惊人，但也最让人明确主力意图，K线上也呈现出一个挖坑动作，在分时图中两天出现5%的天坑。并且在这个大坑里出现了不少巨单买入，能够把筹码埋在井底之下，也只有凶狠的主力才能做到，虽然该股后期一轮上涨30%以上，但留给散户的空间还不到一半。从这些分时图中，大家已认定观察分时图的重要性，其实判断起来并不难，K线形态和所处位置一并结合分析，再观察量能和均价线的距离，答案由此而出。经过长时间观察必有所得，熟练以后，给你一张图便可得知主力有何意图，这也是投资者深入了解后必须学到、用到、做精的。

图103
成本定位涨势可期

【案例参照】

业绩不佳的株冶集团（600961）也是有色资源股的一员，笔者并没有在该个股上进行过操作，用此图形只为讲解案例，前述个股当中有笔者关注并操作过的，不是向大家推荐个股，只是教大家一种操作方法。其实在上升行情里面牛股有很多，热点题材也持续不断，简单地说，好的股票关键在于操作，用正确的手法去做熟、做精即可轻松盈利。唯有专心操作才能有专业的操盘能力，才能获取丰厚的利润。

【技术特征】

1. K线形态上处于洗盘后缩量企稳回升趋势，并构出"蜻蜓点水"，此分时图正是低位启动日的大阳线，随后一直续涨。

2. 分时图上早盘小幅高开并窄幅震荡，可视为收集筹码现象，临近时间窗口10∶30时迅速拉高，带量上行，均价线也紧跟而上，此为实单吃货。

3. 随后全天以均价线为支撑，横盘至收盘涨幅达3.2%，报收中阳。类似图形一般出现在拉升期间。主力这么做无非就两个原因：一是快速拉高，垫高跟风盘的成本；二是主力同时也在保护自己的成本区域。

4. 一般类似图形只要在尾盘不出现跳水并保持在均价线之上，次日就看涨。

【买入技巧】

1. 结合K线图分析，前两日量能极度缩小的两根小阳线十字星为企稳信号，结

第四章 | 个股分时图买入信号图解

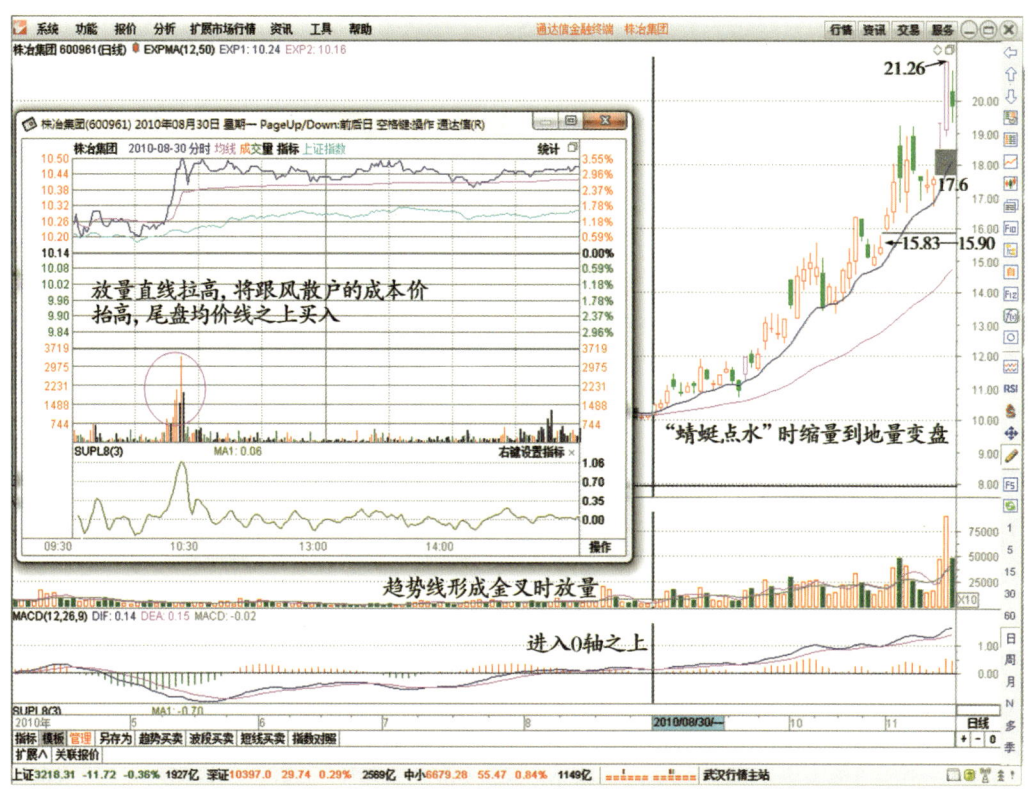

图103　株冶集团（600961）30分钟K线图

合图103中早盘是小幅高开且略带强势所在，此为最佳买入点。

2．买入信号在时间窗口14：00后，如果没有发生突变直至收盘，此期间买入完全可以放心等待反弹。

3．如果次日早盘还有小幅低点仍可买入，一般洗盘完成后至少还会有10%的反弹空间，洗盘幅度也在10%左右，其反弹起码接近或超过前高点位置。

【经验分享】

依笔者之见，在操作中应关注分时图中的两个时间窗口，早盘10：30左右，下午14：00左右至尾盘，在这期间很容易发生变盘。早盘经过竞价后必会有所变动，开盘后也将随之激烈波动，待波动完平息后接近10：30，此时大多股价会选择方向。尾盘14：00前后也一样，大多主力会选择在尾盘附近做动作。

第五章 个股分时图卖出信号图解

炒股过程中,卖出比买入更难,也更为重要。主力在进行派发时一般不会把图形做得太明显,否则会引来跟风卖出盘,那就达不到派发目的了。在卖出股票时不但要认清K线图形中的阶段位置,更要从分时图中找到最佳点位。想实现一卖就跌或者卖到相对高点,只能从分时图中下足功夫,甚至运用多日分时图去观察图形和时间窗口的变化以及指标运用,再结合日K线判断卖出信号。本章笔者挑选了15张分时图卖出信号作为图例,希望能为读者带来帮助。

图104
变盘卖出信号

【技术特征】

1．K线自4月26日摸顶以来一直下探，在下跌过程中形成持续一周的平台整理，最终变盘向下告别平台，打开新一轮下降趋势，图104正是变盘当日的分时走势。

2．此分时图与大盘走势极为相似，但在该日14：00后远落后于大盘，狂泻直下。

3．整个上午，分时走势明显处于弱势，股价一直在均价线之下盘整（盘有多长，竖就有多长），一旦向下挫便难以回头；也可称为"均线挡道"，并且量能低迷，无反弹意愿。

4．午盘后变盘开始反身侧下，两线双双打入中轴线之下，下跌趋势就此加速直至尾盘放量急挫，跌停板上仍有不少绿柱卖量出现，次日股价又将跳空下探一层。

【卖出技巧】

1．开盘后一个小时内股价还没站上均价线之上，当天可视为弱势，可初步确定为卖出信号。

2．午盘前11：00后两线呈下弯头信号，预示下午开盘风险将临近，机灵的投资者应趁早挂单出手。

3．下午开盘5分钟惊现大单出手，压迫股价变绿进入前收盘价之下，当发现此时有大抛单时可顺势卖出。

4．随后量能逐步放大，卖单纷纷出现，直至均价线也下移至中轴线之下，此时应果断清仓。

【经验分享】

变盘前一般都会有预示信号出现，此时应该防止下跌中继平台的构成，当发现图104这样的分时图（一直在均价线之下且重心下移+跌破平台下轨）时，就已经

图104　中粮生化（000930）变盘卖出信号

可以确定下跌中继平台的构成。表面上主力是在散户不经意的情况下杀出个措手不及。如图104，整个上午股价以低迷状态运行在均价线之下，没有高度警觉的人还在期待反弹出现，甚至抱着不见下跌绝不卖出的观念。类似的图形一旦变盘向下，下跌就会相当惊人，当下降趋势形成时，下跌将加速，不会给散户考虑的时间，更何况出现放量下挫的次日将会再现低点。股票下跌比上涨要容易得多，所以在卖出时会特别敏感，一旦趋势不对就要立即卖出，做到不贪、不幻想、见好就收，尽量减少亏损。相反，在买入股票时哪怕错过机会还可再等下一次机会或另寻其他个股，但卖出是实现不了这一点的。

卖出股票策略精选一：存有风险意识有备而战

在买入股票时就应先看风险再看利润，资金账户是兵卒，作为将军如何减少伤亡并获得胜利，全把握在自己手中。没有战略基础、战略技术、战略计划、战略准备，谈何打胜仗？对于常人来说，当买入股票时，就会开始紧张，此时你必须有一个卖出的策略，才能控制住紧张的情绪，否则将会犯大的错误。在卖出股票时技术信号只是一个警示，重要的还是你的策略和观点，是卖是留取决于你的思维。

图105
金蝉脱壳卖出信号

【技术特征】

1. "金蝉脱壳"用在股票中即表示：主力通过技巧拉升、伪装，诱发散户跟进，随之撤退转移，以实现大派发目的。

2. 股票停牌一个小时后开盘，先放大单直探低位，再小幅横盘震荡稳住散户的情绪，此时散户很难抉择是卖还是留。

3. 随后主力选择技巧性拉升（均价线没有跟上导致远离）的假象，达到派发目的，自己脱离险境。主力常常用此操盘手法巧妙地转移资金。

4. 整个下午的缓慢下跌过程都是散户的卖出行为，主力早就在开盘时和技巧拉高过程中撤离了。

5. 有关分时图价格远离均价线买卖技巧，笔者也写进了期货程序化自动交易系统，作为策略之一，同时应用在几个品种上，平均两个交易日会成交一单，效益非凡。

【卖出技巧】

1. 如果股票在停牌一小时后开盘，主力有意做多，就不会让股价大幅下跌，因为这样对自己也不利。出现类似现象有两个原因：一是停牌一个小时后受消息澄清的影响；二是主力无意继续做多。当确定主力意图后，可选择在开盘后的震荡中发现有大单卖出时顺应卖出。

2. 股票在横盘30分钟后主力技巧性拉高，可明显发觉三点给出了卖出信号：一是股价拉高时均价线没有跟上股价线，说明主力不是实单买入，而是技巧性的拉高；二是股价拉至开盘价中轴线时受阻回落，随后也没有出现再次进攻的迹象，技术高手派完全可在此高抛；三是当回归均价时没有支撑迹象，并且绿柱继续比红柱多和长。

图105　登海种业（002041）金蝉脱壳卖出信号

3. 该股K线形态上已经处于持续上涨了120%的高位，见好就收逃离顶部，避开中期20%以上的调整。

【经验分享】

投资者一定要明白一个道理，主力大多都会选择在拉高中出货，下跌中吸筹，以此达到坐庄盈利的目的。在高位时出现任何可疑迹象都需谨慎，较为明显的是，主力要拉高股价完成派发，必会放出大量的成交量，以及同比扩大换手率。股票在上升趋势形成时，涨幅大多超乎想象，任何阻力都有突破的可能。但是当上涨达到一定的幅度时，主力在此拉高股价不是为了建仓，而是为了引起人们的注意，为自己做广告，吸引更多的人进来参与，以便主力成功派发。从这一点出发，我们经常会发现在摸顶时，主力都会使股价出现快速拉高回落的态势。

卖出股票策略精选二：运用市场规律把守风险尺度

股票投资者一定要学会运用波浪理论和黄金分割理论，相关资料随处可见，笔者博客中也有相关运用技巧的讲解，有兴趣的读者可继续关注笔者的博客，篇幅所限，此处不再展开。巧用这两大理论来分析、判断股票的顶部和底部区域，这也是决定买卖股票的前提之一，同时也是发现机会和控制风险的前提之一。我们一般把股票分为三大区域：一是价值发现底部建仓区域，空间为30%左右；二是趋势发展成长区域，时期会延长；三是价值高估、高风险高收益区域，时期很短，涨幅巨大。从上证指数（999999）成交量能中可大致判断：2000亿元以下为弱市（3成仓以内短线为主），5000亿元左右为强市（6~8成仓捂股为主），8000亿元以上为疯狂市（6成仓以内快进快出）。

图106 高位逃庄卖出信号

【技术特征】

1．图106的K线处于下跌中继的反弹末期，前一日以涨停收盘。

2．分时图中，早盘高开横盘，一直围绕在均价线上下，直至尾盘30分钟才快速拉高。

3．从早盘30分钟可以看出，放量不涨，此为出货现象，经过长时间横盘后，主力稍微一带动上涨，就会有不少跟风盘参与，虽然抬高股价但量能不足，并且均价线没有出现明显上移，可以断定此为技巧性拉高。

4．该股次日低开高走后宽幅震荡，但未突破前高点，顶部就此形成。

【卖出技巧】

1．卖出信号的先兆是在早盘放量不涨，在此情况下即可执行减仓动作，毕竟前一日的涨停只为反弹，身处熊市，并无利好消息刺激，大涨的可能性极小。

2．分时图中只要持续横盘一个小时以上，就要加强防范，随时都会有变盘的可能，久盘不涨，主力无心做多，稳健型投资者可获利出局。

3．尾盘30分钟无量拉升，主力意图明显，故弄玄虚，真有实力而做多的主力必

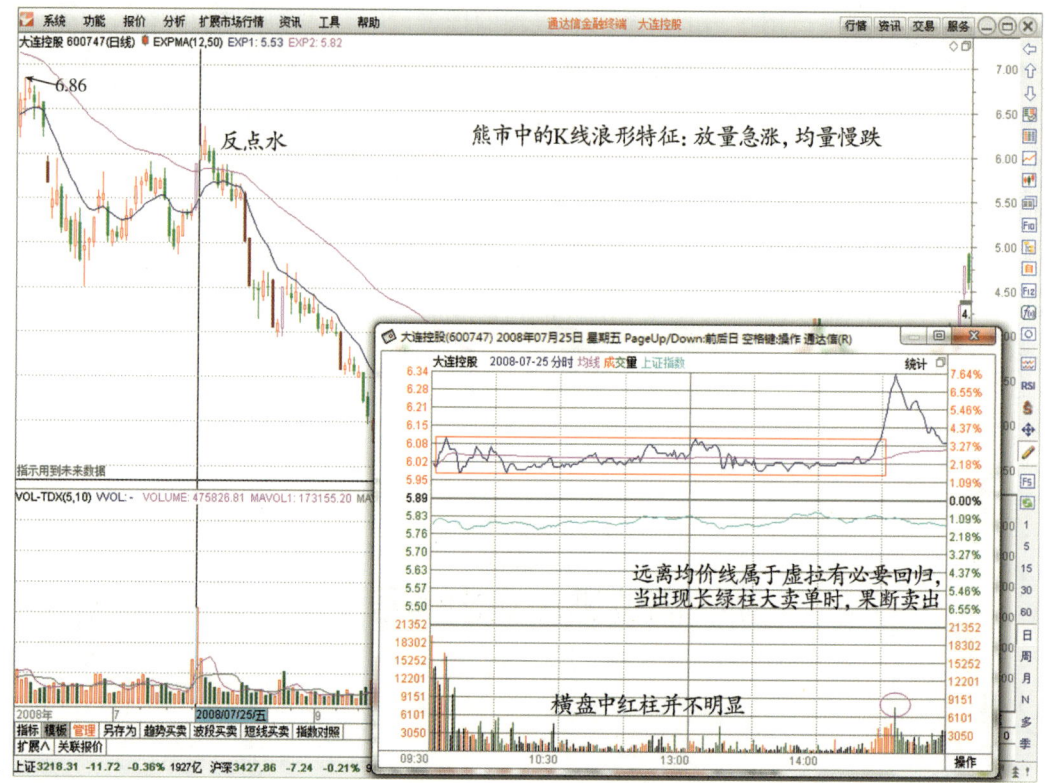

图106　大连控股（600747）高位逃庄卖出信号

会在盘中拉高，而不是在尾盘拉高诱多，得此结论则应择机卖出。

4. 当日未卖出，次日没能突破前高点，或者收盘同比位低，那就是风险真正来临的时候，投资者应果断出局。

【经验分享】

图106是笔者要跟大家分享的一种常用操作手法：不管是在牛市还是熊市都不能满仓操作，全仓进全仓出的方式更不可取。仓位分配建议中短线结合，持仓比例按各自风格而定，另需余20%以上现有资金以便回补挽救，以此可在降低风险的情况下滚动盈利。介入股票时可分批入场，可降低成本和出现方向性错误的风险，卖出时也是如此，逐步锁利，见好就收，见下跌时再出为时已晚。总之，控制仓位就等于控制风险，除非是短线高手派，风格非同一般。如图106中的卖出信号完全可以提前锁利，按"稳健在先，利润在后"的原则执行。在仓位分配和中短线组合恰当的情况下可运用滚利技巧，既能降低风险又能提高利润，特别是大户投资者更应如此。

特别是在熊市或猴市中，千万不要追涨和追高，否则一旦被套就不知何时能解套，因为除了牛市外，上涨行情的持续性都具有不确定性，哪怕有利好消息相伴也一样。

卖出股票策略精选三：目标定位划出空间

在买卖股票时需先判断空间值和风险值，比如以现价为准，下跌到什么位置有支撑，破了什么位置要止损，涨到什么位置有阻力，需减持还是清仓。有计划不忙，有原则不乱。很多人在股价波动中往往会乱了阵脚，失去止损限位和锁利机会，更为迷茫的人会不知所措，全凭感觉和幻想来操作。不管是否盈利都要为该股设一个止损位、止盈位，每当股价抬高一步，便把止损位上移一步，即使超过你的目标价卖出也无妨，锁利落袋为安，其余利润让别人去赚，正所谓去掉鱼头和鱼尾，鱼身更有肉。

拉高卖出信号

【技术特征】

1. 图107的K线形态上处于低位弱市反弹中，因做多动力不足，必有二次探底。
2. 早盘高开高走，但多头信心不足，力不从心，选择向下突破，在意志坚定的情况下，股价一度下滑，直到前收盘价附近徘徊犹豫。
3. 在略带量能的情况下，全天缓慢下行，报收阴十字星，次日低开低走。类似图形表明主力做多意愿不强烈，仍没达到主力真正想做多的价位，因此，二次探底条件成立。

【卖出技巧】

1. 在时间窗口10：30变盘向下信号发出时应减持或卖出。
2. 参照笔者的午盘观势法则分析，在上午收盘时呈直线下降趋势，下午走势必将继续下伸延长。

图107　振华科技（000733）拉高卖出信号

3. 当发现股价下穿均价线后无力反抽时，可判断为全天弱势整理。

4. 当日若舍不得卖出，那么次日低开低走的下降趋势信号就更为明确，对于持股投资者来说又得多等一个来回。

【经验分享】

笔者的午盘观势法则：如果上午收盘前10分钟内呈现向下弯头形式，如图107，那么午盘后很有可能继续下探；如果上午收盘前10分钟内呈现向上抬头形式，那么午盘后可能会继续上移；如果上午收盘前10分钟内呈现横盘现象，那么午盘后30分钟左右会出现方向性选择，如果是在均价线之上横盘，那么下午盘中随时会有"火箭升空"态势出现。如果上午收盘前30分钟快速上涨并远离均价线3%左右，那么午盘后定会有回踩要求，相反就会有反抽要求。另外如果上午股价都在均价之下横盘，那么下午开盘后极可能会向下跳水。

卖出股票策略精选四：遇到突发事件时果断卖出

突发事件可分为三种：第一种，该股基本面出现了问题，甚至恶化，比如业绩公报亏损，经营出现质量问题，管理人员出现问题等；第二种，该股受市场政策、黑天鹅事件或其他消息影响；第三种，主力资金流向出现了异动，或者是无意再做多或在高位出局等。股票本身对消息特别敏感，一旦出现利空消息应立即果断出局，小则小影响，大则大风险，如2016年以来的地产压抑政策不断出台，出局可规避大风险。

一旦发生这些突发事件，不论该股价在高位还是在低位，都应做出回避，千万不能强撑。就算有主力趁机做多捡便宜，那也是主力的本事，散户是做不到的，只能以回避为主。如果发生突发事件时不跌反涨就更要谨慎，极有可能是主力拉高出货的前兆，可趁机卖出。又或者是发生突发事件后回调一点，又涨回到卖出价位，并形成上涨趋势，甚至踏空也不要紧，有钱在手上永远都不会踏空，可以寻求其他机会。最起码你有了风险意识和风险控制的行为，这是好事，不要影响心态。

图108
冷门股不要捂

【技术特征】

1. 图108的南极电商（002127）处于熊市中期，整体市场交易冷淡，不少个股处于稀少交易状态，笔者用此图解只为举例。冷门股并非只在熊市中才出现，牛市中同样有冷门股。

2. 依据分时图即知，无主力控盘现象，筹码极为分散，交易量稀少，该股是较为明显的冷门股。

3. 冷门股特征：多为箱体横盘，箱体上下3%以内的波动范围，成交量萎缩，换手率在2%以下，没有热点题材，所谓"三无"概念股，即无量能、无换手、无题材。

图108 南极电商（002127）30分钟K线图

【卖出技巧】

1. 在你有新的操作目标时进行调仓换股，不管是否有盈利都应及早调换。

2. 市场一旦发生变化引起恐慌，类似冷门股会比大盘下跌得更快，特别是临近趋势风险时应果断出局，不宜久留。

【经验分享】

此类股票千万别捂，提早放弃为好，除非牛市到了极致，什么都炒高了，主力们就会选择边缘化炒作，寻找低价冷门股、垃圾股、亏损股进行炒作。可有的人听信小道消息，认为某股存在重组等重大消息的可能，紧捂不放，这样的赌博投资是不可取的。甚至有的上市公司出现亏损时，故意寻找其他公司重组，以便传播消息引人关注来炒高股价。有的上市公司一年中谈几家重组都没能成功，如果你操作这样的冷门股票后果会怎样？任何一只股票都是随业绩支撑而波动，就算被炒作还是会回归价值所在。

冷门股、绩差股一般只在牛市尾场才会有一番因价低而炒作的可能，除此之外定会落后于大盘指数。所以成交不活跃的个股建议不要碰。

卖出股票策略精选五：知错纠错为明智

买错股票，踏错节奏，踩上地雷，这些是每一位投资者都会碰到的事情，包括投资大师巴菲特。是人都有犯错的时候，关键在于有没有提早发现，有没有纠正错误，有没有挽回或降低风险的策略。最让人难以接受的就是一错再错，知错不改，最终自食苦果。

凡事遇错就应立即采取措施，尽量把风险化小，降低亏损。如前面笔者讲到的突发事件发生时，也可理解为踩上地雷。如果手上有余仓或有现金就好办了，立即补仓做差价、做T+0，或者是寻找其他机会赚取盈利，降低亏损。如果发生在大趋势向坏时，无论怎样也得割肉出局，有资金在手就不怕没机会。

图109
早盘时间窗口卖出信号

【技术特征】

1．图109中的K线上，出现3颗高位十字星，变盘向下一触即发，如何发现真正的变盘时刻，关键看分时图上的变化。

2．图中从早盘小幅低开后，股价一直在均价线之下运行，且一个小时以上都保持原状，可判定当天为弱势。

3．自时间窗口10：30左右仍没出现好转趋势，股价仍以均价线挡道的方式下行。

4．由此时间窗口不见好转，下跌并加速下行，虽然有洗盘的可能，但是如此明显的转弱信号还是回避为好。

5．凡是弱反弹到阻力位或重要均线压制位时，都要注意分时图的时刻变化。

图109　双象股份（002395）早盘时间窗口卖出信号

【卖出技巧】

1．整体技术K线高位上，前日出现3颗十字星，变盘在即，一旦分时图出现低开低走，带量下行，应立即出局规避、调整风险。

2．在早盘竞价后一个小时里股价平稳，也正好在10：30的时间窗口，是选择方向性的时刻，如果未见好转应立即卖出。

3．如果当天没及时出手，也就没必要再止损或卖出，毕竟存在洗盘的可能，那么可以在今、明两日的低点择机增仓赚取差价。

【经验分享】

笔者在文中多次提到盘中一个小时现状后的操作技巧，在此作解释：早盘一个小时后就是10：30，此为时间窗口，在早盘竞价后开盘时难免出现大的波动，一个小时后也就是10：30左右股价将平息，并选择方向。一般在对一只股票没有太大把握的情况下，千万别开盘就买入，最好是10：30左右再决定是否参与。还有一种现象就是

第五章 个股分时图卖出信号图解

在盘中分时图上能持续上涨一个小时，可视为主力意在做多，有吸筹现象，如果是几分钟拉一下又掉下来，那就是主力技巧性拉高不被看好，相反，持续下跌一个小时无回抽力度应看空。

另外一种现象，盘中分时图上出现横盘一个小时左右，如果股价在均价线之上，那么横盘后随时有出现"火箭发射"的可能，可以在横盘时买入；相反，如果股价在均价线之下横盘，那么随时有急速下跌的可能，应趁早出局。如果短时间内不能分辨真相，就以一个小时为准来判断是做多还是做空。

卖出股票策略精选六：有阻必减，受阻必出

当你手中的股票上涨到前高位附近，或者是遇到重要技术指标线，有明显阻力时，可以逐步减持，直到真正出现受阻回落时应果断卖出。就算顺利过顶突破之后也会有回踩确认支撑的必要，那时还有机会再次参与。等到真正出现受阻回落时再卖出就被动了，如果是技术派投资者，可以再结合综合性的分析得到答案。

谈到受阻现象，笔者将其分为三种：一是接近阻力位回落；二是刚好到达阻力位回落；三是小幅超过阻力位后迅速回落。只有大幅超过阻力位后再回踩原阻力位获得反支撑，才能确立为反转信号，否则慎言"反转"二字。

图110
涨停板卖出信号

【技术特征】

1. 虽然图110中全天报收光头光脚的大阳线，但量能剧增，换手率同比前一日大增3倍，主力明显虚而不实。

2. 早盘高开高走的量能并不充足，封涨停不到30分钟就出现大抛单击开涨停，随后也不再出现大单吸筹的现象，且打开涨停板未再封停板的时间持续一个小时以上，可以判定看空。

3. 高开幅度达3%以上，虽然尾盘再度封涨停板但无任何意义，假象涨停板只不过是诱多，主力真正想做多的话，盘中早已牢牢封涨停板，次日将出现低开低走。

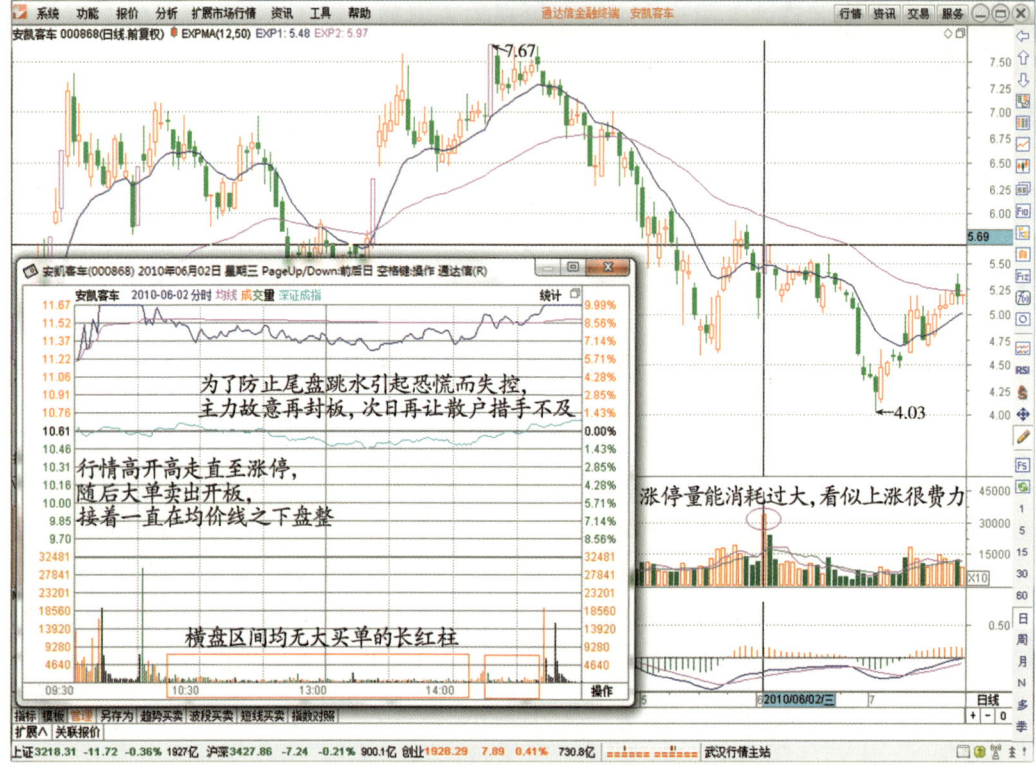

图110　安凯客车（000868）涨停板卖出信号

【卖出技巧】

1．在早盘10：00出现大抛单打开涨停板时就应卖出或减仓。

2．在打开涨停后一个小时左右不见再度上封，且力度减弱，此时为明显卖出信号。

3．在尾盘20分钟里再度封涨停板，更是显露主力有做空意图，卖出信号明朗。

【经验分享】

倘若主力真正想做多，能在早盘封涨停板，就说明信心十足或资金实力雄厚，但也易受到老庄抛售。如图110中的大卖单开板就有这种可能性，随后新庄决定放弃该股。虽尾盘再度封板，但很谨慎地上行，当然也是随着大盘飘红助力，同时新庄也是为了自救。

主力操控涨停板有三种意图：第一种是快速拉高可抬高散户跟风的成本区域，绝不可能让散户买在低位，如果低位散户盘太多不利于主力后期控制力度，这也是

第五章 | 个股分时图卖出信号图解

洗盘的原因。第二种是持续拉3个涨停板以上一步到位，展示控盘的力度，这样做主要目的是为自己做广告，吸引更多投资者过来参与。当不断有散户跟进时就是主力趁机派发的时候，前面也有提到这一点。第三种是主力借涨停之强势的力量派发，比如涨停又被反复打开，或者是当日涨停，次日低开低走，在低开时可能会有很多跟风盘发现有低吸机会就跟了进去，最终接走了主力的抛盘。

卖出股票策略精选七：顺势摸顶卖出法则

不在事先设定任何目标价位卖出，而是顺应趋势一直捂股，直到出现顶部特征才卖出，此策略一般在牛市中选用，也必须根据技术分析来判断摸顶位置。摸顶一般有三种可能：一是当股价涨到一定幅度时，或者是出现价值高估时的泡沫现象，如果K线上出现放量急拉、换手率速增的情况，可作为出货的信号；二是一轮上涨之后出现小幅回落后，再次上涨，但难以过顶突破的现象，应多加提防，很有可能出现双顶或多顶；三是主力做出一个圆弧顶，圆弧形成时，可能隐藏了巨大的杀伤力，当散户都发现时，此时便是下跌加速的时候。

大盘见顶一般有两种现象：一是权重股不断拉抬指数掩盖主力出货现象；二是成交量达到极限，如8000亿元以上甚至更高。如2009年7月29日大跌前几日中国石化（600028）权重股无故涨停，随之进入中级调整。再如上证指数（999999）在2010年4月15日的前几个交易日成交量从1300亿元突增到1800亿元，随后见顶进入中期调整。

图111
震荡洗盘卖出信号

【技术特征】

1. 业绩持续增长，中报10派5的卓翼科技（002369），K线上处于接近前高位附近的高位，从探底以来走出V形反转趋势，在临近前高位的分时图中发生了变化，并弱于大势转变向下。

2. 从早盘到午盘前已表露出转弱的势头，小幅高开后一直以均线挡道的方式下

图111　卓翼科技（002369）震荡洗盘卖出信号

移，因为上午收盘向下，下午便加速下跌，尾盘稍有拉高但力不从心。

3．虽然全天震荡幅度不大，但短期趋势必有变化，因为主力目的是洗盘，下跌动作有所缓和，随后3日均如此运行，直到洗盘完成筑底后再次反攻。

【卖出技巧】

1．当股价处在高位时，只要发现哪一天分时图在开盘后一个小时内出现放量下探转弱现象，就应减持或锁利。

2．如果在上午收盘时趋势保持向下，下午必会再下一层，应做好防范准备，特别是涨幅过高的股票。

3．如果次日继续弱势并落后于大盘，说明洗盘回调已经开始，要做好回避工作，以免多等一个来回。

【经验分享】

凡是股价到达阶段高位、极度高位或是反阻位时，只要出现一个卖出信号都可大量减持或全部卖出，同时出现多个卖出信号的，一定要全部卖出。

震荡洗盘三技巧：一是确定前期涨幅有多高，达到30%左右的话，洗盘幅度应为10%左右，应该回避。二是观察当日早盘震荡方向或全天是否放量收阴。如果放量收阴，其洗盘幅度会加深并延长时间，如果震荡洗盘，早盘或全天以缩量进行，那么当天就是缩量小阴线或缩量小阳线的十字星，类似的洗盘时间可能会很短，后市会更强，正符合"空中加油"态势。三是震荡洗盘的方式是从早盘到中午收盘股价都是向下运行，但幅度不会太大，在下午开盘不久后股价便快速向上，此时股价线上穿均价线形成X形。如2010年9月2日的许继电气（000400）和葛洲坝（600068），次日都是上涨，这是典型的盘中洗盘。

卖出股票策略精选八：长线需择机脱手

如果你手中持有长线股票，并计划长期持有，但是在中途遇到被炒作的现象，此时需要择机而出，因为一旦被炒冷之后会整理很长时间。如果手中的长线股出现价值高估，呈现泡沫现象，还是及早出手为好，因为每个行业都有一个周期性规律。还有最关键的一点，如果大势出现中级以上的调整，最好先锁利再择机而进，可争取利润最大化，赚取时间和空间。

图112
震仓卖出信号

【技术特征】

1. 从K线上看，这一轮直线上涨达80%的莱茵生物（002166）正处于主力要派发的时候，在临近调整的分时图中必会有极大的变化。

2. 图112中该股从早盘停牌一个小时后低开两个点，快速宽幅震荡，量能猛增，随后震荡收窄，股价由此下沉，直到尾盘收低。

3. 主力选择震仓洗盘或可以掩盖自己的出货动机，边拉边撤退，也可称为对敲出货方式，也就是出多进少技巧性拉抬。

图112　莱茵生物（002166）震仓卖出信号

4．在开盘后的30分钟里就可以看出局势不妙，拉锯太激烈不是好事。

【卖出技巧】

1．当前期涨幅过大时，尤其是停牌一个小时后跳低开盘，是不好的征兆，此时应及时卖出。

2．当震荡幅度逐步收窄，且趋势向下时，应卖出全部股票，越快越好。

3．如果次日继续向下走弱，为弱势整理的初期表现，应果断卖出。

【经验分享】

无论是日K线还是分时图中，当迅速震出极高点和极低点后（大幅上下拉锯后），一般都会伴随修整要求，直至震幅收窄后再根据重心移向而决定变盘方向。

震仓略分为三种：第一，出货式震仓，股价涨到一定的幅度，主力不再做多，选择震仓动作掩盖派发出货，从盘口中可以发现卖多买少现象，次日会加速下跌。第二，建仓式震仓，以震仓动作使股价呈现弱势状态，有利于主力低吸且不易被散户发现，盘口会出现买多出少。第三，洗盘式震仓，此手法在分时图中波动幅度会加大、加快，不给散户考虑的时间，甚至次日早盘再探低后回升，如果还没达到洗盘目的主力会继续震仓动作。

卖出股票策略精选九：弃弱取强之决策

当买入一只股票一段时间后发现，该股一直弱于大势，为了节省时间，此时可以放弃手中弱于大势的股票，或者是没出现热点炒作而被冷落的股票，择机买入强势的股票。作为一个真正的投资者一定要懂得把握时间和空间，在大盘上涨期间你的股票在整理，其他强势股涨得轰轰烈烈，当轮到你手中的股票上涨时大盘可能又要调整，这样既失去了大好的赚钱机会，又失去了大盘上涨的空间。除非你手中的股票趋势形态保持良好，有随时启动上涨的可能，这种情况下可保留少量仓位待涨，如果重仓则风险较大，启动上涨时再买入或增仓也不迟。

按常规来说，股票在一年中上涨的时间只有30%，其他70%的时间都在整理或下跌，要想赚大钱就必须把握好这30%的时间。并且，当大盘指数上涨30%后，便会有不少个股价格已经翻倍，如果不弃弱取强（调仓换股）就会赚了指数而不赚钱。该放弃时就必须放弃，该坚持时就继续坚持，这都取决于你的手法和控仓策略。

图113
尾盘急拉次日卖出信号

【技术特征】

1. 作为中小优质券商股的西南证券（600369），时常会受到大资金的照顾。图113中的K线处于急跌后的反弹中。

2. 但其反弹操作力度不强，高度也有限，从图113中的分时图中可以看出，主力选择在尾盘技巧性拉高，其目的是诱多散户跟进以便脱身。

3. 在全天弱势整理的情况下，主力难以出逃，所以必须在尾盘拉高诱多，并且次日再震荡走高，在次三日真相大白时低开低走，出逃目的达成，把散户留在了山顶。

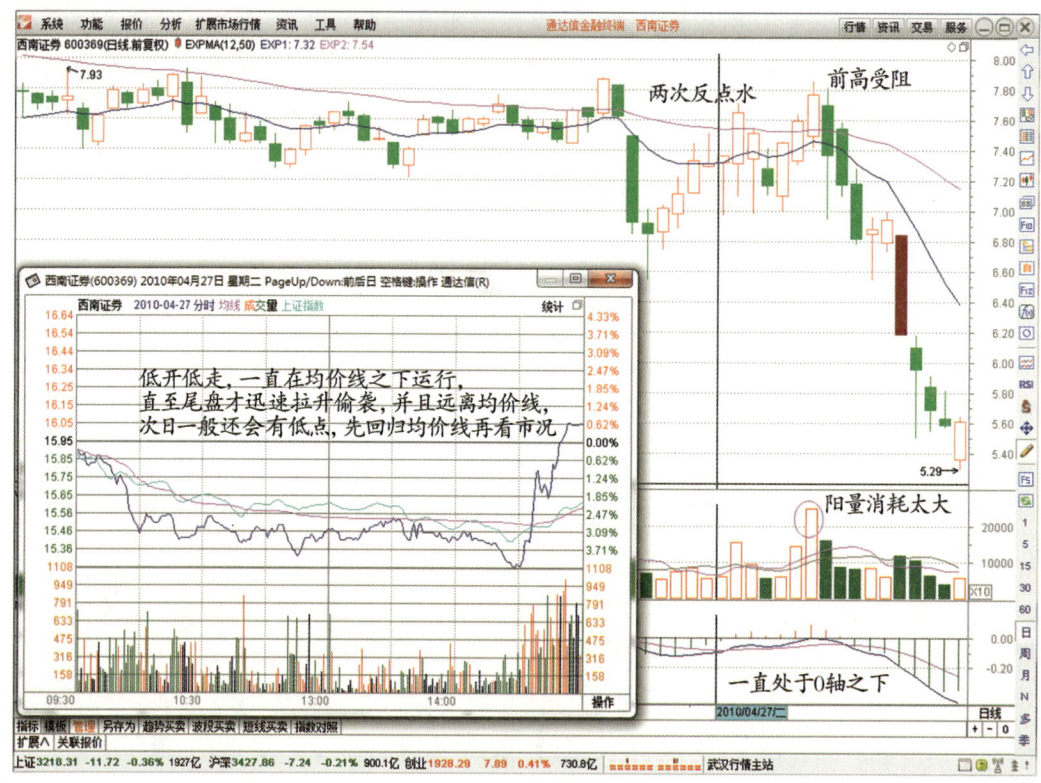

图113 西南证券（600339）尾盘急拉次日卖出信号

【卖出技巧】

1．稳健型投资者可能会选择在14：00前还没出现反转时卖出，因为此时已经可以确定为弱势，尾盘有跳水可能，那么在14：00前卖出也是正确的。

2．胆大者或轻仓者不妨待到次日明察后再决定是否卖出。

3．只要在大涨之后出现尾盘拉高现象，均可视为主力在为出货做铺垫，持仓者察觉后应逐步高抛。

4．如果近日频繁出现尾盘才拉升的个股，特别是股价远离均价线3%左右，可高抛卖出或减持，假设日线恰遇阻力区便可全部卖出。

【经验分享】

尾盘拉高的股票可分为两种可能：一种是主力资金实力不雄厚，用此手法诱惑散户跟风做多；另一种可能是主力以此手法来掩盖脱身之术，让跟风散户去接盘。特别是一些中小盘股选择在尾盘拉高，次日再冲高回落，演绎一日行情，可以说跟风者无一幸免，这样的私募资金以投机操作为主。买股票如果没有庄，那么股价不会大涨，有庄能大涨但要逃过庄才是胜利者。做到以下几点防备工作可降低风险：第一，不要追高，高于主力建仓成本30%以上需注意，主力随时都有洗盘或出货的可能，游资投机操作除外；第二，不要贪婪，见好就收，最后的涨幅是用来看的而不是用来赚的；第三，一旦有放量拉高、换手率速增，应立即出局，别再观望等待；第四，不要让盘中的波动迷惑、影响自己的操作心态，喜欢投机取巧的散户投资者很容易上当受骗。

卖出股票策略精选十：该出手时必出手，果断意决

很多人在卖股票时比买股票还要犹豫，总是举棋不定，怕一卖就涨，再者一心想卖高几分钱，或者是再看看能否续涨等。所以笔者常讲：投资炒股要如艺术家一样"挥洒自如"，才会有更好的作品出来。这一点也是致命点，当决定要卖出时或者发出卖出信号时应果断采取行动，在挂单卖出时为了更容易成交不妨挂低几分钱，相反在买入时可以挂高几分。即使卖出又涨也没关系，保持平衡的心态，有钱在手就不怕没机会。再说卖股票也不可能卖在最高位，后面的涨幅是交给其他散户接主力的盘，不必在意后期的涨幅，前面也有提到这点。在卖出期间最好相信技术上的卖出信号和自己的目标位置，不要轻信市场上的传言，主力在计划出货时往往有意在市场上散发做多消息出来，诱导散户上当。最好不要轻信专家或股评，他们的建议仅能作为参考，最终必须由自己把握。

图114 双顶卖出信号

【技术特征】

1. 类似图114中的分时图出现在股价相对高位时最为有效，在低位时很有可能是震仓吸筹，在高位时可能是震仓出货。

图114　海王生物（000078）双顶卖出信号

2．早盘低开高走出现双顶形态，在出现第二个顶之前，目的是让更多的人去跟风，使其认为还会上攻，最终选择直线下跌，不给获利者思考的时间。

3．随后低位震荡有两个目的：一是不把出货现象做得太明显；二是主力出货还没完成，接近尾盘再度拉高，更是吸引目光诱多，次日却低开低走不给跟风者任何出货机会。

【卖出技巧】

1．在股价处在相对高位的情况下，早盘低开高走达6%的涨幅，并且股价远离均价线时应做出减持或清仓的行为。

2．在二次探高时均价线没出现快速上移为假单拉高，并且没有过顶续涨的动机，可再次卖出，在快速向下调整时、在均价线毫无支撑的情况下，为明显的做空卖出信号。

3．虽然尾盘3次拉升至前高点受阻回落，3次确认上方阻力而返，但可认定顶部就此成立，卖出是理智的，待次日更不会给你如此卖出机会。

4. 如果在均价线之下出现多重顶、顶部图形、多次均价线的反阻和高点下移，一般而言该卖出信号会更加明确。

【经验分享】

图114符合主力在拉升中出逃并做出多顶的现象，从K线上看，明显受到年线的阻力，最终失败返途。分辨阻力和支撑真假象：一般上下两点更是大众心理障碍位置，主力也更会利用大众心理来完成自己的控盘。比如下方有重要支撑时，大众投资者就会想等到支撑位时再进，但主力不会这样去做，而是要么不到支撑就开始反弹让散户踏空，要么跌破支撑打破常人心理位置让散户被套，笔者经常提醒投资者当跌到支撑位时那就不再是支撑了。相反，在重要阻力位时也是如此，当市场上很多人都认为阻力难突破、不敢参与时那就不再是阻力了。试想一下，在散户不敢参与的情况下主力怎么会有利可图呢？所以主力必须选择攻破阻力继续上涨，当散户认为这下可放心买入时，主力就开始派发。2009年的上证指数（999999）突破3000点的时候正是如此，没突破之前没多少人敢参与，当突破时散户认为还会回落，不料指数非但没有回落，反而一直上涨到3200点，在众人认为这下站稳了可大胆买入时却出现3478点见顶，随后开始进入熊途之中，套牢散户无数。有时主力会选择在阻力位之前派发，如果散户还在等待到了阻力位时攻不过再出局可就晚了。

卖出股票策略精选十一：被套快速脱身法

不管是止损还是割肉，亏损都不能超出20%，否则难以脱身解套，最迟必须在亏10%左右时做出措施和决策。要懂得在股市中亏钱比赚钱更容易，如果失去大量本金就会难以翻身。浅套者可进行T+0操作减轻亏损，重仓者可转移部分资金，操作短线逐步割肉。

图115
盘中逢高卖出信号

【技术特征】

1. 图115中的分时图出现在股价弱反弹高位时，是投资者最理想的卖出点位。

2. 在分时图中出现两次股价线远离均价线相差3%左右时，必会有回踩要求，两线顶背离是卖出信号。

3. 顶背离相差过大说明一点：主力实单买入较少，导致均价线缓慢上移。

4. 虽然量能速增，但实际买单较少，放量过急反而不是好征兆，次日的走势不容乐观。

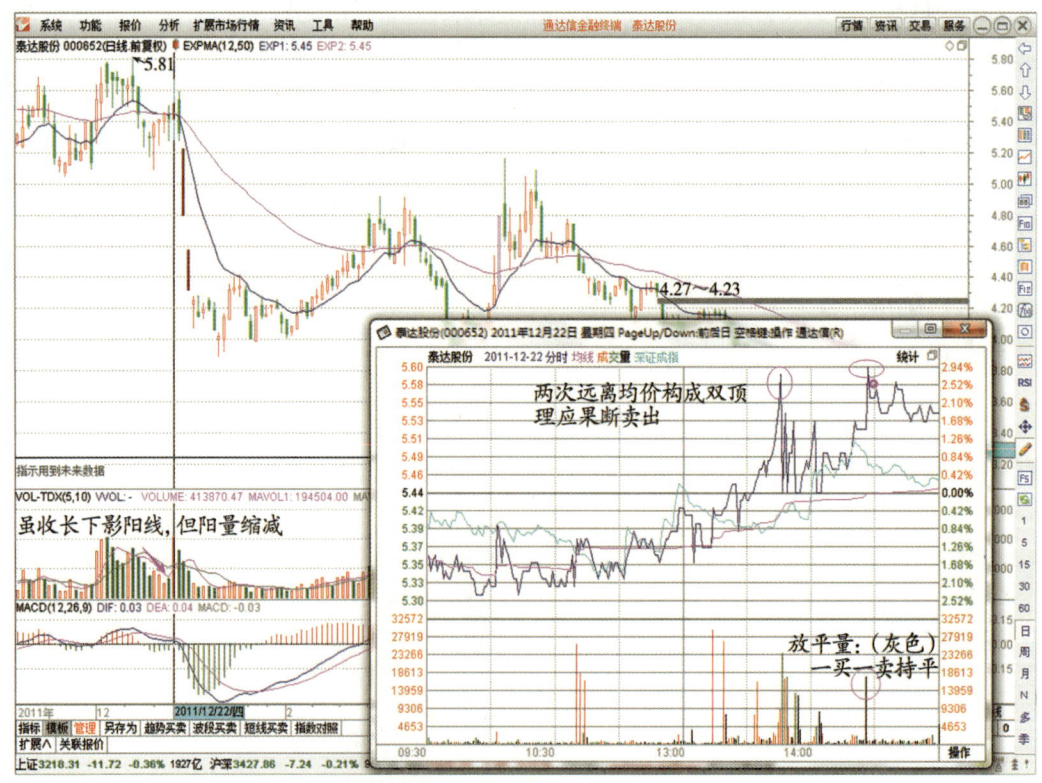

图115 泰达股份（000652）盘中逢高卖出信号

【卖出技巧】

1. 如果股价在高位时出现类似现象,一定要把握好高抛良机,在挂单时挂低几分钱更容易成交,如果是大资金者可提前逐步卖出,或者挂更低价格成交。
2. 短线投资者留心观察分时图的变化,不能全靠高抛技术来获取短线利润。
3. 卖出时严格按照技术分析技巧高抛,千万别带有任何幻想或犹豫心理,否则会错失良机。

【经验分享】

在选择高抛之前要有心理准备,否则一时难以做出决定,一旦犹豫便会失去这短暂的高抛机会。比如今天买入一只短线股票,计划在明天能冲高3~5个点时高抛,那么明天开盘就紧盯分时图,一旦出现放量急拉,并且股价远离均价线3%左右时就挂单出手。至于拉升时间段则不确定,如果前一日较为强势,次日接前一日的强势会在早盘进行冲高。有时也会出现在盘中或尾盘,甚至出现早盘拉升后尾盘再次拉升的现象。如果你对该股还看多的话,可在早盘冲高时减仓,在回调时没有跌穿下方的均价线或受支撑的情况下,可等到尾盘前再寻找低吸,补回前面高抛的部分。

卖出股票策略精选十二:买入可等,卖出必守

每一位投资者都一样,当买入股票时就盼着什么时候能获利卖出,因为钱赚到手才算钱。在买入股票时错过机会,可以再等下一次机会出现,或者另寻其他,有钱不怕没机会。卖出是为了锁利,持币在手才踏实,必须把握好卖点,一旦错失恐无再现机会。就算再有机会也赔了时间和空间,等一个来回少则一周,多则两周以上,一个月当中又能有几个来回呢?等待下一个卖出机会时可能这一个月又白忙活了。不方便看盘者可委托他人替看,到时以手机挂单或早盘提前预挂单。懂得卖出和仓位控制技巧的人才能在股市中生存更久,因为这两项是最直接有效的风险控制方式。比如很多人都在想如何淘金,但没想过如何将金子安全地带回家并换成钱。再者,买入股票赚钱可以顺大势,但股票盈利收钱时只能适可而止,而不能顺跌势才收手,否则就会回吐给市场。

图116
高位盘整不胜寒卖出信号

【技术特征】

图116的分时图有如下特征：

1．早盘低开低走后震荡盘升，直至上午收盘时才拉高回补缺口，但并无意义，其目的是引人在午盘后跟风。

2．午盘后量能重返低迷状态，处于高位横盘，但是均价线迟迟不上移，反而远离，形成空虚状态。

3．临近尾盘30分钟时主力再次拉高又吸引了不少跟风盘进去，但遇前高点又直线回落，如此假象加上高位横盘，以及远离均价线的横盘必无好事。

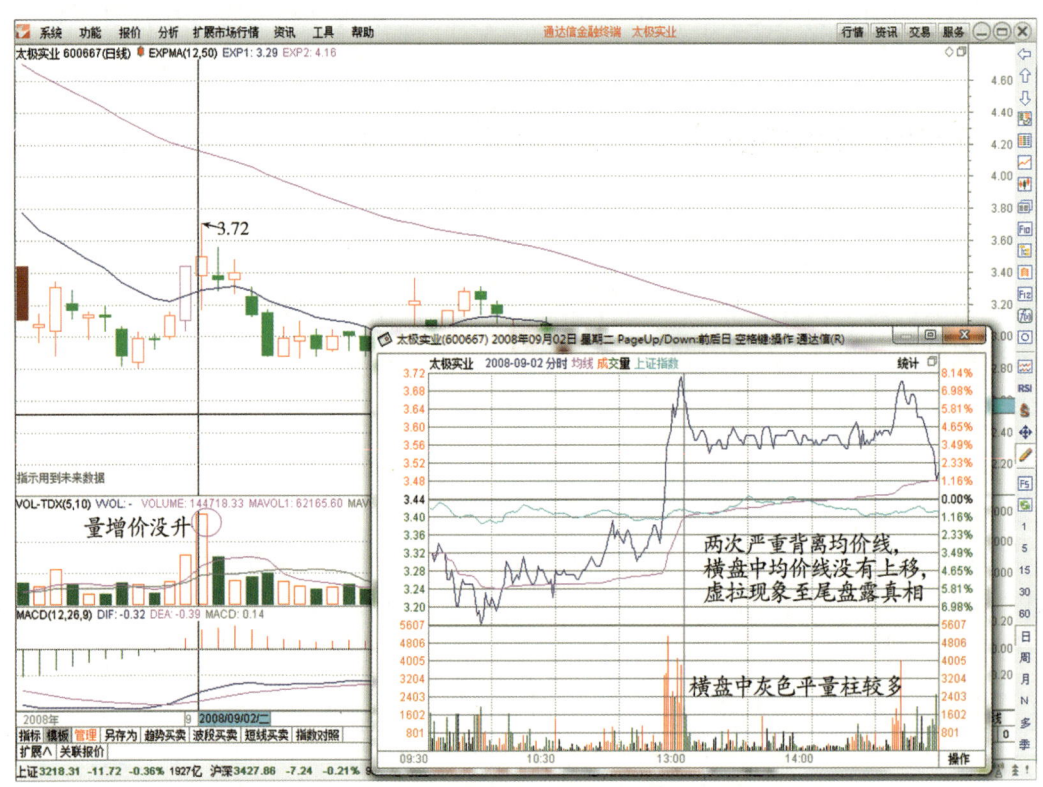

图116　太极实业（600667）高位盘整不胜寒卖出信号

【卖出技巧】

1. 在早盘中低开现象就存在疑问，在上午收盘时快速拉高只为投机取巧，那么可选在股价远离均价线时高抛。

2. 在下午盘中股价与均价线远离的情况下，横盘更不能买入，如此久盘后必会有方向性突破，尾盘前30分钟，狡猾的主力运用假象向上突破诱多，受前高点阻力时应果断出局，否则便会上了主力的当。

【经验分享】

在熊市或弱市中，主力进出场都会很快，短则当天完成，长则一周左右完成。特别是出货时，主力一般喜欢在分时图中制造宽幅震荡，似涨似跌，扰乱大众视线，主力再从中脱身。另外，主力为了吸引更多人的关注和跟风，在建仓时喜欢做出涨停板进入涨幅榜，但一般好景不长，一旦发现有大量跟风盘进入则开始退出。

不同资金来源的主力会有不同的操控模式，不同的操作人员也有不同的操作手法，千股千样，我们不必全懂。但必须要懂得主力常用的手法，看不懂不进场，主力操控怪异的多看少碰。选择一些自己能看懂的，或者是主力操控较为温和的个股去操作，会更容易把握。不同主力有不同的操作模式，请阅读本书后面的篇章。

卖出股票策略精选十三：稳字当头，跑字为重

在熊市中不亏也为赚，在牛市中少赚也为亏。懂得在稳的前提下扩大利润，要想扩大利润就要懂得跑，亏损后止损要跑得快，盈利后锁利要跑得准。不懂得割肉就不懂得炒股，不懂得止损斩仓就不是成熟的投资者。因为庄家吃的"肉"就是从散户身上"割"下来的，不懂得跑的人一年都在反复被套中，一直都是主力的羔羊。套深了，伤心了，在后市的操作当中就会有"一朝被蛇咬，十年怕井绳"的投资心态，因此，会失去更多的良机，甚至把很多机会也视作陷阱，有时把别人的良言也当作是谎言。一般受过重大伤创的投资者，在后市都难以顺利进行操作，除非从大牛市中获取微利。

求稳的几种方式：

1. 遵循止损、止盈、仓位控制等简单而必要的原则。
2. 运用积小胜为大胜、步步为营的方式操作。
3. 尽量减少频繁操作的恶习。

4. 由少到多分批入场，由多到少分批出场。

5. 上涨趋势捂股，下降趋势捂钱。

6. 每年都会有一两次大的调整，完全不必常年参与其中，学会休息也等于赚钱。

图117 低开低走卖出信号

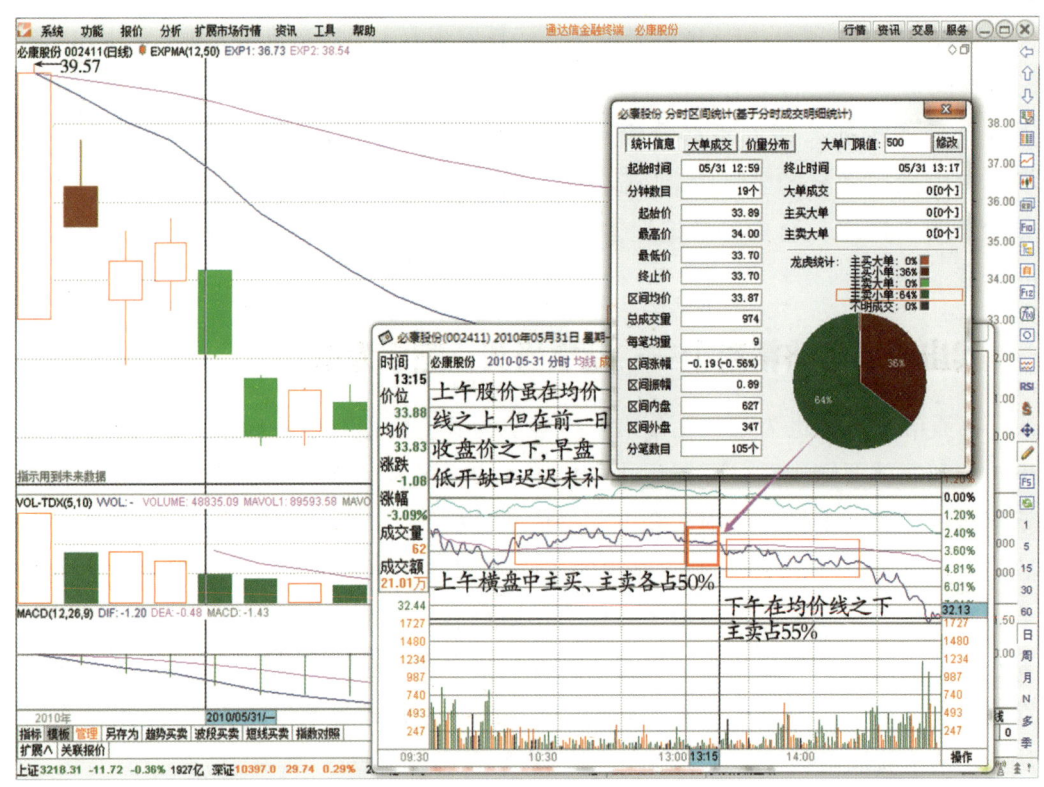

图117 必康股份（002411）低开低走卖出信号

【技术特征】

图117的分时图有如下特征：

1. 早盘小幅低开后持续一个小时的放量现象，但并不见股价上涨，预示有不少抛盘。

2. 随后一直以开盘价为上轨横盘整理，持续到尾盘时间窗口附近发生变盘向下。

3. 在午盘后当股价下穿均价线时，下跌趋势逐步形成，特别是在跌破图中的箱体下轨时，主力原形毕露，不再维持原有股价，股价立刻放量急挫。

4. 再从分时区间分段统计来看，卖单一目了然。

5. 全天收出向下跳空缺口的实体大阴线，次日将会继续下探。

【卖出技巧】

1. 在早盘低开时出现量增价不涨的现象，为不良征兆，理智者可清仓为安。

2. 在午盘后分时图中并无向上回抽迹象，反而在下挫，发现局势不妙应趁早走人。

3. 后知后觉者还有机会在尾盘跌破下轨时及时清仓，否则当天会多亏3%，如果次日再低开则亏损加重。

【经验分享】

早盘低开较为常见，几乎每天都有。大致可分为两大类：一类是受大盘影响低开；另一类是受消息影响或调整开始而低开。低开在不同的情况下会走出不同的图形，关键在于能否快速分辨出来，以便制定接下来的操作策略。低开幅度大小决定弱势深度，一般以-3%以内为小，以上则大。

六个需要重点关注的情况：（1）看K线是否处于高位或变盘期；（2）看低开幅度大小决定风险深度；（3）看低开后量能是否增加买卖单对比；（4）看低开后一个小时内是否能回补，如回补，股价飘红，万事大吉，如没有回补，风险仍存；（5）看低开分时图的运行趋势朝向；（6）看尾盘回补还是继续下探。对于一些强势股来说，受大盘影响，低开会带来低吸机会，特别是随大盘低开洗盘的强势股机会更大。

分时图中我们最注重的是三条线：一是股价波动线，二是均价线，三是中轴线（前一日收盘价）。股价线在均价线和中轴线之上才为强势区域，否则为弱势区域。在实盘运用中还可打开多日分时图进行连接和惯性分析。

卖出股票策略精选十四：跌声一片，难以独秀

现在A股市场逐渐与国际接轨，特别是在推出国际板和加入国际指数后，一旦周

边市场出现暴跌，A股也将难以一枝独秀，因此，在别人犹豫、观望的时候应尽早卖出，转身而逃。当然，还会有一部分强势股能逞强，但毕竟是少数，也得注意补跌的可能。即使卖出后又涨也不必再去追了，很有可能是主力在故意拉高出货。当然，还要弄清周边市场下跌的主因和关联性以及持续性。总之，持币在手总比持股在手踏实得多，待趋势明朗时再进也不迟。最后重申一遍，在卖出时一定要果断，宁可卖错也不错过卖出机会，在买入时宁可错过也不买错股票。

图118
大幅低开卖出信号

【技术特征】

1. 图118中的分时图在下跌途中出现，如此现象极为少见，全天收出长上影线。
2. 在没有任何消息的影响下，突然快速拉升。
3. 如此大幅低开又快速拉高，无疑是主力故弄玄虚，引人注目。
4. 从拉升中可以看出量增并不明显，可作为技巧性拉抬，试探有多少跟风盘参与，以便投机取巧。
5. 图中显示股价背离均价线相差约10%，量能并未明显增大，可视为假象特征，尾盘股价必回原形。

【卖出技巧】

1. 如果在熊市中出现类似现象不必参与，主力行为诡异难有好事。
2. 如果在强市中出现类似现象，当日盘中不宜参与，待次日走势明朗后，如果手持该股可先高抛，观察后市动机。

【经验分享】

类似现象有两种可能：一是主力在投机性操控；二是发生在低位有建仓动机，用此方式可引起众人关注。

第五章 个股分时图卖出信号图解

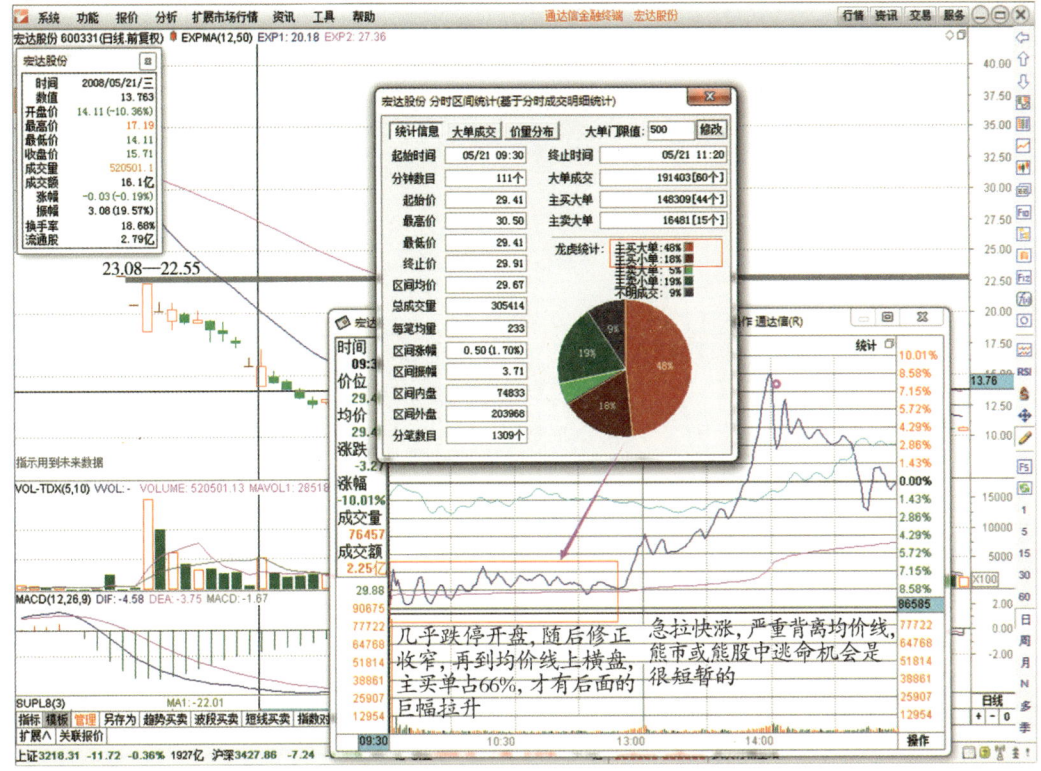

图118　宏达股份（600331）大幅低开卖出信号

例如2010年8月20日的许继电气（000400）就是如此，但尾盘是收高现象，可视为有主力在建仓，先模仿"老鼠仓"的形式砸低股价，再冲击涨停，全天振幅接近20%。但主力不会就此继续上攻，后期必会整理充分，消化筹码再决定上涨，除非该股遇到重大利好刺激才会直接上攻，在低位就不会给散户入场的机会。

总之，对于主力的诡异行为，看不懂的就尽量多看少动。

卖出股票策略精选十五：本利分配法则

本利分配法则是指将卖出后的利润和本金区分对待。稳健型投资者可先把利润转出账户外，再用本金继续操作。要求滚利者，即可用本金做短线投资，追随一只强势股，而利润则做长线投资，投放到一些优质股上。如将高成长、高垄断、低价格类型的股票作为长期投资，必有厚报。

如此一来，心理负担就减轻了，同时也能降低风险，并且利润不断增长。这也是一种极为可行的操作手法。在此笔者有必要提一点，千万别把手中的短线变为长线，把长线变为短线，长短对倒一团糟，注定亏损。

第六章 大盘分时图经典技术图解

从技术分析角度可略知如何通过大盘分时图运行轨迹来判断当日行情,或者是对次日行情进行预测。笔者近年来对大盘判断的成功率在90%以上,相信笔者的经验能对读者有所帮助,经过总结归纳,精选部分常见且实用的图解列入书中以供参考。

特别提示:在操作中不要只根据一个局部的信号来决定买卖,需结合其他重要指标,以及该股所处位置、行情趋势所在阶段等方面进行分析。也可把大盘视作个股来分析,最终得出结论。

图119
盘中洗盘强更强买入信号

【技术特征】

1. 图119中的分时图一般在上涨途中出现，一是为了放缓上涨节奏，等待均价线上移，二是快速震荡达到盘中洗盘的目的。

2. 从图中可以看出，上午出现一波上涨和下跌，下午也出现类似的上涨和下跌，但强势的特征在于低点在抬高，高点在突破，上下拉锯幅度并不大。

3. 最为明显的是，成交量出现上涨带量、回踩缩量，意味着盘中有资金在流进，主力为了不减弱市场人气，选择盘中震荡完成快速洗盘吸筹，全天报收缩量小阳线十字星，次日定会更上一层。

【操作技巧】

1. 经过几天的上涨后，必然会出现修整状态，出现类似的修整现象，强势仍会继续，此期间正好是选股的时刻，有选好的股票可以低吸。

2. 下午指数上穿均价线后为强势信号，在此可以买入股票。

3. 在大盘呈现缩量整理时，同样也有不少个股经过几天上涨后，出现缩量回踩动作，立即介入类似个股必有厚报。

【经验分享】

盘中洗盘唯一的特征是在盘中上下拉锯，甚至宽幅震荡，收盘时收在前收盘位置附近或收高，全天均为缩量十字星形状。但是如果收盘偏低或者低至当天前面的低点，则须谨防次日有下探风险。一般在强势上涨后都会出现类似该分时图的现象，无论是大盘还是个股，一旦有类似现象出现，后市继续看涨，可放心买入股票。

在上涨或下跌中出现中继十字星一般都会围绕均价线上下波动，例如先探高点，再探低点，然后回到中间位置；相反，先探低点，再探高点，然后回到中间

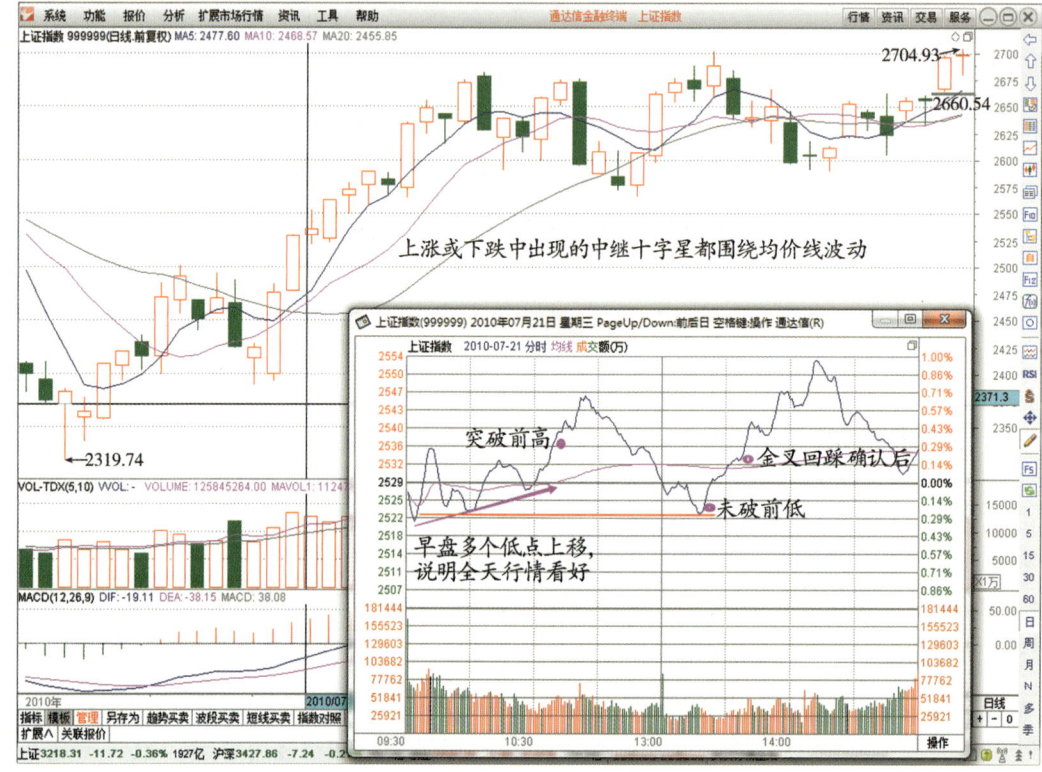

图119　上证指数（999999）盘中洗盘强更强买入信号

位置。无论是哪种，最终收窄修复时都要注意分时中轴和均价线的得失。如果是上行中继十字星，收在中轴和均价线之上，可助推次日上涨，当日尾盘可买进，如图119；如果是下行中继十字星，收在中轴和均价线之下，可助推次日下跌，当日尾盘可卖出。除这两种情况外则继续观察，若是横盘中有多颗十字星则无分析意义。

大盘分析技巧精选一：消息面分析大盘技巧

A股历来是消息市和政策市的结合体，对市场消息特别敏感。每个阶段行情无论涨跌都会受到明显的政策因素影响，这个政策的具体措施动向会成为大盘涨跌的最直接动力。每阶段的影响力度在大盘处于敏感期时更为明显，重要的是判断政策消息的真实意图，安慰性表态与拐点对大盘的短线走势能起到方向性引导作用。个股的消息如中报和年报集中发布时期，以及大家对未来消息的预期也会提前影响大盘的走势。另外，在听到消息时要参考该股的估值水平，如果估值水平高，宁可信其无，如果估值水平低，宁可信其有。

消息面的来源可分为三个方面：第一是周边市场传递出来的重大影响消息，会导致A股波动现象；第二来源于政策导向，如一些重大事项的公布会直接影响股市的动向；第三来自市场的真假消息，如大机构增持哪些个股或者基金仓位变化等，其次就是市场传谣造势，使市场出现更多投机机会。不是权威单位发出的消息均只作参考，一旦辟谣对股市也会产生直接的波动。作为一位成熟的投资者，不会把太多注意力放在消息面上，更不会因为消息而影响自己的操作思维，而是会专注于个股的变化，只要个股技术上符合买卖条件就出手突击。

图120 早盘下三浪买入信号

【技术特征】

1．与图119不同，无论是高开还是低开，只要呈现出下行三浪，之后都会有盘中反弹的可能。

2．图120正好在时间窗口10：30出现变盘向上，也正好走出上行三浪，在接近早盘高点时进行了修整，随之再度放量突破，向上攻击，当天行情由弱转强，次日也将会续强，全天收出带长下影线的大阳线，量能也同比增长，换手率稍有提高，为强市信号。

【操作技巧】

1．所处位置属于低位时出现类似现象完全可以趁机低吸，如果在高位还需谨防风险。

2．特别是在反弹三浪后再放量突破早盘高点时，也说明趋势已明显转强，可以继续持股或者是择机介入。

3．需要注意的是，当天整体的走势能决定次日或后市的强弱，设想一下，如果尾盘又走低，或者是量价未能配置恰当，那么还是存在一定的风险。

图120 上证指数（999999）早盘下三浪买入信号

【经验分享】

图120是比较经典的一种分时走势，当然，在实际盘中会变化多端，有可能会在10：30左右才出现下行三浪，一直持续到下午再反弹，如果下行三浪出现在尾盘，次日能否反弹不好确定，经过一夜休盘，次日变化难测。笔者认为，只要在早盘出现下行三浪的，反弹的可能性极高，除非本身处在弱市中。反弹高度取决于量能及其他影响信号。

大盘分析技巧精选二：主力行为对大盘影响分析技巧

市场上的投资机构，有基金、保险、银行、游资等，基金的整体运作方向会对大盘的走势起到重要作用。跟踪基金的运作方向，以及增减持仓位状况，可以跟踪其重仓持有的个股整体表现。另外可以对涨跌靠前的个股进行比较，可以发现做空、做多的力量，有没有明显的涨跌板块也是判断大盘涨跌是否具备持续性的参考因素。

一般情况下，主力的有意集体行动的涨跌往往持续力度较大。同时，可从当日的资金流进流出或者是否有持续现象来进行综合分析。比如市值较重的板块出现持续资金流进或流出，这点也必会对大盘后市的运行产生极大的影响。

图121
午盘观势买入信号

【技术特征】

1．一般情况下，会通过三个时间段来控制盘面以达成自己的目的，如早盘、午盘、尾盘，不同的时间可能会变盘。

2．如图121中的变盘发生在午盘前，在临近上午收盘时快速收高，也正好收在早盘的高位处，预示下午做多的信号，以便在下午有更多人的关注和参与。

3．在下午量能配合的情况下逐步上移，市场做多人气逐渐回升，后市涨势仍可期待。

【操作技巧】

1．处在低位或者是洗盘回调后出现类似现象，完全可以反手做多。

2．特别是在下午走高后回踩下方支撑有效时，可大胆参与做多行情，在大盘转势为强的情况下，不少个股有机会显现，要及时把握买入，否则就只有追高的可能。

【经验分享】

笔者的"午盘观势法则"在个股分时图解中详述过（编者注：参见图107），在此简单带过。上午收盘趋向会直接决定下午的走势。尾盘收市对次日行情判断会更有效，因为中午休市时间较短。还有重要的一点是，如果上午收盘时有快速拉高的现象，那么午盘后会有回落的可能，切忌在下午一开盘就追高。相反，午盘前向下急探，下午开盘后会有反抽的要求，但是整体不乐观，还需谨慎对待。

图121　上证指数（999999）午盘观势买入信号

大盘分析技巧精选三：早盘观势法则

1. 9：00上班打开电脑浏览市场消息和周边有无特大变化，预知热点以防范风险。

2. 9：15—9：30集合竞价，按供求关系校正股价，初步反映出价、量情况及大户进出动态。集合竞价也是大盘一天走势的预演，无量无价时稳健型投资者则以观望为宜。

3. 9：30—10：30为竞价后的修整期，如有拉抬和打压因素，冲动进场必有风险，待修正后再做决策。如果是向上或向下两极分化迟迟不能修整，那么可直接确定当天的强弱和收盘涨跌趋势。

4. 早盘决定全天是否活跃主要观测两方面：一是开盘后一个小时成交量达250亿元以上为强市，当然，我们要结合所处阶段进行判断；二是早盘30分钟内观察沪市和深市涨幅榜的涨停和跌幅榜的跌停现象，如果早盘没有出现涨停或跌停现象则为弱市，如果早盘涨幅榜有3家以上涨停，而跌幅榜上跌幅最大只有5%，说明当天可作为强市。因此，涨跌停企业的数量决定当天的强势程度。

图122
强势上行买入信号

【技术特征】

1. 图122为图121的次日走势，从早盘一开盘就出现大单，呈现充分量能，开盘后并无回探势头。
2. 直到修整期后仍保持稳步上移，低点逐步抬高形成完整的上升通道，持续到收盘。
3. 午盘后再次出现大单进入，更是带动市场的气氛，全天量能同比增加1/3。
4. 几乎沪市和深市个股都出现普涨现象，次日排除消息的影响仍会上涨。

【操作技巧】

1. 个股前一日收高，并且该日开盘30分钟左右未出现异常，保持良好的向上运行态势，此时可以说明趋势正在向好，可进行增仓或买入追涨不追高的股票。
2. 买入出手要快，如果在下午买入几乎就是追涨，这样操作显然有点迟钝，在高涨阶段中还需有风险预见性，不管是低位介入还是追涨介入的都要提防。

【经验分享】

根据笔者经验，行情出现普涨的现象一般不超过三天必会分化，如果在第二天追涨买入，可能有一定的风险，如果在普涨当天买入，短线完全有利可图。一般情况下热点板块普涨都是如此，除非是遇到重大消息的中长期热点题材，如2010年的新能源锂电池，出现持续上涨、新高不断的现象。如果在行情处于阶段性高位时，持续几天疯狂普涨，则是风险加剧的前兆，必须适时锁利走人。

另外，早盘10：30后务必注意两点：一是回踩均价线是否有支撑；二是能否再创前高点，这将成为当天下午运行方向的参考。

图122　上证指数（999999）强势上行买入信号

大盘分析技巧精选四：尾盘观势法则

1. 尾盘作为一天交易的总结，最后半小时是全天交易最集中并进行多空争夺较量之时，会直接影响次日开盘和次日的行情。

2. 在尾盘定论前最好结合14：30之前的走势分时图来分析，其实尾盘无疑就三种可能，即下跌，即上涨，即收平，但都会放大成交量。第一种可能，如果在尾盘是上涨后急速杀跌收盘，可视为做空；如果尾盘是在下跌后回升，K线上会出现长下影线和长上影线，收盘可做多。第二种可能，如果尾盘接前面全天走势续涨或续跌，K线上形成实体阳线和实体阴线决定次日是涨还是跌。第三种可能，尾盘收回开盘价附近，K线形成十字星形态的变盘信号。

3. 可观察大多主力的做多、做空意愿，如果在收盘时出现众多打开涨停板的现象，表示主力做多意愿不强烈，次日需注意风险；如果在尾盘中众多个股出现大单买入，此为主力做多的信号，次日上涨行情可期。如果涨跌互相保持平淡，尾盘应继续观望。

图123
时间窗变盘买入信号

【技术特征】

1. 图123中的K线走出二次探底的形态，也正好接近前期低点，图中最低点是2389点。

2. 从图123中可以明显看到，在低位区出现头肩底的标准形态，这一图形充分说明二次探底就此成立。

3. 在下午时间窗口14：00时发生变盘向上，并放量抬高指数，直到收盘已回补当天早盘留下的缺口，全天收出带长下影线的"金针探底"图形，次日长阳收复前四根K线，正式打开上涨趋势。

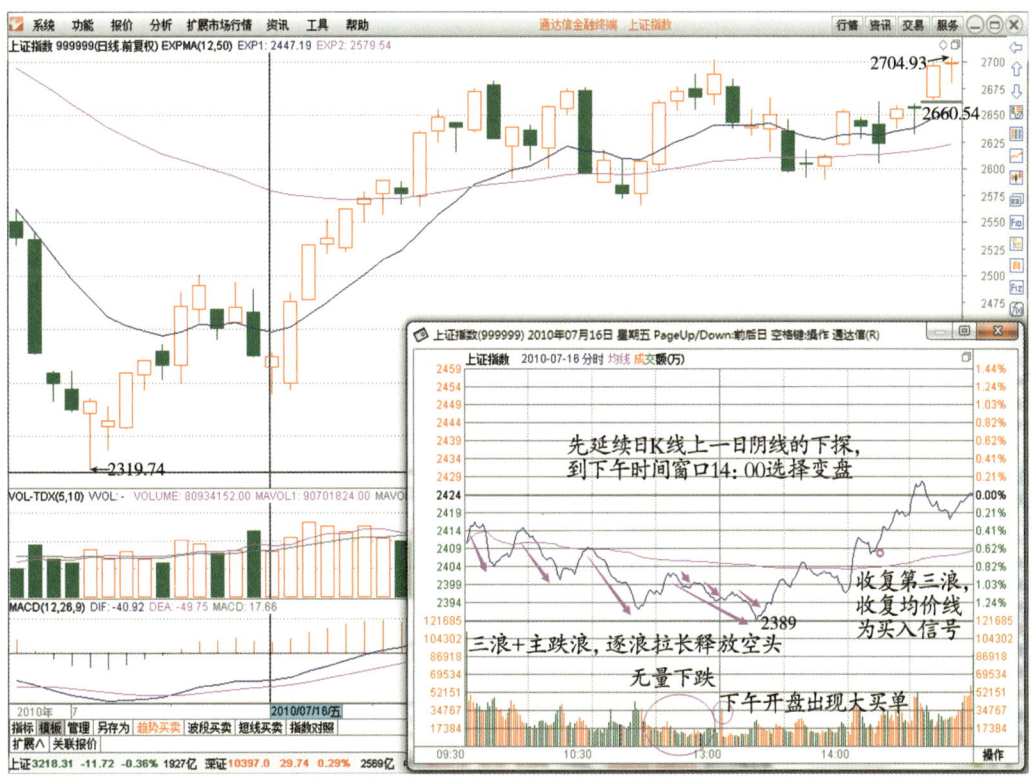

图123　上证指数（999999）时间窗变盘买入信号

【操作技巧】

1. 一般情况下，二次探底是不会跌破前低点的，在接近前低点时迅速企稳反弹，这是变盘前兆，先知先觉者可在当日分批入场。一旦跌破前低点，人气受损，股价可能会更低，但这样不利于主力锁筹。

2. 在关键位置观察分时图中的变化，如图123在盘中低位区出现头肩底形态时，即可反手做多，再加上尾盘已回补早盘缺口，更可大胆看多一线。

3. 如果是稳健型投资者，当发现这一点时，也可在次日紧密跟踪，只要次日出现放量大阳并包住这一根长下影线时即可大胆进场。

【经验分享】

一般探底常见的都是在分时图中先跌后涨，主力为了出手不太明显，会选择在尾盘前后大量进攻，特别是处在变盘期的时间窗口更为重要，盯紧这两个位置必有收获。如图123所示，从K线上看，在接近前低点的二次探底的要求下，又在下午的时间窗口发出转变信号，这不是巧合，而是技巧。

大盘探底不能如同个股：个股日K线出现V形底很常见，但大盘极少会出现V形底，一般经反复确认后，市场投资者心里才踏实，所以出现W形双底较多。由此，当到了二次探底时，要多注意观察分时图的细节变化。

大盘分析技巧精选五：大盘技术指标分析技巧

首先，我们把复杂的技术简单化，看清几个重点即可。

1. 大盘K线站上5月均线时个股活跃会增多，相反，在5月均线之下运行为弱市整理；5月均线金叉10月均线时中级以上行情成立。

2. 大盘K线站上5周均线时个股波段空间才明显，5周均线金叉10周均线时企稳回升，相反死叉时中级调整来临。

3. 大盘日K线分析：站上5日均线方可做多，5日均线金叉10日均线为短期买入信号，10日均线金叉30日均线为中期买入信号。相反，死叉为卖出信号。上升中的30日均线可作为趋势下轨运行线，60日均线为最后防线。运用EXPMA，可预测未来一段时间的趋向，两条线参数分别为12和50。一般在破位趋势下轨时3~5天内必须有大阳线收复才能继续转强，否则趋势会被破坏。再结合MACD的金叉和死叉、红柱和绿柱决定多空方向。

图124
上三浪回落卖出信号

【技术特征】

1. 从图124中可以看出此股全天以弱势整理为主，报收上影小十字星线，如果出现在弱市里，次日行情并不乐观。

2. 早盘小幅低开后迅速回补缺口，则反身向下寻求低点，在形成小双底时，当天行情企稳，随后走出上行三浪，其三浪拉之过急，像个股主升浪一样。此时如果要卖出手中股票，就应该把握盘中的高抛机会，特别是在弱市行情里面三浪上行后必会大幅回落。

图124 上证指数（999999）上三浪回落卖出信号

【操作技巧】

1. 早盘小幅低开后迅速回补缺口时，预示当天还会有高点出现，虽然随之有小幅下探，但时间窗口10：30左右以W形小双底企稳逐步走高，当天企稳信号出现，可以考虑低吸看好的股票。

2. 在进入上行三浪时明显放量过急，出现这样的快拉现象并不是好事，如果手中有获利的股票可在此高抛，可见整个下午均为下降走弱趋势，次日行情还有继续走弱的可能，特别是大盘处在变盘期时更需提高警惕。

【经验分享】

图124为2010年6月24日的大盘分时图走势，该阶段正处在连续三天的弱市整理之中，也就是变盘的边缘，非常时期得看关键走势，图124中在上午三浪放量拉高后，下午明显的由强转弱现象，也是向下变盘的前兆。随后两日走势几乎在模仿该图运行，但力度逐步减弱，一并完成5天的弱势整理，风险也随之而来，大阴杀跌近在眼前。一般只要持续3~5天走弱，后面必会再杀出低点，这就是所谓的阴跌后必会大跌。

大盘的走势相比个股而言，要有规则得多，因为主力若想控制大盘走向还是比较难的，不像个股可以编织K线形态来诱惑散户。所以，笔者认为分析大盘比分析个股要容易得多，但是大盘受干扰的因素较多，而干扰个股的信息较少，唯有主力（建仓、洗盘、出货）异动时才会干扰到个股。不过，正常情况下主力也不想随意折腾股价，因为费力又费成本，还会受到监管层监督。

大盘分析技巧精选六：大盘风向标分析技巧

当大盘出现明显的涨跌时，每个阶段都会有一只或者几只对市场影响较大的个股出现。其出现技术性的走势特征，也会对大盘的趋势起到修正与加速作用。有时也会是一个板块，其有效性更加明显。大盘指数均以权重股为风向标，如中国石化（600028）、XD中国石（601857）、中国银行（601988）、工商银行（601398）、万科A（000002）、中国联通等，它们的走势会直接影响大盘趋向。

板块成为大盘风向标的有几类：一是能带动指数上下波动的地产板块。二是能带动市场人气的有色资源和新能源板块。因为这两类板块涉及个股较多，市值偏重。三是国家重点扶持对象如农业板块，该板块的活跃也能带动大盘向上。再如一些热点炒作较多的也会引导大盘向上，另外中小板块渐强渐弱也会有同样的影响力。

图125
时间窗变盘卖出信号

【技术特征】

1. 关键时期必会有非常动作，图125中的K线，前一日是突破前高点，但分时图中却没有出现大阳上攻并企稳的迹象，反而低开低走，说明市场无意做多。

2. 在市场无意做多的条件下，两个时间窗口又是重要的变盘信号，如图125早盘修整期后的时间窗口10：30前后发生变盘向下，下午也三次不能突破高点，只好在时间窗口14：00后尾盘30分钟选择反身向下，并且带量重挫，全天收出实体大阴。

【操作技巧】

1. 非常时期我们必须重视，在前一日突破前高点后，按做多的手法来说，次日应该继续大阳上攻企稳才对，相反早盘却低开，这一信号预示还不是做多的时候，投资者应就此做出操作决策，盯紧手中的个股尽量寻求高抛机会。

2. 两个时间窗口结合分析，短期明显看空，后市必会再探低点，这一分析确立后，方向也基本明朗，手中持有的个股该减就减，该锁利就锁利，或者是止损。如果是中长线者看多后期长远行情，也同样不必惊慌，适时减仓即可。

【经验分享】

对于短线投资者来说，图125在非常时期的关键走势图不得不重视，对盘中的信号一定要有敏感度，稍有忽视恐怕一两周的利润就没了，例如图125正好在10：30左右和14：00左右易变盘的区域发生了行情变化。特别是卖出股票时，能有效锁利才是最终获胜者，遇到该图关键时刻不机灵一点必会吃亏。如果手中的股票一直是弱于大势的，风险将更加严重，一旦大盘下跌手中的个股会比大盘跌得还快。相反，如果手中的股票一直强过大势，那么可以降低一定的风险，也留给你足够的时间锁利。

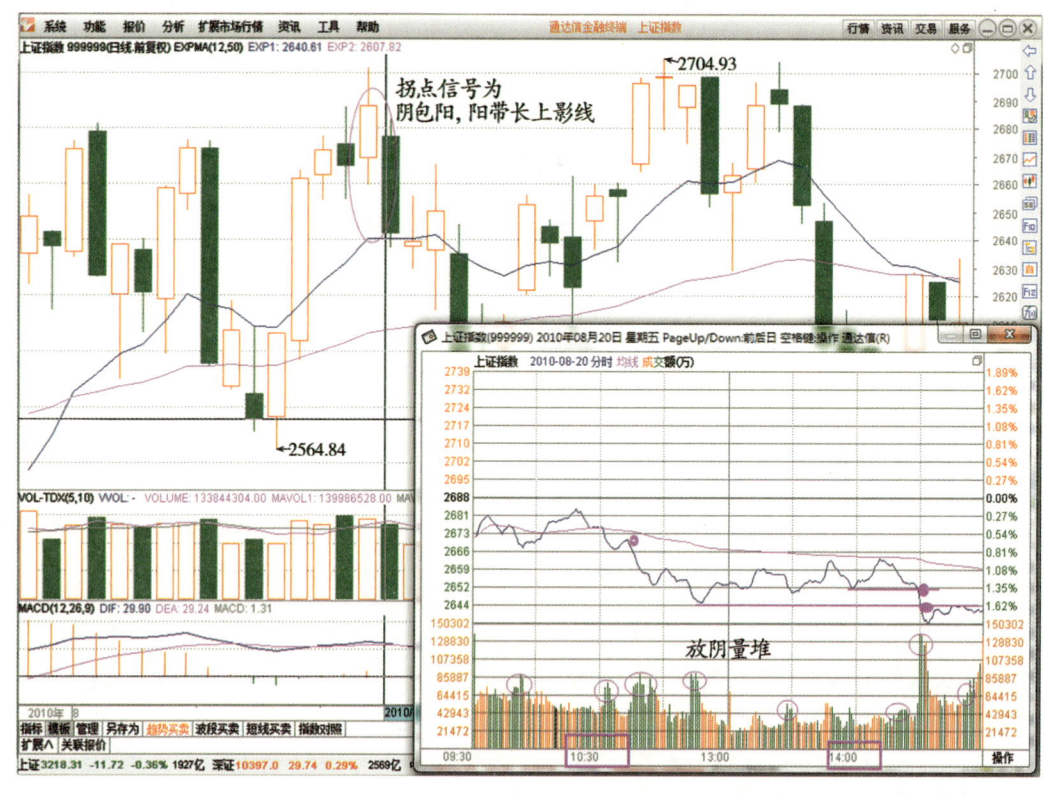

图125　上证指数（999999）时间窗变盘卖出信号

大盘分析技巧精选七：大盘运行风格转换分析技巧

　　一轮上涨行情一般少不了这些环节：首先启动权重股带动指数企稳上涨，如2010年7月的上证指数。接下来是启动指数板块（地产、金融）和人气板块（有色资源和新能源），既能带动指数，又能带动人气，形成普涨局面。再接下来是炒题材、炒热点，在权重股搭台的情况下，题材一飞上天，炒高之后又回到板块轮动。板块轮番炒作之后进入个股分化，先是投票式行情，后是称重式行情，此期间前面的牛股变熊、熊股变牛、补涨等，一些优良的股票也进入热炒阶段。下一步是边缘化三四线股，如一些冷门股、垃圾股、亏损股也是炒作的对象。最后什么都炒高以后，再启动蓝筹股的最后疯狂，执行障眼法出货，此时龙头股也开始疲软见顶。

图126
尾盘拉升卖出信号

【技术特征】

1. 尾盘拉升有几种方式，但针对一些假象拉升必须分辨清楚，否则将会踏入主力的陷阱导致亏损。

2. 虽然盘中有拉高但后劲不足，又被打回原形，并且是直线放量下行。一种原因是受阻回落；另一种原因是无力上行，次日平开低走，放量大阴出现。

3. 虽然在尾盘拉升并放大量能，看似做多，但结合全天走势看并非如此，盘中有一轮杀跌，加上尾盘冲高没突破盘中前高点，且K线临近前高点，短期看空。

4. 前一日上涨1.44%，量能1250亿，图126上涨0.53%，量能1284亿，同比前一日放大34亿，涨幅却缩小0.91%，反映出量能增加而指数没涨多少，与个股分析一样，"量涨价不涨"就存在风险问题。

【操作技巧】

1. 2010年8月3日最高点是2681点，图126中2010年8月9日最高点是2676点，在不能过顶突破时反身向下直线走低，这一信号说明股价明显受阻回落，理应控制风险。

2. 从量能上可发现下跌放量、反抽缩量，这是一种出货现象的风险前期，如果手中有盈利的股票可逐步锁利出局，避免冒险。

【经验分享】

尾盘拉高方式有很多，其意图也不尽相同，但最终的目的还需看次日的走势才能确认。我们不必全部去揣测明白，只要能看懂类似情况出现时的K线所处位置，是高位、低位还是变盘期，观察这几点即能简单判断其未来走势。如果在低位出现尾盘拉高，为建仓动机；如果在高位出现尾盘拉高，可视为假象；如果在横盘中出现

图126 上证指数（999999）尾盘拉升卖出信号

尾盘拉高，那么变盘在即；如果在其他变盘期出现尾盘拉高，最好先观察次日是收阳线还是收阴线，再决定后市做多还是做空。

大盘分析技巧精选八：大盘风险与机会预期分析技巧

股市是经济的晴雨表，具有预见性，在此前提下能发现预见性的多空征兆，市场职业投资人都具备这一前瞻能力。想要预判风险，一看经济周期和市场运行周期处在什么阶段；二看市场经济变化而导致的政策性风险；三看周边重大消息能影响的深度和大小；四看技术形态所处位置；五看量能变化是否量增而指数不增。所谓政策市的政策底，首先要看政策态度和相关规划出台，跟随政策走绝对没错；其次，在市场底关注国家队的社保以及汇金有何举动，再判断多空。

比如2010年6月和7月上证指数在2500点以下时，保险调高入市投资比例，社保进场，汇金增持建设银行，新能源5亿元投资规划等特大中长期利好，直接关系股市的方向性。政策规划很多，关键看公布在什么位置，如2008年上证指数在3000点左右时同样有重大利好政策出台，但还是改变不了熊途终止。消息很多，需要弃小重大。

图127
尾盘杀跌卖出信号

【技术特征】

1. 图127是2010年7月2日上证指数自2319点以来一轮上涨后的调整日走势,从分时图即可看出调整行情就此开始。

2. 早盘竞价后开盘放量不涨,非常时期在关键时间窗口10:30后发生剧烈向下变盘,行为意图比较坚决。

3. 下午14:00后反弹无力,突破早盘高点,再现尾盘时间窗口重挫下泻,放量收低,全天为实体大阴线,次日继续下探。

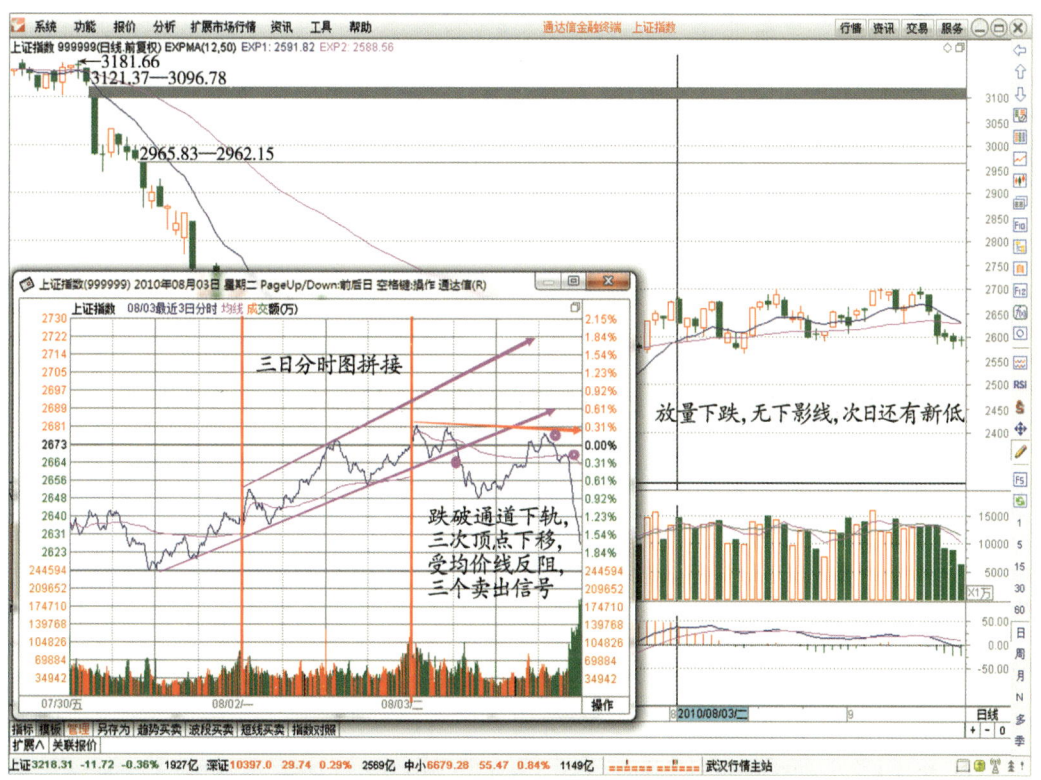

图127　上证指数(999999)尾盘杀跌卖出信号

【操作技巧】

1. 在一轮持续上涨后必然会出现修整期，特别是接近调整风险时，量能必会出现剧增，图127的前三天就是如此，7月29日单日量能超过本轮上涨中的最高位，但指数微涨，属风险信号。

2. 有了风险前兆的信号，接下来的每一天都要提防，观察分时图有什么异常现象发生。如图127，早盘放量不涨，高点降低，低点下移，更是带量直线下行。早、尾盘的两个时间窗口都发生重挫直下，特别是早盘放量不涨和10：30时间窗口变盘就应出局或减持。尾盘也是如此，在时间窗口14：00时不涨，反而形成下降趋势时，果断出局还不迟。

【经验分享】

如果只看当日分时图，我们只能发现两个卖出信号，再将近三日分时图拼接来看，就会提早多发现一个卖出信号，所以，多日分时图不能忽视。例如前一日走出第一浪或第二浪上行，次日便会走第二、第三浪或第三浪（最后一浪）上行，随之面临回调的要求；如果只看当日分时图，我们会认为还有第三浪出现，结合多日分时图我们会认为才一浪上涨、回踩后还会再上涨。再例如，前一日分时图走出两次顶，当日再出现一次顶（共三次顶都出现了，甚至可能高点在下降），假设你只看当日的一个顶点或许就意识不到重要性。

笔者不是见事说事，见图说样，如果读者能明白一个道理就能理解：不管主力有什么动机，都会在K线图上留下痕迹。处在什么位置、什么区域，代表什么意思，这需要投资者自己去分析。炒股需要靠智慧去博弈，智慧会体现在判断能力和决策能力上。

大盘分析技巧精选九：股市运行周期分析技巧

当计划投资进入股市的时候，也就相当于选择了一个投资项目，首先要把握准一个投资是否有价值，再有钱、再有智慧的人如果选择了一个不恰当的时机投资都会徒劳无功。不同周期用不同的投资比例、投资方式以及操作策略，是成为成功投资者的前提。周期分为经济周期和股市运行节奏周期，散户投资者其实没必要像经济学家和资本投资专家那样去深入研究。

对散户来说，只要分清熊市和牛市的特征，以及股市运行节奏、规律、周期即可。最难把握的是股市运行节奏，这一点可以根据波浪理论和市场供给现象来判断。时间周期如简单的周一和月初的走势方可代表后一周和一个月的强弱走势,这只是相对而言,并非绝对。

图128
圆弧顶卖出信号

【技术特征】

1. 类似图形并不多见,在股市技术形态中只要出现圆弧顶则看跌概率较大。

2. 图128中在早盘低开上扬走出上行三浪,冲高后缓慢回落,回落中反抽无力,继续上行动力不足,尾盘收低,全天报收出长上影线。

3. 此图如果出现在低位有两种可能:一种可能是试探做多,看市场反映如何,这从图128中的量能可以得出,没有出现放量下跌,缓慢下跌说明主力还抱有一丝做多的意愿;另一种可能是不到做多时机继续探低。

【操作技巧】

1. 如果在高位出现类似图形无疑是市场转弱的信号,调整风险渐近。

2. 如果出现在低位,可对随后几日的走势加强关注,并进行分析以便得出最终的结论。

3. 三日分时图拼接分析中,当日三顶远离均价线、前高受阻、指标顶背离为逃顶卖出信号,在受阻回落后与均价线形成死叉,再受均价线反阻为最后一次卖出信号。

【经验分享】

炒股就是炒趋势,把握大趋势赚大钱,把握小趋势赚小钱,把握不准趋势牛市也亏钱。所以说,只要投资者能把握准一个大的趋势就不必在意小的趋势,否则会因小趋势乱了大趋势,最终追悔莫及。不管是短线投机者还是中长线投资者都是如

图128　上证指数（999999）圆弧顶卖出信号

此，短线爱好者看懂手中的股票，能及时发现买卖信号就能赚钱。如果你认为看大盘比看个股更重要的话，永远都赚不到钱，就算把大盘看准了还是要回到个股才能盈利，除非炒股指期货。不管强市弱市都有上涨的股票，这点谁都明白，只要你选择强势股严格按照技术操作就可以。

大盘分析技巧精选十：顺势而为的操作技巧

行情大趋势成立时，选择有潜力的个股如行情中的主流品种低位买入，做精一只股即可，捂股就能赚钱。短线投资者可选好几只股进行长线短打操作，不必天天选股，强市中大多数个股都会上涨，跟紧几只踏上节奏必有厚报。如果行情处在弱市，可以不参与其中，或者少量短线参与，做到快进快出，设好止损位置，绝不能被套。选择强势股操作获利机会较大，稳健型投资者可选择防御型个股操作。

如果看不懂、没把握，切勿盲目投入，择机清仓，休息观望，明朗时再进也不迟。例如2010年8月，大盘处在整理之中，很多人失去方向，既怕踏空又怕风险，在这种左右为难的情况下，笔者用简单的方式告诉投资者，只要上证指数单日成交量没达到2000亿元以上就不会出现大调整，继续低吸，买入捂股必会赚钱。

第七章 长线慢牛股经典技术图解

牛当然有牛的基础（基本面具有持股成长性），涨当然有涨的动力（有中长期主力资金进入），强当然有强的势头（上升通道顺畅），赚当然有赚的方法（选股+捂股）。在本章，笔者将汇总这些典型的图形案例，并进行综合性的描述。

哪些股符合长线慢牛股？

1．长期走牛需要以长期的业绩增长为支撑，短期走牛需要题材和消息的配合。

2．政策大力支持、行业前景广阔、业绩增长明确、高新技术优势、行业处于发展周期、可持续的题材概念成长股等。

3．资金投向决定牛股长短，长期资金决定长期走势，如何分辨主力类型，请参见书后的附录一。

4．众多牛股一般发生在中低价（8~12元）和中小盘上面。

5．价值低估、价值发现，牛股称重器测试重量判断空间。

长庄慢牛股主力在建仓之时，股价趋势会具有什么特征？

日K线图是研判股票走势的重要工具，中线的吸筹周期较长，虽然主力一定会刻意掩饰，但是仍然有许多迹象会暴露主力的真实意图。

1．底部区域整体是阳线量大、阴线量小、阳多阴少，或是频现涨停板建仓。

2．股价上行中成交量先递增后递减，与一般的价升量增的股价运行规律不同。中长线多数筹码被主力锁定，导致盘中筹码稀少，仅需较小的成交量就能将股价推高，并且越推高成交量越小。

3．主力中途洗盘增仓阶段，一般是先迅速缩量到地量企稳，再温和放量重拾升势。

长线慢牛股的操作技巧是什么？

1．主力建仓期一般为2个月左右，甚至更长时间，投资者有足够的时间跟踪并可"金字塔式"分批买入。

2．牛股日均线可采用（5日、10日、20日）MA均线系统，因为最强势时是沿5日均线直线上行，稳步盘升一般以10日均线为轨道，波浪形上升一般以20日均线为轨道。

3．操作方面，例如：股价远离5日均线时可减持或卖出，根据前面的历史规律观察，当回踩10日、20日均线出现缩量或地量受支撑时可低吸，回踩后再次突破5日线时也可买入；当5日均线出现死叉，10日或20日均线为卖出信号。

图129
长线大牛技术特征

【案例图解】

炒股赚钱效应最明显的就是在每一轮上涨行情中抓龙头、抓主流、抓牛股，每天看盘几小时就是为了寻找牛股。其实，牛股往往就在身边，笔者认为，在牛市中抓牛股并不难，难在操作，因为有的人在牛市中照样亏损。本书只讲到牛股图形分析，具体操作过程见《做精一只股（彩图版）》一书。众所周知，图129中的中恒集团（600252）曾被华夏基金的王亚伟进驻过，复权后可看出从2008年10月至2010年4月涨幅高达1230%。在2009年7月29日大盘大跌时，该股波动了10%左右后就开始整理，回踩一下趋势下轨线后再度上涨，善用EXPMA趋势线的人可清楚看出图中两条线的重要性。

捂股法则一：EXPMA趋势线运用

要懂得识别以及善用趋势线的位置划分，如长线短打，可沿趋势上下轨线为高抛低吸，在没破下轨线时或主力诱空下破后一周内能收复时，应该坚定看多信心不动摇。在跌破下轨支撑一周内不能收复时建议离场观望，持币在手或寻求其他机会。如果日线上难以分辨趋势方向，不妨将趋势线运用在周线上，例如2009年9月至2010年5月的东阿阿胶（000423），将这期间的日线和周线用EXPMA趋势线对比一下自会明白有什么不同，如果按照周线上的EXPMA趋势线捂股必会大赚，如果按日线操作，恐怕难以捂股不放。

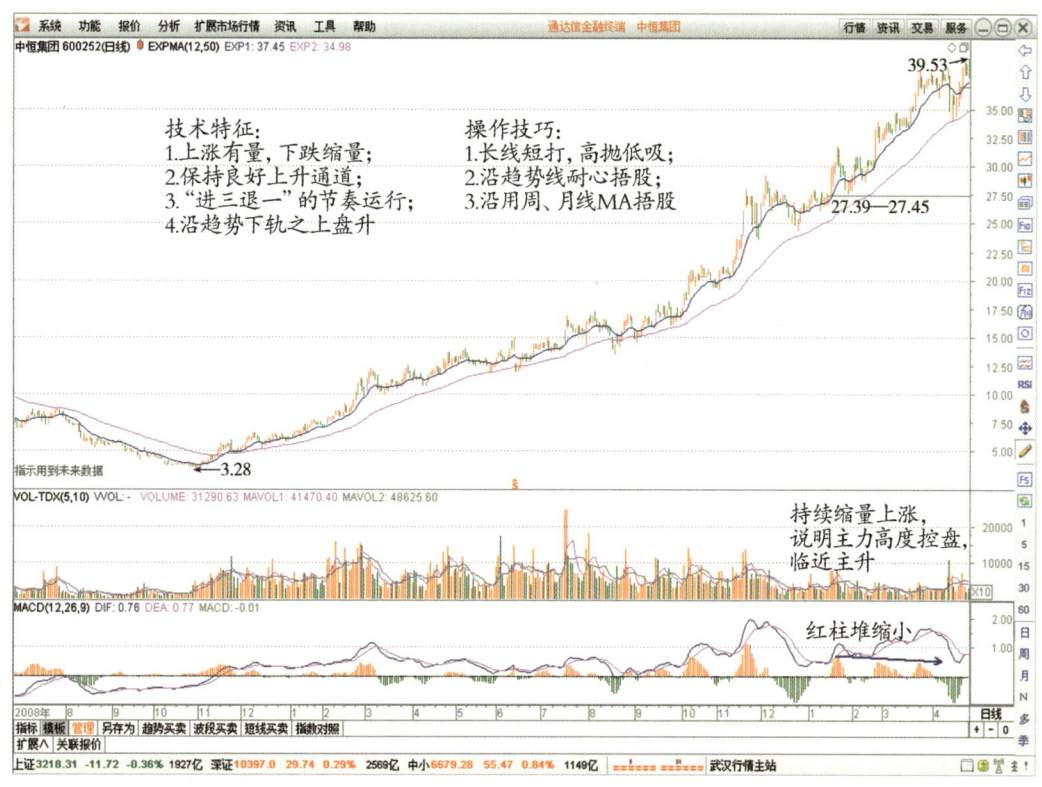

图129　中恒集团（600252）2008—2010年走势图

图130
进一还三买入信号

【案例图解】

图130完全按波浪理论中的上三浪和ABC修整浪的规律运行，懂得波浪理论才能踏准节奏。在波动中仍以趋势下轨线为基准，其运行节奏明显更适合波段或长线短打操作方式。特别是在每次小三浪调整尾声出现地量时都是介入良机。经过三浪完成后别忘了最后的主升浪盛宴，少则30%，多则50%以上的涨幅。别看图130走势一

波三折，区间累计涨幅却高达4倍，高抛低吸收益会更丰厚。如果短线参与平均每一浪上涨可轻松赚30%左右。

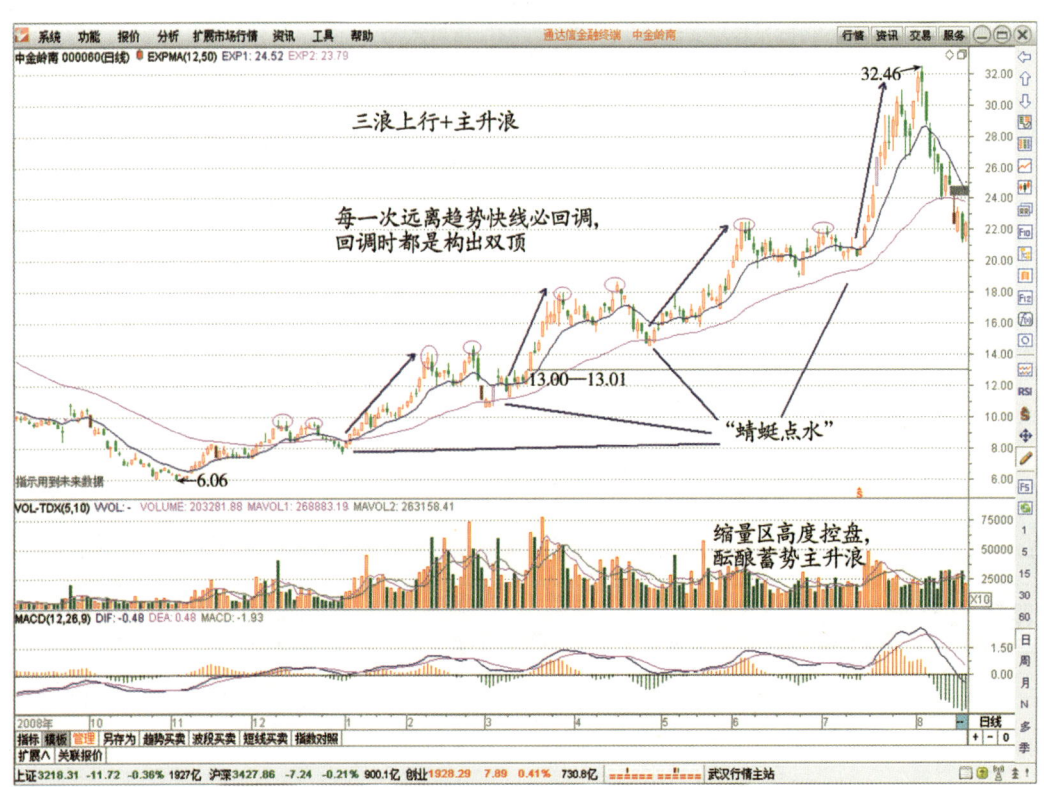

图130　中金岭南（000060）2009年走势图

捂股法则二：波浪理论捂股

从图130中可看出运用波浪理论的操作技巧，盈利是非常可观的，其实每一轮上涨行情中都会有部分个股出现类似走势。特别是在上升二浪时该图形就基本成立了，也就是说在上升二浪时参与更安全可靠，上升浪坚决捂股必赚。一般情况下，有一浪就会有二浪的可能，有了二浪就必然会有三浪，甚至主升浪。再运用EXPMA趋势线或BOLL布林线寻找高抛。

图131
蜗牛到慢牛再变大牛特征

【案例图解】

笔者在2010年3月17日发表博文《从蜗牛到慢牛再到大牛的特征》，在百度上可搜索到。该类型的个股走势是大型机构进驻的特征，如保险等稳健型投资机构，从建仓时间就可看出后市能走多高，一般长线资金流进时间短则1个月，长则6个月。但对于短线投资的散户来说，如果在前期参与该股很可能还会亏钱，原因是频繁进出。

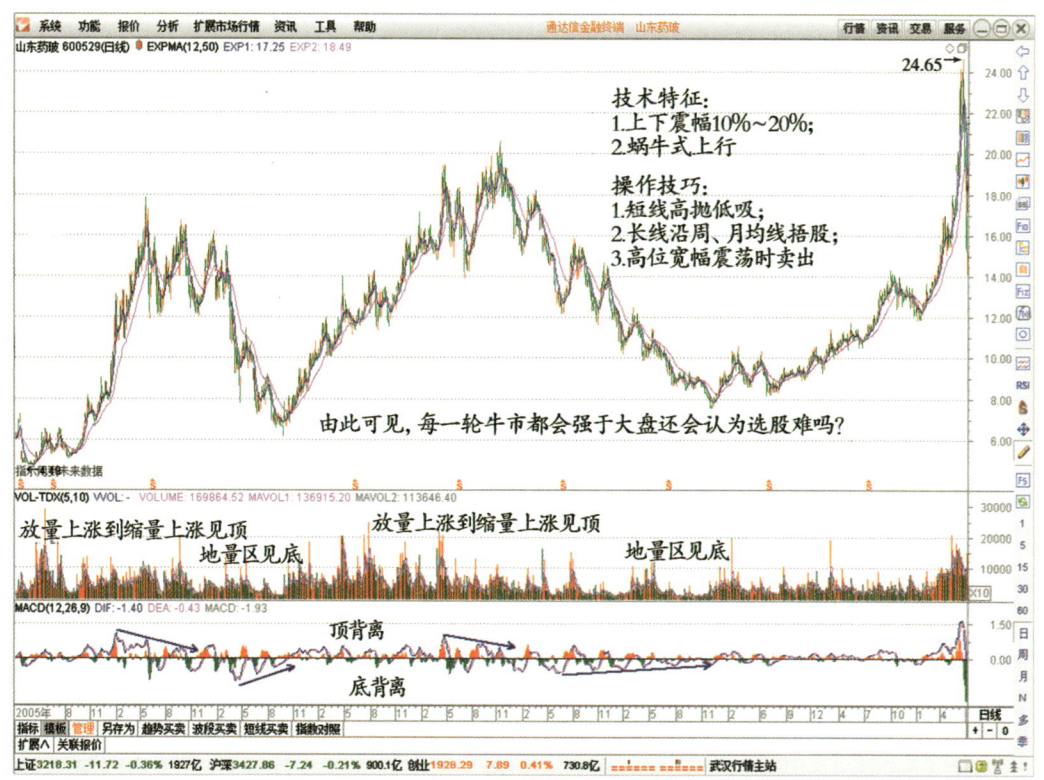

图131　山东药玻（600529）2005—2014年走势图

捂股法则三：合理估值捂股

选股要选有牛股潜力的个股，捂股要捂有价值发现的对象。如果捂一只在未来一段时间可能发生恶化，或是停牌复牌后连续出现跌停现象的个股，或者是持仓成本过高，都会导致高估值的风险。捂一只有潜力的个股，除了股价上涨能带来盈利外，还可享受分红的收益。

图132
好事多磨技术特征

【案例图解】

图132为中铁工业（600528）2006年底的走势，本书中笔者多次提到。从2006年至今，三次大底都是同一区域价格，笔者每一次都没有放过，只要你有足够的耐心和信心就可以盈利。在此讲述是想说，曾在底部长期盘整出来的大牛股，在箱体内买入的可称为好事多磨，还得遭一次挖坑的动作。因为笔者亲历过，所以在此不建议投资者在长期箱体内介入，而是在挖坑后进场，这样可抄主力的底，并且节约时间成本。类似图形在牛市中绝对是横有多长竖就有多高。该股在上一轮牛市中不足一年的时间里涨幅高达6倍。

捂股法则四：对应经济周期捂股

经济周期又称商业周期、商业循环或经济循环，是国民收入及经济活动的周期性波动，一般可持续2～10年。它以大多数经济部门的扩展或收缩为标志。经济周期具体可分为四个阶段：繁荣、衰退、萧条、复苏。其中，繁荣与萧条是两个主要阶段，衰退与复苏是两个过渡阶段。

图132 中铁工业（600528）2006年底走势图

圆弧牛股特征

【案例图解】

如图133所示，只要在低位或历史性底部出现圆弧底形态，在牛市的伴随下必会走出漂亮的上涨行情。圆弧越大涨势就会越高，在圆弧最底端基本都会出现地量运行，随之量能换手率逐步放大，在圆弧基本形成时是最佳买入时机。通常情况下，在后市都会出现一波上涨行情，只要在圆弧初步形成时买入，均可盈利50%以上，但是，在突破圆弧口沿后会有回踩确认支撑的可能。

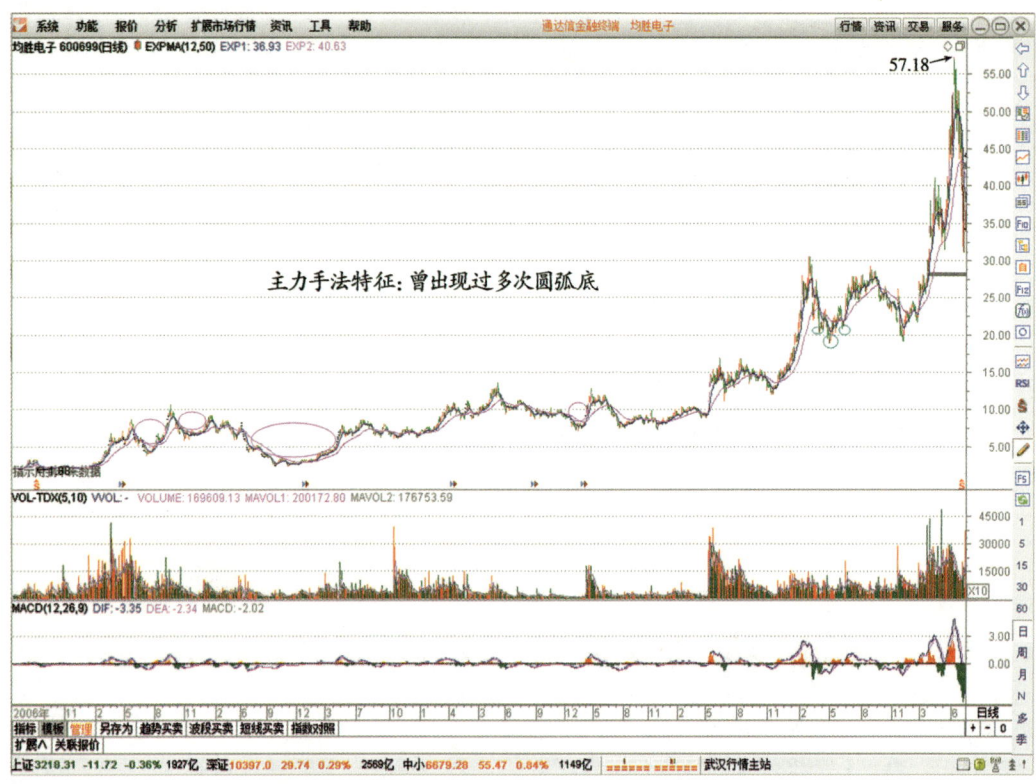

图133 均胜电子（600699）2006—2014年走势图

捂股法则五：捂股并具风险

不只熊市有风险，牛市也有风险，长期捂股也有一定的风险性。投资者应该坚定一个认识——"只有投资大脑才能只赚不赔"，这体现学习的重要性。牛股也会有调整，但调整幅度不会太大，通常不会超过20%，可以打开前几张图对照。笔者希望读者能参照前述的捂股方法有效控制风险，设好仓位和止损位。

图134
震仓后再现牛气特征

【案例图解】

由图134可见，当前大盘都还运行在半年线和年线之下，大多数个股也是如此，细心观察可发现有极少个股仍保持在两线之上运行，如曾经的青岛金王（002094）、江特电机（002176）等，这也是类似大牛股特征。每当大盘大跌时，图134中的圆圈内就会以震仓式完成调整，并且振幅都不大，主力也会利用大盘调整进行一次震仓洗盘行动，震出不少散户，随后提前于大盘企稳上行。

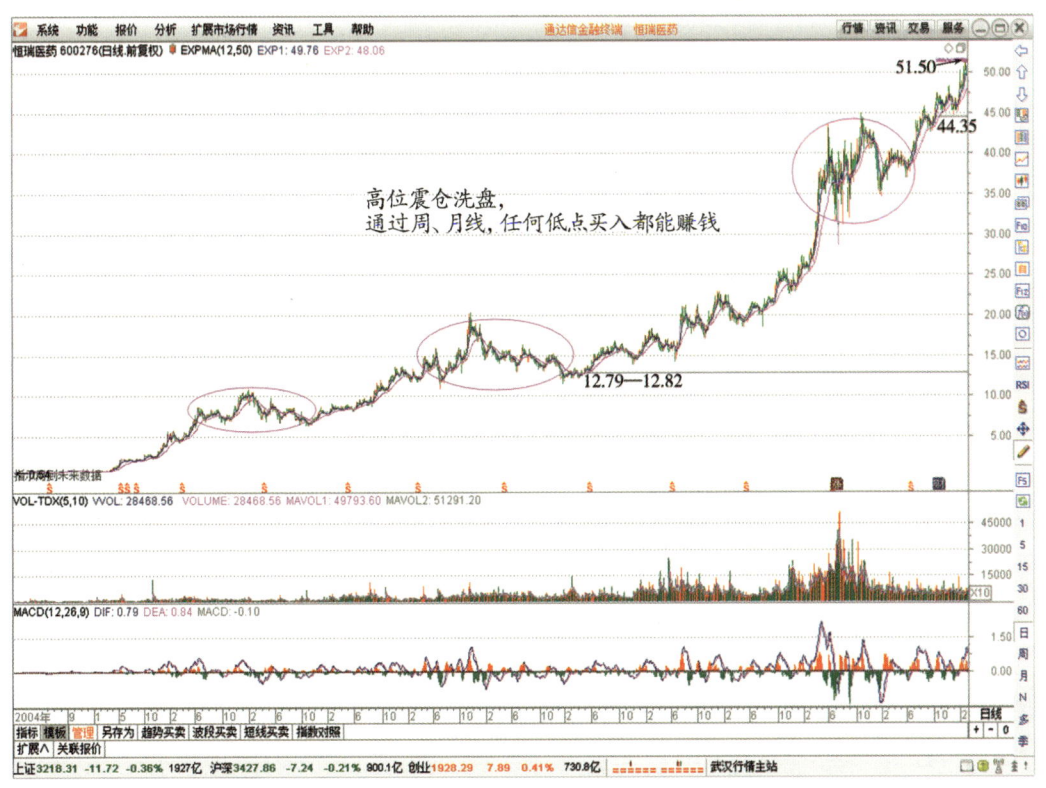

图134　恒瑞医药（600276）2004—2015年走势图

捂股法则六：捂股中要识别震仓意图

笔者认为，随着市场逐步健康成长，投资者也逐步理性，加之各方面的投资教育工作扩散，在下一轮牛市中很多人都会选择捂股不动的手法。可试想一下，主力会怎样操控呢？主力唯一的手法就是运用震仓式来震出长期捂股的投资者，笔者预想，在以后的市场中主力依然会经常使用震仓打压的手段。因此，若能深入了解主力的操盘手法，投资者的买卖操作将更有把握。

第八章 防庄做假线经典技术图解

一提到股市中的"骗线",投资者们往往会目瞪口呆、不知所措,很多资浅投资者对其并不完全了解或知之甚少,导致亏损就陷落在主力"骗线"上。主力在拉升途中经常出现"骗线",在K线上做出几种让散户投资者产生心理恐惧的图形,这就要求我们及时识别主力的"骗线"行为。本章中,笔者汇总部分常见主力多空"骗线"图形进行技术讲解,希望能给投资者带来一定的帮助,提高自我防范能力。

图135
三星变盘式假象

【案例解析】

图135为乐凯胶片（600135）2010年6—7月日K线的探底走势，经过一轮顺大势深跌下来，出现微弱反弹。第二次反弹的下三角形由三颗十字星组成，一般理应看涨，但没想到次日大阴突然袭击直破前低点，再次进入探底。最为特别的是底部的长上影线出现高开低走，说明主力在试仓介入。随后反弹到前高点时又出现上三角形的三根小阴线，理应看跌，也可理解为"上涨三部曲"，但是没有出现大阳包住三根阴线，因此还不能提前下结论。类似地频繁出现三角形的三颗十字星走势，简称变盘信号。

【操作技巧】

在出现三颗十字星之后两天内，观察变盘是不是方向性突破。如出现阴线破前低点则做空，如大阳包住三颗十字星则做多。

图135　乐凯胶片（600135）2010年6—7月走势图

假双顶　变牛股

【案例解析】

如图136所示，初期放量冲高看似赶顶现象，随后回调反弹形成M形双顶形态，此阶段也是2010年4月15日后的大势调整之时。在大势企稳反转后，该股顺势走强却走出W形底的形态。从高位震仓吸筹阶段可发现，震荡幅度远小于大势，还不到20%，并且回调中低点在不断抬高。类似从假顶出现转为真大底的走势也只有大牛股才有可能做到。

第八章 防庄做假线经典技术图解

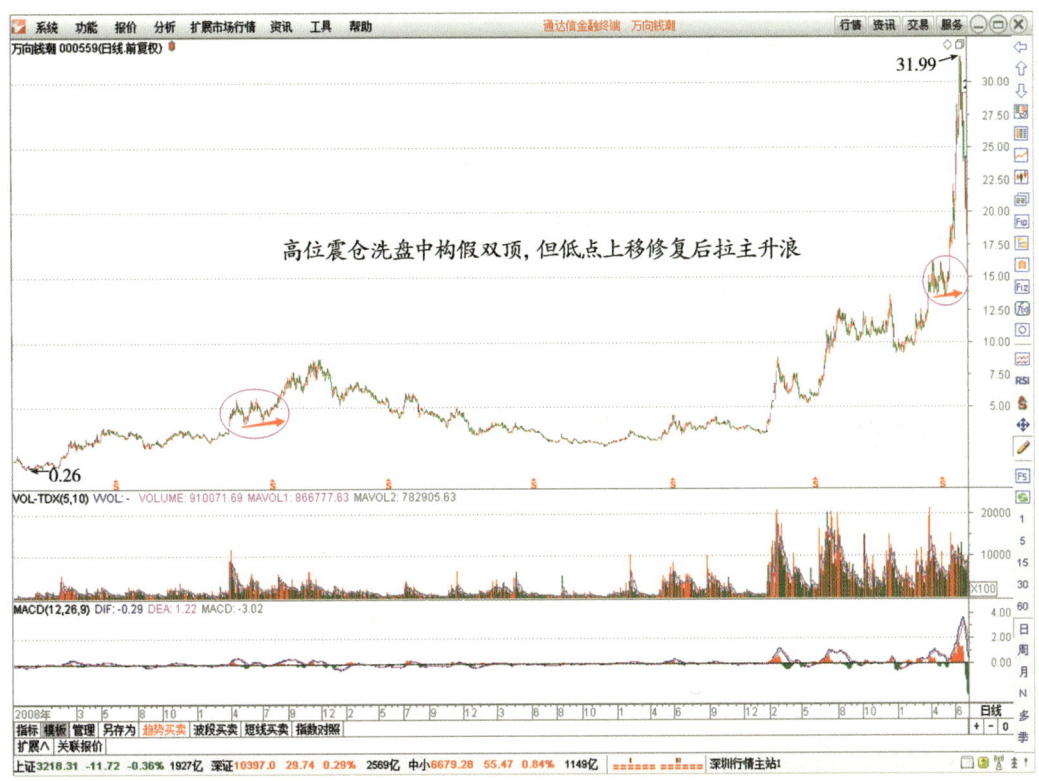

图136　万向钱潮（000559）2008—2014年走势图

【操作技巧】

大调整中能强于大势的个股应重点关注，说明背后必有题材以及资金实力雄厚的中长线进驻，如此才能稳住大局。当你熟悉大牛股的特征时，如果精心研究发现价值所在，就可在大势企稳或过顶突破时大胆参与。

图137
假象破轨骗线

【案例解析】

图137中的图形较为常见——具有诱空性的跌破趋势线。整体而言可看作是上涨中的洗盘现象，如果投资者在下跌或破位时卖出，那么前一个月的盈利将不复存在。从图中可发现明显的洗盘信号，洗盘下跌中的四连阴以缩量为主，说明主力并无意做空，只是吓出信心不足的散户浮筹，以便后市进一步打开上涨空间。

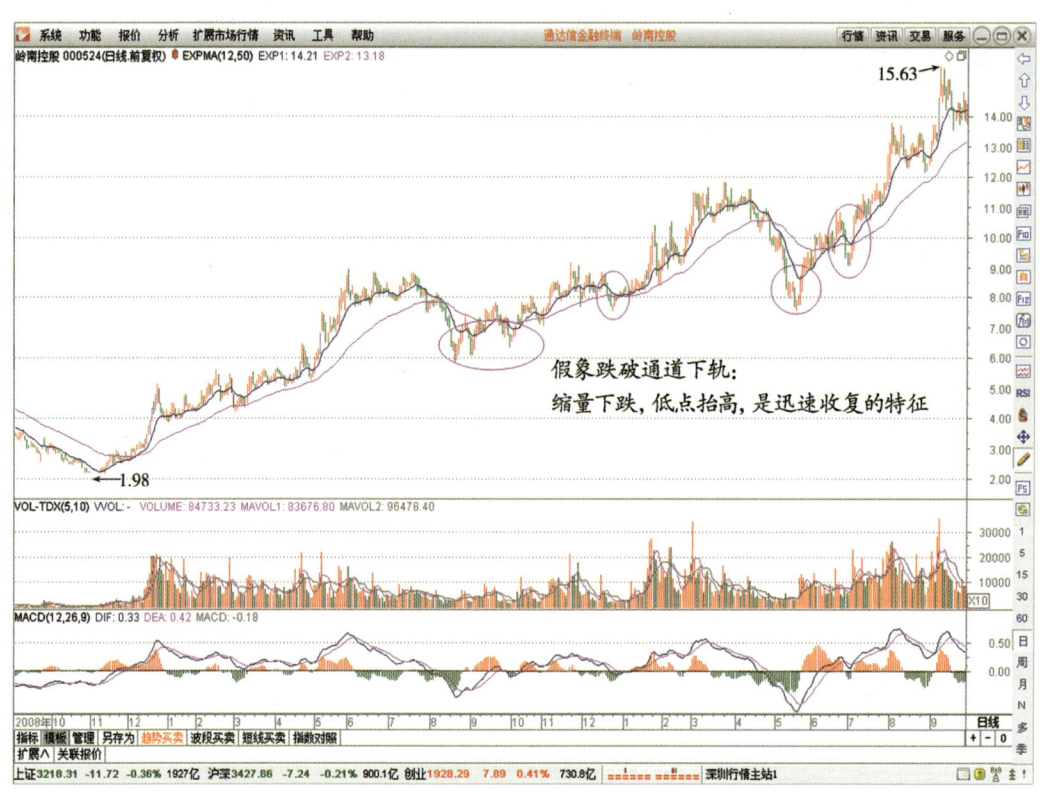

图137　岭南控股（000524）2008—2010年走势图

【操作技巧】

笔者经常提到下破支撑线时唯一能确认是否有效的关键在破位后的3～5天能否收复，如果在破位后3天内能及时收复说明后市会更强。但必须出现在大阳突破时才是低吸信号。其次看趋势线是否有效死叉，一旦形成死叉赶快出局，调整会持续一周以上，如图137中不但没形成死叉反而是以"蜻蜓点水"的形式逞强。

图138
假象填权不可信

【案例解析】

每年都会有很多高送转、高派利的个股，一般来说，在分红之前已经大有炒作的可能，主力早已入驻，当分配后主力择机而逃。图138中的个股基本面较好，有新材料、新能源、风能等热门题材，除权后股价变低更能吸引散户投资者，主力以假象快拉两涨停进行套现，很多散户投资者认为如此强势应该会填权，主力就利用了散户这一心理骗线，在主力派发后该股就一直陷入盘整状态。

【操作技巧】

试想一下，在主力得到分红送转后肯定会进行短期派发。从涨停动向来看，量能放之过急可察觉为假象。其次，如果主力真要做多填权也完全可以用慢涨方式，这样还可吸取更多的筹码。遇到类似现象千万别冲动追涨，再说每年除权后又立即填权的个股并不多。所以，日常看盘都是用"前复权"。

图138　沃尔核材（002130）2008—2009年走势图

横盘整理假突破骗线

【案例解析】

图139是许继电气（000400）2008年上半年的走势，在前期涨幅达150%的基础上，进入3个月的高位箱体整理。图中可见在挖坑之前有一个诱多突破箱体的假象，并且带有成交量的突破，主力在次日大阴收盘并且开始直线下行，跟风者连止损的机会都没有。在经过两轮挖坑洗清浮筹后再度大涨，启动时以跳空式上扬，不给散户低吸的机会。

【操作技巧】

只要横盘箱体整理达2个月以上，在主力建仓拉升时必会出现挖坑现象（横盘时间越长，启动前挖的坑就越深），可以顺应主力思维在挖坑下跌10%以上时逐步进行低吸，完全可以抄对主力的底，但初期不能太大单买，否则易被主力发现。

图139　许继电气（000400）2008年上半年走势图

图140
假象反弹骗线

【案例解析】

"假象反弹"一般出现在下跌中继时期,因为主力在高位没有完成出货,在制造急跌后的假象反弹,使一些一直看好该股的投资者去抢反弹。图140为宏图高科(600122)2010年2月底的K线图,到7月初股价已跌至10.61元。如图140在前期重挫后出现过第一次反弹,在构头肩顶的右肩时二次探底后制造出强力的反弹,但幅度不高。从图中文字可以理解主力的意图何在。

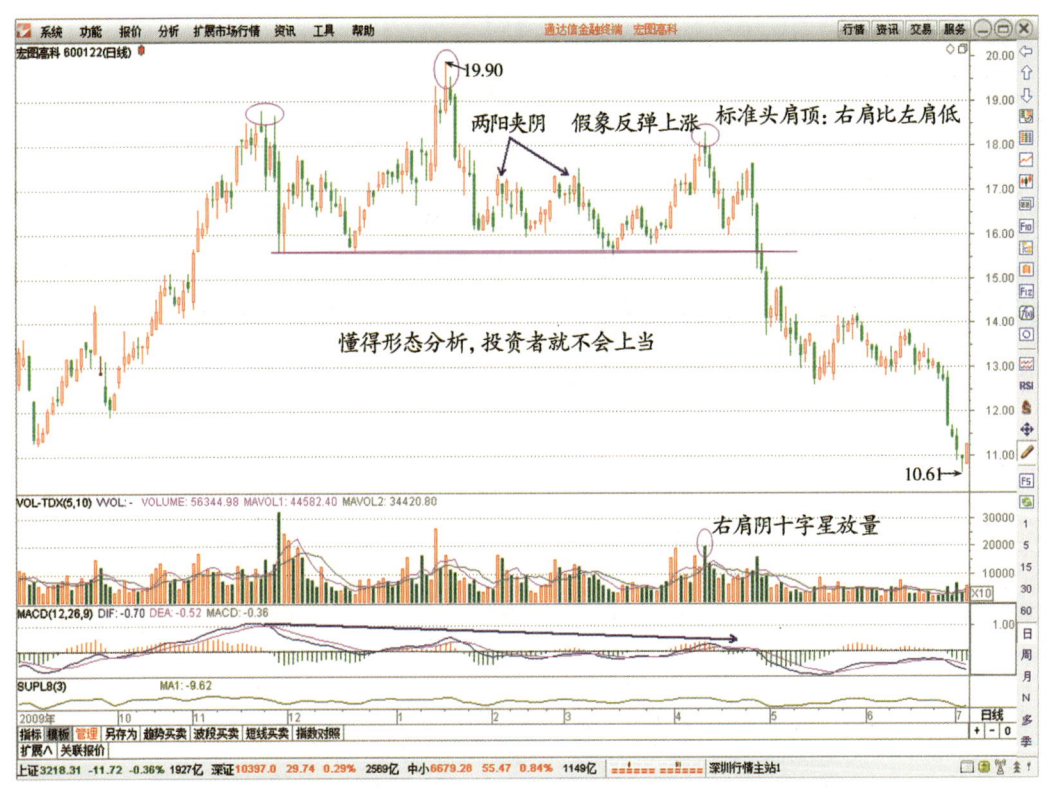

图140　宏图高科(600122)2010年2月底走势图

【操作技巧】

抢反弹的前提是不能追高,还有一个重点是快进快出,一旦失手必会被套。如图140中圆圈内突破前一高点的大阴线,因为收盘收在前几天的低点之下为风险信号,加上次日未出现大阳包住这根阴线,预示后市必跌,所以这一根阴线从天堂到地狱,由此变盘向下。

图141
跌停洗盘骗线

【案例解析】

图141为湖南投资(000548)2007年2月后的K线走势图,类似现象较为多见,以平开低走到跌停,这样凶悍的手法必会吓出不少散户。当然,这也是速战速决的手法,急跌后又急涨,主力杀回马枪。看似可怕,但也就踩一下10日均线,而且在跌停当日没放大量能,说明主力无意做空。前面低位的均线也有假象,筑底时站上5日均线受阻,随后的十字星30日均线受阻,次日又是20日均线受阻,在突破前高点时再受阻回落,如果运用均线操作则难以低吸。

【操作技巧】

串阳筑底时量能逐步放大做多,在突破前高点时缩量回调,收阴线十字星为加油修整,可做多;在跌停后出现带量实体大阳并收在跌停位之上,下方10日均线受支撑,可反手做多;后期在收复跌停阴线时,可大胆做多。

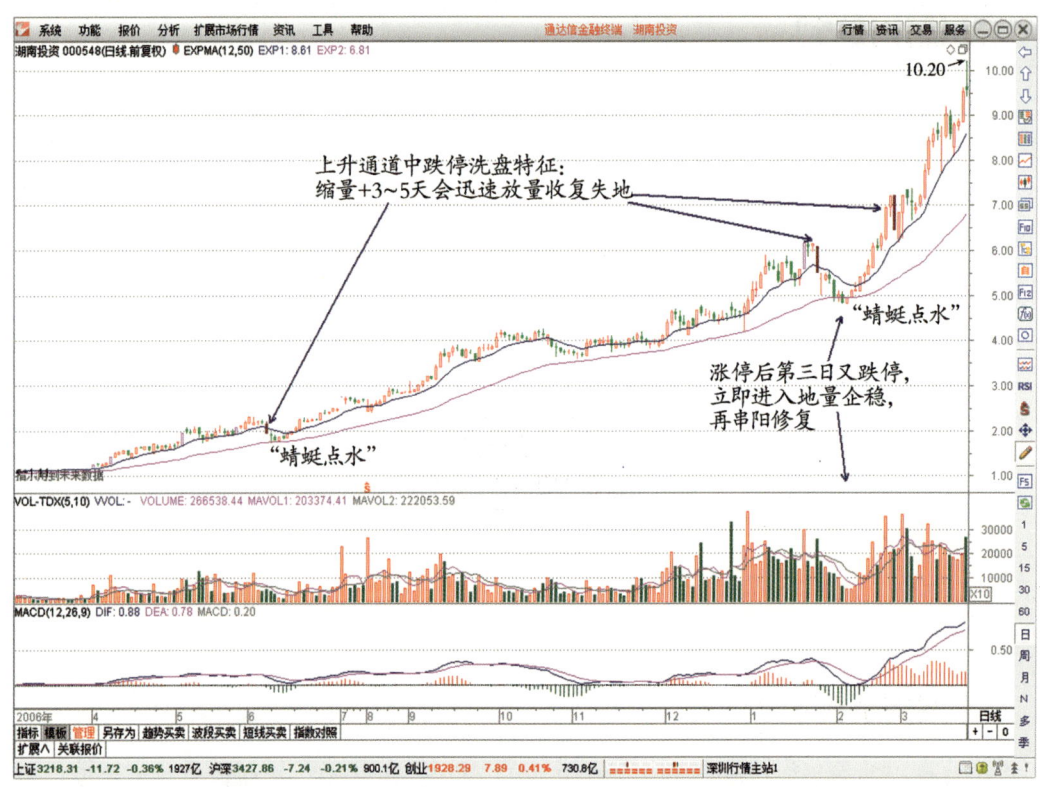

图141　湖南投资（000548）2007年2月后的走势图

频繁对敲要回避

【案例解析】

庄家操盘常用对敲方式，过去一般是为了吸引散户跟风，现在则变成一种常用的操盘手法，建仓时对敲、震仓时对敲、拉高时对敲、出货时对敲、做反弹行情仍然运用对敲。通俗地说是自买自卖，左手出右手进，筹码在甲、乙两个（或是多个）仓库之间来回倒。图142中龙建股份（600853）的主力一直在用这种手法操控，多次利用对敲手法，企图套现。另如2016年底的长航凤凰（000520）在底部也有类似对敲手法。虽然能证明有主力存在以及后市有看涨预期，但散户很难驾驭。

图142　龙建股份（600853）2008—2009年走势图

【操作技巧】

图142可视为主力套现对敲，出现在高位或箱体内，以诱多方式吸引跟风盘进行套现。一般来说，只要在高位出现，随后必跌，在横盘中出现还会继续盘整，在上涨中出现必会进入修整期。总之，出现类似的图形时，随后都会进入一波整理阶段，时间有长有短，这就要看属于哪种对敲，最好少碰这样的股票，除非是主力在低位试盘拉升的就可以关注。

图143
圆弧底诱多假象

【案例解析】

海德股份（000567）在图143中前期涨幅并不大，并未处于高位，主力也就借大众心理，制造出一个像模像样的圆弧底形态出来，不等到后期下跌出现，前期没有人料到会这样调整。通常情况下认为圆弧底是较为可靠的图形之一，但这却相反，全是主力一手造假借机派发。可见主力完美的策划也是用尽心思攻守两个月之久。只要你有技术分析基础就能发现主力的破绽。2010年3月的熊猫烟花（600599）也是如此。

图143　海德股份（000567）2011年下半年走势图

【操作技巧】

按图143中提示的三大破绽执行卖出计划。一般情况下，出现圆弧底过程中，特别是在圆弧初步形成时会逐步放大量能，但上图明显放量过急，为不良预兆。在突破圆弧口沿时要么受阻盘整，要么放量攻破后再回踩确认支撑力度，很明显，主力有意做空。只要是在放量拉高后出现放量大阴线都得提防是洗盘还是大调整，最好是先退出，以观望为主。

图144 对敲盘建仓信号

【案例解析】

图144为ST鲁丰（002379）2010年8月的走势，在上涨初期中出现无疑是建仓对敲，先高开再低走导致没人敢跟风，次日又高开后30分钟左右直线拉涨停封盘，同样没有散户能跟进。这样对主力有两大好处：一是能顺利完成建仓而没有跟风盘；二是能引起市场注意，使得后市有更多的人跟盘便于派发。一般情况下，在后市都会走出盘整行情，消磨跟风盘的耐性，然后拉高派发。

【操作技巧】

面对如此狡猾的主力，散户很难在该股上大赚一笔，建议新手投资者最好少碰，毕竟主升浪是主力出货的一浪，具有高风险与高收益并存的特点。有参与的必须快进快出，见好就收、见风险就跑。

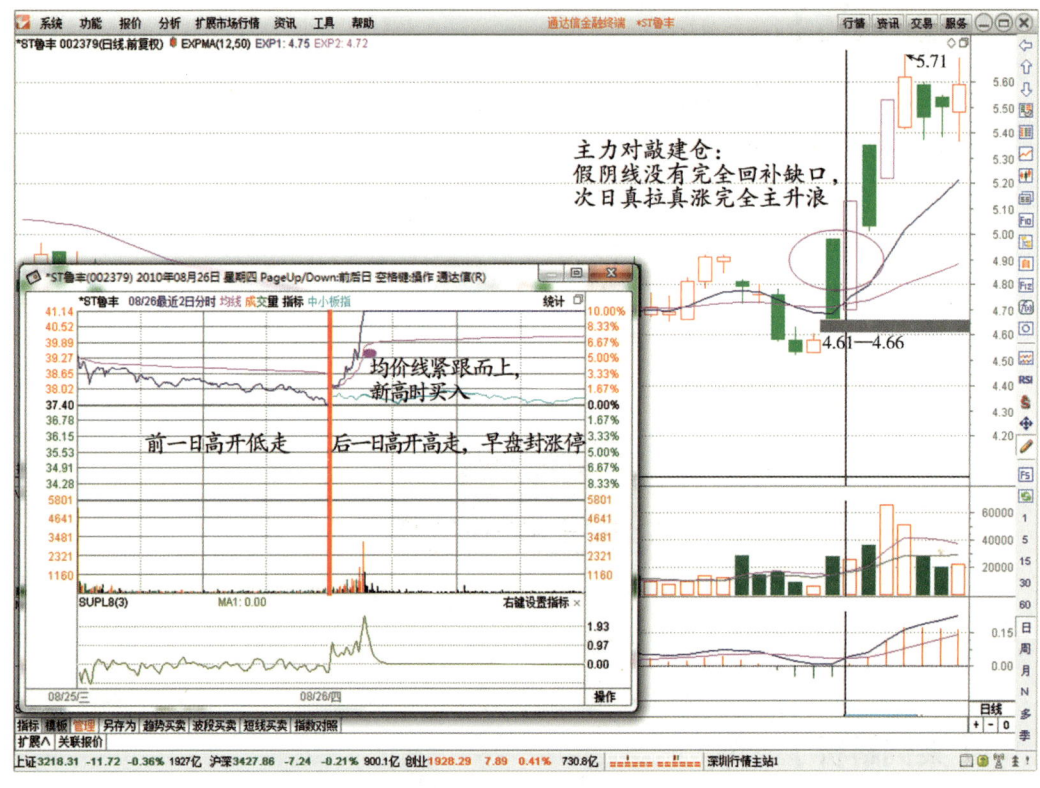

图144　ST鲁丰（002379）2010年8月走势图

图145
高位密集交易有陷阱

【案例解析】

　　密集交易区是指买卖股票多空双方反复争夺的点位区间，这个区间存在大量的套牢盘，是上涨的障碍区。这样的图形在2010年4月后出现较多，图145为沈阳化工（000698）2010年5月的走势，以大阴大阳、快跌快涨的方式进行。从图145中可见，双方先在低位争夺后在顶位争夺，特点是在顶位密集交易中，量能明显放大，但股价并没有涨，此为见顶信号。再如荣华实业（600311）在2010年5月初也是同样有顶位进行密集交易。

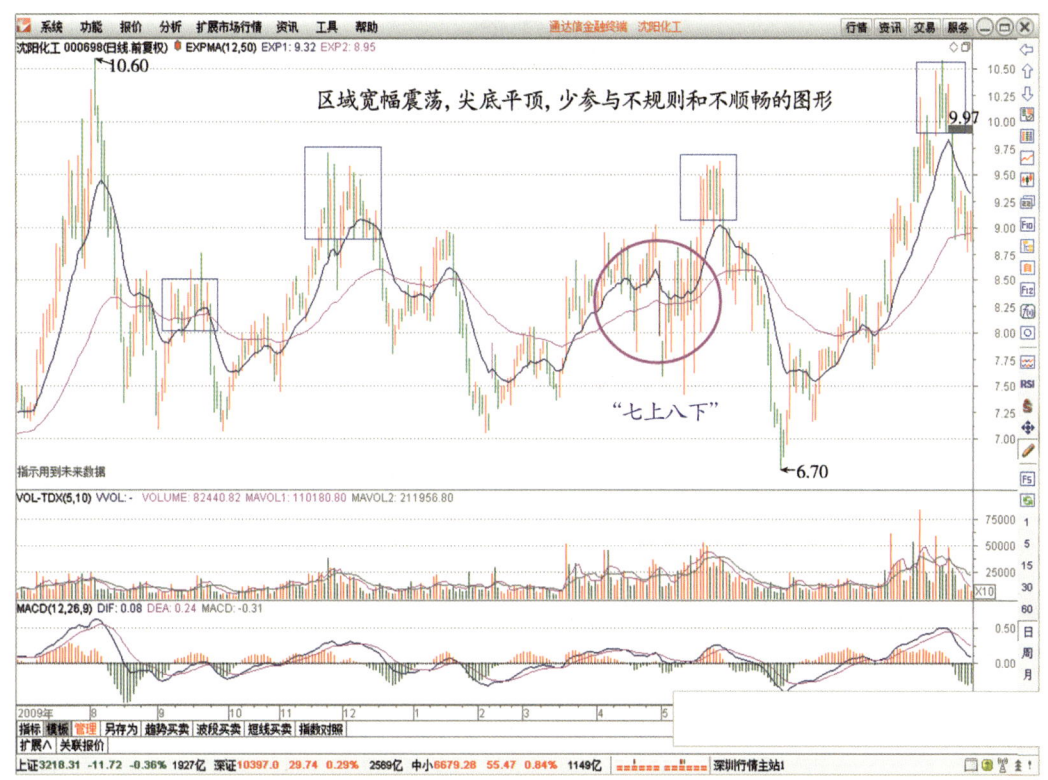

图145　沈阳化工（000698）2010年5月走势图

【操作技巧】

如笔者在2010年5月初操作海得控制（002184），盈利了30%，也如同图145一样，但该股在密集区突破后向上涨幅达37%，随后才进入下降趋势。技巧是在密集交易区的上下轨线为多空判断，如果突破密集区域上轨线可短线参与，如果跌破密集区域下轨线，则说明即将进入下降趋势。

图146
红三兵诱多假象

【案例解析】

"红三兵"诱多假象又称"下降三部曲"。如果按波浪理论来说，这是下跌修整浪中的B浪反弹，在接近前高点时又会回落。有的投资者在没有把握准趋势的情况下，可能会将其当作洗盘现象，然后在出现"红三兵"时进去抢反弹。如果确定这是一轮中级调整，就会明白这是下跌中断期，由图146可见二次平台力度非常弱。

图146　上证指数（999999）2007—2016年走势图

【操作技巧】

按反弹标准一般也就以三根阳线为准，将面临变盘时期，特别是近前高点能否有效突破，稳健型投资者最好在过顶突破后再回踩确认支撑有效时再参与。如果按下跌B浪来分析，就更不能参与其中，因为一旦进入C浪下跌，时间会很漫长。通常情况下，会有上行三浪，相反也就有下行三浪，为此，笔者在博客中曾发表过《抢反弹要铭记一张图》的文章。

图147 金针探底式假象

【案例解析】

图147为安凯客车（000868）2010年4月15日后的走势，在图中可以一目了然地看到，下降趋势中收出多根长下影线，无疑就是诱多，以金针（长下影阳线）探底的方式诱惑散户抄底，去接主力的盘。但有一点可以说明，该股里面还有主力的影子，因为该股是新能源大巴车龙头，基本面比较良好。

【操作技巧】

只要是在下降趋势中出现任何诱多的K线都不要参与，需等反转趋势成立后再做参与的决定。该股在2010年6月底出现挖坑式下跌直至地量出现，引起笔者的重视，随后在大势企稳时跟了进去，到2010年9月15日抛出。值得一提的是，低位或二次探底时的涨停板，切记要看分时图的构成情况。

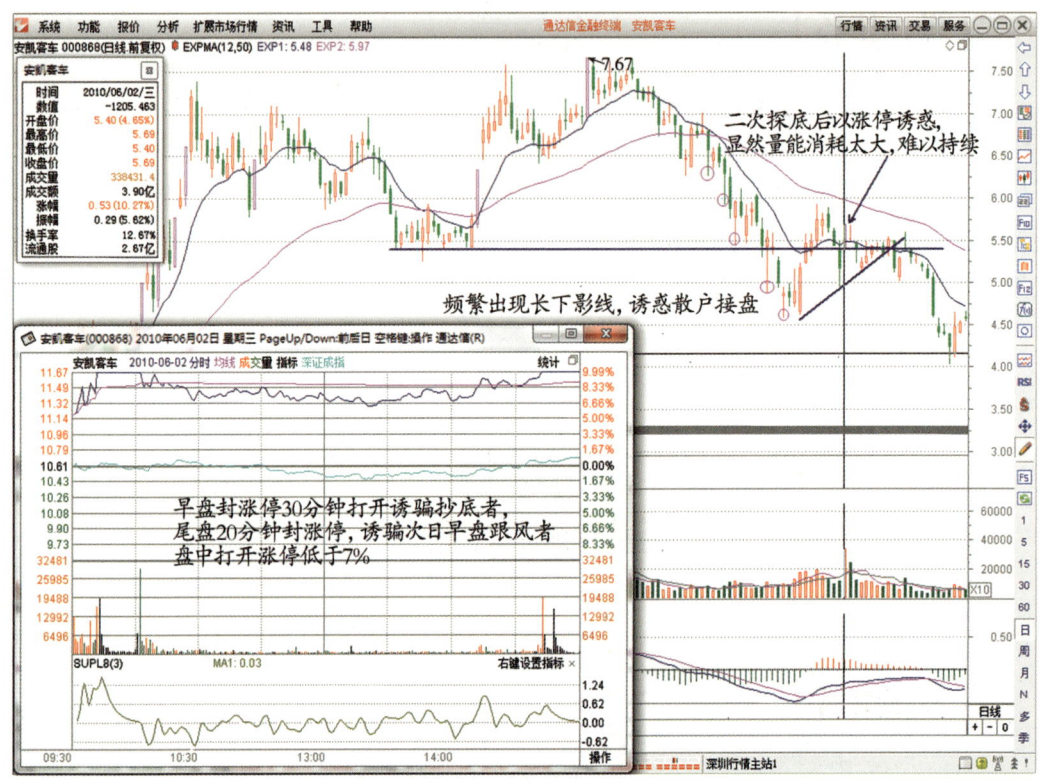

图147 安凯客车（000868）2010年4月后走势图

双针抽血式假象

【案例解析】

"双针抽血"是最惨不忍睹的一种洗盘手法，先以长下影线类似"老鼠仓"的方式探底，可在盘中引起注意，发现者定会在尾盘跟进。次日再冲高快速回落，在早盘又吸引不少跟风盘，随后可以串阴方式直线下跌，使得散户连换手的机会都没有。在次日的长上影线放出巨量，显然有出货的动作。

图148　大众交通（600611）2002—2003年1月走势图

【操作技巧】

　　金飞达（002239）在2010年7月也上演过这一幕，随后的两个多月都没有再挑战过前高点。笔者告诫诸位，只要在高位或横盘中，当日出现长下影线不要急于参与，在次日如果出现如图148一样的上影线，持股者赶快跑，观望者回避，要是有跟进肯定被套。

　　上下影线或下上影线组合为变盘信号，假设在上涨中继时出现，且随后再收中阳线，那么接下来的涨势会加速，下跌中相反。这种图形的本质是：代表主力上下试盘，上试阻力和跟风盘有多少，下试支撑和抛盘有多少，有主力异动或试盘意图，也说明主力接下来会有所作为，一旦试盘成功便会迎来一轮涨势。有时也会出现在低位起涨阶段或变盘区域中。

图149
疑似出货上影线

【案例解析】

从图149的K线上看，出现长上影线，并且还在相对高位中，从量能上看大多是缩量，很少会放出巨量，类似出货的动作，持有这样股票的投资者，在这一天会有何举动呢？相信大多散户都会吓出门外。如果是技术派会当作"仙人指路"来操作，其实这是股票主升浪前的一种压盘吸筹模式，也可认为是"空中加油"平台。

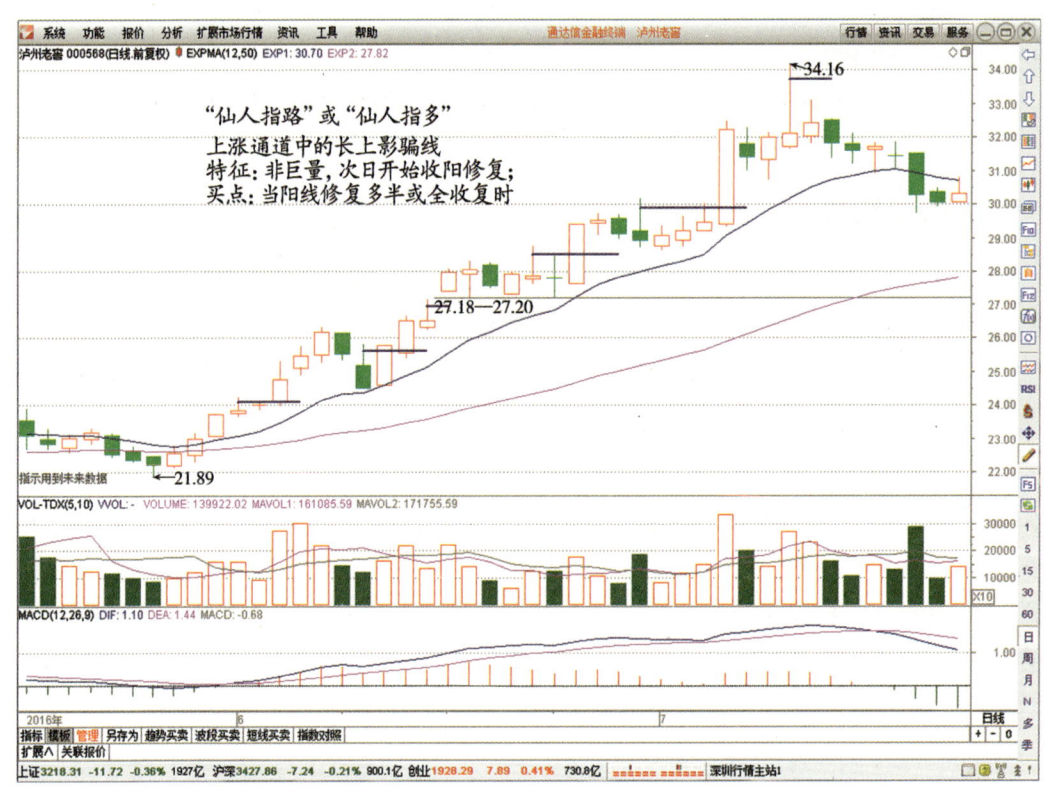

图149 泸州老窖（000568）2016年6—7月走势图

【操作技巧】

一般情况下，在股价走高即将进入主升浪时，都会出现这些假象，使一些没有分析能力和信心不足的或者是胆小的散户赶快离场，这样做有利于主力压盘吸筹，有利于主力在后市冲刺阶段高度控盘。如果发现类似现象，先别急，可以考虑减仓观望，只要次日收盘在此之上就可放心持股，一旦收复这根上影线就可大胆看高一线，通常来说，后市还会有跟前面同样的高度，也就是说这根长上影线实际出现在中途位置。

图150
涨停式诱多假象

【案例解析】

讲到图150中的ST新梅（600732）笔者深受启发，可以说是喜中脱险。在2010年4月15日大跌后，笔者发现该股快回到前期低位处，认为会反弹。再结合前期三次底位都以涨停拉开反弹，而且有个特征是在涨停反弹前一日以缩量小阴线收盘，所以笔者在4月28日尾盘跟了进去，次日果然涨停。在涨停后笔者试想，大势在跌，它为什么能涨停，肯定有蹊跷。经随后3天观察，量增价不涨有怪异，再按笔者的变盘理论分析，认定3天后必是变盘日，在大势不好的情况下理应看跌，于是就此顺势锁利了结。

【操作技巧】

如果不懂技术分析的话，单从图形上看，涨停后的三小阳线的确是在向上移动，做多的架势有点诱人，但最终还是没能经得起大盘的考验选择下跌，原因是主力在自救。风险信号：一是在三连小阳线后的变盘日（修整期的3天或5天后为变盘期）；二是当跌破前涨停低位时风险加剧。

图150　ST新梅（600732）2010年4月29日走势图

第九章 常见老鼠仓经典技术图解

"老鼠仓"是指庄家操盘手利用职业之便,利用公有资金在拉升股价之前,先让个人或者机构负责人以及操盘手等关系密切者的资金在低位建仓,待公有资金拉升到高位时个人仓位率先卖出获利。本章中,笔者搜集部分常见老鼠仓图形进行技术讲解,希望能给读者带来一定帮助。

第九章 常见老鼠仓经典技术图解

图151
秒杀跌停到涨停老鼠仓有红包

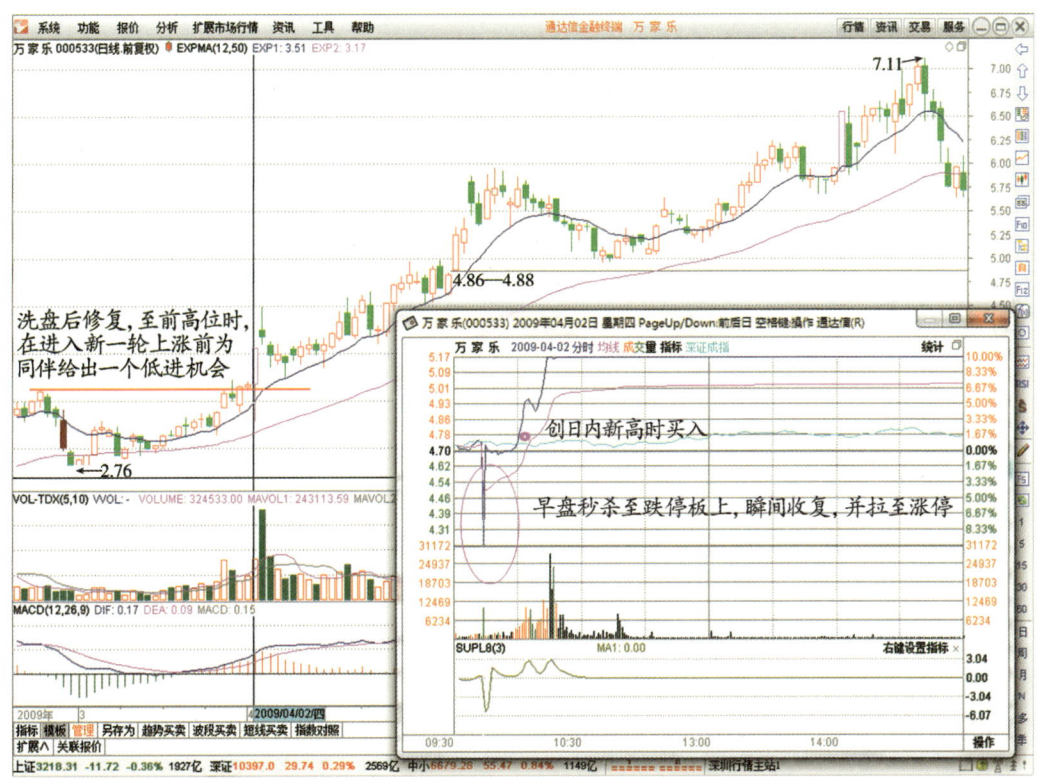

图151 万家乐（000533）2009年4月2日走势图

【K线图解】

图151是万家乐（000533）处于上升初期的走势，自2009年2月12日的4.82元洗盘调整跌至3.61元，跌幅超过25%，随后形成圆弧底回升，回升的一个半月中，当接近前高位附近时，老鼠仓就此出现，随后直接突破前高位。在大盘出现一轮中级以上的大行情中，经过洗盘后出现"老鼠仓"可视为真实增仓做多行为。当日以最低4.23元

的价格上涨至5.17元的最高价，涨停板报收，全天振幅接近20%。后期该股一路上涨50%，这一波段最高股价为7.45元。

【分时图解】

万家乐（000533）2009年4月2日早盘9：43突然有一笔96.9万股的大抛单在跌停板上成交，在随后几秒钟内，股价迅速恢复正常，分时走势图上也能清楚看到这一根针状线，接着股价就展开两波大角度上攻封死涨停板，几分钟的时间跌停买入的96.9万股就有20%的收入。从日线上看，该股刚突破年线，价格也不高，"老鼠仓"就这样展开了。

图152 早盘秒杀老鼠仓送礼包

【K线图解】

消费类商业连锁个股王府井（600859）是近几年的炒作热点，前期经过接近8个月的横盘箱体整理后，在2010年7月9日出现"老鼠仓"。该股股性很活跃，在每一轮牛市中都少不了它的身影，经过2009年12月至2010年7月连续8个月的横盘整理，再结合2016年7月大盘转势向上，也正符合大多主力建仓时期，在此出现"老鼠仓"，后市必涨无疑。确实，在出现"老鼠仓"后该股在两个月的时间内上涨了42%。

【分时图解】

王府井（600859）横盘8个月之久，而基本面没有异常变化。如图152，2010年7月9日的早盘不到10分钟股价被186万卖单砸下，随后又被迅速拉高恢复原形，在这秒杀的瞬间改变了横盘的命运，当天虽然没有拉升涨停，但后市却是一路上扬，从"老鼠仓"的低位31.2元到2010年9月3日的最高价47.9元，涨幅达54%。当时有新闻报道，跟进的投资者都盈利不浅。可见，类似的"老鼠仓"是可遇不可求的。

第九章 常见老鼠仓经典技术图解

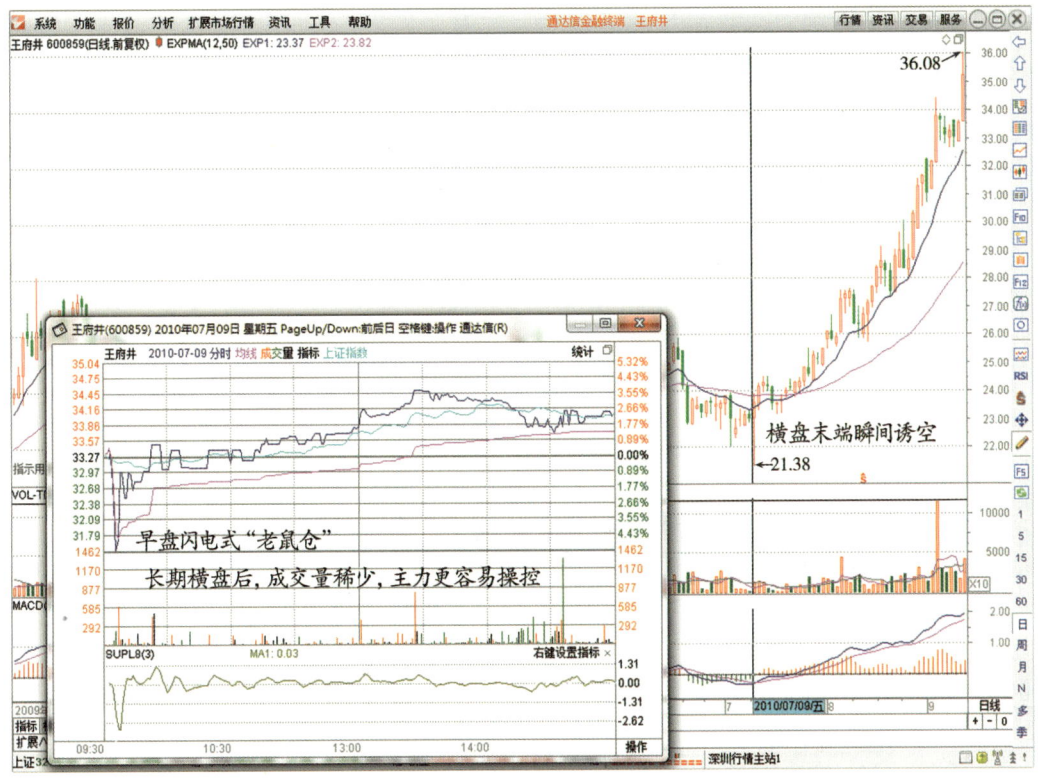

图152　王府井（600859）2010年7月9日走势图

图153
带量秒杀老鼠仓显本色

【K线图解】

　　涉足新能源、新材料、太阳能的方大集团（000055），在经过一个月之久的横盘筑底后开始回升，于2007年12月14日出现"老鼠仓"行为，日K线上很明显，在小阴小阳筑底横盘一个月后以5连阳带量上行，可视为主力初步入场。由图153可见，

321

经过两天缩量回调，次日出现"老鼠仓"无疑是做多后市的现象，在出现"老鼠仓"后K线一路稳步上移。

图153　方大集团（000055）2007年12月14日走势图

【分时图解】

在没有任何消息影响的情况下，方大集团（000055）早盘开盘30分钟后，突然出现两笔超级大单，将股价砸向接近跌停板位置又秒杀拉高，随后便加大量能抢筹，接着在冲至7%的位置进行高位横盘，由于不想做得太显眼，所以没有出现涨停。高位横盘其一可以快速抬高跟风盘的成本，其二是主力保护自身成本区域。全天振幅达15%以上，报收长下影线，后市上涨幅度达35%。

图154
秒杀跌停老鼠仓探底信号

【K线图解】

像上港集团（600018）之类的大盘蓝筹权重股，只有在熊市中才能出现老鼠仓，因为在老鼠仓出现前，该股已持续下跌半年之久，在成交量稀少、无人关注的情况下，促使主力借机上演这一幕。从图154日K线看，次日是巨量疯狂拉高，经过短暂的洗盘后股价一路上涨。可见，经过这一实体大阳绝地反攻后，后市上涨空间必定惊人。

图154　上港集团（600018）2002年12月27日走势图

【分时图解】

上港集团（600018）早盘以589万的大单砸向跌停位置，再以同样大单瞬间还原股价，随后以前一日收盘价在中轴线附近横盘，由于在熊市中不能做得太引人注目，振幅也就10%，全天报收实体大阳。并且次日主力才放巨量高歌猛进，随后走出了长达7个月的上涨行情，股价上涨幅度达150%。从前期6个月的横盘来看，投资者能深刻理解一句话，即横有多长竖就有多高。当时笔者猜想，按照2010年的大盘蓝筹股的价位，一些优质个股，在下一轮牛市确立之时或许还会出现类似的老鼠仓。

图155 时间窗秒杀老鼠仓有玄机

【K线图解】

在2006年大牛市启动之前，万华化学（600309）一直处于横盘阶段，股价控制在不到20%的幅度内进行箱体整理，在刚突破箱体上轨时，即2006年11月15日老鼠仓悄然出现，如图155所示。笔者总结出两大特点：首先，长期箱体盘整无人重视，如果在出现老鼠仓之前几个交易日有洗盘现象，那么主力选择在盘中砸盘再拉升既可达到强洗盘的目的，又可完成利润传输过程，一举两得；其次，该股处在牛市的补涨阶段，最终后来者居上，走出了名噪一时的大牛股态势。

【分时图解】

与前面图解有所不同的是，该股的老鼠仓出现在早盘10：30的时间窗口，以334万笔大单先卖后买，在几乎跌停不到5秒的时间内迅速还原股价，当天随后走势是大单频现，主力逐步吃货较为明显。并且在下午盘中还有两次小幅秒杀式探底回拉，从这两次可以想象到，次日的股价绝不会低于这个位置，也就是16.6元的价位。事实也确实是这样，次日开盘价16.99元，最低价16.95元，最高价18.21元，并且后期洗盘

第九章 常见老鼠仓经典技术图解

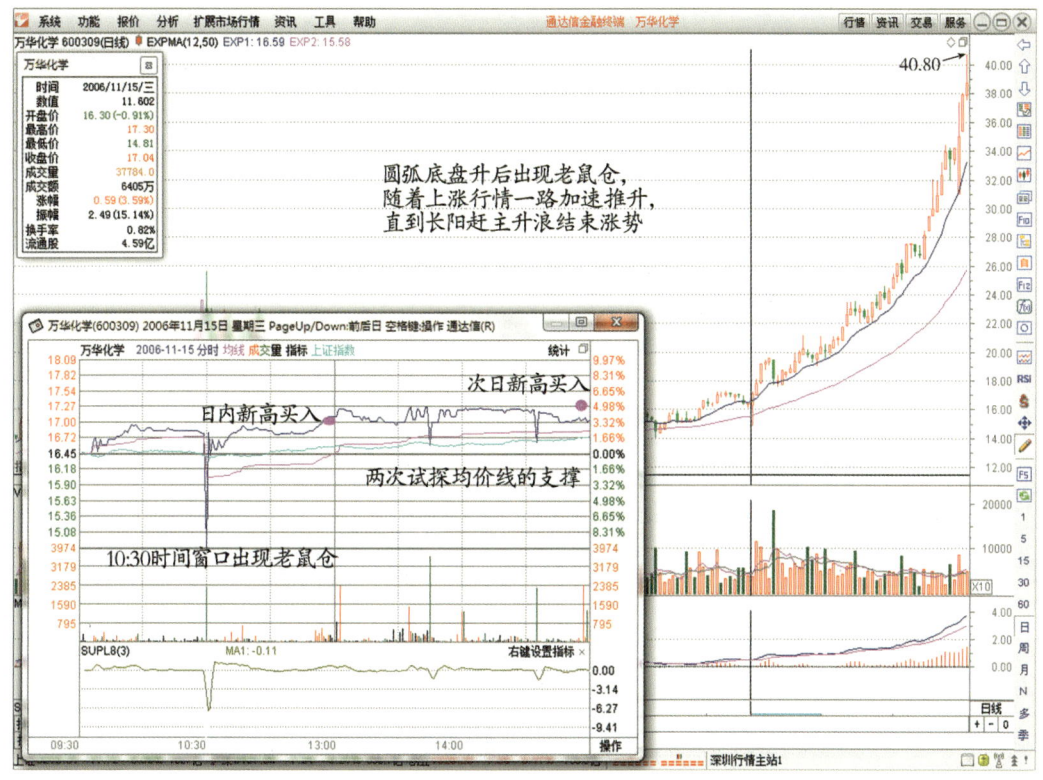

图155　万华化学（600309）2006年11月15日走势图

也没跌破16.6元的价位。类似的个股在一天当中出现三次老鼠仓动作极为少见，后市必大派红包，在两个半月的时间里该股上涨幅度达150%。

图156
尾盘秒杀老鼠仓K线假象

【K线图解】

图156中ST山煤（600546）的K线是自2010年4月15日大盘下跌以来的反弹期（编者注：指2010年5—7月），也是随着大盘企稳走平的形态，在没有出现任何利好

325

图156　ST山煤（600546）2010年6月1日走势图

的情况下，出现类似老鼠仓。尾盘拉高是最常见的现象，但尾盘一两分钟出现急拉至涨停还是少见的。从基本面来看确实是优质股，但如此激烈的走势不得不让人深思，这样的走势不要急于跟进，观察几日答案自会揭晓。随后几日的走势果然没有再创高位，并且呈现逐步减弱的态势，唯一的解释是该股不能摆脱大盘的命运，从前期到后期仍与大盘同步。

【分时图解】

早盘低开平走，直到下午盘，有弱于大盘的走势。成交量和换手率也比较低。在尾盘不到两分钟的时间里，即在14：59以涨停价位23.89元出现3000万元、9887万元两笔大单买入，几乎涨停收盘。转眼间涨幅达14%，报收下影线。主力为何不选择在早盘或盘中出现，却选择在尾盘出现，一种可能就是吸引关注来短线套利，如果需要继续坐庄该股不至于会如此操控。随后该股的走势仍然跟随大盘左右，并未强于大势。不过在低位出现庄家异动，总比在高位出现的获利机会要大，故中期走势仍可跟踪。

第九章 常见老鼠仓经典技术图解

图157
二次探底秒杀老鼠仓有密码

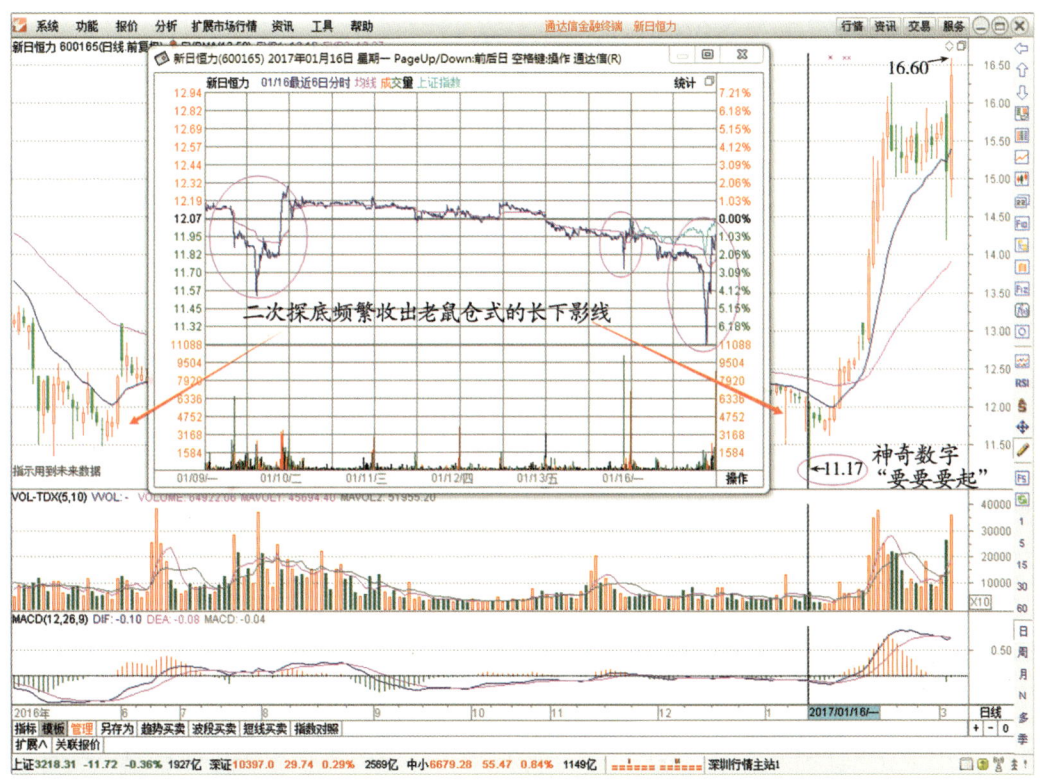

图157　新日恒力（600165）2017年1月16日走势图

【K线图解】

K线图中在6个月前出现过平台底，构底中也出现过多次长下影线，由此可发现一定的规律。图157标记处是二次探底位置，再次出现三连长下影线，并且探出神奇数字的"财富密码"——11.17元最低价（谐音"要要要起"）。随后以串阳+温和放量回升，按照"串阳组合"技巧，中间出现缩量或地量的小阴线或次日新高时可买入。

【分时图解】

分时图中三次出现老鼠仓有一种共同特征：都发生在下午，最后一次伴随大盘长下影线助力。仔细观察三次老鼠仓后都是收在均价线之上，并且还将下探的跌幅全部收复，由此可体现出做多力度。三次老鼠仓下探的幅度都超过5%，因为下探越深、回补越快、超越式的收复，才能真正体现出老鼠仓的意图。

图158
洗盘中秒杀老鼠仓现坑底

【K线图解】

K线在盘升中洗盘阶段出现老鼠仓，假设没有出现老鼠仓，很多人还会认为前面已构成双顶看空，所以关键位置必然会有特别的K线出现。老鼠仓的行为大致分为四种：第一种是砸低价格让同伴进入，这是传统行业；第二种是向下砸低价格测试盘面；第三种是洗盘或挖坑时以速度换时间，防止筹码漏失太多或消耗太大，速战速决；第四种是在反弹或反抽中的一种假象骗线，诱骗投资者接盘，一般出现在探顶后或下跌通道中。如图158属于第三种，随即趋势线构成"蜻蜓点水"。

【分时图解】

从K线中还可以观察出，前面一直大箱体横盘，说明主力仍然在，长期横盘后主力也不愿就此出局。再结合分时图，即使大盘跳水，也要护盘，最终尾盘在几分钟内收在均价线之上，这也是给持仓者的一个信心。

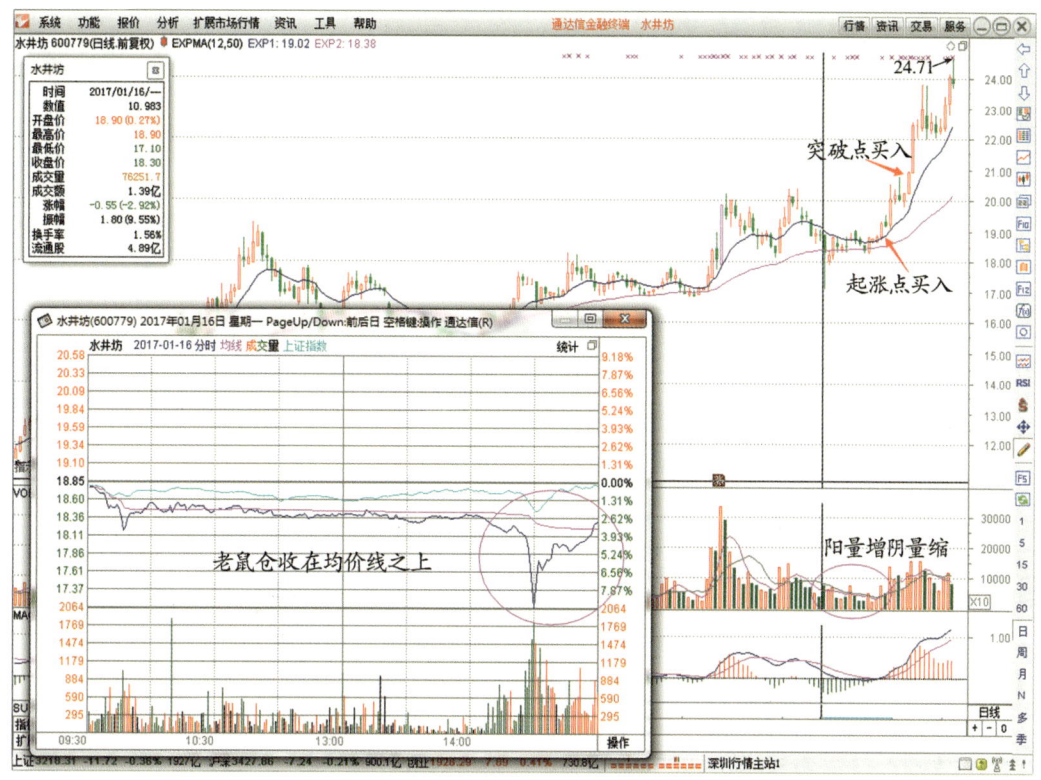

图158　水井坊（600779）2017年1月16日走势图

图159
最后一跌秒杀老鼠仓抄底

【K线图解】

由K线可判断行情处于上涨中途洗盘阶段，前面由小阴到中阴再到老鼠仓日的大阴，惯性急挫一步到位，最后一跌，接近跌停位置时迅速回升。随后向上修复中阳线温和增量，阴线明显缩量，锁筹意图明确。

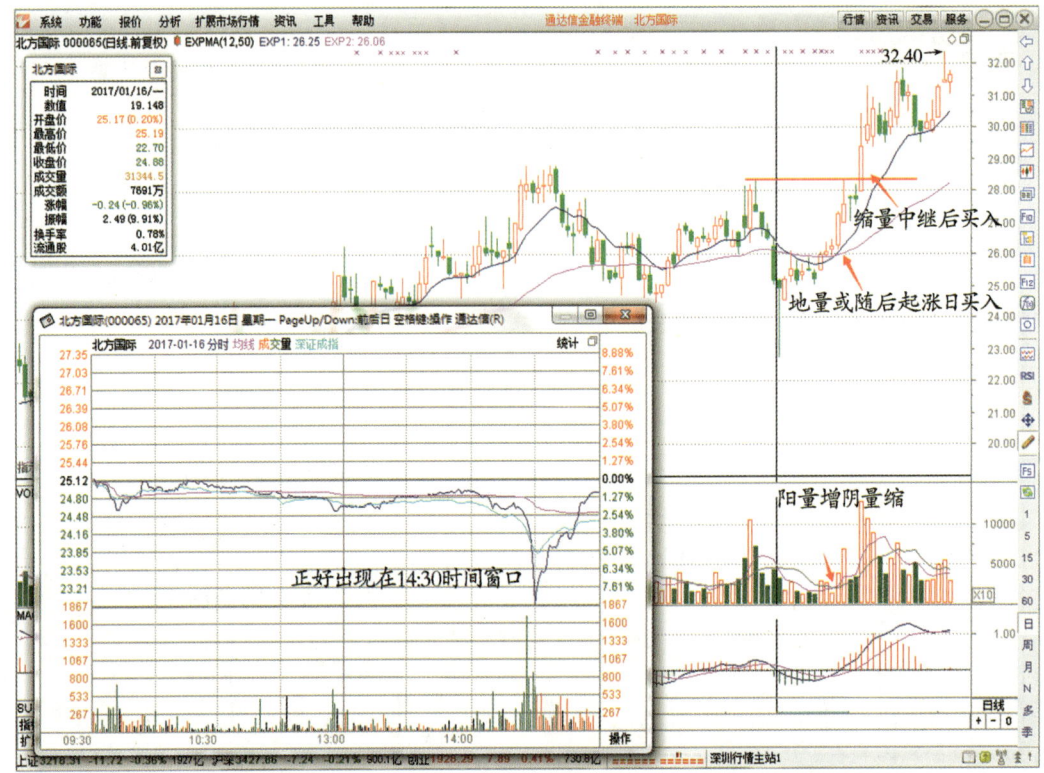

图159　北方国际（000065）2017年1月16日走势图

【分时图解】

图159中的分时图中正好在14：30时间窗口探出最低价，回升中收在均价线和大盘线之上。如此深幅下探后能迅速收复失地，足以说明主力没有放弃，毕竟该股日K线上还没有出现过主升浪。

笔者总结出几种最强烈的老鼠仓信号：第一种是下探幅度越深越好，甚至接近跌停；第二种是回升收复时间越快越好，例如10分钟内就完成，说明这是有计划的，时间和资金以及挂单数量都在计划中；第三种是收复在均价线、大盘线、中轴线、前高点这四个重要位置之上；第四种是日K线随即阳线温和放量上升，中间阴线缩量。

图160
老鼠仓后构出头肩底

【K线图解】

K线在前面探底后由小阴小阳盘升,再到放堆量阳线拉升,可见前面主力已经进入。在二次探底时虽破前低,但很快收复前低之上,这是一种护底作用。由于主力刚进入该股,前面建仓筹码不多,所以二次探底后迅速加码抢筹,才产生随后的放量大阳拉升,走出漂亮的V形底。

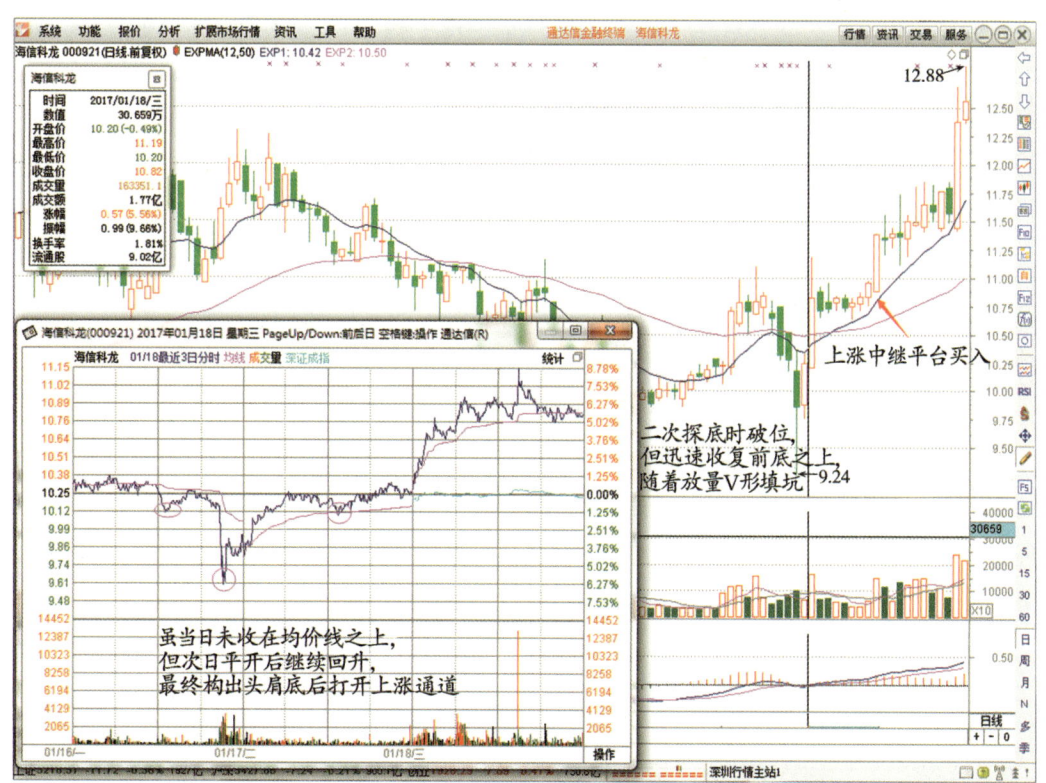

图160　海信科龙(000921)2017年1月18日走势图

【分时图解】

笔者在前面也有讲到过,当K线运行到关键位置时,切记要多观察细节,如分时图在盘中的变化。以图160为例,K线下探时分时图中出现类似老鼠仓后,还构出底部图形头肩底,大家发现双信号确认后可立即买入。

图161 探顶后现老鼠仓是骗线

【K线图解】

由图161可知,行情正处在探大尖顶后第二浪下跌中,试想有第二浪就有第三浪的潜力,那么在第二浪出现类似老鼠仓,也值得质疑。再看长下影线后回升中的力度明显没有前面的反弹力度强,说明难以走出强悍的上涨趋势。整体来看,是处在探顶后的修整区域,并且修整还没有结束。

【分时图解】

分时图中行情没有收在均价线、大盘线之上,而是收在当日前低反阻位。结合分时图和日K线来分析,就会发现这种类似老鼠仓的个股不在我们的操作条件内。

阿基米德说:"给我一个支点,我就能撬起整个地球。"关键是这个支点放在什么位置。同理,重要的K线或组合以及形态,关键要看放在什么阶段位置,不同的位置其后发生的结局都是不一样的。另外,还可从K线图中去观察历史走势,若前期经常出现长上影线和长下影线的股性规律,那么当前如再出现,不妨参照以往经验分析。笔者认为,老鼠仓最好是出现在上升趋势的通道内。

第九章 常见老鼠仓经典技术图解

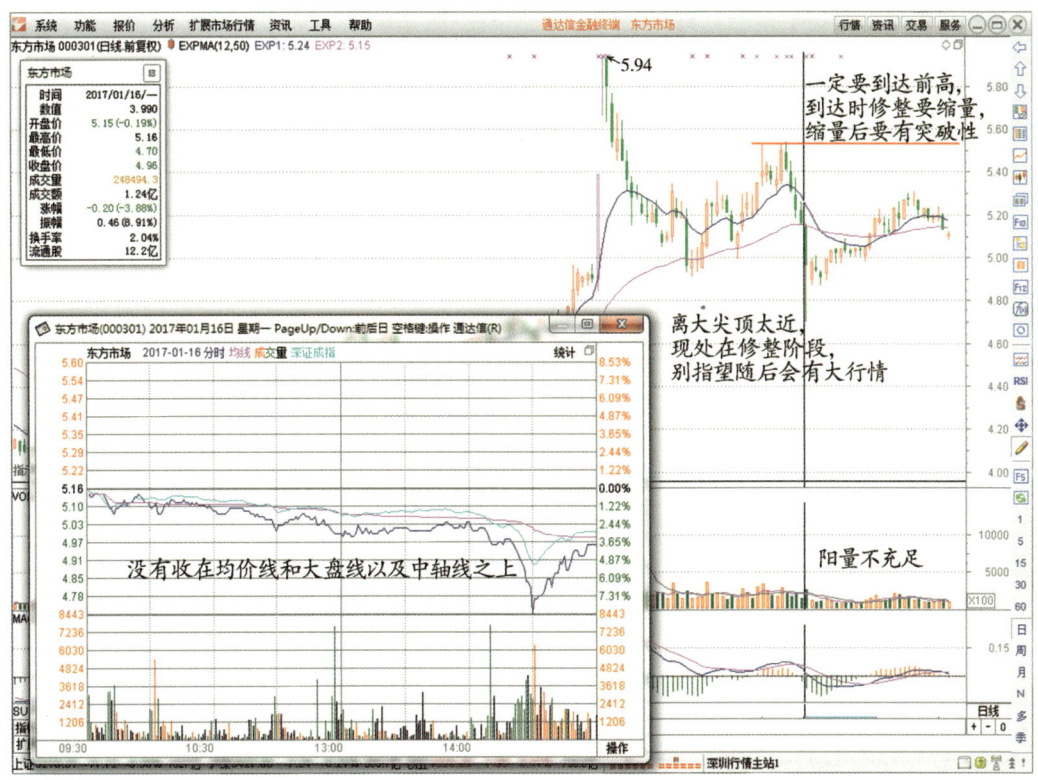

图161　东方市场（000301）2017年1月16日走势图

图162
下降通道的老鼠仓要注意

【K线图解】

行情处于下降趋势通道中，前面一直盘跌，应该还会转一轮急跌后，才能完全释放出空头。所以，下降趋势中的长下影线或真正的老鼠仓出现后，一定要反复确认其他信号，不要盲目地急于参与。

【分时图解】

分时图中出现在10：30左右的时间窗口，虽然图形上类似老鼠仓手法，也收在均价线和大盘线以及中轴线之上，但下探的幅度太浅，按日K线描述还没有跌透。

333

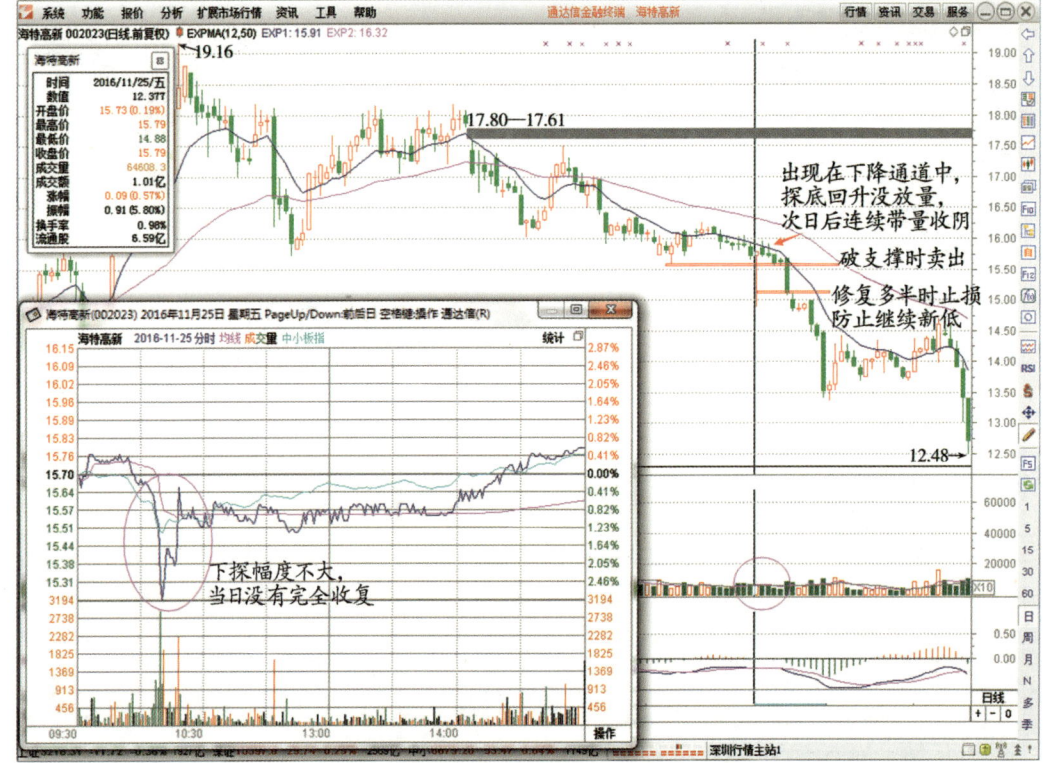

图162　海特高新（002023）2016年11月25日走势图

值得一提的是，短时间收长下影线要观察是否与大盘有关，假设大盘收长下影线的当天，出现很多类似个股，那么要结合大势来分析；还要观察是否与个股利好消息有关、探出最低价是否是神奇数字、是否在瞬间完全收复等要素。

掌握前述各案例图中的重点后，当实盘中同时发出两个以上的买入信号时，方可及时买入。平日里笔者将老鼠仓选股条件设为自动预警，若大家喜欢也可这样去设，但随着市场监管越来越严，老鼠仓不如以往那么频现了。

第十章 次新股跟庄买入信号图解

随着国家对新兴产业的政策支持，近年来不少新兴产业的中小企业逐步上市，给市场带来了别具一格的风采，同时也带来了不少投资机会。不少新股上市后经过修整，主力纷至沓来，这种时候，懂技术的投资者完全可以抄对主力的底，与庄共舞不再是幻想。这些新股比老股更容易把握，笔者从几百只次新股中挑选出部分有参考价值的个股进行图解分析，希望能对读者往后投资次新股有所帮助。

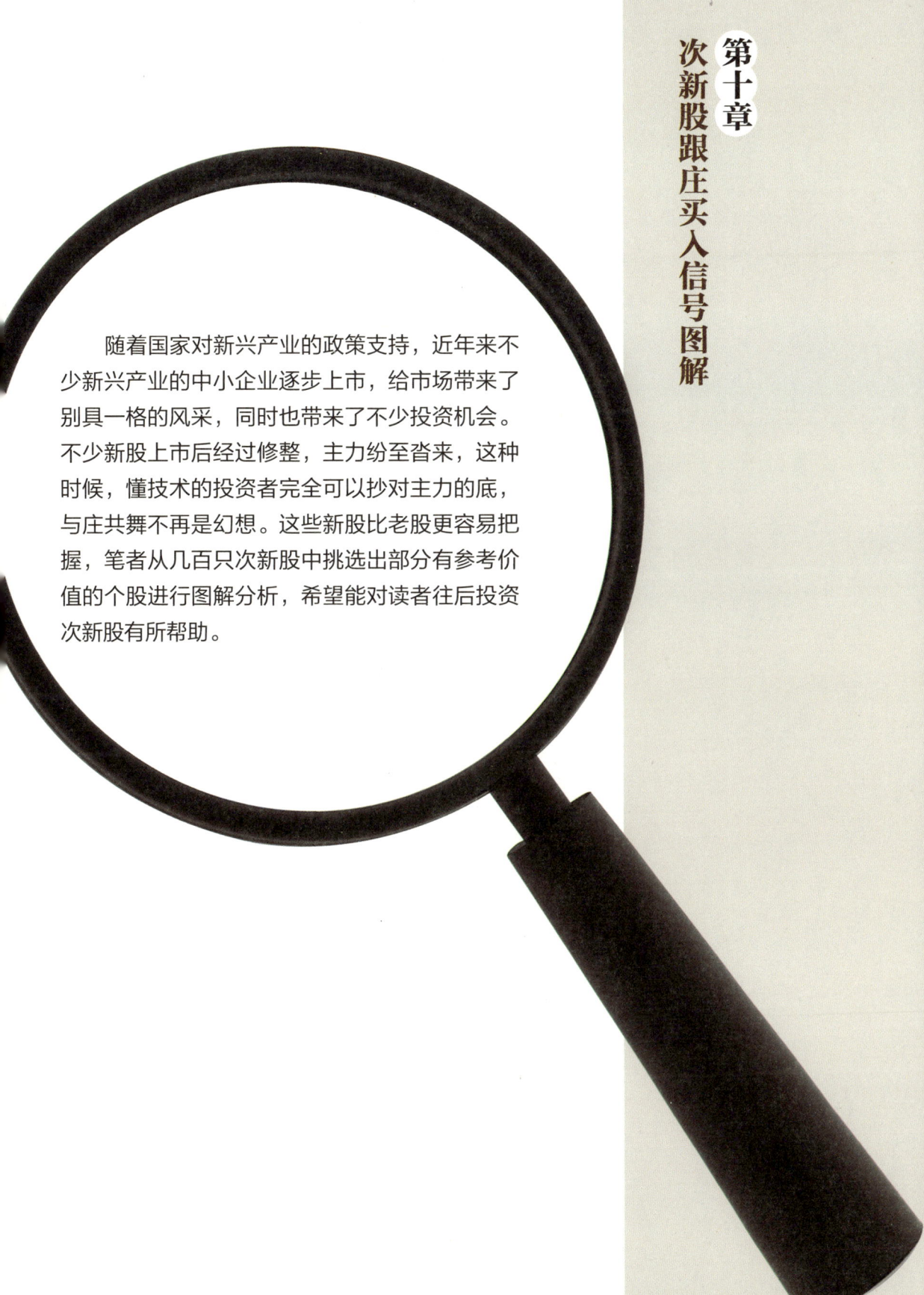

图163
串阳筑底如铁底

图163　国联水产（300094）2010年8月走势图

【案例图解】

底部5连阳"串阳组合选股法则"是笔者操作熟练的选股手法之一。笔者的经验是：只要在底部出现串阳组合必会成为铁底，这样的股在随后逢调低吸，只要没超出主力的出手范围（30%以上）均为安全操作区，大胆低吸必有厚报。图163在上市后经过一周时间的修整，立即出现带量5连阳这种明显有主力进驻的筑底信号，随后走出小阴小阳K线组合吸筹。建仓初期的特征是阳线带量、阴线缩量，此时可以跟随主力进出，赚取超额利润。其次是在趋势线出现金叉后回踩确认支撑时可大胆重仓参与。当然，还要注意市场消息的影响。介入后，持股至放量拉高或量能耗尽，出现疲软状态时立即锁利出局。

图164
次日涨停胸有成竹

图164　珠江啤酒（002461）2010年9—11月走势图

【案例图解】

珠江啤酒（002461）这只新股是笔者在2010年操作得最成功的个股，也是新股操作中收益较大的个股之一。虽申购未中，但上市后收到消息称南方几大基金早已备战，与其他啤酒上市公司不一样的是，珠江啤酒的背后有当地政府大力扶持。从技术角度分析，该股上市次日出现涨停报收，新股上市后次日涨停的现象较为少见，可见各路资金正积极抢筹。随后以5天的平台完成修整，阴线缩量、阳线带量是好征兆，在启动前日报收地量小阳星预示信号。14个交易日内股价足足翻倍，类似的股票不必奢求太多，一年当中能碰到一两只足矣。但是，笔者忠告各位投资者："机会永远属于有准备的人。"唯有专心才有专业，做精一张图足以达成你赚钱的愿望。

图165 底位缺口高调唱多

图165　易成新能（300080）2010年下半年走势图

【案例图解】

笔者在书中时而提到小平台底和一字平台，一般在3～5天内完成为强势股特征之一，再次重复一遍。图165中的缺口按理论来说，向上缺口只要3～5天内不回补必会继续强势，如果出现后股价呈上移趋势，可在向上缺口后的5日内择机买入。图165在筑底平台后出现向上跳空，可认定为主力放手加码，并走出串阳组合。就在此时立即抢进，完全可以抄对主力的底。再运用趋势线的金叉和"蜻蜓点水"进行增仓操作，从图165中可以明显看出MACD也处在强势区域，同时也呈现"蜻蜓点水"的形态。如果你能第一时间发现这么显眼的图形，那做好这一只就够了，不必全盘翻找牛股，在强市里，稍用心会发现很多黄金买入信号就在眼前。笔者已将MACD的黄金买入信号编入"做精一张图☆强势股形态选股软件"中。

图166 底位震仓式进场

【案例图解】

图166中科伦药业（002422）在上市后趋势线就一直保持良好，虽然有过长阴洗盘，但却没有让趋势线形成死叉，并且下方接盘力度很强，立即串阳反弹，经过几个来回，可观察出是主力运用震仓式手法吸筹，同时也形成了一个短期的小箱体形态。在趋势线三次弯头没有死叉，以"蜻蜓点水"态势结束调整，仔细一看，在启动前日以地量报收，可在此时大胆参与进去。当然，大部分散户看到该图形时，认为临近变盘时期不敢参与。而稳健型投资者也可在突破箱顶时跟进，同样会有不错的收益。只有技术熟练的投资者才能买在启动前，享受主升浪赚钱的乐趣。大家打开大连控股（600747）在2010年6月和7月初的日线图，可以发现两股走势相似。投资者利用这一手法，抄准主力的底是完全可以实现的。

图166　科伦药业（002422）2010年下半年走势图

图167
多方围攻演绎奇迹

【案例图解】

图167中的东方财富（300059）是一只众所周知的明星股，它是国内最大的财经网站——东方财富网，其上市备受瞩目，有不少投资者跟风入场，股价没有不涨的理由。再说股价疯狂的拉高对该网站也是一道亮丽的广告，可谓名利双收。上市次日开盘不到一个小时就牢牢封住涨停板，随后以串阳方式进攻，在出现缩量小阴星时为加油平台，此时也正是最佳、最安全的买入良机。随后再出现犹如骗线的长上

图167　东方财富（300059）2010年4—5月走势图

影线"仙人指多"图形，技术高手仍可享受疯狂阶段的高收益。再出现高位跌停的"一叶知秋"图形，结束一轮疯狂的涨势行情。从该股图形来看，除了追在高位没有及时出局的人之外，任何参与者都能获利，因为进出的空间和时间都比较充足。爆炒3个月后其股价又被打回原形，跌回发行价附近。

跌停洗盘激情未减

【案例图解】

从众业达（002441）上市当日的量能和换手率可以判断，该股后市还有希望，

图168 众业达（002441）2010年4—5月走势图

结果次日跳空上扬并出现串阳，以示强势威风。急涨之后难免有急跌的可能，但是以跌停洗盘的强悍手法并不多见。这一跌停必会有不少持股信心不足者止损出局，卖在了底板上。由图168可见，在向下跳空跌停后，5日内迅速回补了缺口，说明强势仍在。可继续持股或择机参与，当出现向上跳空缺口时，可大胆看高一线。在向上跳空的前日仍以地量出现启动信号，虽然在买入后没出现大级别的涨幅，但从笔者截图的范围来看，还是处在主力的成本区域附近，后市上行空间可期。老股必然会有老庄存在，庄家的变动不易被发现，但次新股就不一样，新的主力大多在这个阶段开始进驻，这是散户投资者最容易发现、也较容易把握的一个阶段。

图169
平台式吸筹更上一层楼

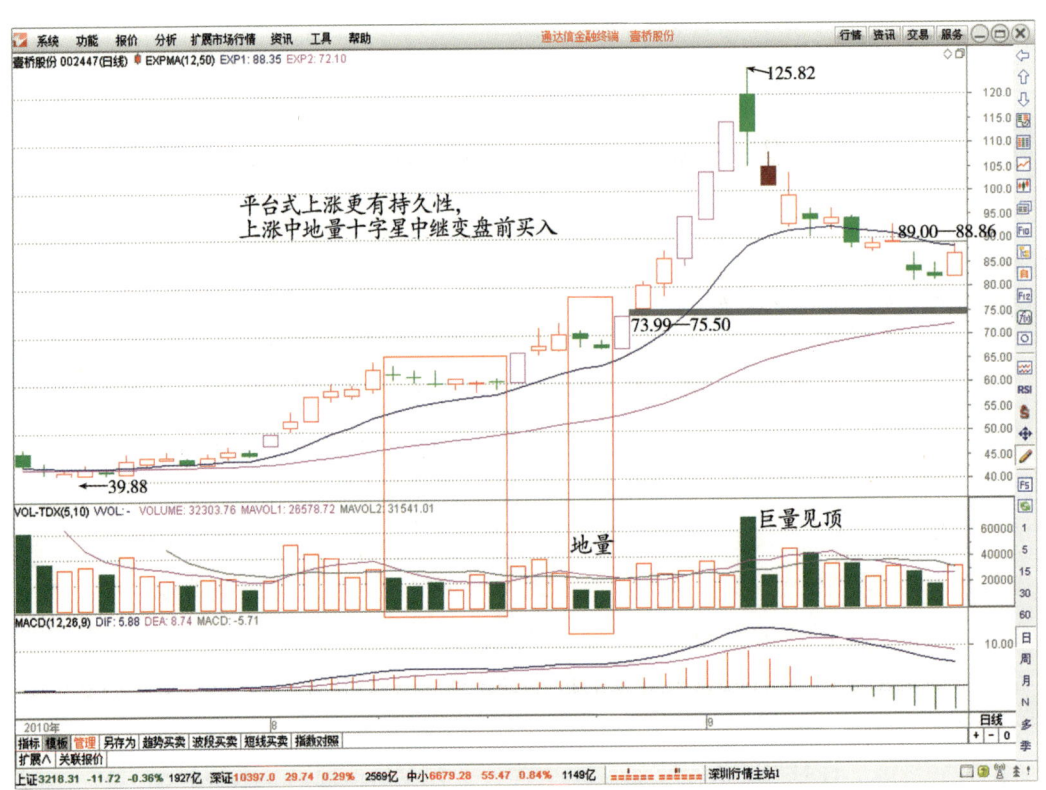

图169 壹桥股份（002447）2010年8—9月走势图

【案例图解】

平台可分为短期和中长期，在此重复一遍，短期平台以3～5天为准（短期强势行情），中期平台以15～30天为准（中级强势行情），长期平台箱体为3个月左右或以上（启动时需挖坑诞生大级别行情）。对于喜欢捕捉短线强势股的投资者来说，

第十章 次新股跟庄买入信号图解

图169是最佳选择，时间足、空间大。壹桥股份（002447）从上市当日没有出现太大量能，一直保持温和放量状态，是主力有备而战的精心策划。随之在不到两周的时间完成修整期收集筹码，接下来走出一波启动浪后，再次进入一周的平台修整加油态势。其间阴线缩量、阳线带量，并且股价一直沿趋势线之上运行，也正是主力进场的信号。特别是在进入主升浪之前的两颗早晨之星太漂亮了，均以地量完成，如此明显介入的良机可遇而不可求。顶部放巨量收阴为卖出信号。

图170
热身加油抄底信号

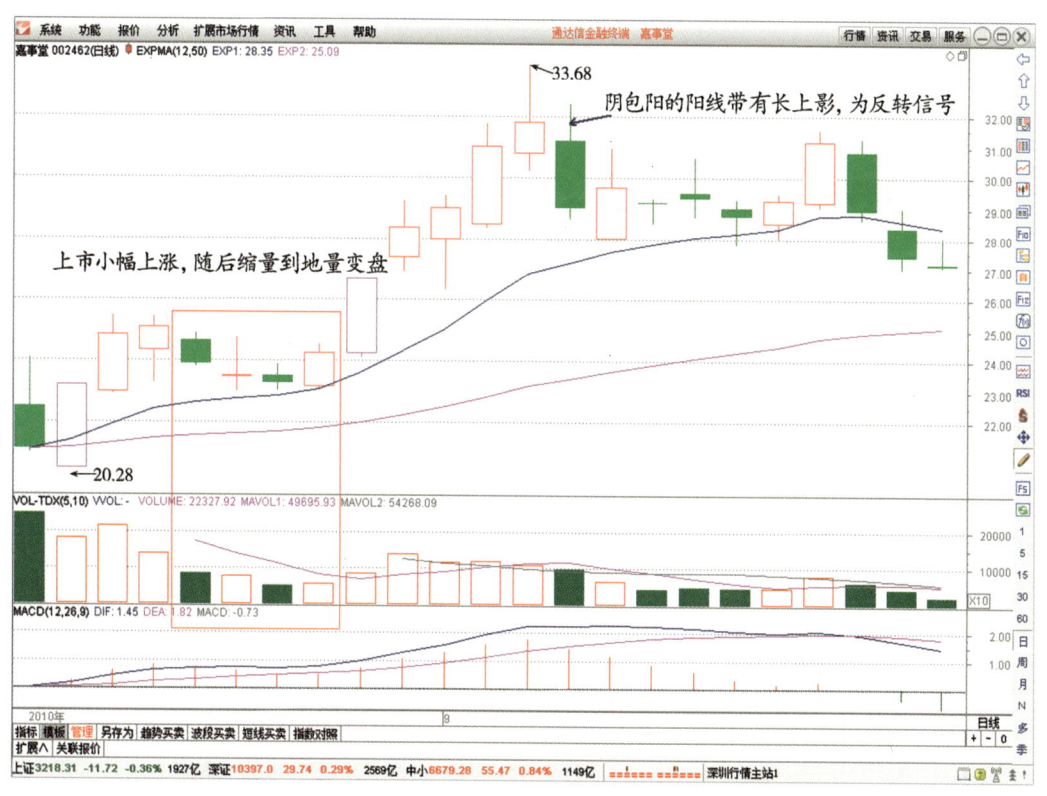

图170　嘉事堂（002462）2010年9月走势图

【案例图解】

股票的很多参数都可做假，包括K线图和基本面资料，但成交量却是不能做假的，因为成交量可是真金白银砸出来的。要想使炒股更简单化、直接化，就必须先弄懂量能。特别是新股上市之后，如图170中的嘉事堂（002462）上市次日带量涨停，已经暗示此为多头信号。在三天的上涨后出现3颗阴线十字星，特点是以明显缩量为主，说明主力根本没有出货意图，只是在压盘以完成修整并达成洗盘吸筹的目的，或者说是加油平台。随后上涨量能逐步放大，这是明显的做多信号。只要能把准时机、敢于参与，就可以轻松赚取波段利润。严格按书中图形来操作，其实炒股赚钱也并非想象中的那么难，只要能学好炒股技术、调整好炒股心态即可。

图171 三浪建仓信号

【案例图解】

在经过上市后的修整、打压，主力军轻装上阵，逆市飘红。必康股份（002411）用不到两个月的时间顺利完成上行三浪，大举建仓，这三浪是主力的成本区域，又是该股的启动浪，建仓完成后必须修整一个月左右。上涨后的修整平台一是为了保护主力自身成本，二是为了洗盘收集筹码，蓄势待发，接下来便往发展浪运行。从量能看一直处在饱和状态，主力控盘有序，在进入发展浪的前夕，主力有意制造假破轨的恐慌，自己却进一步增仓。图171呈现了强势股的两大特征：一是底部建仓通过串阳三浪进行，可以吸足筹码，打下扎实基础，且一浪比一浪高，时间一次比一次长；二是强势股经过一轮上涨达到30%左右时会进行修整停顿，一般较为强势的个股会以横盘完成整理，时长为一个月左右，随之进行发展浪，发展浪一般会比启动浪要高，时间会更长。

第十章 次新股跟庄买入信号图解

图171 必康股份（002411）2010年6—9月走势图

图172
首日光头光脚见旭日

【案例图解】

图172中的顺网科技（300113）属于新兴产业中的高新科技股，一上市就受到追捧，其与众不同的是，在上市当日收出光头光脚大阳线，这一根大阳就足以吸引不少投资者的跟随。随后走出波段上涨行情，但是，上市后量能没控制恰当，前期放量过大，从而缩短了后市上涨的空间。从图172中可以看出，后面上涨中量能明显

图172　顺网科技（300113）2010年9—10月走势图

递减，技术派投资者可就此锁利出局。此图形要注意的一点是，后续没有量能的配合，说明主力早有策划，在上市后做出漂亮的图形，诱人做多跟风，随后在投资者不知不觉的情况下进行派发。上涨缩量说明进入疲软期，只有散户盘在交易，只要散户进一单，主力就派发一单。遇到类似现象，投资者最好以短线操作，绝不能久留恋战，因为股价太高，一旦进入新股的修整期，幅度会比较大，时间也会比较长。

图173 跳空缺口式建仓

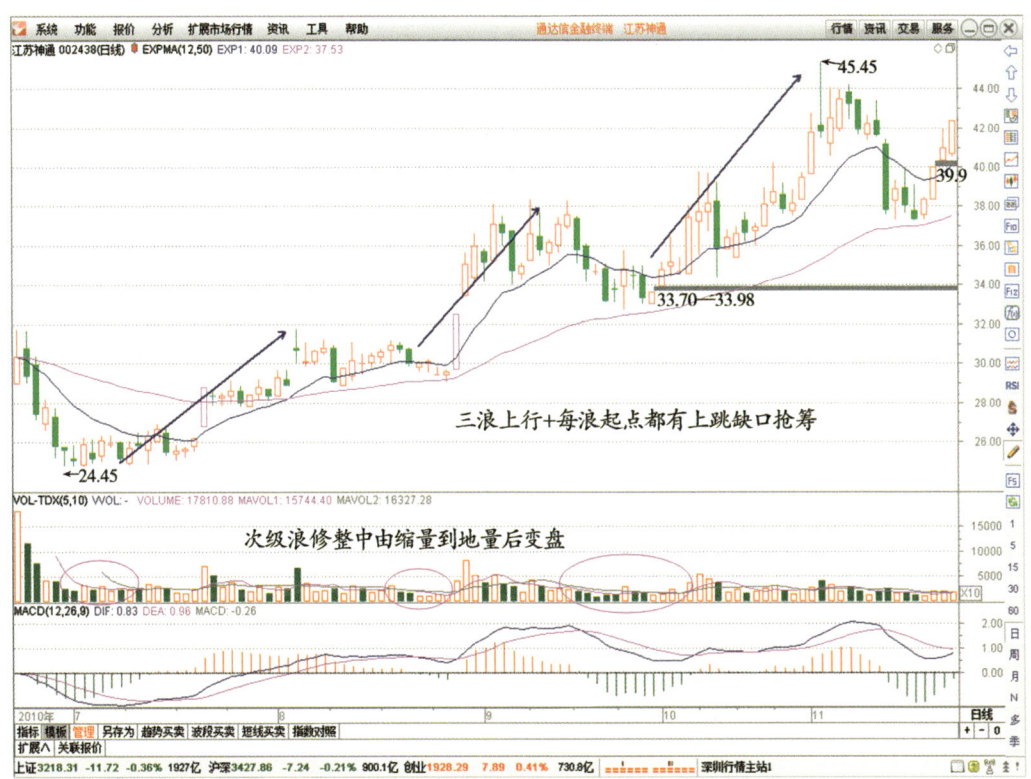

图173　江苏神通（002438）2010年7—11月走势图

【案例图解】

图173中江苏神通（002438）的向上跳空缺口与前述不同的是：在短期内连续出现三次向上跳空缺口。在上市修整期后进入了横盘收集筹码阶段，该横盘平台阳线带量阴线缩量，只要是底部出现小阴小阳，都可认定为主力在收集筹码。一旦收集

到的筹码能够达到控盘目的，就会再进行拉升的动作。图中第二个缺口前以地量交易，且压盘在低位，说明主力已经达到控盘的目的。接下来就是见证奇迹的时刻，跳空涨停激进式地打开上升浪。在不到两个月的时间里出现了3次向上缺口，可见该手法已为主力惯用。在第一次平台后向上缺口后的3～5天内没有回补，及时跟进绝对没错，但如果离主力建仓后达30%以上时需要锁利为安。

图174
新股底部结构决定后市行情

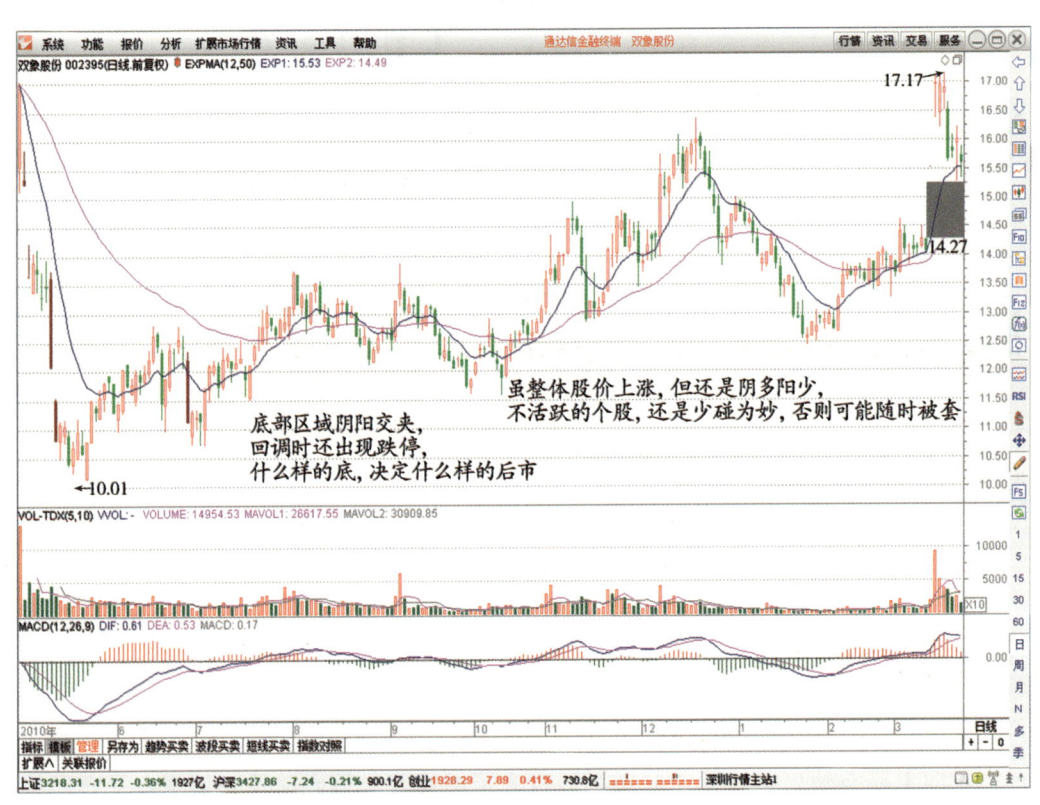

图174　双象股份（002395）2010年6月—2011年3月走势图

【案例图解】

图174中的双象股份（002395）在上市时受到大盘弱市的影响，此修整幅度较深、较快，打破25元的发行价后进一步探底。久跌必涨，该股还是先于大盘企稳走强，随后以蜗牛的方式漫步而上。两个月里涨幅只有20%，同其他强势股相比落后很多。但从量能上看，该股一直处在饱和状态，爱思考的投资者就会问，该股是盘子不大的中小板股，股价也不算太高，为什么没有出现拉升现象呢？那一定是公司基本面有问题。

从攀升的两个月的走势来看，该股股性极不活跃，阴、阳线频繁交叉，上下振幅也偏大，并且中途回调时还出现跌停，有损上涨气势。在前面讲过很多图形的底部区域都带有涨停板，有利于使后市的上升通道更顺畅。因为新股、新底、新庄，都是新的开始；那么，从底部结构中可直接观察得出什么样的主力以及行为，这将决定该股价未来的命运。所以，什么样的底部结构，将决定后市什么样的走势。

图175 小阴小阳后必有大阳主升

【案例图解】

在W形、N形、圆弧形、V形筑底的各种见底形态中，只有V形底表现最为强悍有力。图175正是如此，云南锗业（002428）在出现V形底后便是一路盘升，这样一来，主力可以用V形拉高股价，抬高跟风盘的成本，其次也可吸引不少人气，对后市的拉升易如反掌。在长达两个月的小阴小阳形态漫步上行后，很多激进的、想在短时间内赚取高额利润的散户可能没法耐心持股，主力正是利用这一点耗尽散户的耐心才能吸足筹码。在趋势线出现金叉时，足以说明正式进入强势区域，随时有拉抬的可能。金叉后出现回踩确认支撑时可大胆介入，等待主升浪的出现，这也正符合前面所讲的"小阴小阳后必会出现大阳"的买入手法。

图175　云南锗业（002428）2010年下半年走势图

图176
一路攀升直达顶峰

【案例图解】

　　较强势的新股上市后表现就非同一般，图176中的万邦达（300055）上市后一直运行在2条趋势线之上，这体现了该股一路攀升，势在必行，细看是以"三浪两平台"完成。其中的5天小平台正是给投资者参与的良好机会，特别是第一浪启动后的小平台，在没有触及趋势线的情况下，投资者可在突破平台高点时抄主力的底。一直持股到上行三浪完成时，或在高位出现阴阳交叉时，特别是在"一叶知秋"的跌

第十章 次新股跟庄买入信号图解

图176　万邦达（300055）2010年4月走势图

停大阴出现时出局。此时，一个月能赚取40%的利润，非常可观。贵在买入，重在卖出，赢在锁利，稳在控制。

小阴小阳吸筹信号

【案例图解】

股票上市时就有多空两头相争，图177中的天虹商场（002419）上市不久，多头在和空头的争夺中告败，股价转而向下，从向下急挫再到平台间歇，说明多头主

353

图177　天虹商场（002419）2010年下半年走势图

力仍在看多，毕竟该股也属商业消费类个股。主力顺势利用快而短的5天时间杀跌探底，在企稳后以缓和的节奏，走出小阴小阳吸筹式建仓。一般在底部以小阴小阳建仓的时间在1个月左右，不管是平台式还是盘升式都如此。一旦发现类似的个股，说明主力已经吸足筹码，随时会进入拉高的阶段，在此期间从容介入，持股待涨是不错的机会。从图177中看到随后有两轮放量拉抬，直接打开主升空间，如果在此之后参与就不太合适了，自身成本过高必将担负一定的风险。该股见顶也非常明显，以天量收阴线的见顶信号结束波段操作。

图178 雨后彩虹抄底信号

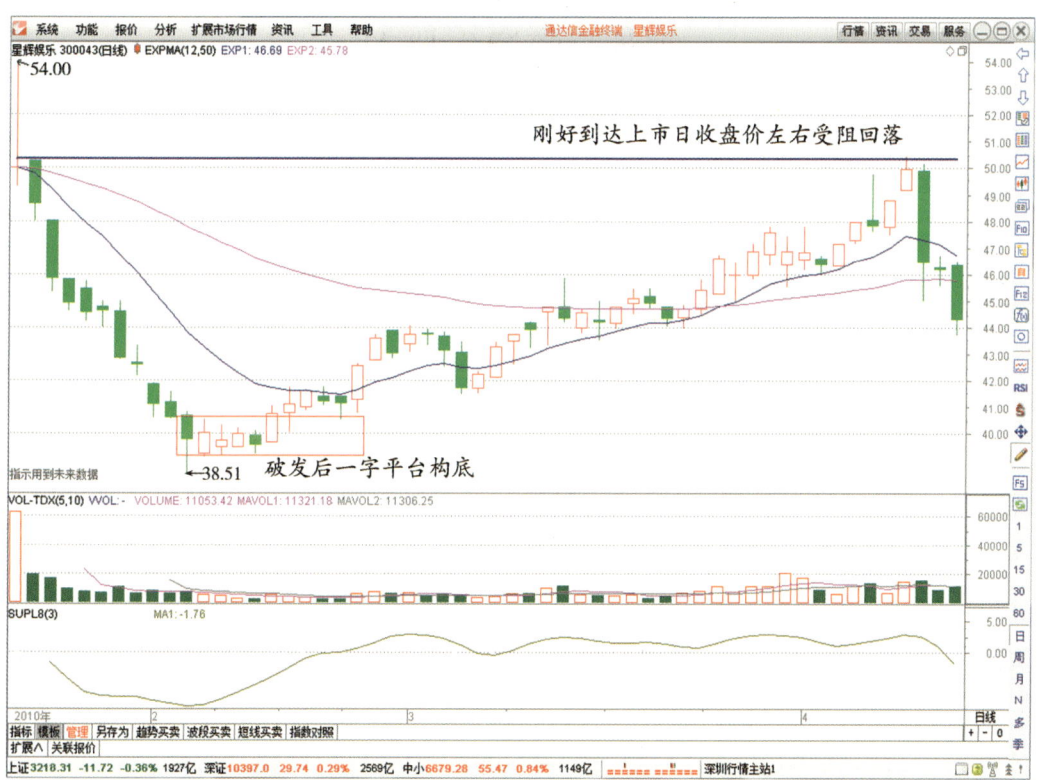

图178　星辉娱乐（300043）2010年2—4月走势图

【案例图解】

图178中的星辉娱乐（300043）上市当日收于"避雷针"就暴露出股价短期内难逃一劫，随后以绵绵阴跌直探底位，久跌必涨，将近半个月的阴跌探底后以地量一字平台筑底，时间未超5天随后转为升势，说明强势所在，中阳突破一字平台时就可逐步参与，与庄并进。趋势线形成向上金叉视为强势加速阶段，短

线参与必有回报。但是在量能逐步放大消耗完后,便是见顶回落之时,也正好达到上市当日的高点,股价上行受阻。多么富有节奏和规律的一张图,略懂技术者都可顺心完成操作并且盈利。任何一只新股上市后,无论是炒作还是主力长期进驻,次日都会露出盘面的信号,因为里面没有老庄,新庄都是在同一出发点进场,只要能嗅到这股气息,你就是赢家。

图179 震荡吸筹慢牛状态

图179 松芝股份（002454）2010年8—12月走势图

第十章 次新股跟庄买入信号图解

【案例图解】

从主力进场的方式和手法中可以看出，松芝股份（002454）有长期资金进驻的特征，投资者若能判断出该主力的性质，即可预测后市的空间有多大。如图179，主力以震荡盘升式建仓，无疑是为了在后市能做得更高、更长，以慢牛的特征才能走出更大的上涨空间。当这一点能确定时，接下来的操作就更容易了，中线投资者应尽量在盘中寻求低吸机会做波段，持股获得稳健收益。特别是在回调洗盘中明显出现缩量，说明做多气势未减，大胆低吸是最佳选择。对于短线投资者来说，不必在该股上停留太长时间，否则会失去其他更好的、更强势的个股参与机会。

图180
主力抢筹建仓信号

图180　梦洁股份（002397）2010年下半年走势图

【案例图解】

很多投资者都能看懂图180中梦洁股份（002397）图形的含义，从成交量上可以明显地觉察到这是抢筹信号，但很多人不知道为什么会出现这样的现象。大家知道在上市经过修整探底后，激进型主力会迫不及待地快速进场，立即以串阳组合快速抬高股价。随后在涨幅达20%左右时仍然有不少资金在抢筹，从成交量能中可以发现主力资金实力并非一般的雄厚。抢筹原因只有一点，该上市公司为自主消费品牌，在市场上占主导地位，随着市场消费指数不断提高，受主力机构追捧也是自然现象。先知先觉的投资者完全可在趋势线形成金叉后，回踩确认支撑有效时大胆跟进，此时买入的成本基本与主力成本区接近，一直持股到主力放量冲高有派发的现象再出手。由此可见，运用技术把握准确的买卖点是多么重要，多么有效，多么容易盈利。

缩量锁筹有看头

【案例图解】

类似图181的图形比较少见，但也是比较容易把握的一种，新股上市看量能即可知主力接下来的意图。从图181中可以看出奇正藏药（002287）在上市的次日虽报收上影阴线，但非常的缩量，基本属于地量锁筹，可以认定主力根本没有出货，出的都是散户单。随后跳空下探再报收长上影线，可以推测出这根带量的上影线可能有主力在接散户的抛盘。但这还不足以说明什么，此时定论过早，在随后的几日将真相大白。特别是以上行5连串阳回补缺口时，多头买入信号表露无遗，一般来说，在5连串阳后都会有一个修整加油平台，这也正是短线投资者参与的好机会。随后的量能一直呈饱和状态，在这样的情况下，抬高股价也属正常现象。

第十章 次新股跟庄买入信号图解

图181　奇正藏药（002287）2009年10—12月走势图

漫步吸筹牛股前期

【案例图解】

如图182所示，在这不温不火的走势中，没有几个散户能一直有耐心，即使在强市中也没必要这样去较量，或许一只短线股三五天就能换来该股两个月的涨幅。试想一下，对于中小盘股，主力不是没资金推动，而是不想急功近利，想以长远眼光着手。经过两三个月的酝酿后，或许就是见证奇迹的时刻，所以当出现二次探底时可寻求介入机会。

359

图182　兆驰股份（002429）2010年下半年走势图

图183
高举高打串阳建仓

【案例图解】

图183是一张比较显眼也比较诱人的图，自上市后主力一直不断抬高股价，低位一个比一个高。整整走出了十连阳的强悍行情，而且这十连阳量能饱和。遇到"高举高打唱大戏"，可能很多投资者都会目瞪口呆，见涨而不敢追。这也能理解，但是不能放弃跟踪，一般强势过后还有延伸的可能，这期间必有一个修整阶段。只要

图183 天马精化（002453）2010年8～12月走势图

耐心跟随，必有机会属于你。如图183中的天马精化（002453），缩量横盘一个月，这期间就是你大胆参与的时候，因为根据经验，有90%的可能会出现主升，主升出现后冲高出局，花一个月的时间换来20%的利润也是值得的。再说，这期间还可突击其他短线机会。笔者再一次忠告，只要用心去挖掘，就会发现很多个股都具有潜力，不必跟踪太多只股，选好几只持续跟踪与操作，既能节省时间和精力，又能换取更大的利润空间。天天找牛股、天天换新股是投资者致命的弱点。

第十一章 次新股跟庄卖出信号图解

除了在新股上市当日中签投资者锁利卖出外，笔者在此所讲述的图解是在上市后的修整期判断主力是否有出货动机。如果中签投资者在上市当日没有及时卖出，那么可以参照书中的图解来判断卖出信号，也可以同主力一起出逃，免遭损失。

备注：新股上市当日决定是否择机卖出，关键看以下几点：

1．初始市盈率太低，开头盘子过大的不一定会大涨，初始市盈率太高如中小盘的不一定会大涨，初始市盈率符合目前市场平均水平的，上涨可能性较大。

2．上市开盘后15分钟左右为主力多空争夺时期，这15分钟也正是投资者犹豫观望的时间，主力会在此决定多空动作。

3．量价配合为关键，如果量增价不涨为出货现象，量价齐增为多头信号。

4．上市后5分钟、15分钟的阶段性换手率在30%以上的可高度关注。

5．离开盘价涨幅达50%以上的要注意风险。

6．对比近几只新股，如果近期上市后的新股都在大幅上涨，必会有众人追新的场面，可以看高一线；如果近几只新股上市后走弱，或许是受到市场消息或大势不好的影响，那么就尽量回避，在上市后逢高出局。

7．观察该新股的板块效应是否属热点强势，或该新股是不是占行业主导地位的新龙头，如2010年上市的涉锂的新股都有一番好的表现。

8．如果上市当日收放量阴线或长上影线，必须注意次日走低的可能，详细请对照后文的图解。

图184
避雷针要远离

图184　百川股份（002455）2010年9—10月走势图

【案例图解】

"倒T字线"也可称为"避雷针"，是指开盘价、收盘价、最低价粘贴在一起，成为"一"字形，但最高价与它们之间有相当的距离，因而在K线上留下一根长上影线，构成倒T形的图形。倒T字线上影线越长，力度越大，信号越可靠。倒T字线在不同位置具有不同的多空意义，在上涨末期出现为卖出信号，在下跌趋势末期出现为止跌买入信号；在上涨中期出现可继续看涨，在下跌中期出现则继续看跌。新股上市当日出现倒T字线，如果量能、换手率过大为风险信号，图184中的百川股份（002455）正是如此，次日跳空低走。类似现象的次新股在短期内是很难转强的，所以在当日分时图中发现势头不对就应赶紧撤退。

图185
持续增量要回避

图185　远东传动（002406）2010年6—7月走势图

【案例图解】

笔者在前面有提到过，新股上市后的前5天为修整期，犹如每个交易日的早盘竞价后30分钟为当天的修整期一样，在修整期过后会有方向性的选择。如图185中远东传动（002406），从上市后5天内的成交量能上看，明显放之过急，当然不利于后市持续上涨。如果持有类似图形的个股，应在出现放量急拉时赶紧出局。更何况是持续放量过大，这明显是不良征兆。从图185中可以看出，后市的运行一直处在低迷行情中，从量能上看一定是冷门股，并走出下跌三浪的标准图形。可以试想一下，如果在前期没有及时卖出，那么要在往后的行情中返回初始价位难度就很大，这要经过一个很长的过程。老股民都感叹，很多新股上市时的最高价格，在后市几个月甚至几年内都难以再攀上。

图186 量增价不涨出货现象

【案例图解】

懂技术的投资者单看图186中的K线就会明白，持续小阳密集交易是诱多，但很多非技术派投资者认为放量是好事，有量的阳线才有动力上涨。其实恰恰相反，K线中的串阳组合纯属虚构，从量能看是量增价不涨，说明主力在策划一场诱多假戏，以达成派发的目的。日久出真相，随后的巨量小阴线就是下跌征兆，磨顶三天都是主力控盘所为，因为派发没完成，不想一时把图形做得太难看。在"一叶知秋"跌破顶位三线时，下跌正式开始，随后的反弹都是"逃命"的机会。随着趋势线的死叉，下跌加速直至底部出现，此轮下跌幅度超50%，相当惊人。

图186　千方科技（002373）2010年4—7月走势图

疲软平台不要等

【案例图解】

与图186相似，图187中主力做出一张诱多的图形，对于内行来说，假象就是作假，假的真不了。看似是一个支撑平台，但报收的却是几颗十字星K线，这是一个变盘的征兆。再从关键的量能上看出，阴线放量，阳线反而缩量，说明主力根本无意做多，摆出这图形来就是为了迷惑散户、稳住人心，再慢慢地择机派发。直到变盘日出现向下的方向性选择时，就毫不留情地砸出大阴线，使投资者措手不及。随后的反弹力不从心，仍是"逃命"的机会。从后市的量能上看，该次新股已经进入冷

图187　誉衡药业（002437）2010年7月走势图

门的状态，何时能再返前高位，我们对此要画上一个大大的问号。由此可见，如果该新股上市后没有及时高抛，后果真的不堪设想。

力不从心必下跌

【案例图解】

图188中的闰土股份（002440）在上市当日表现良好，但量能放之过大，虽然随后几日跌势并不明显，但是在上市后5天内没有向上突破，此为疑象。直到第6个交易日才跌破上市当日的开盘价，自此沿趋势线下方加速下跌。在上市后的5天内主力犹豫做多，但力不从心，最终还是选择了探底后再启动，这样做后期的上涨力度会

图188　闰土股份（002440）2010年8—10月走势图

更强一些。这一点是从后市的走势分析得出的，因为前期跌幅并不大，并且跌势中带有一丝不情愿的现象，所以探底后很快就走出上涨行情。在上涨初期，建仓信号仍然明显，阳线带量，阴线缩量，为较标准的小阴小阳K线组合。平台整理后开始进入主升浪，最终完成了该主力的拉升意图。

三星架空不要碰

【案例图解】

图189又是一张能迷惑投资者的图形，海格通信（002465）从上市当日起连报收4颗不同样的十字星，内行看来明显是一个架空的假象。其主要目的是迷惑投资者，

第十一章 次新股跟庄卖出信号图解

图189　海格通信（002465）2010年10月后走势图

让投资者一直犹豫不决，到真相毕露时后悔已晚。不妨换个角度想一想，如果主力真看好这只股，盘面绝对不会这样走，肯定会提前抢筹抬高股价，同时也会抬高跟风者的成本。再换一个说法，一般新股上市后5天内出现变盘，不管是向上还是向下变盘，幅度都不会太小，截至笔者收稿，该股仍处于下跌趋势之中。

受阻上影下跌征兆

【案例图解】

毅昌股份（002420）上市后两根阳线比较漂亮，但仔细一看你就会发现猫腻，

371

图190 毅昌股份（002420）2010年7月走势图

次日的小阳线并没有突破前收盘价，且趋势线受阻。上市第三日虽有拉高股价，但没有有效突破前高点，无功而返，报收长上影线，并且有带量下跌的不良征兆。从两次受阻力度综合来看，该股难逃下跌的命运。特别是出现向下跳空缺口无力回补的情况时，后市跌幅绝对不小。下跌趋势中的第一个弱势反弹就是"逃命"的时机，越往后反弹力度越弱，直至探底成功才会出现企稳现象。从图190中大家可认识到下行三浪的可怕性，第三浪的下跌时期会更长、更深、更急，随后进入横盘整理。同样，上涨三浪也是如此。

第十一章 次新股跟庄卖出信号图解

图191
双重受阻必返之

图191 天业通联（002459）2010年8月11日走势图

【案例图解】

该股图形与图190略为相似，但下跌信号比它出现得早。第二日在前收盘价受阻回落，报收长上影线，第三日露出下跌真相，甚至跌破上市当日的开盘价和最低价，并且以带量大阴线收盘。虽然发行价22元能否有效保住还是未知数，但从随后的量能可以看出，该股仍处于冷门状态中。虽然基本面不算差，属铁路基建概念，但上市期间受该板块的限制，在上市后很难走出漂亮的上涨行情。从图191中大家可以认识到，选新股应首选处于市场热点的个股，因为该板块是否有好的表现将对个股上市后的走势影响很大。单从这一点分析，中签者在上市当日就应毫不犹豫地逢高出局，场外投资者也不必急于参与其中。

图192
速补缺口即变弱

图192　凯撒文化（002425）2010年7月走势图

【案例图解】

大家可以从众多新股买入信号图中看出，一些新股上市后能持续上涨，玄机在

第十一章 次新股跟庄卖出信号图解

于个股的量能变化。如果上市后一直上涨做多,那么主力会把筹码控制得很均衡,不会太大量,也不太小量。如图192中的凯撒文化(002425),上市后一直是量能放大,但明显没有控盘做多的迹象。新股上市当日的量能极为重要,该股上市当日是量增价不涨,随后虽然呈上行势头,但都是虚演一场,第四天做出一个向上跳空缺口,目的是引起众人注目,以便吸引散户来跟风。好景不长,缺口后不出3天就迅速回补,这正是下跌的开始。反应迅速的投资者还能规避这一风险。向上缺口后3~5天回补一定不是好事,相反,向下缺口后3~5天出现回补则可认为是由空转多的现象。所以在该图中,短线资金见到这个信号最好先撤退为安。

图193
塔形探顶不要攀

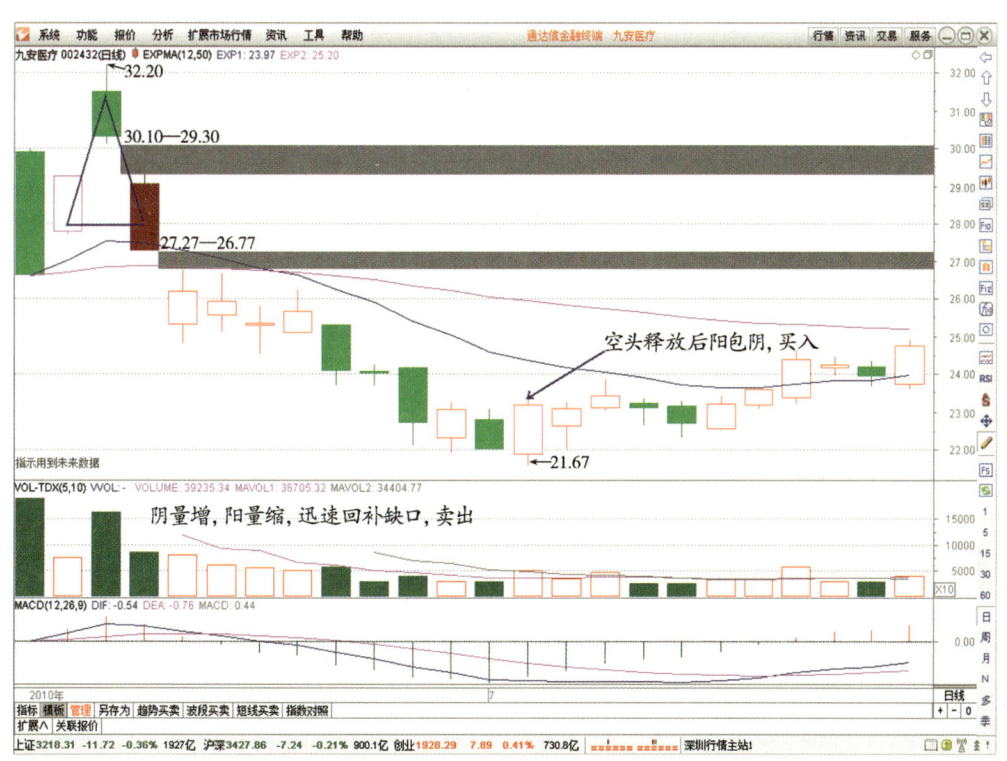

图193　九安医疗(002432)2010年7月走势图

【案例图解】

九安医疗（002432）上市当日报收实体放量大阴线，虽然随后还在硬撑上行，但这明显是主力派发还没完成，从而选择了先向上缺口诱多，次日又以向下缺口做空，K线图上形成一个标准的正三角形的塔状。从量能上能明显看出，上市后次日虽报收小阳，但量能极小，在向上缺口量能明显大增，可想，这量能里面有一半都是诱多跟风的资金。类似走势可疑的次新股最好回避，中签者趁机而逃为上策。从后市来看，先连续两个向下缺口使跟风者措手不及，随后走进低迷行情，下降趋势蔓延。

图194
跳空跌停危机四伏

图194　嘉欣丝绸（002404）2010年6—7月走势图

【案例图解】

前面讲到上市当日的量能最为关键，图194的嘉欣丝绸（002404）更证明了这一点的重要性。上市当日巨量再带长上影线让人触目惊心，次日再跳空跌停，更显危机重重。跟风者就不用说了，这样的情况下没人会跟进，除非在上市当日晕头转向地参与。在随后的行情中走出标准的下行阶梯态势，以下行三浪为基准直至探底，上行被趋势线制约。虽然价格相比之下不算太高，但受冷门板块的影响，也难免走出如此危险的图形。投资者谨记一点：只要新股上市当日出现巨量长上影线，都要提防风险。

图195
下降趋势初现不能留

图195　雅克科技（002409）2010年6—7月走势图

【案例图解】

图195的雅克科技（002409）在上市当日同样出现巨量上影线，当日大多资金出货完毕。随后的走势出现疲软状态，并形成下降趋势，直到变盘向下破位。一轮下跌趋势就此打开，随之带来的反弹力度逐步减弱，下跌力度反而加大。从图195中可以总结出，新股上市后的次三日内没有站上趋势线，并且没有超过首日的收盘价或最高价，应坚决认定看空。喜欢打新股的投资者，一定要对笔者解读的图加深理解、融会贯通，这样必会受益匪浅。

图196
下降三浪有前兆

图196　雷科防务（002413）2010年7—9月走势图

第十一章 次新股跟庄卖出信号图解

【案例图解】

再看上市首日出现巨量的另一图形：图196中的雷科防务（002413），次日因首日的收盘价和最低价产生的阻力而向下运行，随后走出下三浪的下降趋势。俗话说下降三浪有前兆，其道理也很简单，有第一浪像样的下跌后，必会有第二浪，有第二浪就会有第三浪下跌的可能。从反弹的力度也可察觉出是否还有下跌空间，特别是反弹力度逐步减弱，说明远没有见底，将会继续下探。图196为明显的台阶式下降，形成下跌三浪早已注定。不管会不会破发，起码下跌三浪是可以断定的，所以投资者要避免参与类似的图形。

一叶知秋

图197　兆驰股份（002429）2010年7—8月走势图

379

【案例图解】

如果还有人不太了解"一叶落便知秋"的道理，那看图197兆驰股份（002429）的走势便可一目了然。一根实体大阴线跌破前面的低位，宣告下跌正式开始。会逃命的、会止损的投资者都算是理智的。战场上打胜仗靠的是战略和气势，炒股票也是一样，需要技巧和气魄，一旦人气汇集起来很容易炒高股价，相反，一旦下跌气势过猛就会跌至更深。正如此图，先以一个跌停出现，次日再来一个向下跳空缺口，可见跌势凶猛，后市会继续猛跌直到气势衰竭，底部出现。该股后市仍然明显落后于市场走势，没有大资金团入驻，人气自然也没那么快恢复。

图198
上市打开涨停后卖出信号

图198　国光股份（002749）2015年4—7月走势图

【案例图解】

　　IPO改革后，以低价+低市盈率发行，在大势环境良好背景下，上市后均会持续涨停板。在某日打开涨停板后可先减持观察，只要回调幅度在10%以内，并且能迅速止跌企稳可以买入继续捂股。随即继续攀升时还可新建仓，再往后可运用MA5日、10日、20日均线为捂股和卖出依据，如图198的描述。另外，若短期频繁扎堆发行新股，也会导致次新股的上涨幅度缩小。毕竟，受不同的市场环境和不同的政策影响，次新股的涨跌规律都是不一样的，具体规律只能从当时实势去发现。

第十二章 主力做庄的技术特征

各种主力庄家在A股市场上会起到举足轻重的作用,在分析大盘和个股时,还需分析各种不同的主力庄家手法,以便在操作中能够更胜一筹。

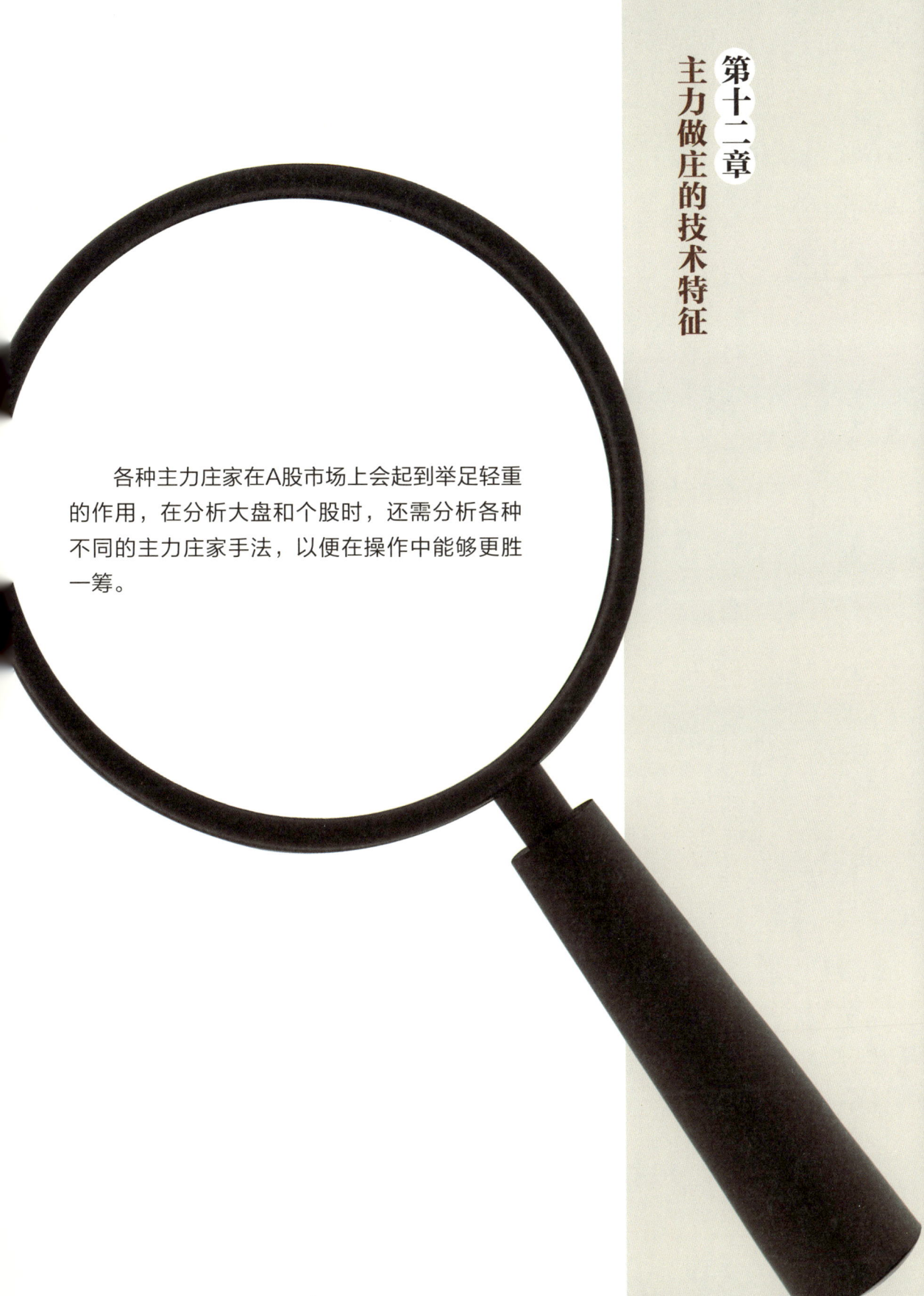

基金做庄的技术特征

成熟证券市场的一个很重要特征是，包括证券投资基金在内的各类机构投资者占有绝对的市场流通市值份额。基金仓位结构变化已是二级市场投资者的老生常谈。那么，判断基金的投资思路、做庄风格，跟踪基金持股变化，就是投资者要重点分析的内容。

一、题材领先，常炒热点

"题材""概念"等词语在股市里是常被提到的字眼，它本身蕴藏的含义是一家上市公司或一批上市公司所具有的独特的、唯一的、突出的特质。主力就是借助这些"题材""概念"吸引投资者跟风以达到炒作股票赚钱的目的。

短期题材：基金不断唱多热点，炮制天大的谎言，似乎这些因素都会给上市公司带来较大的利润，但几乎每一次结果都随着庄家的撤离而烟消云散，这就说明这类题材是"短期题材"。

长期题材：证券投资基金就是这种具有战略性眼光的做长庄。在市场上挖掘有持久影响力并且是敢为天下先的题材而长期加以运作，这正是证券投资基金重大的投资思路之一。基金们已经深化了"题材""概念"的内涵和外延，把这些上市公司的特质纳入国民经济、产业结构、国家政策等大的环境中加以思辨，并形成了市场的主流投资理念。

二、量能集中，分布不均

一般来说，当庄家决定在哪只股票上建仓时，可选择的建仓方式多种多样，因而技术形态走势也就会有不同表现。例如拉高建仓、矩形区域波动建仓、潜伏底建仓等。

当一家证券基金决定建仓一只股票时，在建仓时期内，就表现为连续性的单边买入行为，因而该股票的技术形态上也就表现为大幅的连续性放量拉升，量能表现较为集中。

从以下几个方面可以更加全面地看清楚基金庄家建仓时的技术特征：从价格上讲，也就是K线图走势，表现为持续性大阳线排列拉升；从技术指标来看，短线技术指标如KDJ、RSI、MACD等处于严重的超买状态；从成交量来讲，量能也表现为持续性的放大，基本上是单边买入行为。例如2010年7月时，多数牛股都以两个以上涨停板来展开启动浪。

当证券投资基金在某只股票上完成建仓时，该股的后期走势在最初的一段时间内往往显得比较沉闷，价格处于放任自流的状态，似乎随大势而去，无人照顾。而成交量也表现为快速萎缩状态。这种走势说明，基金完成建仓之后锁定了部分筹码，同时，也在一定程度上排除了其他庄家进入的可能性。

总体上，证券投资基金做庄的成交量分布规律，表现在成交量的急剧放大—低迷—再放大的循环过程当中，而成交价格如影随形，表现为拉高—盘整—再拉高的循环过程。价量关系配合有规律。

三、长线运作，波段操作

证券投资基金的做庄从时间长短上来讲，相对较长，有的甚至是长庄永驻，很难看到出局的时候。结合我国上市公司的发展情况和监管特征，许多证券投资基金均采取了波段性的操作策略，阶段性地买入或卖出，这就形成了大周期中的小周期，长线运作过程中的波段性。

这个波段性的操作特点受多种因素影响。如证券投资基金分红的时间性要求，上市公司的中报、年报公布时，如果财务报表不理想，基金可能会提前离场；或者是上市公司的产品进入阶段性的调整时期，股价将陷入长时间的低迷期；政府监管政策变化会对基金的持仓结构带来较大的影响等。

在这些具体因素的影响下，证券投资基金做庄的个股会在一段时间内出现一个连续性的下跌过程，并且中途一般会有反弹出现，因为政策是不允许在连续性的卖出过程中再买入的。这和基金建仓手法一样，要么连续性做空，要么连续性做多。

四、连涨连跌，一气呵成

一般而言，每个庄家的一个完整的做庄过程均包括吸筹—洗盘—拉升—出货四个阶段，每个阶段都有其独特的技术形态。而有的基金将其简化后压缩成两个步骤，要么做空，要么做多，涨跌分明。庄家做庄为什么必须在建仓时洗盘和在出货时反弹？因为建仓过程是一个不断吸筹的过程，不能太明显，否则容易引来跟风盘，出货时的小幅反弹只不过是为了诱多派发。

五、价位高企，空间巨大

股价本不封顶，只要上市公司有足够的业绩支撑和良好的成长性，每一位庄家都喜欢把股价做得很高，尽可能地扩大自己的盈利空间，这也是情理之中的事。证券投资基金成立以来，一直倡导新的投资理念，而直接反映在二级市场股票的调整上，就是不断地拉开不同质地的上市公司股票价格的距离。

这直接取决于两个方面的因素：一是基金庄家本身实力雄厚；二是"人有多大胆，地有多大产"变成了现在的基金庄家所谓的"庄有多大胆，价就有多高"。

券商做庄的技术特征

券商分为综合类券商和经纪类券商。综合类券商包括证券全部业务，即同时可做证券一级市场和二级市场，更重要的是有自营业务；经纪类券商仅仅局限于二级市场的经纪业务。无论哪类券商，经纪业务收入都是主导性的业务之一，也是两类券商的主要利润来源。有了成交量，就有了佣金收入，成交量越大越好。

券商做大成交量的方式多种多样，如提供良好的软件服务，吸引更多的投资者开户；培养大户投资者，重点辅导；吸引机构投资者加盟等。但有一种方法可能更加省时省力，即邀请庄家加入，刺激客户的跟风欲望，从而使交易量极其活跃。最根本的一点就是，如何在做庄过程中有效地激发一定范围内的投资者尽可能大量跟风，从而促使成交量尽可能地放大。

从这个角度出发去思考问题，跟踪券商庄家的操盘思路、探讨券商的技术特征、解密盘面出现的异动，似乎就是一件比较容易的事。结合规律，顺势而为，投资者也就知道该如何与这类庄家共进退了。

一、趋势不变，一波三折

做庄，最终都只有一个共同的目的，就是如何使资金最大限度地获取利润。道氏理论和波动理论把趋势分为三类：长期、中期、短期。笔者所说的趋势，是指庄家在一个完整的做庄过程中的趋势。趋势不改就是趋势向上再向上，这就是庄家的期望，这时券商则会做大成交量，但技术形态就是出现弯弯曲曲的一波三折。假设某券商庄家要把某只股票价格在5个交易日之内从6元做到8元，这时庄家只有两个选择，第一个是走直线上升，这样可节省成交量；第二个是一波三折弯曲向上，首先试盘拉升，再回调又买入，然后洗盘再冲刺，这样则会消耗较大的成交量。

二、成交活跃，量能均匀

一般而言，庄股都是股性比较活跃的个股。一方面是量能的活跃，参与的投资者密集，换手率较为积极；另一方面反映在价格上，就是成交价位较多，即时成交价格变动频繁。这也表明庄家在吸货和洗盘。在洗盘过程的向下趋势中，庄家不需要太大的成交量，当不需要放量时，就会珍惜筹码，如缩量拉升；不过券商庄家并不关心价格的活跃，他们更关心的是量能的活跃，同时可保证跟风盘不断地赚小钱，但是这种活跃的成交量分布也很均匀。

三、流通盘大，参与性强

庄股的流通盘有大有小，小到几百万股，大到十几亿股不等，关键取决于庄家的资金实力大小。券商庄家一般都是选择流通盘较大的个股。这与做庄过程中的跟风盘有密切关系。流通盘小，一旦价格做高成交量就十分明显，跟风盘也就会减少，只有流通盘大的个股券商庄家才便于掌握与操作。另外，券商庄家为了让投资者跟风，会时不时地展示自己的特点，一般情况下，会选择在当天行情下跌的过程中逆势而为，格外引人注目。一方面可在低迷行情中产生营业部的成交量，另一方面是为了制造市场热点，吸引更多的跟风盘出现。在大多数的情况下，券商做庄都会选择与大盘相反的方向运行。

四、只输时间，不输金钱

庄家在执行操盘计划时都会有一个时间周期：首先是根据庄家自己使用的这笔资金的时间周期来确定，如考虑到年末要分红，则做庄周期为12个月；有可能是代理业务，则使用代理期限的周期；也有可能是银行贷款的周期等。经常看到的如10个月、12个月、18个月等，这些周期就是这样得来的。再或者是根据上市公司的基本面情况来确定，如上市公司在某个项目投资上可能被庄家看中，那么在投产建成之后就是庄家出货之日；中报和年报公布时间，业绩可能会得到大幅提高，因此券商做庄时间为半年或一年；公司有高比例分红题材，庄家可能会一直做到送股除权为止。当这个大的周期时间确定后，再细分时间，下达任务目标，逐步实施。

所谓"前途是光明的，道路是曲折的"，券商庄股是比较好跟风的，投资者不必花很多时间来研究何时买入，只要你发现券商庄股尽管参与；买入后你也无须每天关注股价走势，这些正是券商庄家给投资者设下的复杂心理游戏。你要做的只是耐心持股，这是你战胜券商庄家的唯一途径。操作券商庄股你会真正体验到"时间就是金钱"的含义。

五、主升浪雾里看花，了结出局难有时

一般来说，庄股都有一个拉升阶段。其目的也就是迅速脱离庄家的成本区域，从而进入盈利区域。在拉升前买入该股是操作的黄金点位，也是黄金时间。因为只求量的盈利模式，券商庄股的主升浪不太明显，那么投资者的出货时间是什么时候呢？一方面可由自己的心理盈利空间决定；另一方面也可以在出现高位明显盘整时出局。

游资做庄的技术特征

游资，是目前市场上最流行的术语，私募资金和游资统称为独立资金做庄。人各有性格，庄家各有特征；千人千面，千股千势。独立资金做庄的个股主升浪尤为壮观，拉升时主力不会给你足够的时间提前出局，直到他们赚个盆满钵盈为止。但关键是，到庄家拉升时，很多投资者都已经不再持有它了。笔者在此揭示这类庄家的建仓、拉升、出货以及其他的技术指标的独特性。

一、快速建仓，分批出货

一般而言，庄家建仓过程是一个缓慢的压价吸货过程，时间长且隐蔽性高。该股走势也会极其呆滞、缓慢，此时没有多少人会关注。从时间上来讲，建仓时间占做庄时间的五成左右；从消息面上看，该股的上市公司恶报频传；从股价波动上看，无人关注，一度放任股价沉浮，这也就是很多庄家做庄的共性。

但有些庄家却相反，并不在意人们的关注，从建仓开始就气势汹汹，暴露在众目睽睽之下，这类庄家就区别于基金庄家和券商庄家。也许是大户联手做庄，也许

是其他机构做庄，又或许是私募资金或游资，但这些统称为独立资金做庄。独立资金庄家建仓时一般都是快速拉高建仓，迅速完成持筹计划，表现得风风火火，使投资者完全反应不过来。游资特别喜欢一些中小盘、低价或没人看好的垃圾股等。独立资金在出货时一般都会通过高位反复拉升、长期横盘的方式，点滴地出局。这种做法实际上就是庄家把大多数的时间和精力用在策划出局阶段。

在这时笔者对三类庄家做庄时间分布做了比较：基金做庄时间分布是哑铃形状，即建仓、出货时间多，拉升时间短；券商做庄的时间分布是矩形形状，即前后时间分布均匀；而独立资金做庄的时间分布是手榴弹形状，即建仓、拉升时间都短，但出货时间多。

二、持仓量大，浮筹极少

庄家抬高股价的唯一方法就是大量买入，这样才能使股价节节攀升，达到完全做庄操盘的阶段性目的。

但独立资金做庄对控盘的程度要求更加严格，会尽可能多地拿到流通筹码。因为独立资金做庄拉升的过程最为猛烈，不像其他的庄家边洗边拉，中途还有修整。独立资金庄家拉升时价格连续上升，直上云霄，一步到位，确实是市场惊心动魄的一幕。大家可以看出成交量、换手率和拉升的一些特点，当彻底拿完了该股的大部分流通筹码之后，持股者根本就来不及出货，随后的跟风者也极少，这时才拔地而起，上演这壮观的一幕。

三、形态恶劣，技术指标违背常规

每一个庄家在具体操盘过程中，都十分关心技术指标的运用。顺应趋势的指标支持目前股价的运行方向，上升就继续上升，调整就继续调整，投资者就会跟着感觉走；而违背趋势的技术指标则预示着目前股价运行方向很可能将发生逆转，投资者走到了十字路口，红灯出现了。有时庄家是利用正常的技术形态来达到炒作的目的，有时是利用技术指标的手法来欺骗投资者。独立资金做庄一般无意做长庄，而是做完一只再换下一只，在操作过程中无须培养跟风者对该股的认识和巩固某种跟风理念。所以会尽可能缩短操盘时间，以便快速达到做庄目的，技术上也必须配合反向操作。

四、欲擒故纵，半高位诱多

对于这种恶庄来说，既然在吃货、拉升之时均运用了与大多数投资者反向思维的技术工具达到自己的目的，那么，在出货的时候，该庄也不是行善之辈，坏事要干就干到底。从K线图上观察，这类庄股出货时没有任何征兆，表明庄家现在要出货，在高位突然放量跌停，把所有的跟风盘全部关住，除非有人把庄家的卖盘如数接走，才能轮到跟风者出货。而且往往跌停板不止一个，第二天甚至第三天故伎重演，继续跌停。并且最重要的是，第三天庄家用很大的量以跌停开盘，随后又制造出一种猛烈吃货的假象，短时间内打开跌停板，其实这些量都是庄家的对倒，为了吸引买盘接单而已。随后不断地放量，最后收盘几乎又在跌停板附近。

这样一来，跟风者认为股价已经连续跌了三个跌停板，应该不会继续下跌了，因此放松了警惕，持股等待反弹，从而减轻了抛压，这无形中帮了庄家的大忙。另外，场外抢反弹的投资者看到该股前面微量跌停，会认为庄家并没出货，因而可以抢进做技术反弹。这两种从技术指标吸收来的投资理念正好被庄家反向利用，从而使庄家成了技术赢家。

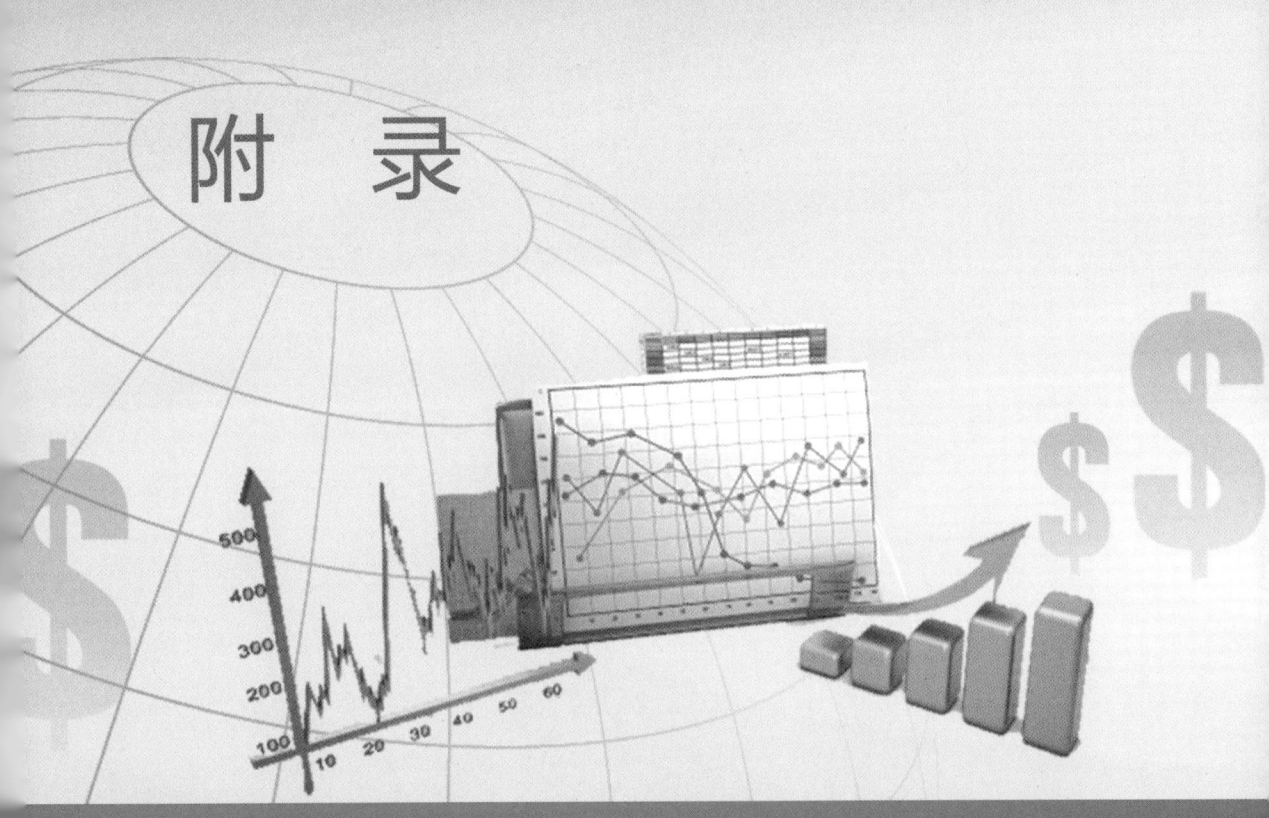

附录

附录一　几种操作中应注意的要点

一、狙击涨停板的操作技巧

狙击涨停板是目前市场短线操作中的一种最为激进的操作手法，一些操作要点说明如下。

（一）操作前提

1. 大盘处于多头市场，空头和盘整市场禁用或少用。
2. 股价运行最好是群体性，也就是说最好是板块整体启动。

（二）买入要点

1. 确定当日大盘安全，这是操作的根本前提。
2. 狙击板块龙头。
3. 抓第一个涨停，最好在开盘15分钟内。
4. 最好只做第三浪（主升浪）中的第一个涨停。
5. 涨停后严重缩量，说明抛盘稀少，后市还有空间。
6. 委托排队后密切关注挂单量的变化。买一的挂单大幅变化，说明主力在里面捣鬼；挂单量稳定说明市场心理稳定。
7. 市场不属于强市时，可在封涨停板打开后回落较小且第二次封涨停板很坚决时及时挂单。
8. 观察分时图中的即时线和均价线的变化，如果股价在快速拉升时，均价线也紧随上移，说明主力为实单买入；如果均价线上移较慢，导致股价与均价线距离较远，说明主力在技巧性拉升，很快又会回落，并不一定会做多后市。

（三）卖出策略

1. 买入后，第二天短线可在不能创新高时果断抛出。即使后市再涨也不管了，应另寻新的目标。

2．涨停第二天如果低开，在第二波上冲过程中不能突破前高点时应果断抛出，即使略微亏损也在所不惜，这是经验。可不要把短线做成中长线。

3．买入后如果继续涨停，那次日当然就没有抛出的理由了，继续持有，直至不能封涨停板为止。

（四）狙击涨停的操作理念

1．可以小赚，可以大赚，可以小亏，但不能大亏，集腋成裘，积小胜为大胜。
2．运用的是刹车滑行理论。
3．超短线思路，不参与个股和市场的短线调整，甚至包括日K线的调整和洗盘。
4．操作上要形成自己的短线操作风格，不能做短线失败了就变中线、长线。

二、短线的操作要点

（一）主要的操作要点

第一，操作时应注意大盘及个股上涨的持续性，尤其是反弹行情，对反弹级别的大小要判断准确。

第二，注意把握增量资金的流向及热点板块轮动节奏。反弹行情之中，许多热点往往不具有持续性，因此，抓住市场的主流热点尤为关键。

第三，必须精选个股，首选强势股、活跃股。如热点龙头、低位涨停股、超跌反弹股、新股、底部堆量股、放量长阳股等个股。笔者选股一般以熟悉的股票为主，以及前面已经预演过的热点板块，待热点个股的再次拉升，或者当强势股的图形出现买入信号时及时跟进。笔者运用自己编制的"做精一张图☆强势股形态选股软件"，可在盘中快速筛选出所要找的图形个股。

第四，选择好个股，在分时图中寻找较低价位分批进场。大趋势是追涨，但小级别选择低吸，力求建仓成本更低。

第五，预先设好止损位，不论盈亏，出局须果断，不能犹豫，绝不能出现被深套的局面。

（二）观察短线强势股启动时需要注意的要点

1．开盘是否跳空放量高开。
2．向上攻击的流畅性，持续性大单情况，是连续性攻击还是间歇性攻击。
3．股价向上攻击的角度、力度大小，同时均价线是否同步上移。
4．能否创新高和回档幅度大小，均价线的支撑力度强弱，浪形结构是否清晰。

5. 板块是否有联动效应，大盘和热点是否配合。

三、波段操作需要注意的要点

（一）波段操作的首要观念

波段操作不是频繁地换股做短线，不必过分在意短期的波动，只需注意中期的趋势，所以，要学会看周K线图及月K线图的走势。

笔者认为最主要的有以下几点：（1）心态要稳，买入前的分析尽量仔细点，别盲目进场，耐心等待较好的买点出现；（2）最好是选择自己熟悉的个股操作；（3）进场时分批逐步买入，若买点判断有误也有补救资金，被迫出局也不会有太大的损失；（4）持股时要有耐心跟随上涨趋势，没有明确的进出信号别乱动仓位。

根据大盘情况、热点变化、个股趋势及技术形态决定出局的点位。抛出以后，在下一个明确的买入信号发出之前，一定要耐心等待。耐心是关键，空仓和持股都需要耐心，才会有所获。因为炒股不仅是智慧的挑战，而且是耐心的较量。

（二）波段操作买入的技巧

首先要选择好时机，这里包括大盘和个股的介入时机。一般选择在远离中期均线的波谷买入。当然波段操作时选股也至关重要，一般选择基本面较好或题材丰富的熟悉的个股，而且该股历史上股性相对活跃，也就是常说的选择走势明显强于大盘的个股，或选底部连续有量的股票，再或者下跌无量、主力机构未出逃的前期活跃股，以及开始第二波向上放量攻击的股票。

（三）波段操作的技术指标

波段操作笔者一般常用KDJ、BOLL、MACD、EXPMA和中期均线指标等来辅助分析判断，准确率可达90%。具体技巧有：（1）当标的股周KDJ指标在低位背离，且出现二次金叉朝上，同时成交量再次放大时，为绝佳的买入机会；（2）当股价下跌至BOLL下带线之下，持续5天以内，随后出现中阳以上级别的反弹，且股价回到BOLL下带线之上时为买入机会；（3）当MACD在0轴之下出现两次金叉或三次金叉，或者在0轴之上出现"蜻蜓点水"时为买入机会；（4）当EXPMA的两条线出现"蜻蜓点水"（两次到三次）、形成金叉后再回踩确认支撑有效时为买入机会。

笔者研究后发现，这几种买入信号，基本都具有波段上涨潜力，并且发出的买入信号都在波段的起涨低位，笔者运用这几种操作方式时可谓百试百灵，并已将其编入"做精一张图☆强势股形态选股软件"之中。

(四)波段操作的持股技巧

首先,要确定大盘的上涨行情大小,要客观地对当时的行情进行评估。在大盘和个股的上升趋势仍在延续,量价配合良好,还没有逆转之前,一定要对自己的分析判断有信心,耐心持股,对不利的走势可能也要做好卖出准备。

其次,对股价的盘中震荡要做到心中有数,对一些小级别的回调以及洗盘模式多观察总结,才不会遇到股价一回落、震荡就慌忙卖出。毕竟连续上涨的股票是少数,多数股票将沿上升通道震荡上扬,利润是要靠时间来积累的。

最后,卖出一定要有明确的技术上走坏的依据,不能凭感觉买卖。当然,如果短期拉升过急,适当高抛低吸,做一些差价也是可以的。最后,持股时的心态一定要平稳,具备敢于赚大钱的心理素质,否则一点蝇头小利或浅幅震荡就会动摇,未赚足大钱就被主力洗出局了。

(五)波段操作的卖出技巧

首先,判断大盘是否已走完一波行情,如果没走完,以持股为主。如果涨幅已增大,非主流板块出现轮涨,但指数却不能创新高,量价背离,上升趋势破坏,此时就要小心了。

其次,用理论量度升幅、上档强阻力位、技术指标等方法来测算个股的理论目标位,要看该股在接近目标位时是否出现高位滞涨,或者出现破位;从技术上,重点看K线形态、量价、技术指标等是否已发出卖出信号。当然,当大盘或个股上冲速度过快时,要及时获利了结一部分。另外,分批撤出也是比较稳健的卖出方法,高位见利好也要减仓出货,学会止盈。

(六)波段操作的风险控制

笔者认为要注意以下几个方面:(1)不在连续暴涨后冲动性追买,若是买入后就下跌,那么,先要看是否对长、中期趋势分析有误,若不是就是买点不好,等待补仓,所以永远不能一次性满仓买入;(2)持股期间心态要稳,别一出现震荡就跑,股价一涨又追进,形成低卖高买,最终不仅赚不了钱还会被套住;(3)不管用哪种操作方法,都一定要设止损位。这个可根据自己的承受能力来设定,亏损最多不能超过10%。总而言之,选股不如选时,选好进出时机才能有效降低风险。

(七)波段操作的止损位设置

设立止损位的方法有很多,笔者常用的是总额的定量止损。首批进场后,一旦出现判断有误被套,补仓至少在下跌8%~10%才能等额买入摊薄成本,否则宁愿加钱追涨。总额亏5%是预警，亏10%绝对要出局，以保证日后还有东山再起的机会。对于短线投资者来说，止损是首要原则，一般根据你预计该股的上涨空间而定，在亏2%～5%时必须止损。

当然，如果买入后上涨出乎自己的意料，随着股价的上涨也要设立止盈位，分批等额出局，将盈利落袋为安。一旦出现中期上升趋势线被有效跌穿就出局。

四、从分时图中寻找短线买点快速获利

盘中底部形态的研判主要适用于两方面，一种适合短线职业高手在盘中"T+0"等超短线操作中使用，另一种适合所有投资者在实施买入操作中使用，通过对盘中底部形态的研判，把握最佳的买入时机。

（一）实际操盘中重点考虑的要素

可能有些长线投资者认为自己是立足中长线投资的，买入价位高一些，问题不大。其实，这种观点是非常错误的。盘中买点高低的把握，类似于围棋中的收官，其本身的价值可能并不客观，但在高手的比赛中，有时仅仅是一两手收官的失误都将会扭转整个棋局的胜负。

股市中同样如此，个股在盘中的震荡幅度通常为1%～5%，假设一位投资者一年中只来回操作5次，如果其不在意每次实盘操作中的高低价差，每次都高买3%或低卖3%。那么，一年下来仅仅在实盘操作中就要白白损失30%的利润，30%可能算不上是什么天文数字，但要知道巴菲特每年的盈利也不过是30%。

如何选择好实际操盘的买点和卖点呢？股票买点秘诀由于其特殊性，有很多因素是不需要考虑的，例如基本面因素、资金面因素、趋势因素、压力区、阻力区、投资者获利程度等复杂因素，因为这些因素在你制订具体操作计划时已经充分考虑过了。在实际的盘中操作时，只需重点考虑盘中三要素：价格、形态、即时成交量。其中，盘中的买入操作重点是根据盘中的形态进行分析和参与的。

（二）盘中底部的主要形态

1．盘中圆弧底。圆弧底是指股价运行轨迹呈圆弧形的底部形态。这种形态的形成原因是，有部分做多资金正在少量地逐级温和建仓，显示股价已经探明阶段性底部的支撑。它的理论上涨幅度通常是最低价到颈线位涨幅的1倍左右。需要注意的是盘中圆弧底在用于个股分析时比较有效，但指数出现圆弧底往往未必有像样的拉升。

2．盘中V形底。俗称"尖刀底"，形态走势像V形。其形成时间最短，是研判最

困难、参与风险最大的一种形态。但是这种形态的爆发力最强，把握得好，可以迅速获取利润。它的形成往往是主力刻意打压造成的，使得股价暂时性地过度超跌，从而产生盘中的报复性上攻行情。这是短线高手最青睐的一种盘中形态。

3．盘中双底。其股价走势像字母W，故又称W形底。它是一种较为可靠的盘中反转形态，对这种形态的研判重点是股价在走右边的底部时，即时成交量是否会出现底背离特征，如果即时成交量不产生背离，W形底就可能向其他形态转化，如多重底或复合W形底。转化后的形态即使出现涨升，其上攻动能也会较弱。这类盘中底部形态研判比较容易，形态构成时间长、可操作性强，适用于短线爱好者操作或普通投资者选择股票买点时使用。另一种就是N形底，在第二次探底时的低点同比前一低点有所抬高。

4．盘中头肩底。其形状呈现出三个明显的低谷，其中位于中间的一个低谷比其他两个低谷的位置更低。对头肩底的研判重点是量比和颈线，量比要处于温和放大状态，右肩的量要明显大于左肩的量。如果在有量配合的基础上，股价成功突破颈线，则是该形态在盘中的最佳买点。参与这种形态的炒作要注意股价所处位置的高低，偏低的位置往往会有较好的参与价值。

5．盘中平底。这是一种盘中特有的形态。某些个股开盘后，走势一直显得十分沉闷，股价几乎沿着一条直线做横向水平移动，股价波动范围极小，有时甚至上下相差仅几分钱。但是，当运行到午后开盘或临近收盘时，这类个股会突然爆发出盘中井喷行情，如果投资者平时注意观察，密切跟踪，并在交易软件上设置好盘中预警功能，一旦发现即时成交量突然急剧放大，可以准确、及时出击股票的买点，获取盘中可观的短线收益。笔者在短线操盘中经常使用这一技巧，并设置在"做精一张图☆强势股形态选股软件"中，短线成功率也非常高。

附录二　做精一张图☆强势股形态选股软件

软件介绍

笔者总结归纳出32种潜在强势股图形特征选股条件，精心编入软件选股器中。该软件自2011年上市以来经多次精编升级，可助用户更便捷、更可靠、更迅速地选出所需要操作的潜力个股。

软件风格

该软件在广大股票投资者常用软件的基础上加以改进，以便用户上手。该软件有四大分析界面：短线买卖、波段买卖、趋势买卖、指数对照。不同分析界面用到不同技术，在分析时可一目了然地分辨优劣。虽然有的图形名称同大众熟悉的图形有些类似，但其中的选股方法和操作技巧有所不同。

软件特点

1. 优势突出。

兵不在多而在于精，将不在猛而在于谋。软件功能不在于多而在于高效实用，软件界面内容不在于丰富而在于简洁明朗。本软件没有色彩绚丽的界面，并不会因为功能繁杂而无从下手。在选股时可助用户轻松而快捷地将所有强势潜力股在瞬间一网捕获。另配套相关选股方法和操作技巧视频进行讲解，还有股民系统化学习教材。

2. 技术可靠。

该软件秉承"做精一张图"的理念，最不可或缺的是精华的深化。大多数选股条件以量价形态为主，而不是依赖随机移动的指标条件。经过无数次成功测试，受到广大用户群体的一致称赞和喜爱。用户可根据各自操作风格和最熟悉的图形，挑选几种作为重点，操练做精。系统化炒股三大法宝：书籍是图例教材、视频是实战技巧、软件是操练工具。

32种图形条件选股功能

志尚战法1	空中加油——强中更强	志尚战法17	蜻蜓点水——企稳回升
志尚战法2	仙人指路——强势加速	志尚战法18	抄底反弹——与庄共舞
志尚战法3	串阳组合——强势吸筹	志尚战法19	小阴小阳——必有大阳
志尚战法4	挖坑洗盘——牛股埋筹	志尚战法20	地量十星——希望之星
志尚战法5	趋势金叉——中期转强	志尚战法21	光头光脚——起涨信号
志尚战法6	梅开二度——由弱转强	志尚战法22	两阳夹阴——做多信号
志尚战法7	追踪涨停——有一生三	志尚战法23	财富密码——见底信号
志尚战法8	上跳缺口——强势启动	志尚战法24	主力资金——跟庄潜伏
志尚战法9	过顶突破——新高不断	志尚战法25	上升三曲——上涨中继
志尚战法10	短期拐点——上涨加速	志尚战法26	下轨低吸——低吸高抛
志尚战法11	中期拐点——捕捉主升	志尚战法27	兄弟连阳——有庄控盘
志尚战法12	突破平台——升势在即	志尚战法28	分时横盘——即买即涨
志尚战法13	波段低吸——盈利丰厚	志尚战法29	均线黏合——多头初期
志尚战法14	低位放量——抄庄家底	志尚战法30	加油平台——上涨中继
志尚战法15	三外有三——大牛启动	志尚战法31	横盘蓄势——大牛前兆
志尚战法16	秒杀老鼠仓——捕风捉影	志尚战法32	上下影试盘——变盘在即

提示：可进入"志尚投教"小程序查看详细说明书，仅限读者享有

附录三 "志尚投教"在线视频点播学习平台

"志尚投教"是专注投资者教育培训的在线学习平台，既可学习，又可分享获取收益。

"志尚投教"在线学习平台由深圳市志尚文化产业投资有限公司制作与运营（创始人：李志尚），十多年来坚持与无数读者交流，并结合志尚著作的书籍进行深入解析和辅助，为了满足大众所需，专心为志尚读者提供线上线下全面的交流与学习平台。

视频课程内容包括股票、期货、黄金、原油、外汇,投资理财,揭秘各种投资陷阱,相关法律法规维权知识等, c以及金融类经典书籍在线解读并结合实盘解析辅助。

平台志在与大众分享各类投资知识，内容具有独特原创、系统全面、实用性强、精简易学的特点，尽是干货。部分内容免费、部分内容收费。该平台真正使读者实现足不出户、随时随地轻松学习投资知识。精益求精的内容、大众化的优廉价格，使平台一直深受用户喜爱。

志尚一直追求普惠经济、共享经济、分享经济、便民服务。

志尚一直要求专心、专注、专业……为志尚读者朋友们服务。

免责声明：本平台仅提供金融投资知识培训与教育的相关案例信息，主要专心为志尚读者服务，不提供任何直接或间接的证券投资咨询和顾问服务及证券经营业务。本平台不荐股、不代客操盘、不承诺收益和不参与收益分成。市场有风险，入市需谨慎。本平台内任何信息仅供参考，盈亏自担！

附录四 "股民系统化培训课程"干货大全

（五篇共56课时30小时）

【基础篇】要点：认识市场性质，看懂游戏规则，快速直线入门，点化学与做的明确方向，避免走弯路

第1课：股市到底为谁而开？
第2课：股市有哪些基本功能？
第3课：股市中有哪些交易种类？
第4课：股市适合哪些人投资？
第5课：股市中的钱被谁赚走了？
第6课：股市重要名词如何理解？
第7课：股市中有哪些风险？
第8课：股市投资入门步骤？
第9课：股票软件如何设置更有利于盯盘？
第10课：股市投资有哪些必学的技巧？

【进阶篇】要点：掌握核心知识，用正确的方式理性投资

第11课：基本面哪些内容必须理解？其解读方法是什么？
第12课：技术面哪些K线必须认识？其运用技巧是什么？
第13课：股市运行时有哪些常见规律？
经14课：股市中的看盘技巧和分析步骤有哪些？
第15课：股市中有哪些必学的交易理论和运用技巧？
第16课：股市中哪些情况会影响股价趋势？

405

第17课：股市中最容易赔钱的是哪些人？

第18课：股市中最容易赚钱的是哪些人？

第19课：股市中哪些消息可信可不信？

第20课：股市中的投资组合和风格偏好如何建立？

【中级篇】要点：化繁为简，弃废取精，专注做精，直击赚钱核心

第21课：基本面成功率最高的选股技巧有哪些？

第22课：K线形态成功率最高的选股技巧有哪些？

第23课：如何把握题材股和龙头股的技巧？

第24课：如何精准分析大盘趋势的技巧？

第25课：如何运用成交量分析把握买卖点？

第26课：精准判断顶底的K线和指标有哪些？

第27课：分时图中有哪些重要的买卖信号？

第28课：短线交易必须掌握的技巧有哪些？

第29课：中线交易必须掌握的技巧有哪些？

第30课：长线交易必须掌握的技巧有哪些？

【高级篇】要点：融会贯通，活学活用，关键时刻出奇制胜

第31课：滚动做T的实战技巧有哪些？

第32课：在哪些信号后考虑加仓？

第33课：在哪些信号后必须减仓？

第34课：在哪些信号后立即清仓？

第35课：交易前需要掌握哪些策略？

第36课：常用的仓位控制技巧有哪些？

第37课：次新股的机会、风险与技巧有哪些？

第38课：抓住涨停板成功率最高的技巧有哪些？

第39课：被套后的快速解套技巧有哪些？

第40课：行情突变的应对措施有哪些？

第41课：有哪些主力做盘信号值得跟随？

第42课：投资过程中有哪些误区？

第43课：如何克服不良心态？

第44课：如何避开一些投资陷阱？

第45课：如何做到知行合一？

【境界篇】要点：归纳所学、所用的精髓部分，并修炼成一种自然习惯和本能反应

第46课：如何培养盘感？

第47课：必备的交易手法是什么？

第48课：必备的交易纪律和原则是什么？

第49课：必备的交易素质是什么？

第50课：必备的稳妥战略是什么？

第51课：哪些情况下该出手？哪些情况下该收手？

第52课：常遇心理问题的解决方案有哪些？

第53课：哪些态度和行为习惯可事先决定盈亏？

第54课：股市"老司机"畅谈炒股哲学（你犯了多少错）。

第55课：李志尚的智慧语录（这些字价值千金）。

第56课：万法归一的境界是怎么修炼出来的？

综合概述

以上内容是笔者根据《做精一张图（彩图版）》《做精实盘手法（彩图版）》《做精一只股（彩图版）》三本股票书籍的精髓部分归纳出的完整的交易系统，并含有书中不便或不能以文字表述清楚的更多内容，笔者希望该系统培训课程能快速提升读者的实操技能水平。另外，笔者将在全年不定期开设读者现场见面交流会和股票、期货、黄金操盘手学徒培训班，帮助读者真正实现学以致用，取得立竿见影的效果。

读者订购方式

请进入"志尚投教"小程序查询与购买。

附录五 "期货系统化培训课程"干货大全

（五篇共56课时30小时）

【基础篇】要点：全面认识期货市场，了解期货市场的性质、特点和功能，交易软件的选择和设置

第1课：期货市场的前世今生与未来趋势是什么？
第2课：期货市场的性质功能和分类有哪些？
第3课：期货市场重要的专业术语解释有哪些？
第4课：如何选择主力合约？主力合约到期如何移仓？
第5课：期货投资必须要懂的三大特点。
第6课：期货的属性和关联性如何分类更便于看盘分析？
第7课：股指期货的特征和注意要点有哪些？
第8课：如何设置期货行情软件更便于使用？
第9课：如何设置和使用期货下单界面？
第10课：期货程序化交易的特征与优缺点有哪些？

【进阶篇】要点：期货交易的方法分类，全面了解常用的期货投资方法，并重点贯通价差法技巧

第11课：如何做到高效的套期保值？
第12课：如何使用高效的套利技巧？
第13课：期货中的蝶形套利和异形套利技巧有哪些？
第14课：股指期货常用的套利技巧有哪些？
第15课：期货基本面分析要点有哪些？
第16课：期货技术分析的三个前提条件是什么？
第17课：期货技术分析必用的分时技巧有哪些？

第18课：期货技术分析常用到的K线技巧有哪些？
第19课：期货技术分析运用到的新版道氏理论是什么？
第20课：期货技术分析中的平均线运用技巧有哪些？
第21课：期货技术中的波浪理论运用技巧有哪些？
第22课：期货技术中的江恩理论实战技巧有哪些？
第23课：期货平方根法要义和应用技巧有哪些？
第24课：期货三维图理论和应用技巧有哪些？
第25课：期货实战技术中的趋势线怎么画？
第26课：期货技术分析常见必用的主要指标释义和用法。

【中级篇】要点：辨势析节与看盘分析绝技，以及重要的消息面和时间窗口的掌握

第27课：期货盘口中有哪些财富密码？
第28课：期货最有效的趋势分析技巧是什么？
第29课：期货量价关系中的秘密是什么？
第30课：期货持仓量与价格关系的分析技巧有哪些？
第31课：期货双向成交量的运用法门是什么？
第32课：期货应用MACD判断趋势反转信号的技巧是什么？
第33课：期货交易中必须注意的消息面有哪些？
第34课：期货交易中必须注意的时间窗口有哪些？
第35课：期货程序化交易时如何提高成功率？
第36课：期货程序化交易的应用技巧与注意要点有哪些？

【高级篇】要点：掌握风控管理和资金管理以及止损止盈要诀等

第37课：期货交易中固定比例开仓法的使用技巧是什么？
第38课：期货交易中盈利加仓法运用到的技巧有哪些？
第39课：期货交易中金字塔法运用到的有效技巧是什么？
第40课：期货交易中亏损加仓快速解套法的技巧如何做？
第41课：期货交易中的左侧交易技巧有哪些？
第42课：期货交易中的马丁策略的精华有哪些？
第43课：期货交易中的常用止损方法有哪些？
第44课：期货交易中的常用止盈技巧有哪些？
第45课：股指期货交易中的风控管理方法有哪些？

第46课：期货程序化交易中的择优组合和风控管理方法有哪些？

【境界篇】要点：做到知行合一和万法归一，并建立自己的交易系统

第47课：期货交易中必不可少的知识有哪些？
第48课：期货交易中如何培养盘感？
第49课：股指期货实战中的短线和趋势交易技巧有哪些？
第50课：期货操盘手必用的开仓技巧有哪些？
第51课：期货操盘手如何精确地发现趋势转折关口？
第52课：期货操盘手如何巧用程序化自动交易？
第53课：期货操盘手如何构建一套高效、实用的交易系统？
第54课：期货操盘手常用的克服困难的方法有哪些？
第55课：期货交易中怎样才能做到知行合一？
第56课：期货操盘手如何树立良好的心态？

综合概述

以上内容是由志尚团队期货老师李同麟根据亲临期海十余年的经验精编而成，其中包含一些他的独门秘籍，为首次对外传授，希望能帮助读者学以致用，取得立竿见影的效果。

读者订购方式

请进入"志尚投教"小程序查询与购买。

后 记

笔者很荣幸能把自己的知识汇集成书，向投资者传授炒股经验与技巧，在此，笔者对正在阅读此书的您深表感激，并希望您阅读本书并加以思考后，能在往后的投资路上赚钱更轻松，成为一位快乐的投资者。

本书中的技术图解都来自走势经典的股票，全文以简单、客观的方式表述，实用、高效，让读者能一读即明、一用即灵。读者可以从中挑选适合自己的风格，或者是自己最容易理解的图形，加强操练，做精后变成自己的炒股绝招。建议读者不必把书中所讲述的图解如数熟记，而是要突出重点，强化个别精华。您也可以笔者后期制作的视频图形讲解为教材、强势股形态选股软件为工具，根据自己的投资理念进行系统化学习。

笔者相信，只要细心阅读，用心理解，认真领悟，熟记于心，加强深化，本书一定会给您的投资生涯带来莫大的帮助，甚至帮助您在投资路上创造奇迹。如果您对笔者有任何建议，或想与笔者进行更深入的探讨，又或者是在阅读过程中产生任何疑问，您都可以与笔者联系。您要相信，只有做精一张图，方能带好自己的资金，永打胜仗，成为股票市场上的常胜将军。

笔者虽然酝酿本书多年，但执笔写作的时间仓促，草成之书难免会有言之不尽或者错漏的地方，还望以书结缘的读者朋友能不吝赐教指正，笔者将不胜感激。

本书的出版，志尚要感谢广东经济出版社编辑室主任罗振文，以及责任编辑赖芳琨，是你们的引导与支持使志尚能顺利完成此书的写作。

志尚团队全力为金融交易者、投资理财者提供全面的系统培训，通过线上App教学和线下实操相结合，提高读者在读书后迅速应用到实盘中的能力，并在线解答读者在实盘中的各种问题。

读万卷书，不如读烂一本书；学过千招，不如学精一招；做千只股，不如做精一只股；书读百遍，其义自现；一本好书，一生财富。所以，望各位读者将笔者的书籍至少阅读5遍以上，并请多做笔记与梳理。

互联网拉近了笔者与大家的距离，能在股票市场里相遇、相知、相识、乃是一种缘分，志尚在此祝福广大读者在今后的股票投资中财源滚滚，收益丰厚！

做精一张图（彩图版）

以书结缘互动交流方式：

技术交流QQ：420150497

咨询电话：4006-917866

志尚官网：www.zswm168.com

志尚新浪微博：http://weibo.com/LZSV5

李志尚微信号

志尚财富微信公众号

志尚财富App
在线学习终端

李志尚 2010年冬

修订于2017年春